魂兮归来

金一南讲抗日战争

金一南 ◎ 著

北京联合出版公司
Beijing United Publishing Co.,Ltd.

图书在版编目（CIP）数据

魂兮归来：金一南讲抗日战争 / 金一南著 .—北京：北京联合出版公司，2015.11（2025.9重印）
ISBN 978-7-5502-5420-6

Ⅰ . ①魂… Ⅱ . ①金… Ⅲ . ①抗日战争 – 史料 – 中国 Ⅳ . ① K265.06

中国版本图书馆 CIP 数据核字（2015）第 254461 号

魂兮归来：金一南讲抗日战争

作　者：金一南
责任编辑：王　巍

北京联合出版公司出版
（北京市西城区德外大街 83 号楼 9 层 100088）
三河市中晟雅豪印务有限公司印刷　新华书店经销
字数：200 千字　710mm×1000mm　1/16　印张：17
2015 年 11 月第 1 版　2025 年 9 月第 22 次印刷
ISBN 978-7-5502-5420-6
定价：39.80 元

未经许可，不得以任何方式复制或抄袭本书部分或全部内容
版权所有，侵权必究
如发现图书质量问题，可联系调换。质量投诉电话：010-82069336

目 录

第一章 "中华民族到了最危险的时候" / 001

"中国自秦以来，无所谓天下也，无所谓国也，皆家而已，一姓之兴，则亿兆为之臣妾，其兴也，此一家之兴也，其亡也，此一家之亡也。天子之一身兼宪法、国家、王者三大物，其家亡则一切与之俱亡……顾其所利害者，亦利害于一家而已，未尝为天下计也。"

▲ "我如何对得起列祖列宗！" / 003
▲ "四万万中国人，一盘散沙而已" / 021
▲ "假如你们革命成功了，我看你们也强不过我们多少" / 030

第二章 一言难尽的一衣带水 / 039

中日两国，说不清的关系，道不明的恩怨，皆用这四个字带过：一衣带水。

因为一衣带水，联系方便，影响也方便；

因为一衣带水，掠夺方便，侵略也方便。

▲ "浙江一带唯流水，巨舰泆来欧罗巴" / 041

▲ "让日本之魂从底层翻腾起来" / 053

▲ "事情就是这样开始的" / 062

第三章　中国是令人垂涎的肥肉 / 073

受岛国环境培育、具有超人精力的石原，一踏上中国土地，立刻被大豆和高粱像绿色海洋般一望无际的东北平原惊呆了。他从来没有见过这样令他心旷神怡的景象，眼睛闪闪放光，头脑中帝国扩张的梦想一下子找到了依托的地方。他喃喃自语："对这样的地形、地势，我们也许得采用海军战术。"

▲ "满洲问题非以武力不能解决" / 075

▲ "中国是一个同近代国家情况大不相同的国家" / 089

▲ "现今各国无一不垂涎于支那" / 108

▲ 战争狂热像富士山一样喷发出来的时候 / 119

第四章 "我们中国人都投降了，还有中国吗" /131

赵廷喜向日本人告发前，看见杨靖宇几天没有吃饭，脸上、手上、脚上都是冻疮，说："我看还是投降吧，如今满洲国不杀投降的人。"赵廷喜哪里知道，岂止不杀，如果投降，日本人打算让杨靖宇出任伪"满洲国"军政部部长。

杨靖宇沉默了一会儿，对赵廷喜说："老乡，我们中国人都投降了，还有中国吗？"

▲ 苍蝇不叮无缝的蛋 / 133
▲ "为了征服中国，必须学好中文" / 156
▲ 软弱挨打、内耗挨打、腐朽挨打、涣散挨打 / 162
▲ "共产党是从来不投降的" / 170

第五章 "战争的伟力之最深厚的根源，存在于民众之中" / 185

"共军与民众的关系，同以往的当政者不同。中共及其军队集中全力去了解民众，争取民心，不但日本，就连重庆方面也远远不能相比。"

▲ "熬过一段艰难的路程" / 187
▲ "黄河之滨集合着一群中华民族优秀的子孙" / 194
▲ "动员了全国的老百姓，就造成了陷敌于灭顶之灾的汪洋大海" / 200
▲ 麻木千年、沉睡千年也会被触发唤醒的熔岩和地火 / 209

第六章 "中国这头狮子已经醒了" / 219

新中国成为中国历史上第一个完整的、稳定的、繁荣的、现代意义上的民族国家。今天回顾可以清晰地看到，没有民族危亡中实现的民族觉醒，没有全民抗战中结成的民众组织，没有反抗侵略中锤炼的战斗队伍，这一胜利肯定不会这样快地到来。

附录一：关于抗日战争正面战场的一封通信 / 229

附录二：岁月的皱纹与历史的刀痕 / 239

附录三：平型关风云：战争中的政治与政治中的战争 / 245

中国人对战争最深刻的记忆，就是1937年7月7日卢沟桥事变爆发至1945年8月15日日本宣布无条件投降的抗日战争。这场战争是自1840年鸦片战争以来，中国遭受的历时最久、规模最大、受损最重、牺牲最烈的帝国主义侵略战争。

　　它发生在中国最衰弱的时刻。

　　侵略者必然要选择这一时刻。

— 第一章 —
"中华民族到了最危险的时候"

"中国自秦以来,无所谓天下也,无所谓国也,皆家而已,一姓之兴,则亿兆为之臣妾,其兴也,此一家之兴也,其亡也,此一家之亡也。天子之一身兼宪法、国家、王者三大物,其家亡则一切与之俱亡……顾其所利害者,亦利害于一家而已,未尝为天下计也。"

▲ "我如何对得起列祖列宗！"

抗日战争爆发前，中国已经多次被侵略战争洗劫。

1840年第一次鸦片战争，大英帝国凭借28艘军舰、15 000人的军队迫使大清王朝签订丧权辱国的《南京条约》，割让香港，赔款2 100万两白银。

《清史》记载了《南京条约》签订消息传到北京时，难受至极的道光皇帝[1]在紫禁城中的表现：

> 上退朝后，负手于便殿阶上，一日夜未尝暂息。侍者

---

[1] 爱新觉罗·旻宁（1782—1850），即清宣宗，在位30年，年号道光，通称道光帝。嘉庆病死后继位，是清入关后的第六个皇帝。病死，终年69岁，葬于清西陵之慕陵（今河北省易县西）。

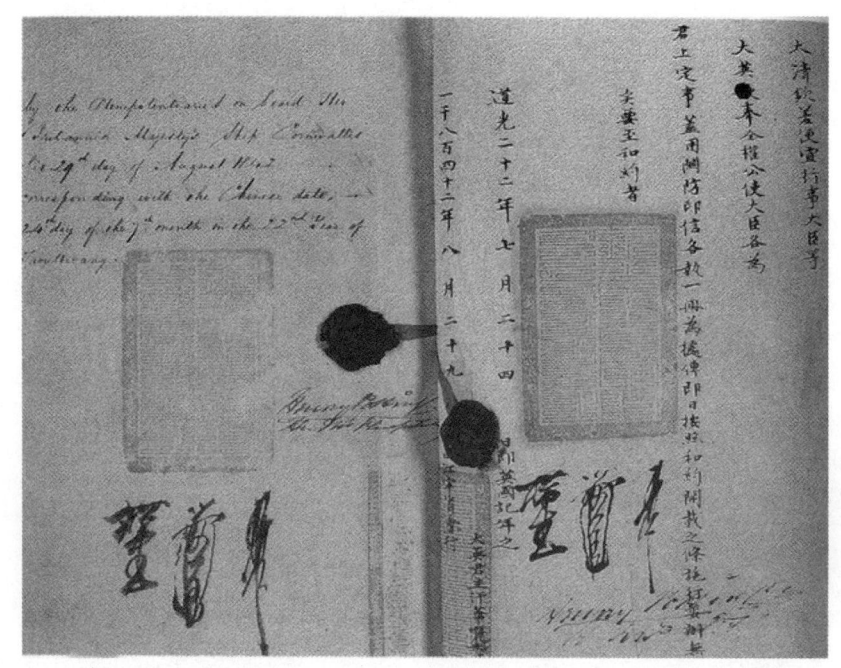

中国近代史上与外国签订的第一个丧权辱国的不平等条约《南京条约》

但闻太息声,漏下五鼓,上忽顿足长叹……

小太监听见退朝后不吃不喝、在便殿阶上溜达一夜也不休息的道光皇帝,长叹了一句:

"我如何对得起列祖列宗!"

灾难并未因道光皇帝的感慨戛然而止。

1860年第二次鸦片战争,英军18 000人、法军7 200人长驱直

第一章 "中华民族到了最危险的时候"　　005

火烧圆明园帝国主义掠夺者合照

入中国首都杀人放火,将圆明园付之一炬。

1894年甲午中日战争,一纸《马关条约》割让辽东半岛和台湾,赔款白银2亿两,开辟空前的割地赔款。

1900年八国联军[1]进攻北京,国家虽然不少,拼凑的兵力却不足两万,10天令北京陷落,赔款数额更是达到空前的4.5亿两白银。

---

[1] 八国联军,是指1900年(光绪二十六年)以军事行动侵入大清国的大英帝国(英)、法兰西第三共和国(法)、美利坚合众国(美)、德意志帝国(德)、俄罗斯帝国(俄)、大日本帝国(日)、奥匈帝国(奥)、意大利王国(意)的八国联合军队。

一个被西方描述为经济总量占世界 1/3 的东方大国，面对坚船利炮竟然如此不堪一击，一而再、再而三地割地赔款、丧权辱国，为什么会这样？

有人认为之所以割地赔款、丧权辱国，是那些皇帝昏庸腐朽、奴才透顶，不敢说"不"。

果真如此吗？

我面前有四份宣战诏书：

1841 年 1 月 27 日（道光二十一年正月初五），道光皇帝对英国宣战。

1860 年 9 月 12 日（咸丰十年七月二十七日），咸丰皇帝[1]对英法宣战。

1894 年 8 月 1 日（光绪二十年七月初一），光绪皇帝[2]对日本宣战。

1900 年 6 月 21 日（光绪二十六年五月二十五日），慈禧太后对诸国宣战。

最后这次宣战的"诸国"，包括英、俄、德、法、美、奥、意、日、荷、比、西十一国。如果以简单的敢不敢说"不"来诠释历史，该怎么解释这些现象呢？

---

[1] 爱新觉罗·奕詝（1831—1861），即清文宗，通称咸丰帝，清代以及中国历史上最后一位手中握有实际统治权的皇帝。是道光帝第四子（嫡子），是清入关后的第七位皇帝。在位 11 年，终年 31 岁。葬于定陵（今河北省遵化县）。

[2] 爱新觉罗·载湉（1871—1908），即清德宗，史称光绪帝，是清入关后的第九位皇帝。父亲醇亲王奕譞，生母叶赫那拉·婉贞为慈禧皇太后亲妹。在位 34 年，享年 38 岁，葬于清西陵之崇陵。

先看看中国近代史上第一个大声说"不"的道光。

道光皇帝接手的大清江山，已经是一个朝风腐败的烂摊子。

史籍记载：嘉庆、道光年间，朝风日坏。当时财政开支有一个重要项目，即治河。但每年治河之费，真正用于工程的不到十分之一，其余皆被挥霍。官吏饮食衣服，车马玩好，无不斗奇逗巧。一次宴请常常三昼夜而不能毕。

清宣宗·道光皇帝，颇想重振大清雄风

自元旦至除夕，各厅道衙门机关无日不演剧。"新进翰林携朝臣一纸拜见河督，万金即有；举人拔贡携京员一纸拜见道库，千金立至。"

道光继位，颇想重振大清雄风。他先从自己做起：衣非三日不易。宫中用膳，每日不得超过四簋。食物价高，虽喜不索。宫中用款，岁不过二十万。然腐败之风由来已久，弥漫全国，病入膏肓，颇为节俭的道光也万般无奈。

万般无奈也是对祖宗留下来的东西万般无奈。对外国的舶来物，他的态度一直还是相当强硬的，尤其是对鸦片。说起 1840 年那场鸦片战争，大多数人以为敢对洋鬼子说"不"的只有林则徐[1]。他们不知道1838年那场有28名督抚大员参加的禁烟大讨论中，20位大员反对严禁，主张弛禁；道光皇帝力排众议，坚决主张严禁，支持并起用林则徐。如果少数服从多数，禁烟之事在鸦片战争之前两年就泡汤了。所以钦差大臣林则徐在虎门阅看道光的朱批"若能合力同心除中国大患之源，不但卿等能膺懋赏，即垂诸史册，朕之光辉，岂浅显哉！而生民之福，政治之善，又非浅显。谅卿等亦不烦谆谆告诫也。勉之，勉之！朕拭目待之！"当场感动得涕泪横流。

对林则徐采取的种种禁烟措施，道光不但给予有力支持，甚至比林则徐走得更远。与英国人在海上交火之后，道光颁旨："我朝抚绥外夷，恩泽极厚，该夷等不知感戴，反肆鸱张，是彼曲我直，中外咸知，自外生成，尚何足惜。著林则徐等酌量情形，即将英吉利国贸易停止，所有该国船只，尽行驱逐出口，不必取具甘结。"

林则徐认为不妥，立即复奏："对英船遵法者保护之，桀骜者惩拒之。"主张区别对待。高居金銮宝殿之上的道光朱笔一挥，批复道："同是一国之人，办理两歧，未免自相矛盾。"坚持断绝与英国的全部贸易。

1841年1月27日，道光正式下诏对英宣战：

---

[1] 林则徐（1785—1850），福建省侯官（今福州市区）人，清朝时期的政治家、思想家和诗人，官至一品，两次受命钦差大臣。因其主张严禁鸦片，在中国有"民族英雄"之誉。尽管林则徐一生力抗西方入侵，但对于西方的文化、科技和贸易则持开放态度，主张学其优而用之。

我朝抚驭外夷，全以恩义，各国果能恭顺，无不曲加优礼，以期共乐升平。前因西夷鸦片烟流毒日甚，特颁禁令，力挽浇风。惟英吉利恃其骄悍，不肯具结，是以降旨绝其贸易。乃并不知愧悔，日肆鸱张，突于上年六月间，乘驾夷船数十只，直犯定海，占据城池。复于福建、浙江、江苏、山东、直隶、奉天各省洋面，任意往来，多方滋扰……近闻数月以来，奸淫妇女，掳掠资财，建筑炮台，开挖河道，且令伪官出示，谕民纳粮。百姓何辜，罹此荼毒。兴言及此，寝食难安。迨琦善抵粤后，明白开导，仍敢要求无厌，既思索偿烟价，又复请给码头。朕早料其反复无常，断非信义之所能喻，特于年前简调四川、贵州、湖南、江西各路精兵，前赴广东。又调湖北、湖南、安徽各路精兵，前赴浙江，预备攻剿……现在所调各省劲兵，计可赶到，著伊里布克日进兵，收复定海，以苏吾民之困。并著琦善激励士卒，奋勇直前，务使逆夷授首，槛送京师，尽法惩治。其该夷之丑类，从逆之汉奸，尤当设法擒拿，尽杀乃止。至沿海各省洋面，叠经降旨严密防范，着各将军、督、抚等加意巡查，来则攻击。并晓谕官民人等，人思敌忾，志切同仇，迅赞肤浅，共膺上赏。朕实有厚望焉。将此通谕中外知之。

敢于宣战的道光，让谁去指挥作战？御前大臣、靖逆大将军奕山[1]。

奕山又以宿将、湖南提督杨芳[2]为前锋主将。英军初闻杨芳之名，还颇为紧张了一阵。

杨芳怎么抗英的呢？他认为英舰竟能于风高浪涌的洋面操大炮击中目标，定有邪术在内。破除之法，必用秽物。于是这位在平定张格尔叛乱中厚积威名的战将，第一纸作战命令竟是遍收妇女溺器载入木筏，由一副将统领，一闻炮响便蜂拥而出，举筏齐列水面，以溺器对准英船，驱赶震慑其操炮邪术。

杨芳以马桶为胜具，后来被笑传为"粪桶尚言施妙计，秽声传遍粤城中"。

大将杨芳丢了人，主帅奕山又能挣回几多面子呢？

道光要奕山对英军"分路兜剿，务使其片帆不返"。当时从湖南、四川、贵州等地调入广东前线的兵弁，已十倍于敌。但奕山却在兵力仅为自己十分之一的英军攻击下，将道光于金銮殿中想象出来不返的"片帆"，扯成广州城头一面可耻的白旗。

升了白旗的奕山又不想丢人，便虚报战果欺骗道光，说英军进

1　爱新觉罗·奕山（1790—1878），字静轩，满洲镶蓝旗人。清朝宗室。康熙帝十四子爱新觉罗·胤禵玄孙，道光帝族侄。侍卫出身。历任塔尔巴哈台领队大臣、伊犁参赞大臣、伊犁将军等职。

2　杨芳（1770—1846），字通达，号诚村（斋），松桃厅人。自幼家贫，迫于生计，投身行伍。历乾隆、嘉庆、道光三朝，屡立战功。鸦片战争爆发，杨芳随参赞大臣奕山赴广东迎敌，用阴门阵对抗英国军舰，被时人和后人嘲笑，留下千古笑柄。

攻靖海门、激战正酣时，烟雾中忽见观音神像，英军遂不敢再击；又观音山下三万斤火药被汉奸点燃，正欲爆炸，有白衣女神展袖拂火，顿时熄灭。

道光闻讯，亲书"慈佑清海"四字匾额送观音庙，以谢神恩。

节俭刻苦和想有所作为的道光，以其勇傲与孤陋，确实对英人大喝了一声"不"。但乞胜于马桶或乞灵于观音的"不"，该算一种什么样的"不"呢？

第一次说"不"终于以很快称"是"而告结束。1841年1月27日金銮殿上的一纸宣战诏书，变成了1842年8月29日英国军舰"皋华丽"号上那份《江宁条约》（后称《南京条约》）：割让香港，五口通商，赔款白银2 100万两。

从此开近代中国割地赔款之先河。

第一个大声说"不"的道光，变成第一个屈辱地说"是"的皇帝。《南京条约》的内容，凡英人的要求全部答应，无丝毫回旋余地，从此也开了从最傲然地说"不"转瞬为最谦恭地称"是"的先河。

听闻条约签订，道光帝退朝后不吃不喝，负手于便殿阶上徘徊往复，一夜不息；"侍者但闻太息声，漏下五鼓，上忽顿足长叹"。割地赔款的屈辱，愧对祖宗的自责，使颇想有所作为的道光深陷懊丧与悲痛。

他蹒跚于深宫，难以解脱。

道光的晚年沉寂潦倒。他至死未解脱重压于心头的"历史罪人"这个包袱，最终也未弄清楚败在了哪里。

道光的失败，并没有阻止后来者说"不"。

最鲜明的是他的第四子，继承皇位的咸丰皇帝。

咸丰帝登基时刚刚20岁，血气方刚，立志为父报仇。大理寺卿倭仁[1]进言，力陈为君者首先要辨别君子与小人，并生动形象地勾勒出一幅图画：

咸丰皇帝即位时，血气方刚，立志要为其父报仇

> 君子讷拙，小人佞巧。君子澹定，小人躁竞。君子爱才，小人排异。君子图远大，以国家元气为先；小人计目前，以聚敛刻薄为务。君子刚正不挠谏诤匡弼，小人依违两可迁就逢迎。君子进忧危之议悚动警心，小人不畏天变滋长逸志。

倭仁说这些话是需要些胆量的。他通过用人问题，将一个衰败王朝的官场空气描绘得入木三分。咸丰非但无雷霆震怒，反赞其"言

---

[1] 倭仁（1804—1871），乌齐格里氏，字艮峰，蒙古正红旗人，晚清大臣，理学家，同治帝老师。

第一章 "中华民族到了最危险的时候"

甚切直",要大小臣工今后都如倭仁一样直陈所见。

咸丰以直言进谏的倭仁为榜样,震动了官场。非但如此,他还以太仆寺少卿徐继畲[1]上疏中的防"三渐"置诸座右:

"防土木之渐",即防止大兴土木,挥霍无数。

"防宴安之渐",即防止歌舞升平,吃喝无度。

"防壅蔽之渐",即防止言论堵塞,不谙真情。

要防"三渐"的咸丰帝,上台伊始便重新起用林则徐为钦差大臣。林则徐由原籍启程赴任,行至广东潮州病逝。咸丰闻讯,异常悲伤,御制挽联一副:

答君恩清慎忠勤,数十年尽瘁不遑,解组归来,犹自心存军国。

殚臣力崎岖险阻,六千里出师未捷,骑箕化去,空教泪洒英雄。

咸丰对林则徐的评价可谓异乎寻常,情真意切。

年轻的咸丰虎虎有生气,颇想有所作为。在寻觅君子的同时,他着手处罚小人。鸦片战争中的主和派、道光帝最信任的大学士穆彰阿[2]被他革职,永不叙用;签订中英《南京条约》、中美《望厦条约》、中法《黄埔条约》的耆英[3]被他斥为"畏葸无能","抑民以媚外,

---

[1] 徐继畲(1795—1873),晚清名臣、学者,山西代州五台县人。中国近代开眼看世界的伟大先驱之一,又是近代著名的地理学家,在文学、历史、书法等方面也有一定的成就。《纽约时报》称其为"东方伽利略"。著有《瀛寰志略》《古诗源评注》《退密斋时文》《退密斋时文补编》等。

[2] 郭佳·穆彰阿(1782—1856),满洲镶蓝旗人,清朝大臣。鸦片战争期间,穆彰阿主张议和,诬陷林则徐等主战派,并主持一系列不平等条约的签订。

[3] 爱新觉罗·耆英(1787—1858),满洲正蓝旗人,清朝宗室,大臣。后因欺谩之迹,为王大臣论劾,咸丰帝赐自尽。

签订了多个不平等条约的耆英

罔顾国家",降为五品顶戴。如此之举,一时间朝野人心大快,"人人颂祷圣德英武,迈古腾今"。

咸丰不但敢撤投降派,而且也敢向洋人开炮。1859年6月25日,英、法舰队向大沽口炮台进攻,清军还击,激战一昼夜。13艘英、法舰中,4沉6伤,官兵伤亡500余人,舰队司令何伯的腿也被炸断,联军竖白旗狼狈而退。

这面白旗,是近代史上以坚船、利炮入侵中国的列强升起来的第一面白旗。它对咸丰王朝升起,自幼目睹其父道光皇帝因鸦片战争之败而潦倒不堪的咸丰,一定因大沽口之胜而深感为祖上出了一口恶气。

敢向洋人开炮的咸丰,还敢扣押洋人特使。1860年9月9日,巴夏礼[1]代表英法联军在通州与清政府谈判。咸丰帝恨透了巴夏礼,认为一切坏事皆出其策划,遂下令将其扣留在通州。中国自古便有

1　哈里·斯密·巴夏礼爵士,KCB,GCMG,(Sir Harry Smith Parkes, 1828—1885),19世纪英国外交家,主要在中国与日本工作。香港九龙白加士街以他为名。

"两国交兵，不斩来使"之说，自幼吟经颂典的咸丰帝为泄心头之愤，连祖宗之例也敢违，确实有点蛮莽之勇。

巴夏礼被擒当天，咸丰便传谕各海口：一律闭关，断绝贸易，与英法决战。

1860年9月12日对英法宣战诏书的内容如下：

……（英法）不惟婪索兵费，强增口岸，竟欲于来京换约之时，陈兵拥众，入我郊畿，所欲大出情理之外……若再事含容，其何以对天下？唯有严饬统兵大臣，整顿师旅，调集各路马步诸军，与之决战。近畿各州县地方士民，或率乡兵齐心助战，或整饬团练阻截路途。凡兵民人等，有功破格优叙，所获资财，全充犒赏。并当谕令各海口，一律闭关，绝其互易……城乡军民各色人等，务各敌忾同仇，无论明攻暗袭，事成奖恤，均各加等……朕非好武穷兵之主，凡此大不得已苦心，上鉴天祖，下为天下臣民共谅。

咸丰一直在北京坚持，直到英法联军即将兵临城下。

坚持不住了，跑起来又比谁都快。天津大沽炮台失守之后，咸丰给臣下提出两个方案：一为"率师亲征"，一为"巡幸木兰"。前者是向前方挺进，是招牌；后者是向热河逃跑，是实意。这个一直主战的皇帝在发布宣战诏书后，眼见"禁兵不足恃，京城不可守"，便不顾臣下的劝阻，天不亮就从圆明园"启銮""北狩热河"，仓

英军随军画师绘1860年中国战争

皇出逃了。

在大沽口出过一口恶气的咸丰,肯定想不到一年零四个月后,他不得不谕令曾经打得夷船张挂白旗的僧格林沁[1]"即宣示夷人,并竖立白旗,令其停兵待抚"。

用什么去"抚"?用《北京条约》。批准《北京条约》时,咸丰落到比其父道光更加狼狈的境地。

咸丰之父道光打败了第一次鸦片战争。

道光之子咸丰打败了第二次鸦片战争。

---

[1] 僧格林沁(1811—1865),博尔济吉特氏,蒙古族,晚清名将。曾参与对太平天国、英法联军等战争,军功卓著。1865年5月,在山东曹州(今山东菏泽)被捻军围击战死。

并非前方将士不能拼死效命。1860年8月12日，英法联军18 000人在北塘登陆，以前卫700人由北塘、内港向新河前进。僧格林沁的蒙古铁骑3 000人向敌冲击，受炮火集中射击，几乎全军覆灭，最后归队者仅7人。

历史并没有给予这位颇想有所作为的咸丰一点宽容。唯一的区别，就在于他败得更为痛惨：不但是更大的割地和更多的赔款，而且用150年时间、无数能工巧匠辛苦血汗建造起来的圆明园，也被英法联军洗劫一空，付之一炬。

龟缩于热河的咸丰在那里忙碌地连发数道谕旨调兵遣将，目的只要附近兵马"无分昼夜，兼程前来木兰行在"，保卫他的身家性命。

用150年时间、无数能工巧匠辛苦血汗建造起来的圆明园被英法联军洗劫一空，付之一炬

他可眺望过北京上空腾起的浓浓烈焰？那红的火和黑的烟会给他一些什么样的启示呢？今人是一无所知了。

唯一知道的是英法联军签约退兵后，他大松一口气说："从此永息干戈，共敦和好，彼此相安以信，各无猜疑。"

那个当年大声说"不"，又是宣战又是扣人的皇帝，已经无踪无影。

他最后死在了热河。生命已经不再给他时间回京看看其夏宫的残骸与废墟了。

曾经发誓要报仇雪耻的咸丰，比其父道光蒙受了更大的耻辱——差一点死无葬身之地。

再看看1894年8月1日光绪皇帝的对日宣战诏书：

……倭船多只，乘我不备，在牙山口外海面开炮轰击，伤我运船。变诈情形，殊非意料所及。该国不遵条约，不守公法，任意鸱张，专行诡计。衅开自彼，公论昭然，用特布告天下。俾晓然于朝廷办理此事，实已仁至义尽。而倭人渝盟肇衅，无理已极，势难再予姑容。著李鸿章严饬派出各军迅速进剿，厚集雄师，陆续进发，以拯韩民于涂炭。并著沿江沿海各将军督抚及统兵大臣，整饬戎行，遇有倭人轮船入口即行迎头痛击，悉数歼除。毋得稍有退缩，致干罪戾。将此通谕知之。

对11国同时宣战的慈禧太后

还有1900年6月21日，慈禧太后对诸国（英、俄、德、法、美、意、奥、日、荷、比、西11国）宣战诏书：

……迨道光、咸丰年间，俯准彼等互市，并乞在我国传教，朝廷以其劝人为善，勉允所请。初亦就我范围，遵我约束。讵三十年来，恃我国仁厚，一意拊循，乃益肆枭张，欺凌我国家，侵犯我土地，蹂躏我人民，勒索我财物，朝廷稍加迁就，彼等负其凶横，日甚一日，无所不至，小则欺压平民，大则侮慢神圣。我国赤子，仇怒郁结，人人欲得而甘心，此义勇焚烧教堂，屠杀教民所由来也……朕今涕泣以告先庙，慷慨以誓师徒，与其苟且图存，贻羞万古，孰若大张挞伐，一决雌雄。

这一份又一份慷慨激昂的宣战诏书使人看到，大清末年的统治者们并不缺乏说"不"的勇气和决心，但结局是一个比一个败得更惨，这是为什么？

▲ "四万万中国人，一盘散沙而已"

有人从军备上寻找失败原因。李鸿章[1]说："中国文武制度，事事远出西人之上，独火器万不能及。"当年澳门报纸评论说："中国之装备，普天之下，为至软弱的极不中用之武备，及其所行为之事，亦如纸上说谎而已。其国中之兵，说有七十万之众，未必有一千人合用。"

痛定思痛，于是有了1861年同治皇帝[2]钦准的《通筹夷务全局

---

[1] 李鸿章（1823—1901），晚清名臣，洋务运动的主要领导人之一，安徽合肥人。著有《李文忠公全集》。与曾国藩、张之洞、左宗棠并称为"中兴四大名臣"，与俾斯麦、格兰特并称为"19世纪世界三大伟人"。

[2] 爱新觉罗·载淳（1856—1875），即清穆宗，年号"同治"，清入关后第八位皇帝。为清文宗咸丰帝长子，在位共13年。终年19岁。葬于清东陵之惠陵（今河北省遵化）。

洋务运动中的开平矿务局

酌拟章程六条》，开始了由曾国藩[1]、左宗棠[2]、李鸿章主持的洋务运动，开工厂、制机器、铸大炮、造轮船。这个也算轰轰烈烈的运动，比1868年日本的"明治维新"竟然还早了7年。

无先进武备无法一战，有先进武备一切便都迎刃而解了吗？

1894年甲午战争爆发。北洋水师七千多吨的铁甲舰"定远""镇远"两舰本是亚洲最具威力的海战利器，大清陆军的毛瑟枪、克虏伯炮也绝不劣于日军的山田枪和日制野炮。但战争爆发后丰岛海战失利、大东沟海战失利，接着旅顺失陷、威海失陷，半年时间内，30年洋务运动积攒的最大军事成果——北洋水师——全军覆灭，签下的《马关条约》更令中国遭受空前的割地赔款，连英国、法国这些旁观者

---

1 曾国藩（1811—1872），宗圣曾子七十世孙。中国近代政治家、战略家、理学家、文学家，湘军的创立者和统帅。曾国藩的崛起，对清王朝的政治、军事、文化、经济等方面都产生了深远的影响。

2 左宗棠（1812—1885），晚清重臣，军事家、政治家、著名湘军将领，洋务派首领。一生经历了湘军平定太平天国运动、洋务运动、平叛同治回乱和收复新疆维护中国统一等重要历史事件。

都大跌眼镜，未想到中国竟然衰弱至此。

痛彻肺腑的中国人开始从体制上查找根源。戊戌维新的发起者康有为[1]，向光绪皇帝上奏"下诏鼓天下之气，迁都定天下之本，练兵强天下之势，变法成天下之治"，核心是变君主专制为君主立宪："东西国之强，皆以立宪法，开国会之故"，提出大清应"以俄国大彼得之心为心法，以日本明治之政为政法"。康有为的两部变法理论《新学伪经考》《孔子改制考》包含大量主观超越客观、将历史为我所用的成分，既不严谨，也不科学，后来写《人类公理》（后改为《大同书》）更加脱离实际，含有很多异想天开的成分，以致后来毛泽东批判说"康有为写了《大同书》，他没有也不可能找到一条到达大同的道路"。

对中国病灶认识最深刻的，还是京师大学堂译局总办严复[2]。这位当年放弃科举、先入福州船政学堂、后入英国格林尼治皇家海军学院学习海军的人，在翻译《孟德斯鸠法意·卷五按语》中洞若观火一般指出：

1　康有为（1858—1927），中国政治家、思想家、教育家，曾与弟子梁启超合作戊戌变法，后事败，出逃。辛亥革命后，于1913年回国，信奉儒家学说，致力于将儒家学说改造为可以适应现代社会的国教，曾担任孔教会会长。

2　严复（1854—1921），近代著名的翻译家、教育家、新法家代表人物。在北洋水师学堂任教期间，培养了中国近代第一批海军人才，并翻译了《天演论》，创办了《国闻报》，系统地介绍西方民主和科学，是中国近代史上向西方国家寻找真理的"先进的中国人"之一。

中国自秦以来，无所谓天下也，无所谓国也，皆家而已，一姓之兴，则亿兆为之臣妾，其兴也，此一家之兴也，其亡也，此一家之亡也。天子之一身兼宪法、国家、王者三大物，其家亡则一切与之俱亡……顾其所利害者，亦利害于一家而已，未尝为天下计也。

严复这段话点出了中国至弱之源。两千多年封建制度统治，"普天之下，莫非王土，率土之滨，莫非王臣"观念的影响在中国根深蒂固。当西方各国从17世纪中叶纷纷开始构建现代民族国家之时，中华民族大大落后了。以血缘和姓氏为核心的封建王朝统治者，只对姓氏、家族负责，不对民族负责。表面上说保江山社稷，实则保"大清皇权"四个字而已。就如《清史》记载的《南京条约》签订消息传到北京时，道光皇帝那句感叹"我如何对得起列祖列宗"。他们不觉得对不起天下劳苦大众、对不起生他们养他们的这块土地，只觉得

严复是对当时中国病灶认识最深刻的人物

对不起自己的祖宗。家天下而已，仅仅对祖宗负责而已。

这种状态，怎么可能要求百姓与你"万众一心"。

《北京条约》签订后，原本好哭的咸丰帝，更是终日流泪不已。但当他向热河逃跑时，国家社稷都顾不上了，却不忘记自己还要喝鹿血，"命率鹿以行"，要带上自己养的一百多只鹿。大臣苦劝"何必率以为累。他日事平，再饮鹿血未晚也"，才勉强作罢。

至于光绪皇帝的宣战诏书变成《马关条约》，演出一场空前的割地赔款：割让辽东半岛、台湾和澎湖列岛与日本；赔偿日本军费两万万两白银；开放沙市、重庆、苏州、杭州为通商口岸。虽然损失巨大，但自己的皇位总算没有被撼动。

而庚子年间向十一国宣战的慈禧太后，前后反差更是惊人之大。起初为了表示决一死战的决心，她以通敌为罪名，杀掉了兵部尚书徐用仪、户部尚书立山、内阁学士联元、吏部左侍郎许景澄、太常寺卿袁昶等五位反对宣战的大臣，且都是"斩立决"；后来为了与"诸国"和好，她又毫不手软地令主张宣战的庄亲王载勋自尽；大学士刚毅、山东巡抚毓贤斩立决；端亲王载漪、辅国公载澜、大学士徐桐、钦差大臣李秉衡斩监候；英年、赵舒翘赐令自尽；启秀、徐承煜即行正法。所有这些，都不过是先听说列强要逼她下台交权，于是决心一战；后来证明传言不实，列强并不想赶走她而仍然愿意接纳她，便立即将"与其苟且图存，贻羞万古，孰若大张挞伐，一决雌雄"的豪言，变为了"量中华之物力，结与国之欢心"的媚语。至于主战派、反战派，则不过是她手中的几张牌九，玩儿旧了，便随手付之一炬。在这位太后主持之下，最慷慨激昂的宣战诏书很快就变为最丧权辱国的《辛丑条约》，哪怕从这一纸到那一纸将中国的财源支付净尽，哪怕天津海口至北京中枢的通道被外国军队控制，国家防御名存实亡，只要慈禧端佑康颐昭豫庄诚寿恭钦献崇熙皇太后，还是慈禧端佑康颐昭豫庄诚寿恭钦献崇熙皇太后。

统治者这种状况，反过来又导致民众普遍的冷漠与普遍的麻木，认为天下都是皇上的，打败了也是皇上打败了，割皇上的地，赔皇上的款，与我何干？结果形成只有王朝安全没有大众安全、只有家族安全没有民族安全的状况，国家安全一开始就从民众心理养成和大众精神状态上处于千疮百孔的脆弱状态之下。

事实难道不是如此吗？

1840年第一次鸦片战争爆发，英军在广州登陆后，类似三元里的抗击未能成为普遍现象，更多的倒是当地民众主动向侵略者出售牲畜、蔬菜、粮食。

1860年第二次鸦片战争期间，英法联军火烧圆明园，周围照样有中国民众随联军之后，也加入了哄抢园内财物的行列。

1900年八国联军攻打北京，其中日军8 000人，俄军4 800人，英军3 000人，美军2 100人，法军800人，奥地利军队58人，意大利军队53人，全部兵力加起来只有18 811人，竟然能够用10天时间攻陷北京，为什么？一方面虽然"义和团"人数众多，但仅以引魂旛、雷火扇、阴阳瓶、如意钩等八宝什物与八国联军的毛瑟枪对阵，只能是以卵击石；另一方面还要看到，同样是人数众多的雇

第一章 "中华民族到了最危险的时候" 027

当八国联军部队从广渠门下水口鱼贯而入、一个一个顺土坡往上攀爬时,两侧有一群一群留辫子的中国民众,揣着手站在两旁,事不关己地麻木观看

佣民众跟在八国联军后面,推小车帮着运物资、送给养。联军部队进抵北京,城墙又高又厚不得入,又有民众通风报信,告知广渠门的下水口没有封堵设防,于是联军沿此缺口攻入城内。攀墙围攻皇宫,同样有民众帮着架梯、扶梯,甚至有民众骑于墙头帮助瞭望。有一幅令人印象深刻的照片,画面是当联军部队从广渠门下水口鱼贯而

入、一个一个顺土坡往上攀爬时，两侧有一群群留辫子的中国民众，揣着手站在两旁，事不关己地麻木观看。

这就是孙中山描述的状况："四万万中国人，一盘散沙而已。"

一盘散沙同坚船利炮对抗，结果可想而知。

1858年，第二次鸦片战争已经开始，马克思在其《鸦片贸易史》一文中说："一个人口几乎占人类三分之一的幅员广大的帝国，不顾时势仍然安于现状，由于被强力排斥于世界联系的体系之外而孤立无依，因此竭力以天朝尽善尽美的幻想来欺骗自己，这样一个帝国，终于要在这样一场殊死的决斗中死去。"

53年后，这个帝国死去了。

中国封建制度延续2 700余年，危机则持续了71年：始于1840年鸦片战争，终于1911年辛亥革命。一场又一场反侵略战争始终停留在王朝战争层面而无法转化到民族战争层面，最终决定了中国最后一个封建王朝——大清王朝的覆灭。

如果某日清晨，你登上北京景山公园的万年亭，向南眺望时，会发现茫茫苍苍的晨曦之中，气吞霄汉的紫禁城被万缕霞光化解为一片金碧辉煌的汪洋大海。这景象定会令你终生难忘。站在北京中轴线的制高点上，飒飒晨风中，历史沧桑扑面而来。你在感动与震惊之余，便充分领略了中国封建制度之严密、之完备、之持久，那也许可算世界封建制度的顶点。

这个时候，你会忘记山脚下绿色栅栏围起来的那棵枯树。忘记

崇祯皇帝自缢处

在那里上吊前呼天也不应、呼地也不应、呼人也不应的皇帝崇祯[1]。

你忽略的那棵枯树，就是使你震惊的那片雄浑与苍凉的真正注释。

---

1 朱由检（1611—1644），明朝第十六位皇帝。明光宗朱常洛第五子，明熹宗朱由校异母弟。继位后大力铲除阉党，勤于政事，生活节俭，曾六下罪己诏，是位年轻有为的皇帝。在位期间爆发农民起义，关外后金政权虎视眈眈，已处于内忧外患的境地。1644年，李自成军攻破北京时，于煤山自缢身亡，终年34岁，在位17年。

▲ "假如你们革命成功了，我看你们也强不过我们多少"

1911年10月10日，湖北新军发动武昌起义。

1912年元旦，中华民国成立。

1912年3月5日，上海《时报》[1]载文《新陈代谢》，描述中国社会的变化：

共和政体成，专制政体灭；中华民国成，清朝灭；总

---

[1] 《时报》（*Eastern Times*），1904年6月12日在上海创刊，是戊戌政变后保皇党在国内创办的第一份报纸，实际创办人是狄楚青。由康门弟子狄葆贤和罗普分任该报经理和主笔，梁启超也参与过策划。

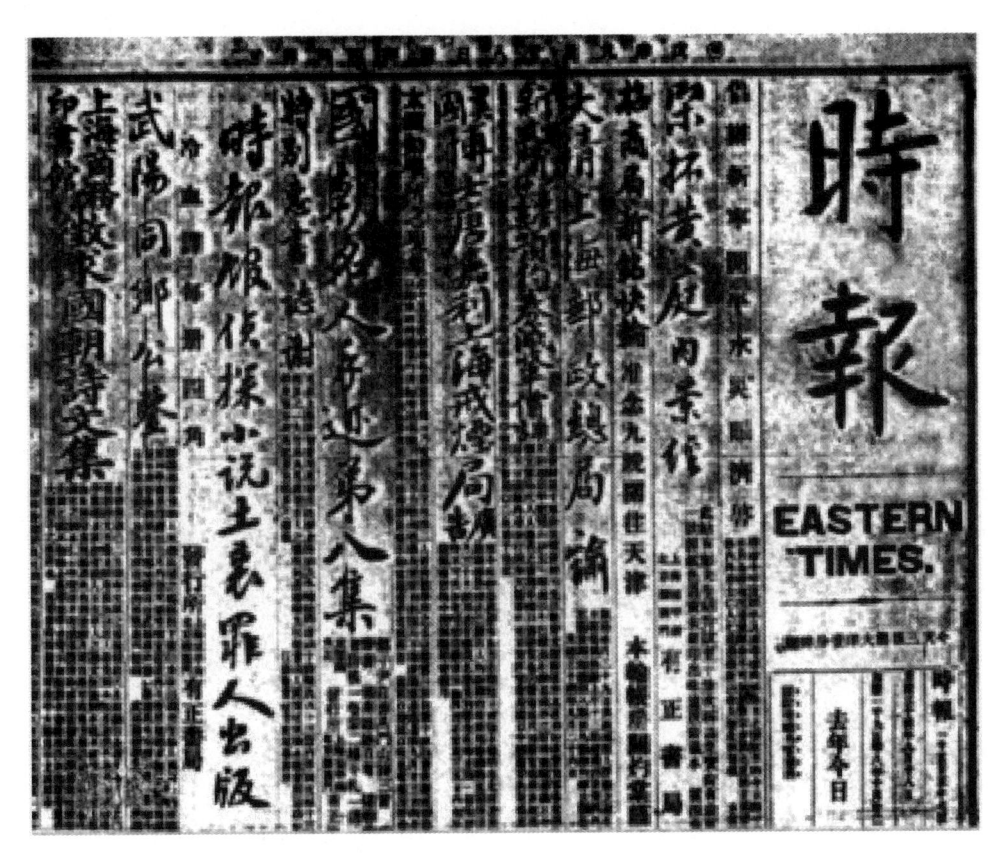

第一章 "中华民族到了最危险的时候" 031

上海《时报》

统成，皇帝灭；新内阁成，旧内阁灭；新官制成，旧官制灭；新教育兴，旧教育灭；枪炮兴，弓矢灭；新礼服兴，翎顶补服灭；剪发兴，辫子灭；盘云髻兴，堕马灭；爱国帽兴，瓜皮帽灭；爱华兜兴，女兜灭；天足兴，纤足灭；放足鞋兴，菱鞋灭；阳历兴，阴历灭；鞠躬礼兴，拜跪礼灭；卡片兴，大名刺灭；马路兴，城垣巷栅灭；律师兴，讼师灭；枪毙兴，斩绞灭；舞台名词兴，茶园名词灭；旅馆名词兴，客栈名词灭。

活灵活现地描绘出社会发生的巨大变迁。

巨大变迁后面隐藏的，是动荡与混乱。

皇权被推翻了，旧的社会权力中心、资源分配中心随之消失，新的中心又是谁？是孙中山的同盟会还是袁世凯的北洋军？

军事力量基本掌握在袁世凯手里，革命的先驱孙中山缺乏实力。

对共和的解释权又掌握在孙中山手里，实力派袁世凯缺乏道义。

孙中山长期漂泊海外从事革命工作，影响他在普通中国民众中形成政治魅力。

袁世凯是大清王朝的旧臣与重臣，也影响他在各个革命团体中形成政治魅力。

孙中山与袁世凯的政治对立与军事拉锯，导致中国社会权力中心的真空与半真空。原本就是一盘散沙的中国社会，此时变得更加松散。

一方面是多个权力中心的出现，谁也指挥不灵、调动不灵；另一方面是各种地方实力派系动辄就搞分裂、闹独立。如李大钊[1]所述"中央视之无奈何也，人民视之无奈何也"。

1　李大钊（1889—1927），中国共产主义的先驱，伟大的马克思主义者、杰出的无产阶级革命家、中国共产党的主要创始人之一，是学识渊博、勇于开拓的著名学者。

第一章 "中华民族到了最危险的时候"

薄弱的共和基础，造就畸形的政党政治。国家稳定因素骤减，政治动荡因素徒增，社会组织变得更加涣散。

著名中国问题专家费正清[1]说："天子一旦从人们心目中消失，中国的政治生活不可避免地乱了套，因为这时国家之首没有获得通常那种思想意识上的公认，来行使最终的权力。由一个朝代所体现出来的统治权，比刚宣称的人民的统治权更为具体和明确得多，特别是因为当时还没有什么选举过程来把权力的某种形式赋予人民"。（费正清：《美国与中国》，商务印书馆1989年版，第158页）

辛亥革命前汪精卫[2]刺杀摄政王载沣[3]，未遂被捕，肃亲王善耆[4]审汪精卫时说了一段话："你们这革命当然是有原因的，是看到清朝太坏了。假如你们革命成功了，我看你们也强不过我们多少。"

事实似乎也是如此。辛亥革命成功，帝制被推翻，国家状态如李大钊在《大哀篇》中所说：

---

[1] 费正清，哈佛大学终身教授，著名历史学家，美国最负盛名的中国问题观察家，美国中国近现代史研究领域的泰斗，"头号中国通"，哈佛东亚研究中心创始人。

[2] 汪兆铭（1883—1944），笔名精卫，因此历史上多以"汪精卫"称呼。早年投身革命。后期思想明显蜕变，于抗日战争期间投靠日本，在南京成立伪国民政府，沦为汉奸。

[3] 爱新觉罗·载沣（1883—1951），清摄政王。醇亲王爱新觉罗·奕譞的第五子，道光帝之孙，光绪帝之同父异母弟，宣统帝之父。在清朝的最后三年中，他是中国实际的统治者。

[4] 肃亲王善耆（1866—1922），爱新觉罗氏，满洲镶白旗人，晚清贵族重臣，川岛芳子生父。是中国现代警察制度的建造者之一。

1919年5月4日，向天安门进发的北京大学游行队伍

革命以前，吾民之患在一专制君主；革命以后，吾民之患在数十专制都督。昔则一国有一专制君主，今一省有一专制都督。前者一专制君主之淫威，未必及今日之都督。

城头变幻大王旗，军阀混战，生灵涂炭。从1911年至1931年20年时间，仅四川一省，军阀混战就有478次。大众的福祉，黎民的权益，几乎全部淹没在对权力的争夺、对地盘的争夺、对中心城市的争夺、对国外承认的争夺之中。

推翻帝制、创立民国，虽然坐轿子的换了一批人，但抬轿子的几乎没有变化，仍然还在抬轿子。另一个没有变的，是随意被踢开国门、随意被烧杀抢掠的现象仍然没有终止。

第一章 "中华民族到了最危险的时候"

北洋军阀主政下的中国，作为第一次世界大战的战胜国出席巴黎和会，在人们欢呼"公理战胜强权"的兴奋时刻，英、美、法、意、日"五强"却操纵和会，将战败国德国在中国山东的权益转让给日本。

轰轰烈烈的五四运动爆发了，"外争国权，内惩国贼"，北洋军阀政府的权威开始坍塌。

北洋军阀政府倒台了，以1928年12月"东北易帜"为统一中国标志的民国政府，又先在1931年九一八事变中丢掉了东北、1937年七七事变中丢掉了华北。

人们反复谴责帝国主义侵略成性、喋血成性、掠夺成性，却很少思索日本关东军为何敢于以1.9万兵力面对19万东北军发动九一八事变、日本华北驻屯军为何敢于以8 400兵力对10余万兵力的宋哲元[1]29军发动七七事变。

1948年被东京国际军事法庭判处绞刑的日本甲级战犯、九一八事变元凶板垣征四郎[2]，1931年8月在关东军做战斗动员时，讲过这样一番话："从中国民众的心理上来说，安居乐业是其理想，至于政治和军事，只不过是统治阶级的一种职业。在政治和军事上与民众有联系的，只是租税和维持治安。因此，它是一个同近代国家的

---

[1] 宋哲元（1885—1940），字明轩，汉族，山东省乐陵市城关镇赵洪都村人。中华民国军事将领。冯玉祥手下西北军五虎之一，冯玉祥对他十分赏识，称赞他"勇猛沉着""忠实勤勉""遇事不苟""练兵有方"。

[2] 板垣征四郎（1885—1948），日本陆军大将，为日军中和"石原之智"并称的"板垣之胆"。是日本昭和时代重要将领、第二次世界大战甲级战犯之一，1948年12月22日被处绞刑。

情况大不相同的国家，归根到底，它不过是在这样一个拥有自治部落的地区上加上了国家这一名称而已。所以，从一般民众的真正的民族发展历史上来说，国家意识无疑是很淡薄的。无论是谁掌握政权，谁掌握军权，负责维持治安，这都无碍大局。"

板垣的祖父是藩主[1]讲师，明治维新时代就潜心研究汉学，板垣4岁起就跟着祖父学习中国文化，军校毕业后又被派往中国云南，后又任汉口派遣队参谋，这四五年时间辗转于昆明、汉口等地，深谙中国民情风俗，能够讲一口流利的汉语，是日本陆军中著名的"中国通"。

这个"中国通"为关东军战斗动员讲的话，戳到了中国最痛之处。

另一个发动九一八事变的元凶石原莞尔[2]，是日本士官学校和陆军大学的高才生，桀骜不驯，即使是长官，看不上的就不放在眼里，被打发到中国服役。一到武汉，精力旺盛的石原便搞起了化装侦察，穿着破衣烂衫，装扮成扛大活的苦力，几次被中国警察扒光了搜身，抄走身上的最后一个铜板。这种切身体验给这个战争狂人一个另类的提示：中国官府对民众实在苛刻，一旦有事，民众不会站到官府一边共同担当。

所以石原到东北后信心十足地说了一句话："我不用拔剑，只

---

[1] 江户时代对大名的称呼。德川幕府设立藩一级行政级别，将各大名的封地区域固定下来，对应的大名即是此藩的藩主。

[2] 石原莞尔（1889—1949），日本帝国时代的陆军中将，日军侵略战争的规划者、理论家。日本思想家、政治家、军国主义鼓吹者，有"日本第一兵家"之称。

侵华元凶冈村宁次

用竹刀就足以吓退张学良！"

板垣征四郎研究中国多年得出的结论，石原莞尔在中国底层社会切身感受得出的结论，都极大地支撑着和鼓励着他们铤而走险。

另一个也是"中国通"的侵华元凶冈村宁次[1]，1932年"一·二八"事变后描述自己赴上海参战的心情"恨不得长翅膀一下子飞到淞沪战场"，周围则是"怀着必胜的自信心，抢着同中国军作战的陆军兵将"。

这些人就是以这种心理状态，在中国大地上烧杀抢掠的。他们看透了中国国家内耗、政府腐朽、社会涣散带来的软弱，看透了民

---

[1] 冈村宁次（1884—1966），侵华日军战犯、日本陆军大将、抗日战争末期任日本中国派遣军总司令官。昭和军阀的"三羽鸟"的第三位。

众与政府的游离与对立，看透了他们的对手不过是几个孤家寡人的首领率领一伙四分五裂的族群。

一百多年来这些教训，一个比一个惨痛，一个比一个沉重。

一个中国人，仅会唱"大刀向鬼子头上砍去"，还无法明白那段历史。

如果不探究我们是怎样衰落到了如此地步，不了解当时中国的政治有多么腐朽、军事有多么低能、社会有多么涣散，就不会了解这种腐朽、低能与涣散会带来多么巨大深重的灾难。"落后就要挨打"在中国更多地表现为"软弱挨打""内耗挨打""腐朽挨打""涣散挨打"。田汉、聂耳1935年创作的《义勇军进行曲》，已经唱出了这样的词句："中华民族到了最危险的时候"。

这种内耗严重、四分五裂、散沙般涣散的国家状态和社会状态，怎能不成为列强屠宰的目标？

最了解中国的列强，就是日本。

最无情屠宰中国的列强，也是日本。

第二章
一言难尽的一衣带水

中日两国，说不清的关系，道不明的恩怨，皆用这四个字带过：一衣带水。

因为一衣带水，联系方便，影响也方便；

因为一衣带水，掠夺方便，侵略也方便。

▲ "浙江一带唯流水，巨舰沂来欧罗巴"

若说中国与哪一个国家的关系最难说清的话，恐怕就是日本。

历史上没有哪一个国家像中国这样，给日本人以如此巨大的影响。

从汉字到围棋，从《论语》到《法华经》，日本人几乎一成不变地从中国学去了这些文化精髓。

历史上也没有哪一个国家像日本这样，给中国人造成如此巨大的伤害。

自甲午战争始，哪一次针对中国的战争，都少不了日本；哪一个帝国主义杀人，都不像日本人那样在南京屠城。

中日两国，说不清的关系，道不明的恩怨，皆用这四个字带过：一衣带水。

因为一衣带水，联系方便，影响也方便；

因为一衣带水,掠夺方便,侵略也方便。

日本原本也是被侵略者,而且对被侵略、被掠夺一直比中国有着更多的担心。

1837年,幕府统治者德川齐昭[1]发出预言:日本将是西方攻击的第一个目标;中国太大,朝鲜和琉球[2]又太小,对大不列颠的炮舰来说,日本恰好不大不小。

日本水户藩藩主德川齐昭像

这个日本统治者比中国的道光皇帝先预感到了危机。

三年之后,危机来了,却首先来到躺在床上抽鸦片的中国。

即使如此,鸦片战争的冲击对日本也极大。许多人以鸦片战争为题著书立说,论述西方对东方的野心,慨叹清政府的失败,警告德川幕府如果不速筹对策,必重蹈中国覆辙。

诗人山田芳谷专门赋诗一首:

勿峙内洋多礁砂,支那倾覆是前车。

浙江一带唯流水,巨舰沂来欧罗巴。

---

1 德川齐昭(1800—1860),日本江户末期水户藩藩主。
2 琉球王国是曾存在于琉球群岛的封建政权名,现已灭亡。

日本还在不断地向中国学习，这回学到的是危机。

明治维新以前的日本社会本与中国社会一样，也是一个超凝固、超停滞的社会。1864年，东京大学前身"开成所"的教授杉亨二读到世界史中"法国大革命"[1]这一章节，不禁惊呼："人类社会之变动竟有如此之剧烈耶？余为之落胆也！"

可见思想的凝固与社会的停滞，已经给日本人的思想意识带来了何等深刻的影响。

使日本人睁开眼睛看世界的，是中国的魏源[2]。

林则徐交代魏源写的《海国图志》[3]，在中国没有引起太大反响，传到日本后却引起强烈震动。这是日本统治者和知识界首先接触到的洋学知识。魏源在日本的知名度，远远超过中国。

合上魏源的书睁开眼睛看世界之时，对岸正火焰熊熊——大清王朝的圆明园被英法联军付之一炬。

于是魏源成为日本从一衣带水的对岸接受的最后一位思想界人物。此后它便转向了西方。

---

1 法国大革命，1789年在法国爆发的革命，统治法国多个世纪的君主制在三年内土崩瓦解。过往的贵族和宗教特权不断受到自由主义政治组织及上街抗议的民众的冲击，旧的观念逐渐被全新的天赋人权、三权分立等民主思想所取代。

2 魏源（1794—1857），清代启蒙思想家、政治家、文学家。近代中国"睁眼看世界"的首批知识分子的优秀代表。倡导学习西方先进科学技术，并提出了"师夷长技以制夷"的主张，开启了了解世界、向西方学习的新潮流。

3 《海国图志》是魏源受林则徐嘱托而编著的一部世界地理、历史知识的综合性图书。

明治天皇明治维新使日本跻身世界强国之列

于是有了明治维新[1]。

明治维新后的日本，翻译过来的思想源源流向中国。

1960年6月21日，毛泽东和周恩来在上海接见以野间宏[2]为团长的日本文学代表团。毛泽东说了这样一句话：

马克思主义的传播日本比中国早，马克思主义的著作是从日本得到手的，是从日本的书上学习马克思主义政治经济学的。

毛泽东说出了一个实情，十月革命炮响之前，马克思主义已经从日本传入中国。

---

1 明治维新，19世纪60年代，明治天皇建立新政府，进行近代化政治改革，建立君主立宪政体。经济上推行"殖产兴业"，学习欧美技术，提倡"文明开化"、社会生活欧洲化，大力发展教育等。这次改革使日本成为亚洲第一个走上工业化道路的国家，跻身世界强国之列，是日本近代化的开端。

2 野间宏（1915—1991），日本小说家，战后派的代表作家。

第二章　一言难尽的一衣带水

1906年1月,同盟会党人朱执信[1]在东京出版的同盟会机关报《民报》上发表"德意志社会革命家小传",摘要翻译了《共产党宣言》。马克思、恩格斯的著名论断"到目前为止的一切社会历史都是阶级斗争的历史"被朱执信译为:"自草昧混沌而降,至于吾今有生,所谓史者,何非阶级争夺之陈迹乎"。

这是最早介绍到中国的马克思主义。

朱执信翻译的《共产党宣言》是从日文版转译的,取自1904年幸德秋水[2]和堺利彦[3]合译的英文版《共产党宣言》。

这一转译意义重大,"共产党"一词在中国第一次出现。

"共产党"一词源于英文Communist Party。英文Commune直译为公社,在法国、意大利、比利时等国家,最小行政区划的市区、村镇自治体也以此称呼;而Community则除了"村社,公社"外,还有"共有,共用,共同体"之意,如今"欧共体"用的就是这个词。无论是Commune或Community,都没有和汉字的"共产"发生直接关系。Communist Party若直译便是"公社分子党""公团分子党"。

但幸德秋水和堺利彦将它译作了日文的"共产党"。朱执信方便地将日文中的汉字照搬了过来。于是一个无数人为之抛头颅、洒

---

[1] 朱执信(1885—1920),原名大符,字执信,中国近代资产阶级革命家、思想家。

[2] 幸德秋水(1871—1911),日本社会主义运动活动家,著有《二十世纪之怪物——帝国主义》《社会主义精髓》等。

[3] 堺利彦(1870—1933),日本早期社会主义运动活动家。自幼受儒家思想影响,后接受自由民权学说。

加藤弘之

热血的名词，通过朱执信那支不经意的笔在中国大地产生。怕它的人咒骂它"共产共妻"，爱它的人则敬它"消灭私有制"，未被完全译出来的那部分意思便无人再去细想了。

这都是后来发生的。翻译它的朱执信于1919年去世，对此无从知晓了。

日本比中国早36年知道了马克思主义。1870年，明治维新时代启蒙思想家加藤弘之[1]就把这一学说介绍到日本。介绍的目的不是学习，而是批判。当时"共产主义的幽灵"已在欧洲徘徊。由于害怕这个幽灵也徘徊到日本，明治政府容许这一学说作为反面材料出现。

所以在日本最早介绍马克思主义的加藤弘之，就是这一学说的坚决反对者。他在《真政的大意》一书中说："共产主义和社会主义两种经济学说……大同小异，都主张消灭私有财产"，是对社会治安"最为有害的制度"。

---

[1] 加藤弘之（1836—1916），日本政治学家。明治维新后宣传立宪政治。提倡社会有机体说，鼓吹国家主义，制造对外侵略理论。著作有《立宪政体论》《国体新论》《强者权利的竞争》等。

哲学家西周[1]在《百学连环》中首次提到社会主义运动，也是为了向天皇献策，"主宰世界者不能不考虑此等事""唯防之于未然"。

马克思主义学说在声色俱厉的批判声中传到日本。

明治天皇不了解，马克思主义是空前强有力的批判武器，最不害怕的就是批判。

于是便一发而难收。

1882年被称为"东方卢梭"的中江兆民介绍了空想社会主义、拉萨尔主义、马克思主义；1893年草鹿丁卯次郎写的《马克思与拉萨尔》；1903年片山潜的《我的社会主义》；1903年幸德秋水的《社会主义神髓》；1904年幸德秋水和堺利彦合译《共产党宣言》，安部矶雄翻译出版马克思《资本论》第一卷；1907年堺利彦等的《社会主义纲要》等马克思主义著作在日本获得广泛传播。

1905年8月，孙中山在日本东京成立同盟会[2]，这些最新的理论便被同盟会会员们一批一批翻译介绍到中国。

戴季陶[3]主要介绍马克思主义的经济学说。他将考茨基[4]的《马克

---

[1] 西周（1829—1897），日本近代史上著名的启蒙思想家、哲学家。

[2] 中国同盟会（简称同盟会），亦为中国革命同盟会。是中国清朝末年由孙中山领导和组织的一个统一的全国性资产阶级革命政党。同盟会在辛亥革命中起到重要作用，成立了中国历史上第一个资产阶级共和国——中华民国。

[3] 戴季陶（1891—1949），中华民国和中国国民党元老，中国近代史上重要的思想家、理论家和政治人物。也是中国马克思主义最早的研究者之一。

[4] 卡尔·考茨基（1854—1938），社会民主主义活动家，德国和国际工人运动理论家，第二国际机会主义派别领袖之一，亦是马克思主义发展史中的重要人物。卡尔·马克思代表作《资本论》第四卷的编者。

思的经济学说》日文版一书的前四章译成中文，译名为《马克思资本论解说》。全书由戴季陶、胡汉民[1]、朱执信和李汉俊[2]四人合译，这是中国人最早了解到马克思的《资本论》。戴季陶在自述中说："我对于马克思的经济学说，很想用一番研究的功夫。"还说："要想免去阶级竞争，只有废除阶级的压迫，只有废除阶级。阶级存在一天，阶级压迫继续一天，阶级斗争就要支持一天。"

胡汉民则将日文版《神圣家族》《哲学的贫困》《共产党宣言》《雇佣劳动与资本》《路易·波拿巴的雾月十八日》《政治经济学批判（序言）》《资本论》等著作中唯物史观部分译成中文介绍给国内读者。胡汉民说："以上所译述，最主要的为经济学批判序，是马克思唯物史观的纲领。马克思自称他多年研究的结论，后来的学问，都以这个为导线。信从科学社会主义的人，有拿他当做宗教上的经典一样贵重的。"这位后来的国民党右派断言，在人类思想史上，只是到了马克思才"努力说明人类历史的进动的原因"，而唯物史观的创立，使"社会学、经济学、历史学、社会主义，同时有绝大的改革，差不多划一个新纪元"。

早期国民党人从马克思主义中吸取了丰富的营养。他们把这些新思想介绍到中国，确实在长期沉寂黑暗的中国思想界擦着了几分

---

[1] 胡汉民（1879—1936），资产阶级革命家，国民党早期主要领导人之一，也是国民党前期右派代表人物之一。

[2] 李汉俊（1890—1927），中共一大代表。早年留学日本，接受马克思主义。回国后积极宣传马克思主义，大力推进建党工作，为召开中共一大做出了卓越贡献。

光亮。

所以瞿秋白[1]1927年2月说:"戴季陶先生、胡汉民先生及朱执信先生,都是中国第一批的马克思主义者。"

这些国民党元老当初介绍马克思主义如此不遗余力,是后来那些视马克思主义如洪水猛兽的国民党新贵们能想象到的吗?

中共早期主要领导人之一瞿秋白

通过他们的介绍,大量马克思主义的政治、哲学术语由日本传到中国。"社会主义""社会党""共产主义""共产党""无政府主义""辩证法""形而上学""唯物主义""唯心主义"等词汇,都是从日本传过来的。大革命时期响彻中国的"劳工神圣"和"团结就是力量"等口号,也是日本革命者片山潜、高野房太郎等人1897年从美国带回来的。

西方有学者说,文化的联系意味着一个国家的反应会迅速传递给另一个国家。

鸦片战争前的中国,曾是日本文明的发源处;明治维新后的日

1　瞿秋白(1899—1935),中共早期主要领导人之一,伟大的马克思主义者,卓越的无产阶级革命家、理论家和宣传家,中国革命文学事业的重要奠基者之一。

本，却成为东方先进思想学说的集散地。毛泽东说从洪秀全到孙中山，先进的中国人向西方寻找真理。西方离中国毕竟太远。一衣带水的日本却很近。于是向西方寻找真理的中国人，便如周恩来所说"大江歌罢掉头东，邃密群科济世穷"，东渡日本学习新思想。中国共产党的早期领导人李大钊、陈独秀、李汉俊、李达、陈望道、施存统、沈玄庐、邵力子、周佛海等都是留日学生，后来彭湃、王若飞、周恩来、杨匏安、杨闇公、董必武等也先后留日。

毛泽东没有留日。但1910年秋季毛泽东决定外出求学时，抄写了西乡隆盛[1]的一首诗，悄悄夹在账簿里留给父亲：

> 孩儿立志出乡关，
> 学不成名誓不还。
> 埋骨何须桑梓地，
> 人生无处不青山。

原诗被改了两处："孩儿"在原诗中是"男儿"，"誓不还"在原诗中是"死不还"。两处改动，可看出毛泽东当时细腻的心境。

西乡隆盛与木户孝允、大久保利通被称为"维新三杰"。"维新三杰"推动的"明治维新"运动，不但使日本避免了沦为欧洲殖民地，而且使日本成为亚洲第一个走上近代化发展道路的国家，三人也由

---

[1] 西乡隆盛（1828—1877），日本江户时代末期（幕末）的萨摩藩武士、军人、政治家。

此成为名贯东亚的著名人物。

但对中国共产党人影响最大的，还不是大久保利通和西乡隆盛这样的日本政客，而是如经济学家、京都帝国大学教授河上肇[1]这样的日本学者。

共产党人中最早宣传马列主义的李大钊，1913年至1916年在早稻田大学留学时期，就爱读河上肇的著作，并通过河上肇的著作接触到了马克思主义。

河上肇的著作对中国革命产生过巨大影响

周恩来在日本留学期间，看到的第一本系统地介绍马克思主义原理的理论著作，就是河上肇的《贫乏物语》。为师从河上先生，周恩来特地提出入学申请，想选修京都帝国大学经济系课程，未成。又去京都在南开同学吴瀚涛处住了一段时间，想见河上，仍未成。后来归国，箱子里的重要物件就是河上肇的书。

---

[1] 河上肇（1879—1946），日本经济学家。日本马克思主义研究的先驱者。他的著作不仅对日本，对中国的革命者也曾产生巨大影响。

郭沫若[1]后来翻译河上肇的《社会组织与社会革命》一书时，给朋友成仿吾[2]写道："这本书的翻译，使我的一生来了一个转折。把我从半睡眠状态下唤醒的是它，把我从歧路的彷徨中拉出来的是它，把我从死亡的阴影中拯救出来的是它。"

至今在韶山毛泽东纪念馆里，还陈列着毛泽东早年阅读过的河上肇的《经济学大纲》、河上肇翻译的马克思的《雇佣劳动与资本》。

1960年率日本文学代表团访华的野间宏回忆，毛泽东对他说过："河上肇写的书，现在还是我们的参考书。河上肇在《政治经济学》那本书中写有怎样从旧的政治经济学发展到新的政治经济学，河上先生说新的政治经济学就是马克思主义的政治经济学，因此每年都再版发行。"

然而向先进的中国人提供了先进思想武器的日本，却没有走上如中国一样的革命道路。它走上的是一条相反的路：法西斯道路。

1　郭沫若（1892—1978），四川省乐山县铜河沙湾人，毕业于日本九州帝国大学，现代文学家、历史学家、新诗奠基人之一。

2　成仿吾（1897—1984），中国无产阶级革命家、共产主义战士、新文化运动的重要代表、无产阶级教育家和社会科学家、文学家、翻译家。与郭沫若、郁达夫等人1921年7月在日本东京建立了著名的革命文学团体——创造社。

▲ "让日本之魂从底层翻腾起来"

说到日本的法西斯道路，必须注意日本的两伙人。

一伙是昭和军阀集团的成员，提供行动。

另一伙是大川周明[1]和北一辉[2]，提供思想。

看到马克思日复一日地出入大英图书馆，李大钊本人就是图书馆主任，毛泽东也曾在图书馆工作，有人便说：革命起于图书馆。

其实还有另外一个现象：法西斯也起于图书馆。

1904年日俄战争正酣之际，一个21岁的日本青年天天来到东

---

[1] 大川周明（1886—1957），日本极端民族主义者，大亚细亚主义作家，"日本法西斯主义之父"。回教学者，"二战"后东京审判的28个甲级战犯之一。因为在法庭上大闹装疯逃脱审判而名噪一时。

[2] 北一辉（1883—1937），日本思想家，社会活动家，政治哲学家，国家主义和超国家主义的提倡者，日本法西斯主义理论创立者。

日本法西斯主义理论创立者北一辉

京上野的帝国图书馆,殚精竭虑地苦读。两年之后,他的重要著作《国体论及纯正社会主义》写成,自费出版。

此人就是日本法西斯理论之鼻祖北一辉。

法西斯主要代表大资产阶级利益的说法,是最省事的说法。它不用解释如下现实:为什么法西斯的兴起最初总源于社会底层,且能将这一阶层的支持保持到最后灭亡。

特别是,为什么总以社会主义标榜。

希特勒首先加入的党,是"国家社会主义工人党"[1]。

北一辉第一部重要著作,是《国体论及纯正社会主义》。

在书中,北一辉说,日本必须通过"土地和生产机构的公有及其公共经营",来实现"共产制度"或"社会的共产制",这项任务的实现者是"下层阶级"。

北一辉的本意是通过天皇"协治"来完成"社会主义大革命"。但他倾注心血之作吓坏了内阁。虽然自费出版,也被政府禁止发行。

此时的北一辉崇尚民权革命,还不是法西斯主义者。面对禁锢

---

[1] 德国国家社会主义工人党,又译为德国民族社会主义工人党,简称纳粹党,是20世纪前半叶的一个德国政党。

得连书都不能出的日本，他把目光转向了中国革命。

对中国革命，他有两点基本认识。第一，他认为日本是革命发源地，辛亥革命不过是受日本明治维新运动的影响，是一批留学日本的中国留学生把革命的理论与实践带到中国，才引发了中国的革命。第二，北一辉认为中国革命的希望是黄兴[1]和宋教仁[2]，不是孙中山。他认为孙中山太过西化，是"毫无根据的空想家"，无论思考还是行事都是西方模式，孙中山想在中国实行的，不过是西方那些思想和理论。对他极力支持的黄兴和宋教仁，私下里也没有太多好感，说黄兴是"混沌的思想者"，宋教仁为"偏颇的立法头脑"。

北一辉对中国革命倾注了极大热情，甚至写了一本《中国革命外史》，并且在中国把他的名字由辉次郎改为了北一辉。

北一辉之所以到中国参加革命活动，是以为"日本是中国革命的助产士"，所以想让中国革命也来做一轮日本革命的助产士。但他很快就大失所望。1919年爆发的五四运动，冲垮了立志为中国革命效力的北一辉。他把这一运动看作排日运动："眼前所见之排日运动前列并宣传鼓动与指挥者，皆为十年间同生共死有刎颈之交的同志"；"身处弥漫在全世界的排日热潮，席卷全中国的排日运动中……掉转眼泪，阳台之下是一望无际的吾儿之同胞狂呼憎恨故国

---

[1] 黄兴（1874—1916），近代民主革命家，中华民国的创建者之一，孙中山第一知交。辛亥革命时期的先驱和领袖，与孙中山常被时人以"孙黄"并称。

[2] 宋教仁（1882—1913），中国"宪政之父"，与黄兴、孙中山并称，主持第一次改组国民党。伟大的民主革命先行者、中华民国的主要缔造者、民国初期第一位倡导内阁制的政治家。

大川周明等人创立的犹存社

日本的群众怒涛"。

他为此绝食了40天。

绝食抗议不成，北一辉决心离开中国，"告别十余年间参与的中国革命的生活，返回日本。我看到，这十余年间特别加速腐败堕落的我国，若继续这样下去而不加过问，则无论是对世界政策，还是对华政策或国内政策，都显然要濒于毁灭"，他说："让日本之魂从底层翻腾起来，来担当日本自身的革命吧。"

回国之前，北一辉在上海完成了法西斯主义研究。

中国青年志士去日本寻找救国真理，日本法西斯组织却派人来中国寻找其领袖人物。1919年8月，标榜为"国家主义"的日本右翼团体犹存社¹成立，派大川周明专程到中国寻找北一辉。

大川周明比北一辉小3岁，东京帝国大学毕业，专业是吠陀文学和古印度哲学，通晓德语、法语、英语、梵语和巴利语，后来与北一辉齐名为日本法西斯运动的两个思想领袖。

大川对中国并不陌生，1918年就在中国东北"满铁调查部"任职。但当他1919年8月23日再次来到中国上海，在一间破房子里见到北一辉的时候，还是吃了一惊。这是他们第一次见面。他没有料到后者过得如此清苦，仅靠吃米饭团、喝清水，在撰写八卷本的巨著《国家改造案原理大纲》。

北一辉把已经写好的前七卷交给大川，约定写完第八卷立即回国。他要在上海完成其法西斯思想的代表作。

此时的北一辉，已经从中国五四运动的苦闷中解脱出来了，决心完全效力于日本国家主义。他把革命与扩张合为一体，认为"在国际间处于无产者地位之日本"应成为一个"打败英国，使土耳其复活，使印度独立，使中国自立，其后太阳旗将给全人类以阳光"的"革命帝国"。

在上海亭子间炮制"革命理论"的北一辉虽也主张限制私人资本，雇主和雇员之间利润均分，抑制藩阀财团，但他的"革命"依靠的不是工人，而是军人。他生拉硬扯地将日本军人说成是"有兵卒素质之工人"，主张成立与俄国十月革命工兵代表苏维埃类似的"工

---

1 犹存社是日本第一个法西斯组织，其名称取自中国晋代诗人陶渊明的《归去来兮辞》中"三径就荒，松菊犹存"句。

兵会",让最有组织、最有战斗力的在乡军人成为改造国家的骨干力量。于是他在国家主义与军国主义之间搭上了一块方便跳板。

后来有人说北一辉的理论好像在日本的旧米酒瓶中灌进了马克思主义的新酒,其实是说反了。他是在马克思主义的酒瓶中灌进了日本的旧米酒。他说,"如马克思,虽生于德国,然而系无国家而只有社会之犹太人,故其主义虽首先并非筑基于国家而是筑基于社会之上,但若我日本作为社会组织而有所求时,则唯见国家",所以"社会主义于日本即成国家主义"。

他的服务对象不是具体的哪一个阶级,而是抽象的国家。于是他的国家主义与西方未曾谋面的伙伴一样,很快变成不折不扣的军国主义、法西斯主义。

1919年是世界法西斯运动收获颇丰的一年。

5月,墨索里尼在意大利组织了"战斗的法西斯";

9月,希特勒在德国加入"国家社会主义工人党";

9月,北一辉在上海完成《国家改造案原理大纲》。

当俄国革命刚刚成功、德国革命正在进行、中国革命行将开始之时,法西斯主义也不约而同地在西方与东方同时呱呱坠地了。

法西斯主义若要生根,必须凭借危机。

日本正因出兵西伯利亚和"米骚动"[1]面临空前之危机。

---

[1] 1918年(大正七年),日本爆发了历史上第一次全国性的大暴动。"米骚动"从抢米而发展到与地主、资本家、反动军警进行斗争,而且在群众中公开提出"打倒寺内内阁"的口号。

贫困，日本人才伟大，他们又能忍耐，

物价无止境地上涨也罢，喝开水吃稀粥照样活。

啊！逍遥自在呀！

吃南京米又挨南京虫咬，住在猪圈般的房子里，

尽管选举权也没有，说是日本国民也自豪。

啊！逍遥自在呀！

膨胀，膨胀，国力膨胀，资本家的横暴膨胀，

俺老婆的肚子膨胀，贫困也更加膨胀。

啊！逍遥自在呀！

这是一首1918年在日本流行的民谣。

南京米即中国运去的米。南京虫即臭虫。这首民谣传唱很广，是此时期日本两极分化、官僚腐败的真实写照。

第一次世界大战后期，日本政府以解救各国战俘和收回协约国[1]战争物资为借口，出兵干涉新生的苏维埃俄国。此事大大激发了日本的野心，大正天皇[2]和内阁已经在讨论将东西伯利亚并入日本的可能性了。

1　协约国是第一次世界大战中以英国、法国、沙皇俄国为主的国家联盟。还包括塞尔维亚和罗马尼亚。它与以德国、奥匈帝国为中心的同盟国集团形成了第一次世界大战的对立双方。

2　大正天皇（1879—1926），本名嘉仁，日本第123代天皇。明仁天皇之祖父、昭和天皇之父，母典侍柳原爱子。第一位采取一夫一妻制的天皇。

原敬，日本第一位平民出身的首相

结果事与愿违。刚刚出兵西伯利亚，国内就发生了"米骚动"，波及32县，70万人加入，日本政府大受震动。害怕日本也出现俄国推翻罗曼诺夫王朝[1]式的革命，天皇和历来反对政党内阁的重臣，都不得不同意政党组阁。

于是日本最早的政党内阁——政友会[2]的原敬内阁产生。这是日本打破藩阀政治后的第一位平民出身的首相。但政党内阁在日本，一开始就是个减压阀和维持会。正因如此，从该内阁起，陆军大臣、海军大臣和外务大臣三个最重要的位置，执政党都不能安排。国家安全问题更在政党管辖范围之外。

政党政治从开始在日本就是个门面。

门面也维持不住，第一届内阁首相不久就死于非命。

1　罗曼诺夫王朝（1613—1917）是统治俄罗斯的第二个也是最后一个王朝，它也是俄国历史上最强盛的王朝。

2　立宪政友会，简称"政友会"。日本政党。1900年由伊藤博文创立。代表日本封建地主和财阀及具有这种背景的政客的利益，并受三井财阀直接支持。1940年解散。

原敬想结束藩阀政治，搞西方式民主，1921年11月4日在东京车站被19岁的中冈艮一刺杀。凶手是铁路雇员，自称为抗议寻欢作乐的松弛风气和日益蔓延的西方化潮流。凶器是在车站附近五金商店买的白鞘短刀。

一把五金店的短刀，便结束了日本刚想冒头的民主政治。

北一辉说："维新革命不取决于戊辰战争，而是由天下大势之频频暗杀决定的。"自此，日本政治便有了"暗杀政治"之称。北一辉的国家主义派上了大用场：每一次暗杀都出自"爱国至诚"。热衷学西方的日本人忘掉了英国文学家塞缪尔那句话：爱国心在不少场合，是被流氓当作隐身衣来使用的。

北一辉还说过一句话："古今一切革命依靠军队运动是历史的通则。"

信奉北一辉理论的青年军官，逐渐在日本社会形成一股巨大能量。

▲ "事情就是这样开始的"

1921年10月底,日本政府内阁的原敬首相被刺前一周,德国莱茵河上游的黑森林贵族城堡区,一个叫巴登巴登的矿泉疗养地举行了一个秘密聚会。三个军衔皆为少佐的日本驻外武官聚集在一起,议论上司,议论国家,目的与七天后将行动的中冈艮一类似:结束国内的腐败。

这三人——永田铁山[1]、小畑敏四郎[2]、冈村宁次——皆是陆军中的骄子。在以训练严酷著称的日本军校中,永田铁山的毕业成绩是士官学校第四名、陆军大学第二名;小畑敏四郎的成绩为士官学校

---

[1] 永田铁山(1884—1935),1913年去德国留学研习军事,翌年归国。长期从事军事动员、体制的整备,为总动员体制奠定基础,是统制派重要人物。

[2] 小畑敏四郎(1885—1947),日本陆军中将。高知县人,皇道派中心人物。

第五名，陆军大学第一名；冈村宁次则为士官学校第六名，在陆军大学则因成绩优异接受过大正天皇颁奖。

这三人后来被称为"三羽乌"[1]——日语"三只乌鸦"之意。

国内腐败在他们眼中首先是政治腐败。政治腐败又首先表现在陆军的人事腐败。日本历来藩阀门第气息极重。明治维新后海军由萨摩藩把持，陆军则由长州藩把持；山县有朋、桂太郎、田中义一等陆军中坚人物，无一不是出自长州；非长州籍人士休想晋升到陆军高位。

三个泡在蒸气浴室里的武官，谈起这些慷慨激昂。巴登巴登正值旅游淡季，这个清静的地方正好进行他们的密谋。

三人的核心是留着普鲁士式短发、嘴唇上胡子修剪得像一只海鸥、具有学者风度的永田铁山。他以优异的表现，1920年6月起就被授予在欧洲巡回的全权；即使是他，也不是一个能系统提出自己思想的人；贵族出身的小畑敏四郎人最瘦，最精明又最易激动，驻俄国期间正值俄国革命，拼命看了不少马克思主义的书，但除了想通过所谓"部落共产主义"实现与天皇感情沟通这种模糊混乱的概念外，提不出什么像样的政治见解；不修边幅的冈村宁次摘了眼镜就成了可怜的半盲人，戴上眼镜又似凶猛的猫头鹰，最崇尚像前线指挥官那样直接行动，也不是思想者。

三个人在热腾腾的蒸气中闷了半天，仅想出两条：

---

[1] "三羽乌"是日文习语，出自日本曲艺形式"漫才"，后被广泛应用，泛指各个领域当中水平较高且彼此不相上下的三者，略同于汉语的"三杰"。

冈村宁次	永田铁山	山下奉文
矶谷廉介	小畑敏四郎	东条英机
中岛今朝吾	松井石根	梅津美治郎

中村孝太郎　　　　　　下村定

第一，从陆军——长州藩的栖身之处打开一个缺口；

第二，走法国的路线以恢复国力。

别的就记不起来还有些什么了。

作为行动纲领来说，这两条确实有点不伦不类。

三个发誓拿长州藩开刀以开始他们革命的青年军官，照样秉承了日本军队极强的辈分意识。其实巴登巴登聚会有4个人，第4个人是东条英机[1]。尽管他后来出任日本战时首相，只因为在士官学校中比"三羽乌"低了一年级，他在巴登巴登除了替永田铁山点烟和站在蒸气浴室门口放哨，便无别的事可做。既不能列入"三羽乌"之内，更不能参加他们的讨论。

这两条不伦不类的纲领由谁来实施呢？

1　东条英机（1884—1948），日本军国主义的代表人物，第四十任日本首相（1941—1944），"二战"甲级战犯，侵略中国和发动太平洋战争的重要罪犯之一。

除了在巴登巴登这 4 人之外，"三羽乌"从不属于长州藩且才华出众的同事中又选出 7 人。11 人的"巴登巴登集团"形成了：

巡回武官永田铁山；驻莫斯科武官小畑敏四郎；巡回武官冈村宁次；驻瑞士武官东条英机；驻柏林武官梅津美治郎；驻伯尔尼武官山下奉文；驻哥本哈根武官中村孝太郎；驻巴黎武官中岛今朝吾；驻科隆武官下村定；驻北京武官松井石根、矶谷廉介[1]。

巴登巴登聚会内容浅薄。"三羽乌"之一的冈村宁次在第二次世界大战结束后回忆说：

> 有一本《昭和军阀兴亡史》的书，提到了大正十年（1921年）我和永田铁山、小畑敏四郎在德国南部城市巴登巴登点燃了革命烽火。其实，这么说太夸张了。当时我们根本没有考虑到满洲等其他国家的事，只是讨论了日本陆军的革新问题。当时，我们的想法是很认真的。所说的革新，其包括的内容是：第一，当时陆军人事有派系，长州派垄断军队人事安排的做法必须打破；第二，因为日本陆军独立实施统帅权，而使军政、军民关系疏远，这一定要扭转。当时，我们3个人下定决心要改变日本军队这些不正常的东西。因为我们到欧洲后，看到了这些国家的军事状况，

---

[1] 矶谷廉介，日本昭和时期的四大中国通之一，陆军中将，日军占领香港后被任命为第一任日籍总督，南京军事法庭裁定为战犯并处以无期徒刑，后转交东京法庭。1952年释放。

认为不这样干不行。那时我们3人都是少佐，事情就是这样开始的。

这次聚会之所以被日本近代史所视甚高，关键是会议的三个参加者和他们拟就的11人名单。

这11人后来都成为昭和军阀集团的重要人物。永田铁山被刺前是日本陆军军务局局长，裕仁天皇直到最后决定无条件投降的时刻，还在地下室里挂着他的遗像；

小畑敏四郎为皇道派[1]的实际组织者；

冈村宁次为侵华日军总司令；

东条英机为日本头号战犯，战时内阁首相；

梅津美治郎后来成为日军参谋总长；

山下奉文任驻菲律宾日军司令，率军横扫东南亚，被称为"马来之虎"；

中村孝太郎任过陆军大臣；

松井石根为侵华日军华中方面军司令官，南京大屠杀要犯；

中岛今朝吾任日本陆军第16师团长，南京大屠杀中最惨无人道的刽子手；

下村定为华北方面军司令官，后接任陆军大臣；

矶谷廉介是后来与中国军队在台儿庄血战的日本陆军第10师团

---

[1] 日本陆军的一个派阀，受北一辉思想的影响，对内主张在天皇亲政下改造国家，实现昭和维新；对外主张同苏联决战。

师团长。

这 11 人，是日本赖以发动第二次世界大战的昭和军阀的核心骨干。

1921 年 10 月 27 日巴登巴登聚会这天，被视为昭和军阀诞生的第一天。

当被称为"三羽乌"的三只乌鸦从巴登巴登腾空离去之时，他们那张开的黑色翅膀，将给东方带去巨大的灾难。

三个未入日本陆军主流的青年军官为何能量如此巨大？一伙驻外武官如何能够组成一个庞大的令全世界毛骨悚然的军阀集团？

既与日本历史相关，又与日本皇室相联。

日本自从 1549 年织田信长[1]上台至 1945 年东条英机自杀，近 400 年的政治，实质就是军阀政治。完成近代日本统一的织田信长、丰臣秀吉[2]、德川家康[3]这三位重要人物，皆是拥兵自重的军阀。在近代日本，要成为有实权的政治家，首先必须成为军人。明治时代的长州藩山县有朋、桂太郎，萨摩藩大久保利通、西乡隆盛等人如此，

---

[1] 织田信长（1534—1582），活跃于日本安土桃山时代的战国大名。作为掌握日本政治局势的领导人，推翻了名义上管治日本逾 200 年的室町幕府，并使从应仁之乱起持续百年以上的战国乱世步向终结。

[2] 丰臣秀吉（1537—1598）是日本战国时代、安土桃山时代大名，封建领主，因侍奉织田信长而崛起。织田信长死后在内部斗争中胜出，成为织田信长实质的接班人。1590 年至 1598 年期间日本的实际统治者。

[3] 德川家康（1543—1616），日本战国时代末期、安土桃山时代、江户时代的武将，战国大名，江户幕府第一代征夷大将军。丰臣秀吉死后，确定了霸权。自此一步步摧毁了丰臣家的势力。建立了德川幕府后，日本进入暂时的和平。

昭和时代的田中义一、荒木贞夫、永田铁山、东条英机等人也如此。

进入20世纪20年代后，日本军阀政治中出现一种独特的低级军官通过暴力手段左右高层政治所谓"下克上"现象，更与日本皇室紧紧相连。

1919年，日本大正天皇因脑血栓不能亲政，权力落到皇太子裕仁[1]和宫廷皇族手中。1921年3月裕仁出访欧洲。不经意间做的两件事对后来影响巨大。一是皇室长辈、明治天皇的女婿东久迩宫[2]带领一大批日本驻欧武官和观察员前来晋谒，裕仁特意为这批少壮军官举行了宴会；一是在法国，裕仁第一次也是唯一一次微服出游中，亲手购买了一尊拿破仑半身像。

晋谒裕仁的驻欧武官和观察员，后来基本都上了巴登巴登11人名单；拿破仑半身像则一直放在裕仁书房，一遍又一遍加深着裕仁对武力征服的印象。

裕仁刚刚回国，由东久迩宫负责联系的驻欧青年军官集团首领"三羽鸟"便举行了巴登巴登聚会。还未上台的裕仁已获得这伙少壮军官的鼎力支持。

1　昭和天皇（1901—1989），本名裕仁。日本第124代天皇，是日本最长寿以及在位时间最长的天皇，执政长达63年。掌握神权、军权和政权，在位期间，指挥和策划日本相继发动侵华战争和太平洋战争，导致了数千万无辜人民的死亡，侵略和践踏了中国在内的十几个国家。

2　东久迩宫稔彦王，日本皇族，陆军大将，唯一的皇族首相。1945年天皇广播投降诏书后，由于他的皇族地位加上他的陆军大将衔，能够控制住当时日本的局势。因此他便成了日本第一位皇族首相。他在54天的任期内迅速平稳地解除了700万日本海陆军的武装，也算创造了一个纪录。

裕仁天皇的弟弟秩父宫雍仁亲王

这是一伙不缺乏野心和献身精神，只缺乏思想的青年军官。他们没有谁能像北一辉那样，对国家未来做出框架设计。要为他们补上这一课，裕仁选中了大川周明。

裕仁不喜欢北一辉。北一辉在上海用清水饭团炮制出来的激进思想甚至要求把皇室拥有的财产也交给国家。但裕仁的弟弟秩父宫[1]却对北一辉兴趣极大。他从北一辉身上看到了巴登巴登11人集团正在寻找的思想。

《国家改造案原理大纲》被秩父宫找人油印出版了。出版之前，由日本另一个法西斯鼻祖大川周明出面删改，删去了北一辉那些理论中皇室不能接受的部分。北一辉大为不满。两人一边喝米酒一边争吵闹了一夜，最后分道扬镳：北一辉隐匿进智慧寺，大川周明则受命担任了宫内学监。

经大川周明改动的北一辉著作一出版，影响巨大，成为日本一个秘密场所"大学寮"的主要教材。

1　秩父宫雍仁亲王（1902—1953），日本皇族，大正天皇和贞明皇后次子，昭和的弟弟。

主讲人就是大川周明。

1922年1月开张的"大学寮"是一个隐秘场所。1921年11月裕仁代替患病的大正天皇摄政后，办的第一件紧要事，就是把以巴登巴登集团为基础的"为理想献身的年轻人"，集中到皇宫东面围有城墙和壕沟的幽静的宫廷气象台，听大川周明讲课。这个气象台是裕仁小时候放学回来的常去之处。他在这里观看六分仪、星座图、测雨器和18世纪的荷兰望远镜。裕仁小时候曾在这里流连忘返。现在他给它起了一个新名字："大学寮"，大学生寄宿处之意。不但一般日本人对这里知道的不多，就是"二战"结束后的东京审判，都很少涉及这个地方。

但这里又是日本皇室培养法西斯军官的教导中心。

以大川周明为主讲人，是裕仁定的。几乎全部后来成为昭和军阀集团成员的骨干分子，都在这里听过大川周明讲述大和民族主义、大亚洲主义、法西斯主义。日本后来企图征服世界的那些庞大计划的草图，几乎都是在这里提出最初构想的。那些平日训练极严、无暇看书的日本青年军官们，一旦被大川周明推荐阅读北一辉的《国家改造案原理大纲》，便纷纷把它作为开展法西斯活动的理论蓝本。

皇室权贵的有力支持，是法西斯主义在日本获得迅速发展的得天独厚条件。北一辉虽然自己没有进入"大学寮"，他在上海亭子间熬成的思想却通过大川周明，病毒一般流进台下青年校尉的头脑中。

救国与革命，是20世纪最激动人心、最具号召力的口号。在这个口号的影响下，20世纪20年代初期，一伙优秀的中国青年聚集在上海成立了中国共产党；聚集在广州加入黄埔军校。另一伙不能不说原本也很优秀的日本青年却聚集在东京皇宫，完成了钦定的法西斯思想改造。

《战争呼声》杂志1920年7月发表过大川周明等人的"集体信条"："日本人民必须成为解放人类的旋风的中心。日本民族注定要完成世界的革命化。这一理想的实现以及对日本的军事改组就是我们这一代人的精神产品。我们认为我们的任务不仅仅是以日本的革命或改革而告终的，但我们必须满意地首先进行我国的改革，因为我们对日本解放全世界的使命抱有信心。"

一头法西斯怪物在世界的东方出笼了。

第一个目标便是中国。

第三章
中国是令人垂涎的肥肉

　　受岛国环境培育、具有超人精力的石原,一踏上中国土地,立刻被大豆和高粱像绿色海洋般一望无际的东北平原惊呆了。他从来没有见过这样令他心旷神怡的景象,眼睛闪闪放光,头脑中帝国扩张的梦想一下子找到了依托的地方。他喃喃自语:"对这样的地形、地势,我们也许得采用海军战术。"

▲ "满洲问题非以武力不能解决"

九一八事变,是日本全面侵华的先声。

"皇姑屯事件"[1],则是九一八事变的先声。

1928年6月4日发生的皇姑屯爆炸事件,是日本昭和军阀集团初露锋芒之举。以此为起点,日本国家向法西斯的急剧转向正式开始。

"皇姑屯事件"使得下一个节点:九一八事变变得不可避免。

1927年4月20日,蒋介石在上海发动"四一二"事变[2]八天以后,

---

[1] 皇姑屯事件是日本关东军谋杀中华民国陆海军大元帅、奉系军阀首领张作霖的事件。

[2] 1927年4月12日,以蒋介石为首的国民党新右派在上海发动反对国民党左派和共产党的武装政变,大肆屠杀共产党员、国民党左派及革命群众。

田中义一召开臭名昭著的东方会议

田中义一[1]内阁在日本上台。

田中义一是日本政界的强人，其个人历史与日本陆军紧紧相连：1892年毕业于陆军大学；1894年以陆军中尉军衔参加中日甲午战争；1904年参加日俄战争；1918年至1921年任陆军大臣，主持出兵西伯利亚，武装干涉俄国革命。山县有朋死后，他便成为在日本陆军中占首要地位的长州藩的首要人物。

正因如此，他也成为反对藩阀政治、以巴登巴登"三羽乌"为代表的青年军官准备打击的重点人物。

当时日本军队内部山头林立的各种组织中，后来构成昭和军阀集团支柱与核心的是两个青年军官组织："一夕会"和"樱会"。

1　田中义一（1864—1929），继山县有朋之后长州藩第二代领导人，陆军大将。政友会第五任总裁，日本第26任首相，长期在日本军政两界呼风唤雨，在国内实行高压政策，摧残议会政治，在国外推行满蒙分离政策，阻挠中国统一。

"一夕会"以打破长州藩对陆军的人事控制为第一目标,对外主张首先以武力解决满蒙问题,夺取生存空间,核心与灵魂人物是永田铁山。"樱会"的成员更加年轻,也更加激进。其核心人物是桥本欣五郎[1]。此人在担任驻土耳其大使馆武官期间,对基马尔的"自上而下革命"颇感兴趣,想在日本也实现这样的革命。这两个少壮军人组织,前者着眼于对外使用武力,完成法西斯扩张;后者着眼于对内使用武力,完成法西斯改造。两个集团的终极目标都是军部控制日本政治,实现军事独裁政府。

作为长州藩出身的老军人、藩阀政治中的老政客,田中义一的志向与"一夕会"永田铁山和"樱会"桥本欣五郎那批少壮军人并没有多少差别。他上台组阁后确定的第一个命题,就定为所谓的"满蒙问题";他干的第一件大事,就是主持召开"东方会议",在会上拿出一个分割满蒙、扩张日本在华权益的《对华政策纲要》。纲要的核心就是一句话:"将满洲作为中国的特殊地区和中国本土分离。"

但在如何达成与实现这一目标上,田中与军部少壮派之间出现了分歧。

军部少壮派主张靠关东军的武力解决。田中却认为:为了避免英美列强的干涉,要靠张作霖。

田中的如意算盘是,先将中国划分为关内和关外,蒋介石统治

---

[1] 桥本欣五郎(1890—1957),日本陆军炮兵科军人,法西斯主义的宣传者,甲级战犯。

关内，张作霖统治关外；再以架设索伦、吉会、长哈三条铁路和联络中东、吉会二线的两条铁路，共计五条借款铁路为由，强迫张作霖同意。五条铁路一通，"满蒙分离"自然实现，日本对满洲的控制便水到渠成，无须关东军再大动干戈了。

若不成，再拿出武力行动方案也不迟。

田中这个设想的核心是张作霖。没有张作霖做日本在满洲的代理人，或者张作霖不甘做这一代理人，田中的设想都将告吹。

他却自信有不告吹的把握。田中与张作霖关系甚深。

1904年日俄战争期间，马贼张作霖被日军以俄国间谍罪名捕获。当时日军参谋本部有个情报官叫井户川辰三，此人在战争中率领"挺进队"潜入俄军后方，又是切断俄军与后方的联络线，又是爆破铁路，又是袭击俄军弹药库，在战争中立了大功。张作霖被枪毙前，井户川辰三不知头脑中哪根筋开了窍，极力向负责处置此事的田中义一说情，称张是个"人才"。陆军中佐田中义一又向司令官福岛安正少将请命，这才枪下留人，把张作霖从枪口下救出，保住了这位日后"东北王"的脑袋。

二十多年后，田中与张作霖两人，一人成为日本首相，另一人成为中国的"东北王"，两人结成生死之交。

田中绝不白救命。从日本人枪口下逃命的张作霖，深知他这个"东北王"一天也离不开日本的武力支持。1922年第一次直奉战争[1]，奉军的作战计划多半出自日本人之手；第二次直奉战争，日军全力支持张作霖，使奉军把直系军队赶过江南，张作霖成为北京的统治者。1925年11月郭松龄[2]倒戈，率军直扑沈阳。当时东北军的精锐几乎都掌握在郭松龄手里，若无日本方面紧急调遣驻朝鲜龙山的军队直插沈阳增援，恐怕张作霖早就死无葬身之地了。

所以田中说"张作霖如我弟弟"。他不相信张作霖会不答应他的条件。

他估计对了。

五条铁路线，条件异常苛刻。连张作霖的参谋长杨宇霆[3]也发牢骚说"日本人太那个了，到别人地方架设借款铁路，还要百分之十八的利息"。杨宇霆没有说出来的是沿线权益尽为日本人所得，日本势力将沿着铁路线在东北像蛛网一样铺开。张作霖也是爱东北、爱国家之人，他也不想让日本人的势力在东北无限制扩展。

但他更爱张家。

---

1 直奉战争：北洋军阀统治时期，直系军阀和奉系军阀在中国北方进行的两次战争。第一次直系获胜，第二次奉系获胜，直系惨败，从此直系势力一蹶不振，北洋政府落入奉系军阀手中。

2 郭松龄（1883—1925），字茂宸，汉族，唐朝名将汾阳王郭子仪的后裔。曾为张学良之教官，奉军著名爱国将领。

3 杨宇霆（1885—1929），北洋军阀执政时期奉系军阀首领之一。张作霖死后，杨以东北元老自居，时常管教张学良。1929年1月10日，在张学良授意下，杨宇霆与黑龙江省主席常荫槐被杀害于"老虎厅"，奉天称此事件为"杨常而去"。

张作霖是爱东北、爱国家之人，但他更爱张家

在国事、家事不可两全的那个夜晚，张作霖愁肠万端，忧心如焚，几近心力衰竭。为了这五条铁路线，一晚上这位也算叱咤风云的人物竟老去十岁。第二天出现在日本人面前的张大帅，是一个完全垮掉的人。他语无伦次，目光游移，躲躲闪闪又含含糊糊，但最终还是全部同意了田中的条件。

日本人也知道"不战而屈人之兵"乃兵法之最高境界。田中以为靠自己的策略运用令他达到了这个境界。满铁总裁山本条太郎在北京回东北的火车上边喝啤酒，边满面春风地坦然说："这等于购得了满洲，所以不必用武力来解决了。"

他们都高兴得早了。中国还有一句老话，叫作"螳螂捕蝉，黄雀在后"。

田中首相身后的那只黄雀，是关东军高级参谋河本大作[1]。

20世纪80年代，在日本发现了河本大作的口述笔记，写在粗糙的"陆军省格纸"上，颇似当年事情闹大后的"交代材料"。河本说：

1　河本大作（1883—1953），关东军高级参谋，炸死民国东北军大元帅张作霖的首犯。

第三章　中国是令人垂涎的肥肉

1926年3月，我上任关东军高级参谋来到满洲时，满洲已不是从前的满洲了。当时的总领事吉田茂[1]，到张作霖那里去谈判，如果谈到对对方不利的事，张作霖便推说牙齿痛而溜掉，因此未解决的问题堆积如山。张作霖的排日气氛，实比华北的军阀更浓厚。所以我觉得，我们必须赶紧有所作为。

1927年武腾中将就任关东军司令官。该年8月，出席东方会议的武腾司令官主张说，满洲问题非以武力不能解决，武力解决成为国家的方针。在此以前，即1925年12月，发生郭松龄事件时，张作霖因为失去讨伐的自信，而甚至于想亡命到日本。但克服危机以后，张作霖不仅不来道谢，而且也不解决土地问题，更称大元帅，欲将其势力扩张到中国本部。

张作霖还想统一中国，日本人想的却是分裂中国。就这一点看，河本大作参谋对张作霖内心深处的认识，并不比田中义一首相来得肤浅。

---

[1] 吉田茂（1878—1967），生于动荡无常的明治前期，死于战后日本经济起飞的前夜。其前半生为外交家，以亲英美而干涉中国内政闻名。后半生，以坚毅而充满智慧的表现就任五次首相。配合朝鲜战争，制定《破坏活动防止法》，镇压日本共产党。与蒋介石集团签订《日台条约》。是日本战后最有影响力的政治巨人之一。

皇姑屯事件首犯河本大作

河本以关东军司令官武藤信义[1]随员的身份，参加了田中的"东方会议"。田中完全没有想到，他在规划占据满洲的计划，河本也在规划；而且这个在会议上根本没有发言权的无名小辈河本，竟然一下子就弄翻了他精心设计的那条船。

河本就是裕仁钦定、大川周明担任主讲的"大学寮"的产物。

河本曾任驻北京的武官助理，回国后出入大川周明在皇宫气象台组织的"大学寮"，是永田铁山的"一夕会"的重要成员。对"一夕会""樱会"这些少壮军人组织成员来说，与其说不满意田中义一的大陆政策，不如说不满意田中本人以及他所代表的势力。他们改革陆军人事的首要目标便是打倒长州藩统治。

而山县有朋死后，长州藩的首领，恰是田中义一本人。

于是在这伙少壮军官的有力支持下，河本大作独立策划了皇姑屯爆炸案阴谋。这些日本少壮军官要以炸死张作霖为契机，使东北

1　武藤信义（1868—1933），日本陆军元帅，大正年代日本陆军最强有力的领导，率领4万关东军占领东四省，又在长城一线击败20个中国师，迫使中国政府实际上承认了满洲分离。被日本人誉为满洲的守护神。

陷入全面混乱，从而关东军可以以收拾局面为借口，一举夺占全东北。

田中要玩傀儡游戏，把张作霖作为手中的傀儡。

河本等少壮军官收拾田中的办法，便是把他手中的傀儡砸碎，让他的把戏玩儿不成。

虽然并非仅仅河本一人，关东军的秦真次少将、土肥原贤二中佐等人也想采取类似行动，但河本根本看不上他们，觉得他们不过是在玩儿纸上游戏。

在这伙少壮军官的支持下，河本大作独立策划了皇姑屯阴谋：以炸死张作霖为契机，使东北陷入全面混乱，关东军借收拾局面之机一举夺占全东北。

河本在"交代材料"里说：

> 中国军队是头目与喽啰的关系，只要干掉头目，其喽啰便会四散。结论是，我们唯有采取埋葬张作霖的手段。我们同时得出结论：要实行这个计划，唯有满铁线和京奉线的交叉要点才安全。但满铁线在京奉线上，因此要在不破坏满铁线的范围内行事，实在很不容易。于是我们装设了3个脱线器，万一失败时，要令其脱线，以便用拔刀队来解决。

1928年4月18日，距"皇姑屯事件"只有一个半月，河本大作给其挚友矾谷廉介大佐写了一封密信：

若张作霖辈死一二人又有何妨，此次定要将他干掉，即使因此获咎革职，亦在所不惜。

"在所不惜"的河本，为炸死张作霖准备了200公斤烈性炸药。其策划是精心的：

我们得悉张作霖要于6月1日从北京回来，所乘火车应该于2日晚上到达我们的预定地点，唯该班火车在北京、天津间开得很快，在天津、锦州间降了速度，而且在锦州停了半天左右，所以比预定时间还要慢，迟至4日上午5时23分才抵达该地点。我们躲在监视偷货物的监视塔里头，用电钮点火药。张作霖乘坐蔚蓝色的钢铁车。这个颜色的车辆，晚间很难认得出来，因此我们在交叉地点临时装上了电灯。但张作霖的火车怎么也不来，所以有些人甚至欲离开监视塔。

张作霖的车子终于来了，慢了1秒钟，我们点了预备的火药，随即点了其他火药，一下炸到了张作霖的车辆。

1928年6月4日，一个迫使东方政治急剧转向的日子。沈阳城外皇姑屯方向一声巨响，黑烟飞扬到两百米的上空，张作霖乘坐的蔚蓝色钢铁列车被炸成两截。

皇姑屯事件现场

虽然东北军方面立即封锁消息，密不发丧，但田中义一首相听到这个消息后，流着眼泪写信给满铁总裁山本条太郎："一切都完了。"

他不是单哭张作霖。自皇姑屯张作霖乘坐的那辆列车被炸之后，日本政治便脱离了田中的控制。田中还想做最后挣扎，收拾这些打乱自己全盘计划的无法无天的少壮军官，但军部坚决反对，自己的政党、政友会也不支持、不处理。天皇裕仁又传过话来，说首相说话前后矛盾，解决满洲问题一会儿说不用武力一会儿又说要用武力，所以不愿同他再见面了。

河本大作的一包炸药要了田中义一老朋友的命，也使田中本人成了风箱里的老鼠。

田中后来大骂河本大作："真是浑蛋！简直不懂为父母者之心！"

从历史角度看，田中等老派藩阀政治人物对"夺占"的理解与运用，远比河本大作等"一夕会""樱会"少壮军官老辣深沉。但日本军部这台战车已经由一批更加年轻、更加野蛮的军官操纵。田中精心策划的"不战而屈人之兵"的谋略，随着皇姑屯爆炸那股冲天的黑烟，化成齑粉。

河本大作也骂了田中："田中义一出卖了军部！"

日本也有冤假错案。田中当年参加甲午战争侵略中国时，河本还在穿开裆裤。田中的"意欲征服中国，必先征服满蒙；意欲征服世界，必先征服中国"更成为日本军部后来实行侵略的战略步骤。无怪乎有人说，田中义一是日军中的施里芬[1]，何来"出卖"之说？

说这样的人"出卖军部"，确实是欲加之罪，何患无辞了。

田中虽然不是傻瓜，但真正的底案他至死不知：天皇裕仁早已定下了用少壮军官替换长州藩军官的决心。一生从事侵略扩张的田中义一突然之间变成一件老旧过时的工具，孤家寡人，只有灰溜溜地下台。

"皇姑屯事件"不单单炸死了一个张作霖，或整掉一个田中义一。以一个幕僚军官策划一起国际阴谋事件并导致内阁下台为契机，

---

[1] 阿尔弗雷德·冯·施里芬伯爵（1833—1913），德国陆军元帅，德国卓越的天才战略家。闪电战计划的初步提出者，使得德军在"一战"前期迅速攻入法国。

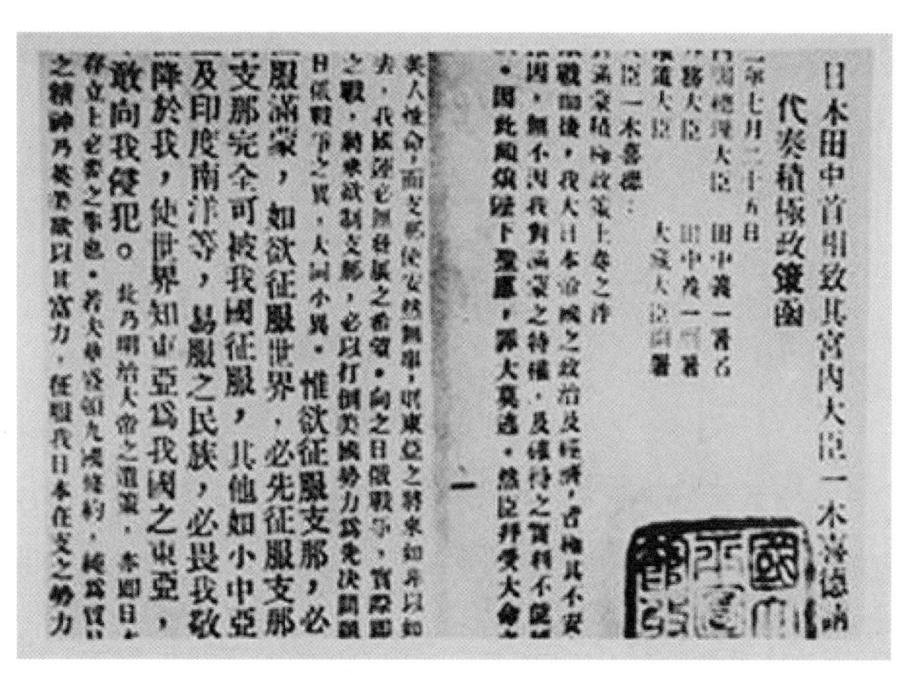

大连档案局馆藏《田中奏折》

昭和军阀集团在日本政坛正式登台现身。

观察日本这部法西斯战争机器，一定要注意那些一个又一个越过上级军官挑起战事的陆军参谋。河本大作、板垣征四郎、土肥原贤二、石原莞尔、辻政信、濑岛龙三等都是这样的人物，而石原莞尔、辻政信、濑岛龙三这三人，甚至被并称为"昭和三参谋"。

在日本，只有在陆军大学毕业，才有资格当参谋，所以参谋在日本陆军中被看作精英中的精英。日本陆军大学创立于1883年，以普鲁士军事参谋教育制度为蓝本，自成立那一天起就在为侵略战争做准备。从1883年到第二次世界大战结束的1945年，63年时间，

3 485名军官从这里毕业,这批人成为日本发动侵略战争的中坚和骨干。每年毕业生以成绩排序,前6名为优等生,能够得到在天皇面前宣读论文的荣誉,并能获得天皇亲授的军刀一把,因此这6人又称为"军刀组",在日本陆军中牛皮很大,必受重用。这些从陆军大学毕业后首先担任参谋继而担任高级参谋的军官能量之大,超过其他所有军队中的参谋。1948年东京国际军事法庭审判的28名日本甲级战犯中,做过陆军参谋的有15名。被判处绞刑的7人中,除了前首相广田弘毅是文官之外,东条英机、板垣征四郎、土肥原贤二[1]、松井石根、木村兵太郎、武藤章6人,都是清一色的陆军参谋出身。主导日本军国主义的昭和军阀集团,主要就由这些陆军大学毕业的参谋们组成。日本政治和军事中一再出现的"下克上"现象,也是这些参谋们首先开启的魔瓶。这是日本军国主义政治中十分独特至今未被人们研究透彻的现象。

日本军部左右日本政治,就是自皇姑屯爆炸案始。

这一事件成为日本政治向法西斯政治演化的里程碑。

下一个事件的发生已经是必然的了,只不过时间或迟或早。

三年之后,它果然来了,那就是震惊中外的九一八事变。

---

[1] 土肥原贤二(1888—1948),日本陆军大将,主持情报工作,在中国从事间谍活动的日本第三代特务头子,建立伪"满洲国"和策划"华北自治"的幕后人物。1948年被远东国际军事法庭定为甲级战犯,经抽签第一个被处以绞刑。

▲ "中国是一个同近代国家情况大不相同的国家"

1928年6月的"皇姑屯事件"炸死了张作霖,却冒出来个年轻气盛的张学良,不但比他老子更加不听日本人的话,还于1928年12月29日通电全国:从即日起遵守三民主义,服从国民政府,将北洋政府的五色旗换成国民政府的青天白日满地红旗——即著名的"东北易帜",让蒋介石如此轻易就结束北伐、完成全国统一,这一点不但令河本大作这些关东军激进派将领始料未及,也让更多日本高层统治者大失所望。

于是在日本国内,政府与军部一边争斗着如何处分河本大作等人,一边开始制订进一步的吞并计划。

1931年4月,日军参谋本部出台《昭和六年度(1931年)形势

东北易帜令日本大失所望

判断》。6月，由参谋本部作战部部长建川美次少将主持，召集参谋本部和陆军省的永田铁山、冈村宁次、重藤千秋[1]等几个关键局长、课长，制订出具体实施方案——《解决满洲问题方策大纲》，规定：

第一，日本"约以一年为期"对东北采取军事行动；

第二，为争取内外"谅解"，由陆军大臣努力通过内阁会议使各大臣都知悉"满蒙情况"，并联系外务省加紧宣传，"万一出现有必要采取军事行动的事态，要各国都能谅解日本的心意"；

第三，所需兵力，与关东军商议后由参谋本部作战部上报批准调配。

---

[1] 重藤千秋（1885—1942），陆军中将。与桥本欣五郎同为法西斯团体"樱会"的主要人物。是1931年少壮军人发动武装政变三月事件和十月事件的主谋者之一。

这已经在赤裸裸地表明，日本军部计划在1932年以武力为手段，一举占领中国东北三省。

但是关东军已经等不及了。

河本大作记录在"陆军省格纸"上那份"交代材料"，最后还有一句话：

> 这个事件后，我要石原中校来关东军帮我。这时已经开始计划九一八事变的方策了。

与参谋本部占领中国东北的计划并行，关东军开始着手搞一个自己的计划。河本说到的"石原中校"，就是制订关东军占领东北三省计划的核心人物，后来在日军中大名鼎鼎的石原莞尔。

如果说1928年的"皇姑屯事件"中，河本大作的个人活动色彩依然很浓的话，1931年的九一八事变，已经是昭和军阀集团成员成熟的集体运作了。

说九一八事变，必谈三个日军军官：板垣征四郎、石原莞尔、土肥原贤二。

三个人无一个是部队主官，都是参谋。人们若不知道这些陆军大学毕业的参谋军官具有多么巨大的能量，就很难理解日本军队为何如此凶残与疯狂。

板垣、石原、土肥原三人，被称为"关东军三羽乌"。

这三个人都与"皇姑屯事件"的主谋河本大作相关联。

板垣担任关东军高级参谋，来自河本被解职后的力荐。当时关东军司令村冈长太郎本来心中已有人选，但因为河本一人独自背上"皇姑屯事件"的黑锅而使村冈司令得以解脱，所以也只好让步，按照河本的推荐，让板垣接替了河本的职务。

石原莞尔则是"皇姑屯事件"后，河本把他从陆军大学挖过来的，"我要石原中校来关东军帮我"。

土肥原贤二则与河本一样，一直想消灭张作霖，只不过是最后让河本抢了先。

"皇姑屯事件"不仅为九一八事变提供了行动方式，也提供了行动骨干。

这就是"关东军三羽乌"。

"巴登巴登三羽乌"头子是永田铁山。

"关东军三羽乌"头子是板垣征四郎。

板垣身材矮小，总是服装整洁，袖口露出雪白的衬衫，头剃得精光，脸刮成青白色，黑色的眉毛和小胡子特别显眼；加上有个轻轻搓手的习惯动作，颇给人一个温文尔雅的印象。此人4岁就在祖父的教导下学习汉学，早年的职务几乎都与中国有关：1904年以步兵小队队长的身份赴中国东北参加日俄战争。1916年陆军大学毕业后，被参谋本部以研究员身份派往中国云南。1919年又调任汉口派遣队任参谋。1922年调回日本，任参谋本部中国课课员。1924年又回到中国，任日本驻华公使馆武官助理。板垣的足迹遍及中国东北、西南、华中和华北。此人能讲一口流利的汉语，且深谙中国民情风俗。长期对中国的研究观察，使他成为日军著名的"中国通"。他又是"一夕会"的重要成员，政治上胆大妄为，一意孤行，具有少壮军阀的一切特点。虽然身份不过一个参谋，但连内阁首相也不放在眼里。军事上则深思熟虑，尤其重视地形。1929年他以大佐官阶担任关东军高级参谋，立即拉上关东军作战参谋石原莞尔组织"参谋旅行"，几乎走遍了东北三省。他的理论是："在对俄作战上，满蒙是主要战场，在对美作战上，满蒙是补给的源泉。从而，实际上，满蒙在对美、俄、中的作战上，都有最大的关系。"

"关东军三羽乌"之首板垣征四郎

板垣征四郎与石原莞尔一样，都主张把中国东北变为日本领土，并对整个中国"能立于制其于死命的地位"。

板垣征四郎的特点是大刀阔斧，石原莞尔的特点是深谋远虑。日军中就有"板垣之胆、石原之智"的说法。一个是关东军的干将，另一个则是关东军的头脑。

石原是河本大作实施皇姑屯爆炸案后求助的第一人。他长着一副小孩脸，面孔常带忧郁。一旦陷入深思，周围便没有人敢上来打

石原莞尔在日军内部十分另类

扰他。他还有一个"天不怕地不怕"的名声,对部下温和,对长官尖刻。他给所有上司都起了诨名,而且敢当着他们的面使用。这在极讲资历和官阶的日军内部,确实十分反常。

为此他也没有少吃苦头。

1907年,石原进入陆军士官学校第21期步兵科学习,1909年毕业时成绩本来排在第三,因为与教官和区队长关系恶劣,而前五名都能拿到天皇御赐的银怀表,石原最终被挤到第六的位置。

1915年石原考入日本陆军大学第30期,1918年毕业时成绩应为第一,又因学习时过于狂妄自大,与教官关系不佳,而第一名能获得与天皇单独谈话的机会,由此被剥夺了第一的资格,降为第二名。

一般人摊上这种事肯定难受不已、懊恼不已,严重的还可能引发精神忧郁,石原却并不是很在乎,还是那样我行我素,为所欲为。此人不但聪明灵敏,而且精力过人。陆军大学功课十分沉重,学员通宵熬夜赶作业是常事,石原却总是转来转去,找人谈天说地。他口才好,想象力又丰富,很容易让其他学生听得入迷而忘记复习功课。

结果听石原吹牛皮的人成绩都大大下降，唯有石原的成绩依然出类拔萃。

这样的人信奉法西斯主义，其能量也可想而知。

从来与上级搞不好关系的石原，在关东军碰到板垣征四郎后就像换了一个人，全力配合起来。石原比板垣小4岁，但比板垣早到关东军半年。1928年10月，他由陆军大学教官调任关东军作战参谋，而接替河本大作的板垣第二年5月才来。

受岛国环境培育、具有超人精力的石原，一踏上中国土地，立刻被大豆和高粱像绿色海洋般一望无际的东北平原惊呆了。他从来没有见过这样令他心旷神怡的景象。石原的眼睛闪闪放光，一直贴在照相机和望远镜上，头脑中帝国扩张的梦想一下子找到了依托的地方。他喃喃自语，又似乎对身边人倾诉说："对这样的地形地势，我们也许得采用海军战术。"

谁也没有听懂他说的是什么意思，他跟谁也再不解释。同僚们都知道他是个极其聪明、极其刻苦、极其舍得下本的人。到了关东军总部旅顺，一连8个月，他的时间都花在了阅读书籍、研究地图以及和关东军经验丰富的老手谈话上面。一副小孩脸的石原实际是一头凶猛的猎豹。第一眼被他看中的东西，便被紧紧咬住，绝不松口。凡是梦想，他就要顽强地把它变成现实。

到中国不满一年，石原进行了三次"参谋旅行"。在哈尔滨乘汽车实地侦察，作攻占前的地形判断；研究了松花江渡江作战和占领哈尔滨后的前进阵地。齐齐哈尔、海拉尔等地的进攻与防御、兴安岭东侧地区可能发生遭遇战等问题,都在他那个不知疲倦的脑子中理出了头绪。后来令裕仁天皇赞叹不已,以"最高机密,应急计划"存入皇家秘密档案的《国家前途转折的根本国策——满蒙问题解决案》,就是石原莞尔在侦察旅行的路途中,在颠簸不已的火车上完成的。

完整的事变蓝图绘制出来了。石原提出的要点是:

①解决满蒙问题是日本生存的唯一途径。只有对外扩张才能消除国内的不安定局面。为了正义,日本应该果断地行动。即便从历史的关系上来看,满蒙与其说是属于汉民族,莫如说是属于日本民族。

②解决满蒙问题的关键由帝国军队掌握。只有日本占领满洲,才能完全解决满蒙问题。对中国外交也就是对美外交。也就是说,要达到上述目的,就要有对美作战的决心。

他还提出了由7个总督来统治中国的方案:长春为满蒙总督,北京为黄河总督,南京为长江总督,武昌为湖广总督,这四个总督由日本军人担任;西安为西方总督,广东为南方总督,重庆为西南总督,这三个总督由中国军人担任。日本人经营大型企业和从事脑力劳动方面的事业,朝鲜人开垦水田,中国人从事小商业或体力劳动,以图共存共荣。

连关东军少壮军官集团的最高负责人板垣征四郎也像普通学生那样,热心听取石原莞尔对"解决满洲问题"的讲述。

西方人在战后评价说,石原莞尔是日本陆军少壮派中最有创见的战略家。

石原莞尔更是日本陆军中最为刻苦、最为拼命、胃口最大的野心家。看看其"七总督统治中国方案""日本人经营大型企业和从事脑力劳动,朝鲜人开垦水田,中国人从事小商业或体力劳动"设计,其统治欲望之强烈与夺占领土之疯狂,已经无以言表。

石原于陆军大学毕业后,1922年留学德国,研究过拿破仑军事思想和第一次世界大战情势。全部兴趣和爱好,都集中在如何完成日本的扩张上面。回国后任陆军大学教官期间,起草《日本国防的现在和将来》,说"人类的最后斗争,正如日莲(注:日本和尚日莲13世纪自创日莲宗,为日本独创佛教宗派之一)所说,是一场'空前绝后的大斗争'。从军事上来看,它也已迫在眉睫。当飞机能在全世界自由自在飞行之时,也就是这场大斗争开始之时,也是以日本为中心的世界大战"。

历史中一个值得注意的特点,就是不论从石原莞尔或是北一辉身上,你都能看到法西斯分子在追求他们理想的时候,是如何之坚忍与刻苦。这些人并不像很多人想象的那样只会狂热地呼喊万岁和砍头那么简单粗暴。

他们越是坚忍刻苦,对别的民族就越是危险。

"关东军三羽乌"的最后一头乌:土肥原贤二,同样是个顽强坚忍的人物。

1931年8月18日,九一八事变的一个月前,这个玩弄阴谋就像主持正义一样庄重的土肥原贤二大佐,由天津特务机关长调任为奉天特务机关长。九一八事变后第三天,他就公开出任奉天(沈阳)

市长。因这一事变是关东军"擅自行动",事先未获日本当局认可,所以当了市长的土肥原拿不到任何日本方面批过来的经费;关东军则要扩大对整个东北的占领,丝毫没有准备经费和人员来维持奉天的城市治安;而辽宁省省长藏式毅等中国官员或随军撤离,或以各种消极方式反抗日军占领,整个奉天呈现无政府的状态。

在这种情况下,土肥原竟然"自掏腰包"干起市长来了:以个人名义借贷,弄到一笔钱维持奉天运转,一直干到日本的占领稳定下来,才转交给伪政府。据说因为是"自掏腰包",先前那些开支无法报销,土肥原最后是从自己的薪俸中一笔一笔扣除去还债的,其全家很长时间只能租住在几间小屋内。

玩弄阴谋就像主持正义一样庄重的土肥原贤二

此传言不论真实程度有多大,一个简单道理摆在那里:从板垣到石原再到土肥原,"关东军三羽乌"越是坚忍,越是刻苦,越是扑上身去不惜一切,对被侵略的中国的伤害,必然也就越大。

这里还必须注意一个问题:为什么在等级极为森严的日本军队内,

像板垣、石原再到土肥原这些高级参谋甚至只是参谋，竟然具有如此大的能量能够左右大局，最后甚至越过上级直接指挥部队的现象会发生？外人百思不得其解。

对日本统治者来说，则有一种更深层次的考虑。

首先是那个直接培植、间接支持少壮军官们的裕仁天皇。从河本大作到板垣征四郎、石原莞尔，无法无天的少壮军官们不是参加过宫内的"大学寮"就是反长州藩的驻外武官集团成员，基本都是"一夕会"或"樱会"的成员。

天皇乐意与他年龄相仿的这些年轻军官在前面打头阵，却不用承担他们失误的责任。所以表面上一切都由参谋们越权直接指挥部队展开冒险，实际一切早已规定停当了。

这就造成日本政局一种奇怪的局面：所有人都知道马上要入侵中国东北，但见不到任何指示批复或成文的命令。

事变的准备，是早就开始且有条不紊的。

1930年11月，永田铁山以陆军省军事课课长的身份到东北与板垣征四郎面商。板垣征四郎正式提出武力解决，永田表面上装作慎重不明确表态，却答应从日本拨两门240毫米的巨炮攻打沈阳。

1931年7月，这两门充满神秘色彩的重型榴弹炮被秘密运抵沈阳。它们先由东京兵工厂用火车运到神户，再由神户通过客轮运到旅顺要塞。为不让人们知道是炮，将炮身、炮架拆开，伪装成棺材和澡盆运入沈阳，放置在独立守备队兵营内。

安装也是在夜里进行，佯称是挖井或造游泳池。当东北军派便衣侦察时，日军即加以阻止。除关东军外，这两门巨炮的使命甚至对日本领事馆也保密。大炮的安装由松本炮兵大尉为首的几位专家负责，安装时一律伪装，身穿中国衣服。预定的目标从安装一开始就对准了：一门攻北大营[1]，一门攻奉天飞机场。

在大炮运来以前，1931年4月，士兵基本出生在日本北部寒冷地区的第2师团调来东北换防，以适应东北作战需要。板垣征四郎在该师团大队长以上干部集会上，讲了一段我们中国人今天也应该牢牢记住的话："从中国民众的心理上来说，安居乐业是其理想，至于政治和军事，只不过是统治阶级的一种职业。在政治和军事上与民众有联系的，只是租税和维持治安……因此，它是一个同近代国家的情况大不相同的国家，归根到底，它不过是在这样一个拥有自治部落的地区加上了国家这一名称而已。所以，从一般民众的真正的民族发展历史来说，国家意识无疑是很淡薄的。无论是谁掌握政权，谁掌握军权，负责维持治安，这都无碍大局。"

应该承认，此人对中国研究极深，对长期以来中国一盘散沙的现状了解极深，对中国政治人物和民众的心理把握极深。这就是这些日本侵略者敢于乘虚而入、以寡搏众的最大资本。抗日战争之初，我方一败再败，也绝不仅仅败在军事力量上。

板垣上述讲话两个月后，6月中旬，日本陆军省《解决满洲问

---

[1] 北大营是在奉天北郊大约3英里处的一个驻军营垣，是东北军军营所在地。虽然是军事禁区，却因其战略地位的重要，日本驻奉天特务机关以各种方式，不择手段地猎取北大营的军事情报。

第三章　中国是令人垂涎的肥肉　101

题方策大纲》传达给关东军。

但临门一脚到来时，为准备好失败和随后推卸责任，日本也是慌张混乱的。毕竟是要吞并一个数倍于自己领土的地方。而且日本本身的力量也不是很充沛，又处于各种势力的夹缝之中。

1931年6月出现一个机会：关东军中村震太郎大尉隐瞒身份冒充"农业技师"，前往兴安岭、索伦山一带进行地形侦察活动，被东北军关玉衡[1]部逮捕处决。

石原莞尔立即致信陆军省军事课课长、"一夕会"核心人物永田铁山，称最好机会已到，应立即行动。

下令处决中村、井彬等日本间谍的团长关玉衡

后来因为准备不足，日本决策层没有敢利用这个机会。

于是板垣征四郎把下一个行动日期定在9月28日。

如果不是消息走漏，九一八事变应该是"九二八事变"了。

关东军准备炸毁铁路采取战争行动的秘密计划传到了东京。9

---

[1] 关玉衡（1898—1965），爱国民主人士，奉军将领，1931年9月处死4名日本间谍（"中村事件"）后逃入关内，参加东北义勇军后援会。先后建立开鲁后援会和辽北蒙边抗日义勇军，领导热河抗战。

月15日，军部召开三长官会议，陆军大臣、参谋总长、教育总监所谓"陆军三长官"全部出席。考虑到国内外形势尚不成熟，会议决定派作战部部长建川美次少将去中国东北，"要他们再隐忍自重一年"。

这些长官还是坚持按照《解决满洲问题方策大纲》，1932年行动。

此消息再次走漏。三封电报、两个特使涌向关东军总部。

第一封电报是作战部部长建川美次发给关东军司令官本庄繁的正式电函：9月18日晚7点5分乘火车到达奉天。

第二封是参谋本部中国课课长发给板垣征四郎的非正式电函，通告建川行程和目的："其任务系阻止事变。"

第三封电报至关重要。它是参谋本部俄国课课长、"樱会"头目桥本欣五郎发给石原莞尔助手的。电报上盖着"绝密，私电"印记，电文简明又十分重要："事机已露，请在建川到达前行动。"

旅顺的关东军总部9月16日收到这三封电报。电文内容引起慌乱。本庄司令官在沈阳视察，留下板垣征四郎和石原莞尔看家。这两人几乎被电文内容搞糊涂了，但还是决定立即行动。他们把电报扣下，板垣坐火车去找本庄，石原留下来草拟给军队的命令。

两个特使解开了板垣和石原的疑团。与皇室关系密切的铃木庄六，在作战部部长建川拍电报的时候已经登上了飞机。当板垣征四郎气急败坏地在辽阳找到本庄司令官时，本庄第一件事就是带板垣去见铃木，并对板垣说，多担负责任，细节自行处理，"不要来打扰休息中的老将军们"。

公开的特使建川美次却把时间花在路上。他坐着慢腾腾的火车，好让关东军有充分的动手时间。

天皇已开放了绿灯。从参谋本部的建川，到关东军的本庄、板垣，内心明了之致。如果出事了，事情搞砸了，高级参谋板垣替本庄司令官、本庄司令官替建川部长、建川部长替军部、军部替天皇分头承担责任。

这是事先默认的承担责任方式。但1948年上绞架时，这种放手让下层去干、再层层分担责任的方式却消失得无影无踪。被绞死的，只是板垣征四郎一人。

1931年9月18日夜10时20分，日本守备队制造中国士兵炸毁柳条湖铁路的借口，向东北军北大营开火。当永田铁山调拨的240毫米大炮震颤着沈阳大地时，关东军司令官本庄繁正在旅顺泡热水澡。刚刚到达沈阳的作战部部长建川正在和艺伎睡觉。本庄听取了关东军三宅光治参谋长、石原莞尔参谋的意见后，犹豫片刻，断然做出了"惩罚中国军队"的决定。

他的命令完全是多余的。部队早已在板垣征四郎的安排下行动了。板垣在电话里一遍又一遍地向各部队重复同一句话："我是板垣，立即按计划进行。"

震惊世界的九一八事变，就这样在板垣、石原等人的直接策动下发生了。

西方称九一八事变为"一夜战争"。

"事变"第二天，日本内阁召开会议，做出不扩大事态的决定。日本驻奉天总领事林久治郎还以为关东军少壮军官的行为是犯上。

关东军炮轰北大营

他给板垣打电话通知不要扩大事态，并通过外交途径处理善后。板垣给他一个硬邦邦的回答："为了国家和军部的威信，军部的方针是彻底干下去。"

板垣不仅指挥了关东军部队，还以关东军司令官的名义给驻朝日军司令林铣十郎[1]拍电报，要求派遣部队增援。驻朝日军步兵第39旅团于9月21日下午渡过鸭绿江，进入中国东北。林铣十郎司令官

---

[1] 林铣十郎（1876—1943），日本陆军大将，第33任内阁总理大臣。陆军大学毕业，留学德国。1930年任驻朝鲜军司令官。九一八事变时与关东军配合，擅自出动军队，发动对中国东北的进攻，被称为"越境将军"。

连参谋本部的命令也未接到,凭板垣的一个电报就采取了调动大部队的行动。

板垣征四郎加上石原莞尔,一个大佐,一个中佐,竟然完成了应是参谋总长和陆军大臣才能完成的指挥关东军发动战争和驻朝日军越境出动。

当时日本内阁首相是若槻礼次郎[1]。这位虚权首相后来写了《古风庵回忆录》,以《不听从命令的军队》为题,洗刷自己的责任。他记叙说:"内阁制定出关于不扩大事态的方针,并责成陆军大臣将此方针下达给满洲军,但满洲军却仍不停止前进。驻满洲的兵力大约只有一个师团。为此,满洲军向日本驻朝鲜军司令官林铣十郎讨援兵,林立即派往满洲两个师团。本来,不得到准许的敕令是不能向外国调动军队的。可是,日本驻朝鲜军司令官未经这道手续就调兵了。"

军部留给内阁的事情只是办理手续,批准经费。但在内阁会议上,有的成员反对支出军费,以作为对军部无视内阁的惩罚。但善于揣摩天皇本意的若槻首相是聪明的。他说:"可是,在未出兵期间,自当别论;如若出了兵还不给其军费,军队连一天也不能生存,因为军队还要吃饭。那么,如果把这些军队撤回,就有可能全军覆没,因为满洲军仅以一个师团的兵力进行冒险。所以,既已出兵却

---

[1] 若槻礼次郎(1866—1949),日本第25任和第28任首相(1926年1月30日至1927年4月20日,1931年4月14日至12月13日)。号克堂,岛根县人。帝国大学法科毕业。

日本虚权首相若槻礼次郎善于揣摩天皇心思

不给其经费，不仅南次郎（陆军大臣）和金谷（参谋总长）感到为难，而且连日本侨民也要倒霉。于是，我不顾内阁成员反对与否，马上去觐见天皇，上奏说，政府正在考虑对朝鲜军派兵的问题支付经费。我退出后，金谷来到天皇前面，得到了出兵的敕令。"

若槻礼次郎回忆到此，似乎很轻松地就摆脱了自己的责任，似乎政府对发动侵略的责任充其量只是软弱无能。

身为首相，却忘记了连平民也深知的道理：那拨出的经费可绝不仅仅是用于吃饭的。从哪一个国家的宪法上看，政府首相也不仅仅是军队的司务长。

天皇又多了一道发动战争的掩护，若槻心甘情愿地用自己做这道掩护。

得到充足经费的关东军，其势更难被内阁控制。

若槻自己也说原先"满洲军进入铁路的西侧是为了守护嫩江铁桥。本来认为到了嫩江总可以停止，不料敌军就在附近不得太平，于是又继续前进。既然如此，就说绝不许越过中东铁路线。陆军大臣说，不会叫他们越过中东铁路线，而满洲军却已到达齐齐哈尔，进而直抵黑河。这样就发生了日本军队可以不听从日本政府命令这一令人奇怪的事情。"

如此前出的结果，还令那个精于谋划的石原莞尔参谋难受得掉下泪来。

当时迫于形势，日本当局还不敢宣布直接吞并满蒙。在关东军参谋机关只用9月22日一天时间就炮制出来的《满蒙问题解决方案》中，石原莞尔特别加上了这样一句话：

"本意见（注：指直接吞并满蒙）为九月十九日满蒙占领意见。陆军中央部对此不予一顾，而且建川少将也根本不同意。所以，我们知道该意见是无论如何也不会得到实行的，吞下万斛泪水，退让至满蒙独立方案，以作为最后的阵地。但是，我们确信良机将再会到来，满蒙领土论总有一日会实现。"

掉泪的原因是原来设想将满蒙一口气并入日本领土，而现在不得不妥协于建立"受我国支持的中国政权"。石原莞尔以为这是关东军与军部和日本政府的妥协，而不是日本的侵略野心和现有实力的妥协。

傀儡政权只不过是个面具，但石原莞尔连面具也不想要。

某些时候，泪水比怒吼还要疯狂。

▲ "现今各国无一不垂涎于支那"

西方不少人认为日本军队中陆军最坏，因为陆军主张南进与英、美作战；海军还比较理智，反对南进，不赞同对英、美开战。

其实从一部疯狂的战争机器中摘出一个军种，从来都是可笑的。

日本海军也从来不是袖手旁观的军种。

1932年1月，日本在上海发动"一·二八"事变[1]。5月5日，国民党政府与日本签订《淞沪停战协定》：上海至苏州、昆山地区中国无驻兵权，上海为非武装区，但日军可在上述地区驻"若干"军队。

但日本政府签署的这些条件，根本不能满足正在崛起的一伙少

---

[1] 九一八事变后日本为了转移国际视线，并压迫南京国民政府屈服，日本侵略者于1932年年初在上海不断寻衅挑起事端。1月28日晚，突然向闸北的国民党第19路军发起了攻击，随后又进攻江湾和吴淞。19路军在军长蔡廷锴、总指挥蒋光鼐的率领下，奋起抵抗。

壮军人的胃口。

10天以后，5月15日下午5点30分，东京。海军中尉三上卓带领黑岩勇、山岸宏等海军青年军官，闯入内阁首相犬养毅[1]官邸。来者共有9人，分成两批。一批走前门，一批走后门。官邸的警察在枪口下很快被制伏。

在官邸餐厅内，三上卓见到了犬养首相。他毫不犹豫地扣动了扳机。

枪没有响。枪机戏剧般地出现故障。

"如果听我说了，你们就会明白。"犬养首相被拉到满是军人的会客室时，力图镇静地解释道。他还想说服这些配带武器的不速之客。

"我们为什么来，你清楚！有什么话快说！"三上卓吼叫着。

"讲话没用！""开枪！"

黑岩勇和三上卓一齐朝犬养的头部开枪。

这回枪机没有出故障。犬养毅满身血污倒在榻榻米上，当即毙命。

"把皮鞋脱掉吧！"是这位不赞同军部专制的首相说的最后一句话。大难临头之前，他还担心这些军官弄脏他的榻榻米。

军官们是来刺杀他的。没有人按照习惯，进屋脱鞋。

随着犬养首相的葬礼，第一次世界大战后短暂的政党政治，

---

[1] 犬养毅（1855—1932），日本近代资产阶级政党立宪政友会第6任总裁。日本近代明治、大正、昭和三朝元老重臣、著名资产阶级政党政治家、日本列岛资产阶级护宪运动的主要领袖。中国民主革命先行者孙中山（1866—1925）的革命密友。

报道"五一五事件"的大阪朝日新闻

在日本寿终正寝。直至日本战败,才有人出来说这次谋杀使日本民主政治的发展受到致命打击。日本历史学家猪木正道评论说:"'五一五刺杀'推翻了两次护宪运动中先辈们费尽心血才初具规模的议会政治,倒退到在帝国议会中没有基础的超然内阁时期。"

军人飞扬跋扈的时期已经到来。

近代日本政界的每一起刺杀,几乎都与中国问题有关。中国是一块肥肉,为了吞下这块肥肉,日本几届首相纷纷跌落。

刺杀犬养首相,起因于九一八事变后日本对华政策的分歧。

犬养毅是日本政界著名民主人士,与孙中山关系很深,一生致力于确立政党政治。孙中山在《建国方略》中列出对中国革命提供有力帮助的22位日本友人,排第三位的便是犬养毅。

排第一位的日本革命者宫崎滔天[1]曾说:"现今各国无一不垂涎于支那,即日本亦野心勃勃,日本政党中始终为支那者,惟犬养毅氏一人而已。余前往支那一切革命之事,皆犬养氏资助之。"

犬养毅为支持孙中山在日本开展革命活动发挥了很大作用。每当孙中山落难,他就为收容孙中山在日本奔走斡旋。辛亥革命爆发后,他很快到上海,卖力地声援孙中山上台,强烈地反对对袁世凯妥协。

犬养的身材十分矮小。他是在既不能控制军部一手操纵的九一八事变,又不能制止国联派出调查团的若槻内阁倒台后出任首相的。与国民党领袖人物的关系是他独特的优势。甚至蒋介石落难日本时他对蒋也有过帮助。南京政府的很多要人都与他有私人联系。他解决中国问题的基本方针是,承认1922年华盛顿的《九国公约》。公约第一条就规定:"尊重中国的主权、独立和领土、行政权的完整。"日本也在公约上签了字。犬养坚持认为,若按照军部的意思,否认中国对满蒙的主权,即使一时使满洲从中国分离出来,两者最终仍会合为一体。这已为历史所证明。

他决定走一条危险的钢丝:使日本的权益和中国的主权在满蒙都能顾及。12月20日左右,他秘密派遣萱野长知[2]为特使前往南京。

萱野是退役军人,曾加入中国同盟会,追随孙中山30年之久,与孙中山关系更深。武昌起义前,孙中山对他曾以广东革命军顾问

---

[1] 宫崎滔天(1871—1922),本名宫崎寅藏。毕生支持中国革命事业,是日本"大陆浪人"中少见的"异类",孙中山的日本好友。

[2] 萱野长知(1873—1947),因麻脸别号凤梨。日本高知县人。大陆浪人。日本人记载,萱野是在30余年间帮助孙中山不变操持的人。

萱野长知追随孙中山30年

之重任相托。1925年孙中山临终时，他是唯一侍奉在侧的日本人。

萱野在南京活动期间，为了询问犬养首相的意向，拍发了一份很长的密码电报，没有回音。再连续拍发好几份电报，都杳无音信。

犬养首相的秘密暴露了。扣下电报的是内阁书记官长森恪[1]。他与军部的少壮军人关系密切，先把电报内容告诉少壮派军官，再通过犬养毅的儿子警告犬养本人。

森恪是一个背景十分复杂的人物。辛亥革命后他最先向孙中山提供财政援助。现在又最先出卖了其好友和同党犬养毅。他一人就是一本书。为了心目中的日本利益，他从不在乎出卖任何人。当时，陆海军和外务省正在与伪满政府谈判，并且在"使中国本部政权对满蒙死心，使之面对既成事实只有加以承认"这一方针上取得一致意见，事实上决定了不与南京政府就所谓"满洲问题"谈判。忽闻

---

[1] 森恪（1882—1932），昭和前期的日本的极右政治家，众议院议员。出口必称帝国主义的外交官。是与军部勾结分裂中国的主要人物，被日本政府推捧为"东亚新体制先驱"。

犬养首相往南京派去了特使，咄咄逼人的少壮军人无不义愤填膺。

犬养毅之子犬养健担任其父的秘书官。"二战"结束后，他在远东军事法庭作证时说："森恪曾数次警告我，说总理大臣采取与军部和满洲方面的武力政策相对抗的政策，对总理自身是非常危险的。在几次谈话中，森恪都说过，如果我父亲继续采取反对军部的政策，那么父亲的生命必有危险。"

在日本，军部泛指日军统帅部。包括参谋本部、军令部、教育总监部和陆军省、海军省。

开始被军人视为眼中钉的犬养毅，在整垮上届首相浜口雄幸[1]时，却做过军部的好帮手。浜口内阁是在1929年的世界性经济大萧条、田中内阁又因"皇姑屯事件"倒台后上台的。上台半年便赶上要了他性命的伦敦海军会议。

1922年华盛顿会议曾规定：日本海军大型舰只为英美两国的60%。日本军界长期对这一数据不满，于是伦敦会议前定出方针，要提高10个百分点，将数据调整到70%。潜艇则保持已有的7.8万吨水平。

1930年1月海军裁军会议在伦敦举行。美国反对日本的修改，坚持华盛顿会议的60%，而且要废除所有潜艇。

会议陷入僵局。

---

[1] 浜口雄幸（1870—1931），高知县人，东京帝国大学法科毕业。日本第27任首相，酒豪，雄狮宰相。在位时期强行推行金本位和裁减军费一个亿，1931年被暗杀。

此时正值大萧条波及日本。浜口内阁面对经济不景气现象，决心紧缩财政，协调外交，达成裁军协议以缓和灾难中的国民经济。

也有另一方面的原因。在皇室和军阀夹缝中，如履薄冰一般沿政党政治爬到首相的浜口，深知必须照顾军部情绪，否则后果难料。

会谈中讨价还价异常艰苦。终于在3月13日签订了日美妥协案，日本拥有舰只总吨位为美英两国的69.75%。

军部要求上调10个百分点，内阁在美国人那里拿到了9.75个。日本的主张可以说几乎完全被贯彻了。69.75%与70%，仅仅相差0.25%。

但就是这0.25之差，在日本竟掀起轩然大波。海军军令部部长加藤宽治[1]和次长末次信正[2]首先发难，大表不满，指责内阁不顾军令部反对而签约，违反宪法。

军人之蛮横霸道，可见一斑。

若反对浪潮仅仅来自军方，问题还要简单一些。在野党政友会也立即随声附和，说内阁"明知军令部有强烈的反对意见，却无视这一意见，轻率地决定了有关国防的重大问题"，利用《伦敦条约》开展倒阁运动。其中最积极、把它上升到"侵犯统帅权"高度的，就是政友会的总裁犬养毅。

---

[1] 加藤宽治（1870—1939），明治、大正、昭和时期日本海军军人、海军大将。日本海军首屈一指的炮术家，对美英七成论的坚定维护者，舰队派中心人物。因海军还有个更出名的加藤友三郎元帅，所以通称加藤宽治为小加藤。

[2] 末次信正，1880年6月出生在山口县，日本帝国海军大将。舰队派中心人物，狂热的扩张主义分子。1944年12月29日病死。

犬养因为自己政党、政友会在大选中遭到失败，与民政党的 273 个议席相比只获得 174 个议席，为倒阁便不惜一切手段，把决定军事力量这一最为重要的国政也说成是内阁管辖之外的事，最终搬起石头砸了自己的脚。

浜口内阁不顾军令部的抵制和犬养毅政友会的反对，签订了日、英、美

因裁减军费被刺身亡的浜口雄幸

三大海军国《关于限制和缩减海军军备的条约》，即《伦敦条约》。条约批准书交换仪式于 1930 年 10 月 27 日在英国外交部举行，浜口出席。18 天之后，他在东京车站遭到右翼暴力主义者行刺，身负重伤。刺客佐乡屋留雄与臭名昭著的皇室成员、阴谋家东久迩宫有联系。近代日本发生的多起刺杀事件，都与这位东久迩宫有关。

浜口首相于 1931 年 8 月 26 日去世。

日本政府逼迫清政府签订《马关条约》的 1895 年，浜口雄幸毕业于东京帝国大学法科。1931 年九一八事变爆发前，这位首相死于无法无天的帝国。

现在轮到指责浜口"侵犯统帅权"的犬养毅了。当血盟团青年

军官将黑洞洞的枪口开始瞄向他的时候，不知他能否记起自己对浜口的指责？

犬养毅是自1890年日本第一次众议院大选开始，连续17次当选为众议院议员的民主人士，议会内打倒藩阀和拥护宪政运动的主要推动者。日本近代最负盛名的民主政治家，却亲手葬送掉惨淡经营起来的民主政治，这不能不说是近代日本巨大的悲剧。

被刺杀前两个月他意识到了危险。1932年3月15日，他给其青年时代的朋友上原勇作[1]元帅写信，一方面对青年军人一再犯上的现象表示忧虑，另一方面表白自己的对华政策："为了在形式上停留在政权上分立，而事实上已达到我方目的，我煞费苦心。如不迟早改善这种关系（注：指同中国的关系），一旦俄国的五年计划完成，国家的实力真正得到充实，它绝不会像现在这样保持长久沉默的。作为对俄国的防备，本人认为应尽早改善与中国本部的关系。"

战败后的日本历史学者们，称犬养的这段思虑为"卓越见识"。

犬养本人又何尝不想吞并满蒙。比起那些狂躁蛮干的军人来，他忧虑的眼光更加精细、长远。就是当初卖力地资助孙中山，他也有独特的考虑。在写给派去照顾孙中山的陆羯南的一封信中，他说："愿吾兄将彼等掌握住以备他日之用。但目下不一定即时可用。彼等虽是一批无价值之物，但现在愿以重金购置之。自去岁以来，弟即暗中着手作此计划矣。"

---

[1] 上原勇作（1856—1933），宫崎县人，日本工兵之父，元帅陆军大将，大正中期和昭和初期的陆军领袖（1915—1933），皇道派军阀的创立者。

资助孙中山是一张牌。承认中国在满蒙的权益也是一张牌,核心都是为了日本利益。特别是为了躲避日本实际的危险。

犬养毅留给中国的,只是一个形式上的空壳而已。

即使如此,军部也认为他在背叛。想走钢丝的犬养毅是在刀尖上跳舞。1932年5月15日,他从刀尖上掉了下来。

犬养毅也想吞并蒙满,只是他的忧虑的眼光更加精细、长远

主持刺杀犬养毅的,是极右翼军人组织"血盟团"[1],行动头目是霞浦海军航空兵军官古贺清志。

在军法审判中,古贺清志中尉站在那里振振有词地对法庭说:"国家的状况到了非流血不能改善的地步。"好像是在进行一场演说。他的助手——亲手打死犬养毅首相的三上卓海军中尉,更说这是一场革命,意图造成统治者与被统治者的和谐一致。三上卓大声在法庭上说:"我们既非左派,也非右派。"只有开第一枪的黑岩勇略微表现出一点悔意:"我感到遗憾。不过,我认为他在劫难逃,

---

1 血盟团,日本右翼恐怖组织,1931年十月事件败露后,由法西斯日莲宗僧人井上日召组织,成员共14人,以农村青年和学生为主体。

因为他必须成为国家改革祭坛上的供物。"

埋葬了犬养毅之后，新首相是海军大将斋藤实，美其名曰"举国一致内阁"，举国一致走向法西斯战争而已。

疯狂野蛮的日本战车，被卸下了最后一道限速锁链。

▲战争狂热像富士山一样喷发出来的时候

有一个长期自觉不自觉被掩盖的问题：20世纪30年代走向高潮的日本法西斯运动，其实得到了日本社会的广泛支持。

历史学家猪木正道说：日本进入了疯狂的时代。

让我们看看什么叫作历史的疯狂。

审讯刺杀犬养毅的极右翼军人组织"血盟团"期间，古贺清志海军中尉和三上卓海军中尉等人，竟然收到了11万多封表示支持的信件。有35.5万人在一份请愿书上签名，要求对他们宽大处理。新潟市竟有9个人把他们的小手指砍下来，泡在酒精里送给陆相荒木贞夫[1]，并附信说，被告"犯了法，他们的动机是纯洁的。他们的自我牺牲精神使我们深受感动"。大阪律师协会走得更远，竟然通过一项决议，声称从最深刻的意义上讲，刺客只不过是进行自卫。

后来公布的司法省、陆军省和海军省的联合声明这样说：

"本犯罪案件的动机和目的，据各犯人所说，是由于我国最近的形势在政治、外交、经济、教育、思想和军事诸方面停滞不前，以至国民精神重又颓废堕落。因此，如不打破现状，帝国将有覆灭的危险。这种停滞不前的根源是因政党、财阀和特权阶级互相勾结、营私舞弊、轻视国防、无视国计民生、腐败堕落所致。必须铲除这一根源，完成国家的革新，以建设真正的日本。"

这份文告今天看起来真是令人瞠目结舌：它究竟是审判书还是宣言书？抑或本身就是准备通过审判完成一种宣言？

审判期间，公众情绪表现出了极大的同情。每天都有请愿的人群聚集在海军军官的交谊团体水交社外，有的甚至彻夜等候在外面，希望与罪犯的辩护律师会面，以表示支持。首犯古贺清志的父亲表示每天都会收到来自全国的许多信件："信啦，礼品啦，点心啦，另外还有一位秋田县的姑娘来信，说是想做古贺的妻子⋯⋯"

辩护律师介绍，还有很多姑娘自荐到三上卓中尉那里，想嫁给

---

[1] 荒木贞夫（1877—1966），日本帝国时代陆军大将，陆军大学19期首席毕业，俄国问题专家，美仪表，擅演讲、剑道，有"胡子龙王"之称。他的组织能力和真崎甚三郎的思想使他俩并列为皇道派领袖。

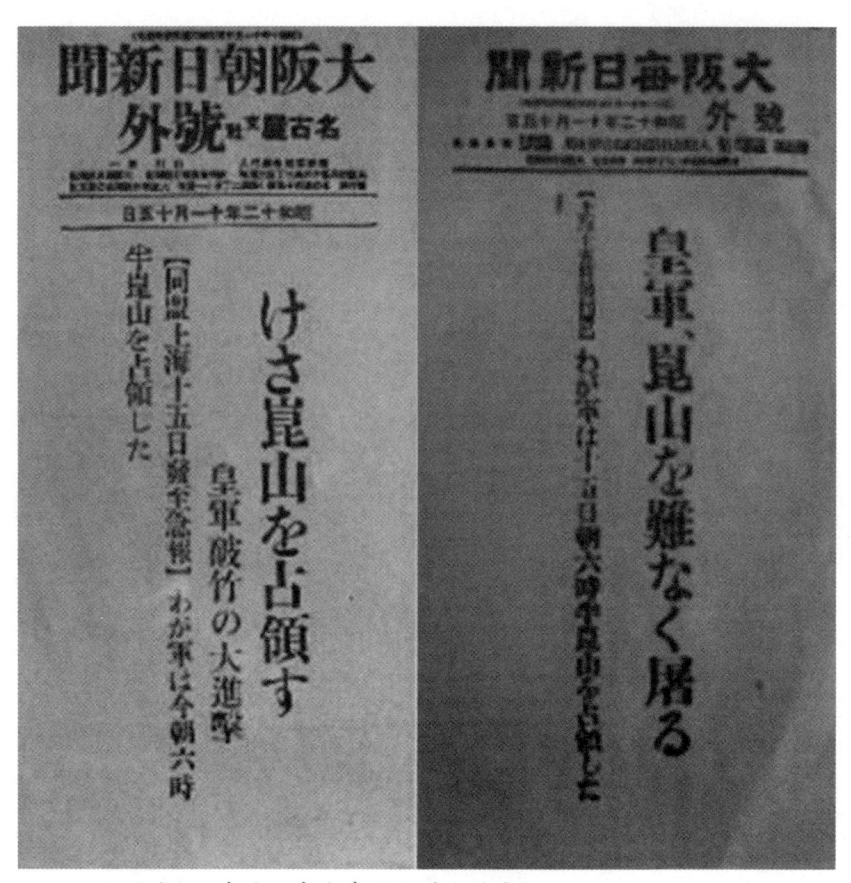

第三章　中国是令人垂涎的肥肉　121

民众的疯狂，相当一部分来源于媒体的疯狂

这个杀人凶手。

这就是今天被很多人忘掉的——不仅仅是军阀疯狂，民众也疯狂。

民众的疯狂，相当一部分来源于媒体的疯狂。

1931年七八月间发生的"万宝山事件"[1]和"中村震太郎事件",成为日本媒体开展军国主义煽动的突破口。从7月到8月,日本各报社、出版社以前所未有的热情,投入组织各种讲演会、座谈会,开始狂热地宣传"满蒙危机"。

1931年8月28日,《大阪每日新闻》发表题为《军部和国民》的社论:国民与军队经常互相配合,以完成国防之大任。正如古语所云,二者是鸟之双翼、车之两轮。如果双方不协调,鸟不能飞,车不能转。无论军备多么精良,军人多么勇敢,没有国民的后援,恐怕连弱敌都不能战胜。现在的战争实际上不只是军人的战争。

9月8日,《大阪朝日新闻》刊登一条消息:有部队用飞机向城市散发传单,上面写着"觉醒吧,我的国防!我的同胞!"

9月26日,《东京每日新闻》报道:满洲事变突发后,报社的桌上堆满了从全国寄来的血书和慰问袋。截止到25日,寄来的血书和鼓励信达2万封,其中有的慰问信中,夹着小孩积攒的1元、2元的零用钱及过节用的钱等,共收到现金2千多元,而且肥皂、毛巾、牙膏等慰问品更是难以尽数。

10月16日,《大阪朝日新闻》报道,朝日新闻社决定"今后社会上的战争捐款、慰问袋等送往战地的请告知本社,明天开始本社将应募者的姓名、住址、金额公布出来"。

---

[1] 日军利用侨居在长春附近万宝山的朝鲜人与当地农民因租地挖渠引起的冲突,以保护朝鲜人为由,开枪镇压中国农民,打伤多人。日本事后反而颠倒事实,在朝鲜大肆宣传华人排斥朝鲜人,在朝鲜煽动了一场骇人的暴动排华事件。

第三章　中国是令人垂涎的肥肉　123

在新闻界的推动下，日本战争狂潮愈演愈烈。国民普遍认为，支持战争就是爱国，否则就是日本的敌人。这就是为什么九一八事变发生后，日本驻朝司令官林铣十郎擅自违令派朝鲜军进入中国，竟然博得新闻界的一片称赞，称他是真正的爱国者，也使日本内阁不敢进一步追究林铣十郎的违令责任。

日本新闻界在完成战争舆论动员之后还不够，鼓动、宣传逐渐朝向极端方向发展，由报道对侵略战争的慰问活动转向报道各种极端行为。

《国民新闻》报道："两名第8师团的士兵因未被选派到满洲而悲愤自杀。大阪一名24岁青年因未被选派出征满洲，从新世界通天阁跳下自杀。"

9月26日的《东京每日新闻》报道："两名公共汽车售票员在给部队的信中写道：一定要让我们去做战地当护士；第10师团军医家中的女佣人，为激励士兵出征，从山阳线列车跳下自杀。"

12月14日的《国民报》报道："大阪步兵井上清的夫人井上千代子为鼓励丈夫出征，以短刀自刃身亡。她在遗书中写道：明天你就要出征了，我非常高兴地离开这个世界。不要为我难过，我的死算不了什么，唯一的希望就是能保佑大家平安，为国出力。"

这些极端事件经报纸作为"爱国主义材料"一加宣传，使日本国民的战争情绪更加激动，军国主义者则更加有恃无恐。

连不懂事的孩子也被卷入。

11月21日的《京都新闻》报道，12岁、7岁、5岁的一家3兄

为鼓励丈夫出征，自杀身亡的井上千代子

弟访问陆军部，大哥拿出1元、二哥拿出50钱、小弟拿出20钱捐给军队，使在场的人"大受感动"。还有一位老妇人带着4岁的孙子，拿出存钱盒说："这是我孙子存的钱，说是送给前线士兵，请收下。"

《北海道每日新闻》报道，12月12日，深川区东川小学给陆军部新闻班发了一封信，信中夹有5元钱和二十多名三年级学生的签名。信中说："我们把每天的零花钱积攒起来送去。老师说我们这里享受着温暖，过得很快乐，而在满洲的士兵们却非常艰苦，那里已经很冷了。我们希望不管支那兵何时来，要毫不犹豫地给予最大的打击。"

看到这些宣传效果，谁还能说参与南京大屠杀的仅仅是陆军几个师团？谁还能说东条英机等十几个军阀就能承担所有战争罪恶？当日本民族整体踏入误区、其战争狂热像富士山一样喷发出来的时候，日本媒体对形成其国民举国一致的战争喧嚣，难辞其咎。

九一八事变及后来日本的侵华战争，都与当时日本国内迷漫的全民疯狂式"爱国主义"有直接联系。以少壮军官为主的日本昭和军阀集团的疯狂,根源于日本社会情绪的疯狂。当时日本社会有一个口号:"宁要廉洁的军人,不要腐败的政治家"。历史最终要让日本民族品尝,这些所谓的"廉洁军人"要给日本带来多么巨大的灾难。日本人现在年年在广岛原子弹爆炸那天搞和平祈祷。只记住两颗原子弹,忘掉雪片一样支持法西斯分子的信件,忘掉主动愿意嫁给他们的姑娘,忘掉剁下来泡在酒精里的那些手指,能够总结出真正应该铭记的教训吗?如果仅仅祈祷把和平和生存留给自己而不在乎别人的死亡和苦难,甚至还要删改教科书中的有关记载,还要把供奉甲级战犯的靖国神社搞成年年必去的参拜之地,军国主义意识形态在日本真的能够根绝吗?

每一个民族都有自己的热血青年,都想用热血开辟出一条理想的前进道路。仅仅知道一个人会走入误区还不行,必须知道一代人也会走入误区,甚至包括一个民族。当俄国的热血青年推翻了罗曼诺夫王朝,实现了"二月革命"和"十月革命",中国的热血青年推翻了爱新觉罗王朝,实现辛亥革命并在五四运动之后开始了新民主主义革命,日本却走上了另外一条道路。1926年12月25日,北伐军正在中国大地摧枯拉朽的时候,日本第124代天皇裕仁继位,改元"昭和"。由此开始了一场以少壮军人为前导、以清除腐败为旗号、将整个日本拖入法西斯深渊的"昭和维新"运动。

这伙少壮军人也是日本的热血青年。他们对日本现存社会充满了批判,但他们批判的武器不是马克思主义,而是法西斯主义。法西斯青年军人组织"樱会"在宗旨书中说:"我们必须首先指出作为国家核心的执政者们的重大责任;他们无视自己的职责,在施行国策中缺乏雄心,毫无振兴大和民族的根本精神,只是醉心于谋取政权、财物,上瞒天皇,下欺百姓,政局汹汹,腐败已极;社会即将沉于污秽的深渊,高级当政者的悖德行为,政党的腐败,资本家不顾大众利益,华族不考虑国家将来,宣传机关导致国民思想的颓废,农村凋敝,失业,不景气,各种思想派别组织的活动,糜烂文化的抬头,学生的缺乏爱国心,官吏的明哲保身主义等等。"

这些法西斯青年军人认为日本社会存在"三贼":

政党行径丑恶,以夺得政权为目的相互倾轧,造成政界和社会的纷扰不安,形成党贼;

财团贪得无厌,操纵金融与市场,不顾国计民生,形成财贼;

政府依靠其权势横征暴敛,贪污腐败,民不聊生,形成权贼。

"三贼"相互勾结,横行国内,必须将其打倒。

怎么打倒?北一辉1919年在上海用清水米饭泡出来的《国家改造案原理大纲》中提出:只有军人奋起,才能打破腐败的政党政治。

这是日本历史的畸形怪象:热血与献身,有时候导致的竟是最反动的法西斯主义。

整个20世纪20年代,日本以青年军人为主干的法西斯组织真如"雨后春笋":1919年大川周明、北一辉建立第一个法西斯组织"犹存社"。1923年永田铁山建立"二叶会"。1924年平沼浅一郎发起"国本社",大川周明成立"行地社"。1926年赤尾敏成立"建国会"。1927年铃木贞一、石原莞尔组织"木曜会"。西田税成立"天剑党"。

1928年海军出现"王师会"。1929年，"二叶会"与"木曜会"合流，成立"一夕会"。1930年9月，参谋本部少壮派军官成立"樱会"。

以永田铁山的"二叶会"开头，整个20世纪20年代，日本军队中出现100多个法西斯团体。参加者从70多岁的退休元帅、日俄战争期间日本海军联合舰队司令官东乡平八郎海军大将，直到士官学校刚刚毕业的少尉官佐。

在这100多个法西斯团体中，最重要的是"一夕会"和"樱会"。佐级、尉级军官中所谓有志、能干的"英俊人物"多集中在这两个组织里面。这两个团体云集了昭和军阀集团的精锐。

"一夕会"1929年5月19日成立。成员里面大佐军衔的有河本大作、山冈重厚、永田铁山、小畑敏四郎、冈村宁次、小笠原数夫、矾谷廉介、板垣征四郎、土肥原贤二、东条英机、渡边久雄、工藤义雄、饭田贞固、山下奉文、冈部直三郎、中野直晴；中佐有桥本群、草场辰巳、七田一郎、石原莞尔、横山勇、本多政材、北野宪造、村上启作、铃木贞一、冈田资、根本博；少佐有沼田多稼藏、土桥勇逸、下山琢磨、武藤章、田中新一。

"樱会"成立的时间稍晚于"一夕会"，于1930年7月17日诞生。成员中大佐级军官只有重藤千秋一人；中佐有板田义郎、樋口季一郎、桥本欣五郎、根本博；大尉有马奈木敬信、长勇、田中清、樱井德太郎、田中弥。

对历史感兴趣的人，应该记住这些名字。日本赖以发动侵略战争、

一夕会部分成员

到处杀人掠地、给亚洲带来巨大灾难的骨干法西斯军官，几乎都在里面。现在这些名字，又几乎全部变成了牌位，出现在烟雾缭绕的靖国神社里。

这两个少壮军人组织，"一夕会"的核心是永田铁山。它以打破长州藩对陆军的人事控制为第一目标，对外主张首先以武力解决满蒙问题，夺取生存空间。"樱会"的成员更加年轻，也更加激进。其核心人物是桥本欣五郎。此人在担任驻土耳其大使馆武官期间，对基马尔的"自上而下革命"颇感兴趣，想在日本也实现这样的革命。

前者着眼于对外使用武力，完成法西斯扩张；后者着眼于对内使用武力，完成法西斯改造。

两个集团的终极目标都是军部控制日本政治，实现军事独裁政府。在这两个集团的全力推动下，日本向法西斯道路急剧转向。

第四章
"我们中国人都投降了,还有中国吗"

赵廷喜向日本人告发前,看见杨靖宇几天没有吃饭,脸上、手上、脚上都是冻疮,说:"我看还是投降吧,如今满洲国不杀投降的人。"赵廷喜哪里知道,岂止不杀,如果投降,日本人打算让杨靖宇出任伪"满洲国"军政部部长。

杨靖宇沉默了一会儿,对赵廷喜说:"老乡,我们中国人都投降了,还有中国吗?"

▲苍蝇不叮无缝的蛋

在中国，人人皆知卢沟桥是抗日战争全面爆发的地点。年年月月，往来参观者络绎不绝。如果一个不懂事的孩子突然向大人发问：战争怎么会在这儿爆发呢？这儿是中国和日本的分界线吗？

我们这些懂事的大人，该如何回答？

时间过去了 78 年。战争结局已成为一个巨大的花环。教科书上说，抗日战争是自 1840 年以来，中国人民反抗外来侵略第一次取得完全胜利的民族解放战争。戴上这个花环，却让人感受到其中刺人的荆棘。那里有一些任凭时间流逝多少年也必须说清而又不易说清的事情。

孩子问得对。卢沟桥并非边关塞外，疆界海防，连万里长城上的一处豁口也不是。它实实在在是在北京西南。虽然完全不是中日

七七事变是日本全面侵华战争的开始

两国的分界线,但战争又确实在这里爆发。为什么战争尚未正式打响,鬼子已经抄到了京师以南,扼住了我们的咽喉?

至于侵略者用多少兵力挑起这场事变,别说不懂事的孩子,连懂事的大人也很少知道了。华北地区全部日军的最高统计数字,也只有8 400人。同一地区的中国军队有多少呢？仅宋哲元的29军，就不下10万人。战争爆发之前，敌人就已如此深入了你的领土，而且以如此少的兵力向你挑战，查遍世界战争史，可有这样的先例？

无独有偶，九一八事变同样如此。当时东北地区日军不足2万，而张学良之东北军人数近20万。220万人也未阻止侵略军，事变第二天就占领了沈阳，一星期控制了辽宁，三个月占领了整个东北。

一个中国人，如果仅仅会唱《大刀进行曲》和《游击队之歌》，还无法明白那段历史。我们还必须直面那些往往令我们不那么情愿直面的事实。必须要探究，我们是怎样落到了这样的地步，才终于"忍无可忍"的。不了解当时的中国有多么衰弱，不了解当时中国的政治、军事有多么腐朽，你就永远不会理解衰弱与腐朽要带来多么巨大且深重的灾难。

这就是我们必须面对的真实历史。

幸运很少重复，灾难却不断叠加。

中国近代历史，往往是前一场悲剧衍生后一场悲剧，前一场灾难导致后一场灾难。

发动七七事变的日本华北驻屯军，是1900年八国联军侵华后强迫清政府签下《辛丑条约》，日本根据该条约驻扎在从北京至山海关铁路线上的部队。1901年9月，清政府与英、美、俄、德、日、奥、法、意、荷、比、西十一国代表在北京签订《辛丑条约》，其中第九款规定："中国应允诺诸国会同酌定数处，留兵驻守，以保京师至海道无断绝之虞。"从此在华北驻屯的外国军队有英、美、法、意、日五个国家，约定人数为8 200人，每国不超过2 000人，司令部都设在天津。

按照约定，日军应为400人。驻扎在黄村、廊坊、杨村、天津、军粮城、塘沽、芦台、唐山、滦州、昌黎、秦皇岛、山海关12处，称"清国驻屯军"。1911年辛亥革命后，中国政局持续动荡，日本一方面将"清国驻屯军"改称"中国驻屯军"，另一方面暗中扩大编制，增加驻军人数。至1935年5月，北平驻屯步兵两个中队，天津驻屯步兵8个中队、山炮1个中队、工兵1个小队，分布在天津以北北宁铁路沿线及以东至塘沽军港，人数已达数千。

即使这样，驻屯军仍然不满足——特别是眼见资格很浅的关东军急剧膨胀。

关东军是1905年日俄战争后，日本把俄国势力赶出中国东北后派驻的"关东州"即旅大地区的部队。原来仅是"关东州"都督府的守备队，后发展为"满铁"守备队。九一八事变后飞黄腾达起来，兵力由原来的1万，急速发展到10万，让驻屯军看得分外眼热，于是也想弄点明堂出来，将华北像东北的"满洲国"一样，弄成大日本帝国的殖民领地。

关东军之所以能够建立"满洲国"，因为有一个被称为"东北汉奸之父"的板垣征四郎。此人马不停蹄地奔忙在东北大地，东北地区相当一部分汉奸的出台，均经过其手。九一八事变后，他网罗了罗振玉[1]、赵欣伯[2]、谢介石[3]等人,然后又运动熙洽[4]宣布吉林独立;再推动张海鹏[5]在洮南宣布独立;又诱逼臧式毅[6]出任奉天伪省长;再策动张景惠[7]宣布黑龙江独立;还有牢牢掌握在手的东北地区头号大汉奸溥仪[8]。板垣以"功勋卓著",受到天皇的垂青。1932年1月,陆军大臣荒木贞夫召板垣回东京汇报。裕仁天皇破格接见了这位高级参谋。在此以前,天皇直接询问一位参谋人员是不可想象的。

---

1 罗振玉(1866—1940),中国近代农学家、教育家、考古学家、金石学家、敦煌学家、目录学家、校勘学家、古文字学家,中国现代农学的开拓者,中国近代考古学的奠基人。罗振玉在政治上十分保守,始终效忠清室。九一八事变后追随溥仪,出任伪"满洲国参议府"参议、"满日文化协会"会长等职。

2 赵欣伯(1890—1951),第一个获日本明治大学法律博士学位的中国人,曾任日本陆军大学中文教师,因此和日军少壮军人打得火热,后任张学良的法律顾问,九一八事变后任沈阳市市长,伪"'满洲国'立法院院长"。

3 谢介石(1878—1954),台湾新竹人。伪"满洲国"的第一任"外交部总长",也是台湾人于伪"满洲国"期间获得最高官衔的一位。

4 熙洽(1884—1952),姓爱新觉罗氏,是清太祖努尔哈赤亲兄弟穆尔哈齐的后裔。辛亥革命时,熙洽曾经参与宗社党的复辟活动,致力于恢复清朝统治。九一八事变,不顾各界爱国人士的反对,派出代表到长春迎接日军。

5 张海鹏(1867—1949),字仙涛,别号连溪,绰号"张大麻子",奉天盖平县人,奉系将领,中华民国及伪"满洲国"军事将领。

6 臧式毅(1885—1956),字奉久。早年追随孙烈臣,后受张作霖及张学良赏识,任东三省保安总司令部中将参谋长、辽宁省政府主席等职。九一八事变后成为伪"满洲国"四巨头之一。

7 张景惠(1871—1959),军人。九一八事变后沦为汉奸,曾任伪"'满洲国'国务总理"。

8 爱新觉罗·溥仪(1906—1967),清朝末代皇帝,也是中国历史上最后一个皇帝。也称清废帝或宣统帝。

于是接连出现更加不可想象的事情：日本陆军省、海军省、外务省三大实力机构联合炮制的《满洲问题处理方针纲要》，蓝本不过是板垣笔记本上那些字迹潦草的汇报提纲。板垣从此官运亨通，1932年8月晋升为陆军少将；1934年担任关东军副参谋长；1936年3月升为关东军参谋长，军衔晋升为中将。直到1937年9月底林彪在平型关收拾了他的后勤和辎重部队，这个在日军中声名如日中天的板垣才在中国吃了第一次亏。

华北驻屯军若想效法关东军，把华北也弄成"满洲国"那样的形式，同样需要有"华北汉奸之父"式的人物。

这样的人物很快就出场了：由关东军调入驻屯军的土肥原贤二。

土肥原到华北盯住的人物，是夹在国民党中央军和日本华北驻屯军之间的29军军长宋哲元。

宋哲元本来是力主抗战的最早将领之一。九一八事变第二天，他率领29军全体将士通电全国："宁为战死鬼，不作亡国奴。"1933年宋哲元任第3军团总指挥，指挥喜峰口抗战，赢得过"抗日英雄"的美名。

但任何事物都没有不可逾越的界线，包括抗战与不抗战。

宋哲元不是蒋介石的嫡系。以前他是冯玉祥部下的五虎将之一，在国民党新军阀混战中是著名的反蒋人物。正因如此，蒋介石也早就想收拾一下他。

1935年5月，日军挑起第二次"张北事件"，借4名日本军人在察哈尔省由多伦经张北县沿途偷绘地图，到达张北时被中国军队扣留之事，向国民党当局施加压力。此时蒋介石正在部署追击长征中红军的大渡河会战，准备于金沙江、大渡河一线歼灭红军，于是采取对日妥协态度，令察哈尔省民政厅厅长秦德纯与土肥原签订了所谓《秦土协定》：

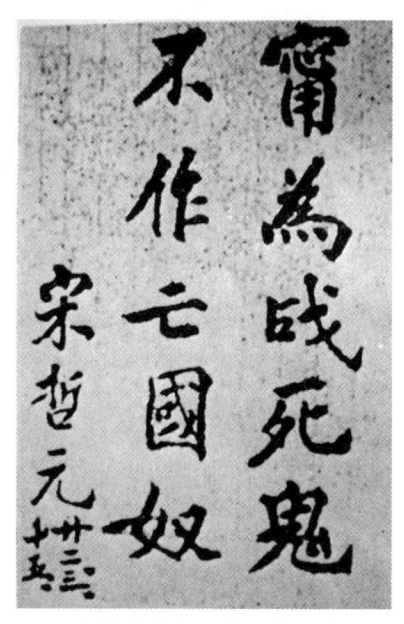

宋哲元手书：宁为战死鬼，不作亡国奴

1. 向日军道歉，撤换与该事件有关的中国军官；
2. 停止国民党在察哈尔的一切活动；
3. 成立察东非武装区，第29军从该地区全部撤退；
4. 取缔察哈尔省的排日机关及排日活动；
5. 撤换宋哲元的察哈尔省主席职务。

蒋介石的本意是借机撤换宋哲元，调29军去江西"剿共"，扫除中央军在华北的障碍。

6月29日，宋哲元被免去察哈尔省政府主席的职务。

这是一个并非可以随意摆布的人。被免职后他立即去天津"养病"。

养的自然是心病。天津是日军华北驻屯军大本营。既然国民党的支持与保护已不再可能，他便觉得要保住自己在华北的地盘，只有取得日军的谅解。他通过亲信萧振瀛、陈觉生与日军联络。萧、陈二人心领神会，把宋的处境和苦衷转告日本华北驻屯军参谋长酒井，还向他表示了合作的愿望。驻屯军反应很快，马上宣布宋哲元必须在位，不再提将宋部压迫到黄河以南的原定设想了。

这是中国许多旧军人的深刻悲剧。他们的信仰和他们的主义，皆不敌他们个人的切身利益。

与日军的默契不仅保住了宋哲元自己在华北的地盘，而且"丰台事件"后，他乘机把29军第37师调到北平，使自己的势力从察哈尔扩展到了平津。

宋哲元联络日军和扩张势力的活动，使蒋介石非常担心。为了防止宋哲元进一步倒向日本，蒋介石采取了一系列拉拢活动。1935年7月，蒋在庐山召见29军副军长秦德纯，表示"中央拟将主持华北责任交由宋哲元军长负责"，以示对宋的信任。7月27日，国民政府向宋哲元、秦德纯及三位师长颁发最高国家荣誉勋章，表彰其抗战功绩；8月28日，宋哲元又被正式任命为平津卫戍司令，北平政务委员会被撤销。

由此宋哲元实际开始操纵冀、察的军政大权。

宋哲元联络日军，动机原非降日，只是想借以保全自己的地盘，提高自己的地位。他说："对日本是不说硬话，不做软事，表面亲善，绝不投降；对中央不说反对中央的话，不做蒋介石个人工具的事，随机应变，效忠国家。"

以保个人利益的"随机应变"来效忠民族和国家，本身就十分

第四章 "我们中国人都投降了，还有中国吗"

荒唐可笑。后来的"曲线救国论"与"随机应变论"之所以异曲同工，就是它们都产生于同样的利益心理。

国难当头之日，宋哲元还想在民族大义与集团私利矛盾冲突的刀尖上，踮着脚尖走钢丝。

苍蝇不叮无缝的蛋。土肥原出场了。

宋哲元

土肥原是日军中主张"华北自治"的鼻祖。1930年，在中原爆发蒋介石、冯玉祥[1]、阎锡山[2]的军阀大混战，时任驻屯军天津特务机关长的土肥原如鱼得水，来回穿梭于北方军阀之间，拼凑所谓"北洋派大同盟"，对抗蒋介石的北伐。"北洋派大同盟"没有搞成，1933年在关东军沈阳特务机关长任上，土肥原又开始策划"华北自治运动"，名称与"北洋派大同盟"不一样，内容却是一样的：促使中国南北分裂。当时华北山海关、唐山、通州等地的特务机关，

---

1 冯玉祥（1882—1948），字焕章，原名基善，中国国民革命军陆军一级上将，西北军阀。有"基督将军""倒戈将军""布衣将军"称号。是蒋介石的结拜兄弟，系国民政府抗战青天白日勋章、美国总统"二战"银质自由勋章、国民政府首批抗战胜利勋章三大抗战勋章获得者。

2 阎锡山（1883—1960），中华民国陆军一级上将，日本陆军士官学校第六期毕业生，清朝陆军步兵科举人、协军校，同盟会员，组织与领导了太原辛亥起义。统治山西达38年之久。

全部划归土肥原领导。关东军通过这样的安排，把手伸向了华北。在土肥原的策划下，沈阳特务机关先后对阎锡山、韩复榘[1]、宋哲元等人开展拉拢工作，企图诱使这些北方军事大佬脱离国民政府另立自治政权，但一直未收到成效。

现在机会又来了。1935年9月，土肥原到北平，要求宋哲元出面组织"自治政府"，日本提供军援和经援。宋还未糊涂到此等地步，当即拒绝。但是对中国军阀政客心理摸得十分深透的土肥原，立刻变换花样，改为联络华北五省地方实力派一起宣布自治，称为"首先建立察哈尔、河北两省自治政权，然后使山东、山西、绥远三省加入"。

在怎样才能有效割裂中国版图这一点上，土肥原的思虑比其他日军将领更为深远。

九一八事变之后，对在东北建立一个什么性质的政权，日本方面最初并无定论，关东军内部也争论不休。

板垣征四郎最为激进，主张直接吞并，把东北并入日本的版图。

石原莞尔则稍微缓和，主张间接吞并，像统治朝鲜和台湾一样设立总督府，变东北为日本殖民地。

碍于国际形势的羁绊和自身实力的限制，这两个方案最终都未被日本统治当局核准与同意。

---

1 韩复榘（1890—1938），中华民国军事将领，冯玉祥手下的"十三太保"之一。以擅长作战并兼通文墨而发迹，在北伐战争中一路猛打猛冲过关斩将，是第一个率军打到北京城下的北伐将领。时人称其为"飞将军"。在中原大战前脱离冯玉祥投靠蒋介石，在山东击败了晋军为蒋介石巩固了前沿战线。

板垣为此怒火万丈。

石原为此"吞下万斛泪水"。

最终核准实施的,是土肥原方案。

土肥原对现实国际政治和日本实际地位理解最为深刻。他提出成立一个由日本控制、表面上由中国人统治,但从中国本土脱离的"满蒙五族共和国",用一个中国人担任傀儡政府首脑。

这个中国人,就是下台的清末宣统皇帝溥仪。

土肥原下棋从来不会临时找棋子,他一直在棋盘上提前布势。1924年,当冯玉祥在北京发动政变把溥仪赶出紫禁城之时,他就把这个走投无路的宣统皇帝弄到了天津日本租界,精心保护起来。土肥原当时并不知道这个棋子何时可用,但知道一定有用。7年之后,时机来了。1931年11月4日深夜,土肥原踏入天津日租界一个叫静园的公馆,与溥仪长谈。时间不长,溥仪在土肥原策动下从天津潜逃至大连。

1932年3月9日,伪"满洲国"正式出炉。

在选定傀儡、弄牵线木偶这些事情上,熟读《三国演义》《水浒传》的土肥原比板垣、石原等人更加高明和老辣。此人会说多种中国方言,深深懂得中国人的心理。他拉拢吴佩孚[1]时,有人告诉他:吴虽反蒋,却素以爱国军人自居,恐怕难以利用。土肥原大度地回答说:"只

---

[1] 吴佩孚(1874—1939),字子玉,山东蓬莱人,民国时期著名的军事家、爱国者、中国国民革命军一级上将。秀才出身,后投效北洋,并成为直系军阀首领曹锟的第一战将和智囊。

溥仪就任伪"满洲国"执政

要他的行动对日本有利,就是打抗日的招牌也是可以的。"

他太懂得中国军阀的面子、中国政客的名实了。

吴佩孚未能拉过去,他又把目光转到宋哲元身上。

他要以宋哲元为突破口,实现其华北扩张的梦想。

土肥原一系列活动的大背景,是因为当时日本力量不足,对华北的侵略采用"中日亲善""中日经济提携"这种首先从经济上打开缺口的手段，然后再把华北从南京政府管辖的范围中分离出去，成为受日本"指导下的"第二个"满洲国"。

1935年10月，日本外相广田弘毅提出"对华三原则"：

一、彻底消灭反日运动；

二、中日"满"密切合作；

三、共同防共。

驻日大使蒋作宾立即向蒋介石报告。蒋介石当时正忙于指挥陕北"剿共"，往返于陕、豫、晋三省之间，根本无心与日对抗，便电告汪精卫可以考虑。

中方一有退让，日本人立即变本加厉。就在广田弘毅提出"对华三原则"的10月，土肥原亲自与国民党冀东行政督察专员殷汝耕[1]密商，要求殷汝耕"起事"。

在军事、政治的压力和自身私利的诱迫下，眼见蒋介石退让，宣称"宁为战死鬼，不作亡国奴"的宋哲元也开始动摇。

11月20日，日驻华大使有吉自上海到南京，与蒋介石谈华北问题两小时之久。有吉要求南京政府不能压制"华北自治运动"，中央军不可北调，并毫不客气地指责中国币制改革未先与日协商，

---

[1] 殷汝耕（1883—1947），中国近代的政治人物。抗战期间，投靠日本，沦为汉奸，出任日本扶植的伪"冀东防共自治政府"主席。抗战胜利后，被国民政府以汉奸罪逮捕。1947年12月1日被处决。

有碍中日合作。蒋介石的回答斟酌再三,硬中有软、软中有硬。他说,凡违反国家主权,妨害行政统一之自治运动,均难容忍,如有事故必能镇压,无庸中央用兵。对于华北局面,已定有办法,军委会北平分会将撤销,另派大员与日方商讨调整关系,允许考虑广田三原则,但华北发生事故,必至陷于无以商谈之结果。

这种语调明显表露出蒋介石的处境和一贯性格:他要采取"拖"的策略,以待从"围剿"红军中腾出手来。但日本的压迫不能超过一定限度,过了,他也要硬起来。

日本方面根本不给蒋介石太多考虑机会。此前的11月初,土肥原已经拟定"华北高度自治方案":建立以宋哲元为委员长、土肥原为总顾问的"华北共同防共委员会"。11月11日,土肥原以此案为蓝本,向宋哲元发出最后通牒,限其在11月20日以前宣布"自治"。

宋哲元被迫斟酌再三。与蒋介石不一样,他越斟酌越动摇。11月17日在致蒋介石的电文里,宋哲元一面表示不做丧权辱国之事,另一面又强调自己"力量薄弱,只能支撑一时,不能永久"。11月19日,宋哲元不顾国民党中央的反对,自行与日方谈判"自治",引起社会各方面的不满和反对。

11月25日,在土肥原的鼓动下,殷汝耕在通县宣布脱离南京国民政府,成立所谓"冀东防共自治委员会",自任"委员长",发表亲日宣言,公开亮出汉奸身份。

第四章 "我们中国人都投降了，还有中国吗" 147

殷汝耕（右）在伪"冀东自治政府"成立大会上

11月26日，南京行政院决议，派何应钦[1]北上为行政院驻平办事长官，拿办殷汝耕。

要拿办殷汝耕，必须有宋哲元的协助配合。但宋哲元却不以蒋介石派何应钦拿办殷汝耕为然。特别是此时土肥原正在幕后活动，鼓动宋哲元与殷汝耕合作，成立"华北五省联盟自治政府"，实现"华北自治"。

成立这样独立于中央的"自治政府"，即使私利再大，宋哲元也没有这个胆量。他打了个折扣，在征得蒋介石同意之后成立了"冀察政务委员会"，由土肥原担任委员会顾问，委员中安排了若干亲日分子。

1　何应钦(1890—1987)，中华民国陆军一级上将，字敬之，贵州省兴义人。

这种骑墙的方式令土肥原大为不满,开始来硬的一手,11月26日再发最后通牒,限11月30日前宣布"华北自治"。

随着时间逼近,宋哲元如坐针毡。一方面向南京请辞冀察绥靖主任的新职,另一方面又邀请河北、山东地方实力人物商震[1]、韩复榘赴平津商谈华北问题,向南京施加压力。

思虑再三,在土肥原最后通牒到来的11月30日,宋哲元致电蒋介石,露出实行"华北自治"的打算:

"情势危迫,民情愈益愤激。议论纷纭——倡导自治者有之,主张自决者有之。——阻止,有所不能。"宋哲元把大汉奸殷汝耕的冀东伪政权也算在"民情"之内了。他提出来要蒋"因势利导",拿出"慰民望,定民心之有效办法"。暗示蒋应该接受"华北自治"的局面,否则难以转危为安。

什么叫"蚕食"?可看看土肥原对"华北五省地方自治"步步为营的、有条不紊的、潜移默化的坚定执着地推进。

中国就这样变成了案板上一块诱人的肥肉,被侵略者耐心细致地一刀一片往下切。

最终制止宋哲元的危险前行、击碎土肥原"华北自治"梦想的,是沸腾的全国舆论。

1935年12月初,天津《大公报》发表社论:《勿自促国家分裂》,劝宋哲元"万勿自肇分裂,勿诬责民意,捏造自治"。

---

[1] 商震(1888—1978),中华民国陆军二级上将,晋绥军早期将领。历任河北省主席、山西省主席、河南省主席。

第四章　"我们中国人都投降了，还有中国吗"　　149

"一二·九"运动

最初宋哲元也不客气，立即下令停止《大公报》的邮寄。

第二天，天津教育界致电何应钦、宋哲元、商震，要求"本主权统一，领土完整二原则，挽国家于垂危"。

南京政府终于决定出来干预。国民党一中全会决议：开放言论，保障新闻纸，令纠正平津公安局非法扣留《大公报》等报纸的行为。

12月9日，北平爆发"一二·九"运动[1]，反对"华北自治"，要求停止内战，一致抗日。

一看这局面，宋哲元甩手不干了。他直赴西山休息，将一切推给何应钦处理。

1　"一二·九"运动又称为"一二·九"抗日救亡运动，1935年12月9日，北平（北京）大中学生数千人举行了抗日救国示威游行，反对"华北自治"，反抗日本帝国主义，要求保全中国领土的完整，掀起全国抗日救国新高潮。

以退为进，这是近代中国政治中屡见不鲜的手法。蒋介石、何应钦被迫同意宋哲元的办法。何应钦电告蒋："遵照钧座指示之最后办法"处理。最后办法就是同意一种华北"准自治"形式——成立"冀察政务委员会"。

蒋介石再一次退让。

12月18日，"冀察政务委员会"正式宣告成立，以宋哲元为委员长。委员17人，其中亲日派委员7人。

宋哲元表面上在日、蒋之间完成了一种平衡，基本实现了对自身利益的兼顾。但实质上这个实行华北"准自治"任务的委员会，已经朝着降日的方向迈出了危险的一大步。

在中国现代史上，"冀察政务委员会"是个怪胎。它既是国民党政府对日妥协的结果，也是蒋介石争取地方实力派的一种手段，更是地方实力派在蒋日的夹缝之间自谋生路的一种方式。蒋介石想用该委员会作为对日关系的缓冲。宋哲元想用该委员会作为对蒋讨价还价的资本。日本人则想利用该委员会完成向彻底控制华北的过渡。

皆有所想。皆有所图。矛盾折冲之中占便宜的是日本人：举手之间就实现了入主华北的第一步设想。

"冀察政务委员会"是宋哲元的收获。凡收获，皆需代价。他不得不与日本表示友好，对日方的某些要求做出让步。就职之时，宋发表书面谈话称"冀察两省，与日本有特殊关系"；又与驻屯军订立了《华北中日防共协定》，并与驻屯军司令田代商定了所谓华北经济提携的"四原则、八要项"。

第四章 "我们中国人都投降了，还有中国吗" 151

冀察政务委员与日军将领合影

若不是沸腾的全国舆论使其有"黄雀在后"之感，天知道这位后来的"抗日英雄"还会干出些什么事情来。

"冀察政务委员会"成立的同一天，南京学生5 000余人游行请愿，反对"华北自治"组织。"一二·九"运动后的平津学生组织扩大宣传团，奔向乡村宣传抗日救国。

12月20日，武汉学生2万余人大游行，要求讨伐殷汝耕，全国动员，维护领土主权完整。同日，上海学生5 000余人冒雨跪向市政府请愿。

12月22日，太原、武汉学生游行示威。

12月24日，上海律师公会、全国商会联合会等14个团体电宋哲元，谓"流芳遗臭，公能自择"；另电南京政府请中止"冀察自治"，讨伐叛逆。

社会舆论将民意反映到这种程度，在中国是破天荒头一遭。

一次又一次民族危亡，真正救中国人的，还是中国人自身。

在强大的国内舆论压力下，1936年1月6日宋哲元复电上海各团体："洁身爱国，未敢后人。"

危难时刻警人醒人救人的舆论。若没有这种舆论，不知道有多少人会滑为汉奸。

从全国各地的反应中，宋哲元终于感到自己的一些行为的确过分了，他开始向回转。

一面回转，一面艰难地玩弄平衡。平衡的结果，"冀察政务委员会"成了一个形状奇异的怪胎。委员中有张自忠[1]、万福麟[2]等抗日将领，也有王揖唐[3]、王克敏[4]等汉奸走狗。这是宋哲元在民族公利与个人私利之间最后挣扎的一块地方。委员会成立之时，他应日方要求用一批汉奸、政客做委员，但反日力量还是居于主导地位。日方不满，

---

[1] 张自忠（1891—1940），山东省聊城市临清人，第五战区右翼集团军兼第33集团军总司令，中国国民党上将衔陆军中将，追授二级上将衔，著名抗日将领、民族英雄。

[2] 万福麟（1880—1951），吉林农安人，当时任国民党军第53军军长。万福麟出身靖威军列兵，官至东北军陆军上将，沈阳解放前夕去台湾。

[3] 王揖唐（1877—1948），安徽省合肥市人，中华民国时期著名政客，洪宪男爵，北洋上将，安福系主将。曾在日本留学，抗战期间叛国投敌，沦为汉奸。

[4] 王克敏（1876—1945），字叔鲁，中国近代的政治人物，1937年日本扶植的傀儡政权"中华民国临时政府"的首脑之一。

第四章 "我们中国人都投降了，还有中国吗"

屡次提出齐燮元[1]、汤尔和[2]、章士钊[3]等人当委员，宋哲元想拒绝又不敢，想出一个办法：进一个亲日派，就进一个反日派。进齐燮元、汤尔和时，便增加刘汝明[4]、冯治安[5]；有了章士钊的任命，又提出邓哲熙[6]来拉平。

宋哲元对日态度的真正转变，在1937年2月国民党五届三中全会之后。

于是，最后终于导致华北驻屯军挑起以宋哲元为打击对象的七七事变。

七七事变之初，他仍然犹豫动摇于抗战与妥协之间，主张谈判解决问题，于7月11日签署了《卢沟桥事件现地协定》，主要内容

---

[1] 齐燮元（1879—1946），字抚万，河北宁河人。北洋陆军学堂炮科毕业。曾任江苏军务督办、苏皖赣巡阅副使。1937年7月抗日战争爆发后，在北平投靠日本，沦为汉奸。

[2] 汤尔和（1878—1940），杭州人，中华民国时期著名政客。1937年抗战爆发后投靠日本，沦为汉奸。

[3] 章士钊（1881—1973），曾任中华民国北洋段祺瑞政府司法总长兼教育总长，中华民国国民政府国民参政会参政员，中华人民共和国全国人大常委会委员，全国政协常委，中央文史研究馆馆长。

[4] 刘汝明（1895—1975），字子亮，直隶省献县人，中华民国陆军二级上将。西北军"十三太保"之一。

[5] 冯治安（1896—1954），河北省故城县东辛庄村人。自幼贫苦，少年从军，投身于冯玉祥将军麾下。1937年的七七事变，毅然指挥其37师，与日本侵略军展开了英勇不屈的战斗，拉开了中国全面抗日的帷幕。

[6] 邓哲熙（1894—1981），大城县西白洋村人。1912年考入北洋法政专门学校攻读法律。1917年毕业后，保送到日本明治大学法律研究班继续深造。翌年，学成回国，投奔冯玉祥。

有三：

1. 道歉；
2. 保安队维持当地治安；
3. 取缔抗日团体。

7月12日，蒋介石来电，要求宋哲元"不屈服、不扩大"，就地抵抗。同日，宋发表谈话："局部之冲突，能随时解决，尚为不幸中之大幸。"以为还可以像过去那样化险为夷，继续在日、蒋之间保持平衡。

7月13日，蒋再电宋"卢案必不能和平解决"，并告诫宋说"此次胜败，全在兄与中央共同一致，无论和战，万勿单独进行，不稍予敌方以各个击破之隙"。

被日方看中的，恰恰就是中国方面的"各个击破之隙"。

一直到7月27日，长期代表华北地方当局分别与日本侵略者和南京国民政府博弈的宋哲元，才发表坚决抗日的通电。

7月28日，眼见中方的这个缝隙已经合上，日本华北驻屯军向平津地区中国军队发动总攻击。那个时候除了北方如殷汝耕那样的汉奸和南方的"低调俱乐部"，不抗日的已经没有几个人了。

抗日在北平怎么抗，宋哲元还是有自己的考虑。他提出了两个方案：

第一案：留四个团兵力防守北平，主力到永定河南岸布防；

第二案：留张自忠率所部在北平、天津与日本人周旋，宋哲元率部退到永定河南岸。

这两个方案既不是死守，也不是撤退，而仍然是一种现实战争与期望和平之间的游离。最后暗示他可以撤退的，还是南京国民政府。

蒋介石发来电令："命宋将军移驻保定，坐镇指挥。"

华北就这样丢掉了。

如果不幸中还能找到万幸，那就是它是在经过激烈战斗之后被强行占领的，不是像东三省那样拱手相让的。虽然仗打得不甚理想，但一己之私最后终于让位于天下之公。胜败可以转换，大义却不能动摇。否则，还结成民族干什么？还组成国家干什么？

抗日战争全面爆发后，率部从华北撤退的宋哲元元气大伤，随后基本退出军旅指挥岗位，辗转养病于湖南衡山、四川重庆、成都。1940年4月，他在四川绵阳病重不起，56岁去世。

临终前在病床上，宋哲元反复重复着一句话："不能再参加战斗行列，不能看见抗战胜利，死也不能瞑目。"

历史最终铭记了他的愿望。

▲ "为了征服中国，必须学好中文"

宋哲元差一点被土肥原毁掉。

另一个差一点被土肥原毁掉的，是"山西王"阎锡山。

土肥原还是一名士官生的时候，就长于测图。又因为与阎锡山有日本士官学校同学的关系，20世纪20年代几次去山西会阎锡山，见面就哈哈大笑，高声用中文说："老同学来了，老同学来了！"让阎锡山高兴得合不拢嘴。阎锡山哪里知道，这个身材粗壮、双手布满老茧、看上去就像个典型日本农民的土肥原，深深懂得"为了征服中国，必须学好中文"这个道理。此人后来还专门给侵华日军那些后进生们传授学中文的经验：到北京胡同里去转悠，把那些拖腔拿调吆喝的小贩的话都听懂了、学会了，中文就没问题了。

这是一个用心极其精深的从事侵略的全才。相对照的是我们很

第四章 "我们中国人都投降了，还有中国吗"

多被侵略的中国人，往往既大意又粗疏。阎锡山就是一例。他将"老同学"土肥原奉若上宾，对其要求无不从命。就是利用这个关系，土肥原在山西各地旅行，有计划地把山西的兵要地理做了一番详细侦测，尤其将雁门关一带作为侦测重点，对桑干河一线也非常注意，特别详记了重武器可以通过的险

"山西王"阎锡山差点儿被土肥原毁掉

要地点。七七事变后，土肥原的用心立刻显露出来。国民党高级军官都认为雁门关是天险，尤其茹越口附近的铁甲岭更是险地，很难使用重武器，绝非日军攻击之目标——所以在这一带事先既未构筑工事，兵力配备也不足。直至日军突然从这一空隙中钻进来，他们才大吃一惊，感到自己对山西的地形还不如日本人熟悉。

土肥原在"山西王"阎锡山的热情款待中完成了对晋北地区地形的侦察，成为晋北迅速失守的重要原因。阎锡山后来与日本人在平型关打，在雁门关打，在忻口打，一次比一次败得惨。山西王对山西的地形还不如日本人熟悉，把我们讽刺得很惨。抗日与不抗日，从来就不只是决心问题、勇气问题、装备问题和训练问题。它检验的，是一个国家和民族平时积累的所有精神和气质。而所谓侵略者，

并不都是那些只会挥动屠刀的恶汉。头脑清晰、内心坚忍、心计长远的侵略者，那种巨大的破坏力，远远超过几个齐装满员的师团。

土肥原作为甲级战犯，1948年被东京国际军事法庭判处绞刑。

执行绞刑的先后顺序，由判此刑的七个甲级战犯自己抽签决定。

土肥原抽到了第一签。

这真是冥冥中的安排。

一点儿不冤枉他。此人通过坚忍与执着，对日本侵华做出了最为全面的贡献。

比土肥原更早在中国地形和军用地图上做文章的还有一个日本人：侵华日军总司令冈村宁次。

此人与土肥原一样，也是日本陆军培养出来的中文流利的中国通。

作为海岛国家，对中国地域之广大、地貌之复杂，长期以来让日本人颇为头痛。尤其是对那些骨子里就想征服中国的人。当时中国方面最初绘制中国军用地图的那些中方人员，基本是留日学生，在日本学成归国后从事测绘的，绘图方式与日本完全相同，这是日本获得这些成果的一个有利条件。但当时中国大地已经形成军阀混战局面，各地军阀都极珍视自己区域内的军用地图，按密件保管，外人很难弄到手。

对这一现状的突破者，是冈村宁次。

20世纪20年代冈村宁次到日本驻上海领事馆任职，当时孙传

第四章 "我们中国人都投降了，还有中国吗"

芳[1]出任"五省联军总司令"，成为直系军阀中最大势力的代表。冈村在日本士官学校任教时，孙传芳是该校学生，相互间有"师生之谊"。得悉冈村到了上海，孙传芳便将冈村请到联军司令部，担任其军事顾问，以"老师"相称。孙传芳与阎锡山不一样之处，就在于虽然同样是日本士官学校的毕业生，也同样聘请日本人做顾问，但这个山东泰安籍的直系

同样是日本陆军士官学校毕业的孙传芳，从未真正信任过日本人

军阀首领却没有真正信任过日本人。曾经有日本人疑惑这个在日本学习过的人为什么从来不说日语，听见议论的孙传芳用日语回答说："自从日本人把我当成朝鲜人那样对待之后，我就渐渐把日语忘了。"孙传芳尊重冈村宁次这个顾问，却没有真心信任过这个"老师"，所以冈村宁次抱怨说："尽管我在孙传芳阵营内受到敬重、信赖，向我咨询作战事宜，可军用地图却从来未给过我。"

精明的冈村宁次与土肥原一样，没有机会就潜伏等待，有了机会，再猛扑上去。

他回忆说：

---

[1] 孙传芳（1885—1935），字馨远，山东泰安人，直系军阀首领。

我从少壮时代经常驻在中国，从事情报工作，搜集军事要地的资料，但得到地图却很不容易。1926年秋，蒋介石率军北上，孙传芳在九江、南昌地区布防迎击。作为孙的顾问，有一天我去最前线的南昌，当地的指挥官把华中中部地区五万分之一比例地图全部借给我，委托我制定作战指导方针、计划。我按其要求提出了计划方案，却把地图径直带回九江的司令部。不久，孙传芳军节节败退，最后设在江面船上的司令部竟遭集中火力射击。孙传芳束手无策，决定起锚顺流而逃。这时有位头脑冷静的人说，冈村老师赶紧雇条小船躲到日本军舰上去。于是，我雇了条小船。让它靠在为保护九江租界日本人而停泊在江上的第一派出舰队的旗舰"安宅"号旁。哨兵见我穿的是中国服装，心中起疑，拒绝让我上舰。好歹让他找来近藤参谋，这才由近藤参谋放下软梯将我收留。仓促间，我丢弃了所有行李，却未忘记带上这套五万分之一比例的地图，所幸未被察觉。

这个冈村宁次，在他担任顾问的"五省联军"即将覆灭、孙传芳身边人提示"冈村老师赶紧雇条小船躲到日本军舰上去"的生命危在旦夕时刻，也没有忘记其职责："我丢弃了所有行李，却未忘记带上这套五万分之一比例的地图"。加上1925年5月他派下属去苏州出差，以欺骗手段从当地军阀那里弄到的江浙一带二万分之一军用地图，全部上交日军参谋本部，得到一笔数额很大的秘密赏金。冈村宁次回忆，中日战争爆发后"武汉作战时所用的华中中部地区五万分之一比例地图，大部分是我冈村秘密搞到的"；他的参谋长宫崎周一说："武汉作战和中国大陆各次重要作战，多亏有这份五万分之一比例的地图。"

▲ 软弱挨打、内耗挨打、腐朽挨打、涣散挨打

对照土肥原贤二、冈村宁次这些侵略者的精心与缜密，中国方面的粗疏随处可见。阎锡山对"老同学"的无条件热情，孙传芳对"老师"的有条件尊重，都给了侵略者着手活动的巨大空间。甚至一些为民族利益出过大力的卓越人物，也因一些大意与疏漏被日本侵略者加以利用。

典型事例是近现代中国著名的外交家顾维钧[1]。这位美国哥伦比亚大学毕业的国际法博士，1919年作为中国代表团一员参加巴黎和会，以"中国不能放弃山东如同基督教徒不能放弃耶路撒冷"

---

[1] 顾维钧（1888—1985），字少川，汉族，江苏省嘉定县（今上海市嘉定区）人，中国近现代史上最卓越的外交家之一。

第四章 "我们中国人都投降了，还有中国吗" 163

这样慷慨激昂的表态打动各国代表，为维护中华民族权益做出贡献；1931年九一八事变后又以中国代表身份参加国际联盟[1]李顿调查团[2]，调查日本侵略者在中国东北的侵略罪行。这样一个国家民族利益的坚定维护者，在1932年上海"一·二八"事件善后处置中，却被日本人钻了空子。当时冈村宁次出任日本上海派遣军副参谋长，中国方面的主要谈判代表就是顾维钧。冈村与顾维钧过去在北京和上海就已相识，两人私交不错。得知这一情况，日本派遣军司令官白川义则[3]大将要冈村多与顾接触，摸清中方的谈判底线。冈村从顾维钧先为北洋政府、后为南京政府效力的经历分析判断，认为此人无一定政见和操守，且爱好洋货，以"两国交兵，不碍交友"作为其职业外交家的信条，经常光顾租界里的酒会、舞会、音乐会，不难突破。抓住这一特点，每逢顾维钧到场，冈村宁次总会与之"不期而遇"。觥筹交错之时，轻歌曼舞之际，冈村从顾那里着实弄到了不少蒋介石有关停战谈判的真实想法。

中日双方正式商谈停战协议条件之时，日本方面心中已经完全

---

1 国际联盟，简称国联，是《凡尔赛条约》签订后组成的国际组织，1934年9月28日至1935年2月23日处于高峰时期，国联曾拥有58个成员国。其宗旨是减少武器数量、平息国际纠纷、提高民众的生活水平以及促进国际合作和国际贸易。

2 李顿调查团是九一八事变发生后，于1932年1月21日正式成立。团长是英国人李顿爵士，故称李顿调查团。国联行政院规定他们除调查日本在中国发动九一八事变而形成的满洲问题外，也调查中国的一般形势。

3 白川义则（1869—1932），日本大正时代的陆军大将，是一个双手沾满中国人民淋淋鲜血的战争罪犯。

蒋介石发表庐山讲话

有数,居于十分主动的地位了。

这一事例成为冈村宁次侵略中国生涯的得意之笔。

也成为反复谴责侵略者的最为痛心之笔。

一个国家和民族检讨自身灾难的最艰难之处,也就在这些地方。

1937年7月7日,卢沟桥事变爆发。

7月17日,国民政府国防最高会议主席蒋介石发表"庐山讲话":

我们是一个弱国,如果临到最后关头,便只有拼全民族的生命,以求国家生存。那时再不容许我们中途妥协,须知中途妥协的条件,便是整个投降,整个灭亡的条件。

第四章 "我们中国人都投降了，还有中国吗"

全国国民最要认清，所谓最后关头的意义，最后关头一到，我们只有牺牲到底，抗战到底，唯有"牺牲到底"的决心，才能博得最后的胜利。若是彷徨不定，妄想苟安，便会陷民族于万劫不复之地！

蒋介石的话表明，国民党内部情况正在发生变化，主张抗战的力量开始占据主导地位。

阻力也是巨大的。1934年汪精卫宴请国民党元老蔡元培[1]。席间蔡元培说："关于中日的事情，我们应该坚定，应该以无畏的精神抵抗。只要我们抵抗，中国一定有出路。"他一面说着，一面老泪纵横，泪水滴在汤盘里，和汤一道咽了下去。举座无不为之动容。但宴请蔡元培的汪精卫并不这样看。他认为"须知数十年来，中国军事经济，在物质上着着落后，固不待言；即组织上亦幼稚不完善"。1937年七七事变爆发后，汪精卫又发表《大家要说老实话大家要负责任》的讲话，他说："和呢，是会吃亏的，就老实承认吃亏，并且求于吃亏之后，有所抵偿；战呢，是会打败仗的……"还问冯玉祥："大家都说抗战到底，这个'底'在何处？"冯玉祥说："日本无条件投降便是底。"汪精卫后来嘲弄说："这简直是一个丘八的狂妄与无知。"

---

[1] 蔡元培（1868—1940），浙江山阴县（今浙江绍兴）人，原籍浙江诸暨。革命家、教育家、政治家。民主进步人士，国民党中央执委、国民政府委员兼监察院院长。

像汪精卫这样的所谓"精英",当时犹豫动摇、三心二意的大有人在。

"庐山讲话"发表不到半个月,7月31日蒋介石夫妇邀请胡适[1]、梅贻琦[2]、张伯苓[3]、陶希圣[4]、陈布雷[5]一起吃饭。蒋介石告知决定作战,"可支持六个月"。张伯苓附和,胡适不表态。饭后胡适对蒋介石说:"外交路线不可断,外交事应寻高宗武[6]一谈,此人能负责任,并有见识。"

胡适推荐"能负责任"的高宗武,时任国民政府外交部亚洲司司长,其"见识"是什么呢?是毫不隐讳地认为:只要中日正式开战,打不了三个月中国就要垮。胡适深为这样的观点所动。

高宗武后来与汪精卫一起投降了日本,任汪精卫汉奸政府的外

1　胡适(1891—1962),学者,诗人。以倡导五四文学革命著闻于世。

2　梅贻琦(1889—1962),梅曾臣长子。第一批庚款留美学生,1914年学成归国。历任清华学校教员、物理系教授、教务长等职,1931年至1948年,任清华大学校长。1955年,在台湾新竹创建清华大学并任校长。

3　张伯苓(1876—1951),原名寿春,字伯苓,生于天津,是中国著名教育家、西方戏剧以及奥运会在东方的最早倡导者,被誉为"中国奥运第一人"。

4　陶希圣(1899—1988),曾任汪伪"中央常务委员会"委员兼"中央宣传部"部长。后与高宗武逃赴香港,揭露汪日签订卖国密约内容。

5　陈布雷(1890—1948),长期为蒋介石草拟文件。支持亲属奔赴抗日前线,设法掩护民主人士。

6　高宗武(1905—1994),浙江乐清人。早年留学日本,抗战前期进入外交领域,专门从事对日外交工作。抗战全面爆发后,高宗武接受特殊任务,在香港负责对日情报工作。他在这段时间一度背离蒋介石,为汪精卫卖国行径秘密奔走,并随汪精卫去上海,参与"汪日密约"的谈判。

交部部长。

高宗武与胡适等人,当时都属于一个叫"低调俱乐部"的小团体。那是一伙对抗战前景持悲观情绪、认为"战必败"的统治层"精英",既有胡适、张君劢、梅思平、陶希圣这样一批文人学者,也有陈布雷、陈立夫、顾祝同、朱绍良、熊式辉、李明扬等军政人物,经常聚集在南京西流湾8号周佛海的花园洋房或高宗武的寓所内议论为政,反对抗战。胡适为这个小团体起名为"低调俱乐部",以区别于唱抗战高调的政府内主战派和民众的抗战激情,胡适称为"歇斯底里的风气"。周佛海更加直白地说出了"低调俱乐部"的来由:

胡适曾一度对抗战持悲观态度

> 共产党、桂系以及一切失意分子,都很明白地知道,抗日是倒蒋唯一的手段。他们因为要倒蒋,所以高唱持久全面的抗日战争。蒋先生本想以更高的调子压服反对他的人,而这些人就利用蒋先生自己的高调,逼着蒋先生钻牛角。调子越唱越高,牛角就不得不越钻越深。当抗战到底的调子高唱入云的时候,谁也不敢唱和平的低调,故我们主张和平的这一个小集团,便命名为"低调俱乐部"。

这个俱乐部的一部分目的，也是对着"蒋先生自己的高调"而去。说是"主张和平的小集团"，实则是一个充斥失败主义的小集团。周佛海自己就说过：中国人的要素、物的要素、组织的要素，没有一种能和日本比拟，战必败。

"低调俱乐部"的活动和言论引发国民党内一些人不满，立法院院长孙科[1]就说：把他们抓起来！

马上有人出来劝阻："孙先生，不能这样做，像世界有名的胡适，抓起来是不好的。"

汪精卫没有直接参加"低调俱乐部"的活动，却是这个组织的幕后灵魂。他说：

> 主战有主战的道理，不过，主战的目的是什么呢？为的是国家能够独立生存下去。如果能达此目的，和日本言和也不失为一种手段。一味主张焦土抗战的、唱高调的应该再坦诚一点，要说老实话。依我看来，日军占领区日益扩大，重要海港和交通路线大多丧失，财政又日益匮乏，在战祸中喘息着的四万万国民，沉沦于水深火热的苦难之中。为尽早结束战争，我曾多次向蒋委员长进言，要打开谈判的大门。

---

[1] 孙科（1891—1973），字连生，号哲生。孙中山长子。

1938年12月,"老实承认吃亏"的汪精卫降日,成为中国头号大汉奸。

1944年11月,汪精卫病死于日本名古屋。垂死前看着窗外夕阳西下的日本太阳旗,不知他是否还能记起被历史印证的蔡元培把眼泪掉在汤盆里那番肺腑之言?

▲ "共产党是从来不投降的"

当侵略者步步紧逼时，中国展现的这种彷徨犹疑、三心二意、莫衷一是的状态，极大地鼓舞了日本侵略者，使他们轻看了这场战争，以为短时期就能迫使中国屈服。日军参谋本部制定的《在华北使用武力时对华战争指导纲要》，判定两个月解决驻扎北平一带的宋哲元第29军，三个月击败国民党中央军。

表面上看，侵略者的根据是充足的。蒋介石在"庐山讲话"后请胡适、陈布雷等吃饭，讲到作战决心时，也不过说"可支持六个月"。

抗战伊始，中国军队果然一败再败。华北沦陷；淞沪沦陷；南京沦陷；徐州沦陷；广州沦陷；武汉沦陷……

其实在南京沦陷之前，民国政府已经开始秘密商议能否停战的问题。

第四章 "我们中国人都投降了，还有中国吗"

日本方面也发现速胜不易，担心陷入中国战场，1937年10月1日由内阁总理、外交大臣、陆军大臣和海军大臣共同商定《处理中国事变纲要》："在军事行动取得成果与外交措施得宜的配合下，使事变尽快结束。"

于是开始了德国驻华大使陶德曼的"调停"。

11月5日，蒋介石会见陶德曼。陶德曼转达了日方提交

德国驻华大使陶德曼

的七项"和平条件"：一、内蒙古自治；二、华北建立非军事区；三、扩大上海的非武装地带；四、停止抗日政策；五、共同反对共产主义；六、降低对日关税；七、尊重外国权益。

蒋看后，表示难以接受。蒋介石与陶德曼会面之时，日军第十军在杭州湾登陆。战况开始急转直下。11月12日，上海沦陷。继续西进的日军直逼南京。

国民政府国防最高会议主席蒋介石开始后退了。

地理的后退，是决定国民政府从南京迁都重庆。

心理的后退，则是准备默认日本的"和平条件"。

其实在1937年8月7日的国防会议上，蒋介石就说过："如果

能以长城为界，长城以内的资源，日本不得有丝毫侵占之行为，这我敢做，可以以长城划分疆界。"

12月2日，日军向南京城节节逼近，德国大使陶德曼在南京再次与蒋介石会面。蒋从上次对日本条件"难以授受"的立场后退，明确表示：中日可以谈，日本方面的七项条件还不算亡国条件，可作为讨论的基础。

12月6日，汉口召开国民政府国防最高会议第54次常务委员会会议，决定接受陶德曼的调停。

历史在这里走到了非常危险的地步。如果当时真按照"陶德曼调停"实现中日停火，蒋委员长"抗日英雄"光环不知要蒙上多么厚重的尘埃，日本法西斯战争机器的寿命也不知要延续多久，整个东亚的战争蹂躏更不知要持续多久。

但侵略者此时已经利令智昏了——因为攻陷国民政府的首都南京。随着12月13日南京陷落，日本方面立即加码，在原有的7条之上再追加4项新条件，不仅要求经济赔偿，更提出"在必要地区设立'非武装区域'，并在该区设立'特殊机构'"，也就是伪政权。新增条件既苛刻又直白，几乎就是灭亡中国的条件。

此时蒋介石也知道，不能再后退了。他对陶德曼说了一句"绝无接受的余地"。

铁心抗战开始。日本也就失去了从中国抽身的最佳机会。

但当时的心态是反过来的：很多国民政府政要认为，中国失去了回避战争的最后机会。

第四章 "我们中国人都投降了，还有中国吗"

历史从来都是当局者迷、旁观者清。当时的情况是国民政府军事上一败再败，政治上其他大国也袖手旁观，国民政府形同四面楚歌，高官、军人、政客开始纷纷倒戈。

1938年12月，国民党副总裁汪精卫出走，成为抗战开始以来最撼动政局的事件。

汪精卫与东条英机

汪精卫是坚决主张不能再打的。12月29日，出走的汪精卫在越南河内发表"艳电"宣称：抗战目的在于谋求国家生存独立，如果接受日本的条件，中国可以保全下来，抗战的目的就已经达到了。

谁也不知道汪精卫是用什么逻辑推导出这种荒谬的结论的。

开弓没有回头箭。这位孙中山遗嘱的起草人、"革命尚未成功，同志仍须努力"的撰写者，在汉奸道路上越走越远。"艳电"发表第二天，他竟然建议日本对重庆施以致命轰炸，摧毁中国的战时首都。在汪精卫提议之下，日军决定实施《陆海军中央航空协定》，从1939年1月开始，以更大的规模对重庆地区进行血腥轰炸。

汪精卫集团降日，成为抗战开始以来最为严重的政治背叛和民族背叛。

抗日战争期间，民国政府 58 位旅长、参谋长以上将官投敌，一些部队成建制哗变。整个八年抗战，协助日军作战的伪军人数高达 210 万，超过侵华日军数量，使中国成为唯一一个在第二次世界大战中伪军数量超过侵略军的国家。这种状况，难道不是在显露一个国家和民族集团性的精神沉沦和人格沉沦？

1937 年 12 月，大汉奸王克敏出任设在北平的伪"中华民国临时政府行政委员会委员长"。

1938 年 3 月，大汉奸梁鸿志[1]出任设在南京的伪"中华民国维新政府行政院院长"。

1940 年 3 月，大汉奸汪精卫出任设在南京的"国民政府代主席兼行政院院长"。

1939 年五六月间，汪精卫带着亲信赴日，与日方就建立一个什么样的政权具体磋商。最初他还想保留一些面子。他实在不想戴上"汉奸"这顶沉重的大帽子。

但日本人根本不给他这个空间。

汪精卫等了 10 天。10 天之后提出的条件极为苛刻。

汪精卫只得接受日本人苛刻的条件，唯要求日方同意自己的底线："新政权"沿国民党法统，打青天白日旗帜。

日本方面慢吞吞地做出答复：如沿用青天白日旗，必须在旗上

---

[1] 梁鸿志（1882—1946），福建长乐人。中国近代的政治人物，自幼诵读经史，为人狂傲，以东坡自许。抗战期间，梁鸿志投靠日本，沦为汉奸，出任伪"中华民国维新政府行政院院长"，破坏抗日战线，从事卖国活动。

附加一块三角形黄布片，标明"反共和平建国"。

连大汉奸周佛海都认为旗帜上这块三角黄片不能容忍，叫它"猪尾巴"。

1939年11月，日本"兴亚院"通过关于成立汪伪政权的决议案，将汪精卫自我想象中的"自由执政"完全剥夺，将其彻底定位为日本政府的鹰犬。汪、日双方签订的这份《日华新关系调整纲要》，连汪精卫都觉得条款实在苛刻，实在"不好看"，要求双方与会人员均在纸上签字，集体保证方案内容永不外泄。

一个只维持了5年的汉奸政权，当年动辄就谈什么"永不"，好像天下永远都是他们这类人物拥有的，实在让世人耻笑。让汪精卫最始料未及的，是其视为最高机密、要求在场人员都签字保密的《日华新关系调整纲要》，还不到三个月就被公布于天下——1940年1月3日，《日华新关系调整纲要》被香港《大公报》刊登出来。原来是追随汪精卫当汉奸的高宗武和陶希圣实在看不下去，飞赴香港宣布脱离汪伪集团，投诚礼物就是拍摄《日华新关系调整纲要》的胶卷。

伪政权内部矛盾丛生。不仅有汪精卫与高宗武和陶希圣的矛盾，还有汪精卫与王克敏的矛盾。而汪精卫与王克敏的矛盾，竟然起源于王克敏投降日本更早，在汪精卫面前摆老资格，不把汪放在眼里；汪精卫也就为此想方设法处处抬梁鸿志、压王克敏，专门弄出一个"沦陷区各省市办理转移管辖"提案，乘王克敏不注意时迅速通过，将王克敏管辖的华北地区实权悉数收回，用另一个大汉奸王揖唐去

汪伪"国民政府"成立

替代。王揖唐曾给日本天皇写过肉麻到不能再肉麻的汉奸诗：

　　八纮一宇浴仁风，

　　旭日荧辉递蕊躬。

　　春殿从容温语慰，

　　外臣感激此心同。

第四章　"我们中国人都投降了，还有中国吗"

连最后一点民族尊严和气节都丧失殆尽，连他们的门徒都感到十分难堪。

王揖唐替代王克敏，大汉奸之间你来我往的窝里斗，弄得王克敏在周佛海面前大倒苦水："我都快七十岁的人了，快要入土了，管他什么汉奸不汉奸，反正当不了几年，到时候两眼一闭，呜呼哀哉。你看汪先生，自己下水也就罢了，何必把一些年轻人也拖下水，跟着他当汉奸挨骂呢，他做的可是缺德事情呀！"

这种局面让大汉奸周佛海也连声叹息："处此残局，尚如此钩心斗角，中国人真无出息也！"

周佛海和梅思平[1]曾经把汪精卫与王克敏、梁鸿志的争权游戏比喻成玩麻将：表面看是几个中国人围在桌边打牌，实际上每人背后都站着日本人为各自利益支招。

这样一批人，把中国政治演绎到如此龌龊和猥琐的地步，怎能不极大地助长侵略者灭亡中国的骄横和癫狂？

开弓永无回头箭。1941年12月8日，日军偷袭珍珠港，太平洋战争爆发。12月10日，汪精卫发表讲话，称太平洋战争目的是完成解放亚洲的历史使命，决心与日本同心协力，做建设亚洲新秩序的强有力伙伴。1943年1月9日，汪伪"国民政府"发布《宣战布告》，对英、美宣战。

---

[1] 梅思平（1896—1946），浙江永嘉人，中华民国时期著名政客，早年毕业于浙江省立第十中学，后考入北京大学政治系。五四先锋。抗战期间叛国投敌，沦为汉奸。

多么丑恶的历史。就这样完全过去了吗？

即使到了21世纪的今天，我们也要看到任何国家、任何人都无法保证这样的人物不再出现。中国今天不就有人说"有些汉奸如汪精卫，并不是为了自己升官发财，而是为了减轻人民痛苦，作为抵挡日本人对中国人欺压的缓冲器。这样的汉奸非但没有错，而且是真正的英雄"。这样说话的人，连汪精卫都会觉得他太可惜，生不逢时。假若历史可以重新来过，人生可以重新来过，汪精卫肯定愿意与他互换，让他去充当那样的"英雄"。

八年抗战，让中国人颜面丧尽的，除去汪精卫这样的著名政客，还有周作人[1]这样的著名文人。

周作人是鲁迅的弟弟，五四新文化运动重要参与者，颇有文学才华的北京大学教授、燕京大学兼职教授。面对日本的侵略，在知识分子草拟的《救国宣言》上很多人都签名了，周作人不签。

卢沟桥事变后，北京大学撤离北平，周作人也不走。

---

1 周作人（1885—1967），鲁迅（周树人）之弟，周建人之兄。浙江绍兴人，中国现代著名散文家、文学理论家、评论家、诗人、翻译家、思想家，中国民俗学开拓人，新文化运动的杰出代表。

表面看，这是一个决心脱离政治、"两耳不闻窗外事，一心只读圣贤书"、专心学术的文人，所以他名不签、人不走，留在了日占区。

其实留在日占区也可以不为日本人工作，只要真正地"一心只读圣贤书"。

但周作人并不如此。连劝诱他出任伪职的日本人都感到意外。最初以为周作人"恐怕不会放弃高蹈的文人生活而进庸俗絮烦的官场"，劝他出任伪职的可能性只有"百分之一"。日方已经有底案：如果周作人坚辞不受，也就只有作罢，不打算勉为其难。

对日本人"百分之一"的期望，周作人给了百分之百的回复。不但先接过汪伪政府国立北京大学图书馆馆长的聘书，然后是"东亚文化协议会会长""华北综合调查研究所副理事长"，再接着出任伪"华北政务委员会教育总署督办"。

谁也不知道这个自认为通晓历史的人，当时是怎么想的。

后来有人替他开脱，说1937年留北大不走，是校长蒋梦麟"嘱托看管校产"；1941年出任伪华北政府"教育总署督办"，是阻止"更坏的汉奸"缪斌[1]上任。且不说这些"理由"荒诞到什么地步，就算能够成立，那么跟随汪精卫访问日本、访问伪"满洲国"，又是发表讲演和广播讲话，又是慰问日本伤兵，又该怎么解释呢？

至于拿在"教育总署督办"任上挣的钱翻修自己的住宅，连身边弟子都嗤之以鼻了。

---

1 缪斌（1902—1946），中华民国时期著名政客。1937年抗战爆发后，缪斌投靠日本，沦为汉奸，参加伪"中华民国临时政府"。

事实告诉我们，才华并不能保证不堕落。

就历史范例来看，才华横溢者的堕落，周作人是突出一例。

研究文天祥时，周作人说过这样一句话："就是死了许多文天祥也何补于事呢，我不希望中国再出文天祥。"

其实谁也没有要求他那样的文弱书生去做文天祥。但是不做文天祥就可以做侵略者的帮凶和陪衬了吗？不做文天祥就可以不要国家尊严和民族气节了吗？

那是一个纲常错乱、廉耻扫地的暗无天日的年代。在被问到自己的梦想时，清华大学教授俞平伯用了一个反问：我们的英雄又不知在何处？

整个民族都渴求有英雄出来横刀立马，顶天立地。

中国共产党人、东北抗日联军第一路军总司令杨靖宇[1]，就是这样顶天立地的英雄。

杨靖宇在极端困难的条件中坚持抵抗，绝不投降。战斗到最后，只剩自己一个人。身边的人除去牺牲，就是叛变。

叛徒程斌，抗联第1军第1师师长，杨靖宇最信任的人，1938年率部投敌，组成"程斌挺进队"，将杨靖宇在深山老林里的密营全部捣毁，逼杨靖宇入绝境。

叛徒张秀峰，军部警卫排长，父母双亡的孤儿，被杨靖宇抚养

---

[1] 杨靖宇（1905—1940），河南省确山县人，中国共产党优秀党员，无产阶级革命家、军事家、著名抗日民族英雄，鄂豫皖苏区及其红军的创始人之一，东北抗日联军的主要创建者和领导人之一。

第四章 "我们中国人都投降了，还有中国吗"

杨靖宇在密林中的密营

成人，1940年2月带机密文件、枪支及抗联经费叛变投敌，向日军提供了杨靖宇的突围路线。此人是杨靖宇的贴身警卫，知道杨靖宇的活动规律，他的叛变导致杨靖宇很快牺牲。

叛徒张奚若，抗联第1军第1师特等机枪射手，叛变后在伪通化省警务厅厅长岸谷隆一郎的命令下，开枪射杀了杨靖宇。

还有一个很难称为叛徒的人：蒙江县"保安村"村民赵廷喜，上山砍柴发现了杨靖宇。杨靖宇好几天没吃饭，棉鞋也跑丢一只，对赵廷喜等几个村民说，下山帮我买几个馒头，再买双棉鞋，给你们钱，不要告诉日本人。赵廷喜张皇失措下山，很快就向日本人告发：

杨靖宇在山上。

程斌、张秀峰、张奚若、赵廷喜，都是中国人，又都是失去血性，最终只能给别人当奴才的中国人。

赵廷喜向日本人告发前，在山上看见杨靖宇几天没有吃饭，脸上、手上、脚上都是冻疮，说：我看还是投降吧，如今满洲国不杀投降的人。赵廷喜哪里知道，岂止不杀，如果投降，日本人打算让杨靖宇出任伪"满洲国"的"军政部部长"，利用其影响制伏整个东北抗联。

杨靖宇沉默一会儿，对赵廷喜说：老乡，我们中国人都投降了，还有中国吗？

这句话真是震人心魄。冰天雪地之中，四面合围之下，共产党人杨靖宇用整个生命，大写出一个顶天立地的中国人。今天之所以还能有中国，就是因为有这样惊天地、泣鬼神的英雄，在最黑暗、最困难、最无助、大多数人万念俱灰的时候，用自己的灵魂与血性，支撑起中华民族的脊梁。

当年地质学家丁文江面对国内经济凋敝、政治混乱、日本侵略者步步蚕食的黑暗困境，说出一句极具内力的话："只要少数之中的少数，优秀里面的优秀，不肯坐以待毙，这个民族就总有希望。"中国共产党就是在这个最危难的时刻，将阶级担当转化为民族担当，由阶级斗争的开路先锋，转变为民族存亡的中流砥柱。

当"陶德曼调停"失败，陶德曼大使在给德国外交部的密电中，这样描述蒋介石拒绝日本条件的心理："他（蒋介石）秘密地告诉我，假如他同意日本要求，中国政府会被舆论浪潮冲倒，会发生革命，

第四章 "我们中国人都投降了,还有中国吗"

唯一的结果就是中国共产党会在中国占优势,这就意味着日本不可能与中国议和,因为共产党是从来不投降的。"

连副总裁汪精卫及二十余位中央委员都先后投敌的蒋总裁,说出"共产党是从来不投降的"这句话,也算是共产党人给他留下的最深刻印象。毛泽东、周恩来、朱德、彭德怀这些人的骨头是很硬的。在整个抗日战争期间,共产党的高级领导者无人向日本人投降,八路军、新四军也没有任何一支部队去当伪军。毛泽东说:"这个军队具有一往无前的精神,它要压倒一切敌人,而决不向敌人屈服。不论在任何艰难困苦的场合,只要还有一个人,这个人就要继续战斗下去。"

民族危亡关头,中国共产党人给中华民族注入了前所未有的精神气概。

第五章
"战争的伟力之最深厚的根源，存在于民众之中"

"共军与民众的关系，同以往的当政者不同。中共及其军队集中全力去了解民众，争取民心，不但日本，就连重庆方面也远远不能相比。"

第五章 "战争的伟力之最深厚的根源，存在于民众之中"

▲ "熬过一段艰难的路程"

抗日战争，是一个半殖民地半封建的弱国面对一个帝国主义强国的战争。

1937年7月17日，蒋介石发表庐山讲话，1 900字文稿6次提到"弱国"，同时也指出"眼前如果要求平安无事，只有让人家军队无限制地出入于我们的国土，而我们本国军队反要忍受限制，不能在本国土地内自由驻在，或是人家向中国军队开枪，而我们不能还枪。换言之，就是人为刀俎，我为鱼肉！我们已快要到这个人世悲惨之境地。这在世界上稍有人格的民族，都是无法忍受的"。

7月31日晚，蒋介石再公开发表《告抗战全军将士书》："和平既然绝望，只有抗战到底。"随后组织了淞沪会战、南京保卫战、太原会战、徐州会战、武汉会战……

民国政府在正面战场的坚决抵抗，让日本侵略者始料未及。

更让侵略者始料未及的，是出现了另一个战场——共产党领导的敌后战场。这是世界反法西斯战争中国战场出现的奇异景象。

正如前述，日本侵略者肢解中国、占领中国的计划从来就不是草率和简陋的。从甲午战争前开始，它在中国做的大量细致情报工作和在国内完成的周密军事准备及民众舆论和心理动员，就可见一斑。20世纪30年代前后，从1928年6月的"皇姑屯事件"到1931年6月"中村事件"、7月"万宝山事件"、9月九一八事变，从1932年"一·二八"事变到1935年"张北事件"再到1937年七七事变，日本一直在通过不断地制造危机和利用危机，有条不紊地向预定目标节节推进。

但这一轮他们错了。

日本侵略者犯下的最大错误，就是以为要战胜的对手仅仅是中国执政当局及其掌握的武装力量，就像只要歼灭大清北洋水师和击溃清朝陆军就可获得丰厚的割地赔款一样，只要击败蒋介石的中央军就可征服整个中国。这些在中国身上尝尽甜头、以为历史会像甲午战争那样简单重复的侵略者，跌入了它们的最大战略失算。它完全没有想到面前出现了一个全新力量：中国共产党，没有想到这个党动员起来、组织起来、武装起来的民众为侵略者垒起一座无法逾越的高山。

七七事变之前，日本统治者以为3个月就能灭亡中国，他们只看到了中国政府的羸弱。

第五章 "战争的伟力之最深厚的根源，存在于民众之中"

七七事变发生二十多天后，1937年7月31日，蒋介石对身边亲信透露"可支持6个月"，也只看到了国民政府手中的有限资源。全面抗战爆发后，国民党军队在华北战场几乎一溃千里，华东和华中战场虽然进行了顽强抵抗，也未挡住日军进攻。事实很明显：仅仅靠正面战场和正规战争，中国的抗日战争很难取胜。

《论持久战》

1938年5月毛泽东发表《论持久战》，则是看到了中国民众中蕴含的巨大能量。

这是中国抗日战争的胜利之本。

其实1935年华北事变后，毛泽东在《论反对日本帝国主义的策略》报告中就提出：日本帝国主义"还是一个严重的力量，革命力量的不平衡状态是一个严重的缺点，要打倒敌人必须准备作持久战"。这是毛泽东第一次提出对日实行"持久战"的思想。

持久战最根本的是要依靠千千万万觉醒的中国劳苦大众。

1938年5月26日至6月3日，毛泽东在延安抗日战争研究会上的讲演，发表了他的名篇《论持久战》：

这个战争，在东方历史上是空前的，在世界历史上也将是伟大的，全世界人民都关心这个战争。身受战争灾难、为着自己民族的生存而奋斗的每一个中国人，无日不在渴望战争的胜利。然而战争的过程究竟会怎么样？能胜利还是不能胜利？能速胜还是不能速胜？很多人都说持久战，但是为什么是持久战？怎样进行持久战？

中国农民有很大的潜力，只要组织和指挥得当，能使日本军队一天忙碌二十四小时，使之疲于奔命。必须记住这个战争是在中国打的，这就是说，日军要完全被敌对的中国人所包围；日军要被迫运来他们所需的军用品，而且要自己看守；他们要用重兵去保护交通线，时时谨防袭击……

日本在中国抗战的长期消耗下，它的经济行将崩溃；在无数战争的消磨中，它的士气行将颓靡。中国方面，则抗战的潜力一天一天地奔腾高涨，大批的革命民众不断地倾注到前线去，为自由而斗争。所有这些因素和其他的因素配合起来，就使我们能够对日本占领地的堡垒和根据地，作最后的致命的攻击，驱逐日本侵略军出中国。

此时我们的任务，在于动员全国民众，齐心一致，绝

第五章 "战争的伟力之最深厚的根源,存在于民众之中"

不动摇地坚持战争,把统一战线扩大和巩固起来,排除一切悲观主义和妥协论,提倡艰苦斗争,实行新的战时政策,熬过一段艰难的路程。

《论持久战》是中国共产党人的军事哲学。时任国民政府军事委员会参谋本部副参谋总长的白崇禧[1],就直言不讳地说过,我们作战"只是单纯地军事动员,政治并未动员,只是军队的抗战,民众并未动员"。而共产党主张要实现持久战的战略方针,就必须依靠、动员、组织和武装广大人民群众,把"全中国人民动员起来、武装起来,参加抗战,实行有力出力,有钱出钱,有枪出枪,有知识出知识"。最大限度地团结和发动各阶级、阶层、政党和社会团体以及广大人民群众,造成陷敌于人民战争汪洋大海的局面。

《论持久战》更是弱国战胜强国的制胜之道。弱国要不被消灭而且要战胜强国,必须动员民众、组织民众、武装民众、依靠民众,进行人民战争,才能持久作战,打败侵略者。这不仅是中国抗日战争胜利的真谛,也为更多国家的民族解放战争提供了宝贵经验。

《论持久战》中有毛泽东一句话"熬过一段艰难的路程"。无独有偶,20世纪60年代末越南总理范文同和国防部部长武元甲访华,当时正是越南战争最困难的时候。范文同和武元甲对毛泽东主席提出,想听听林彪元帅对越南战争如何取胜的意见。

---

[1] 白崇禧(1893—1966),字健生,回族,广西桂林人,中华民国陆军一级上将,号称"小诸葛"。军阀新桂系代表人物,与李宗仁合称"李白"。

越南大将武元甲

林彪听完越方情况介绍后，只说了一句话："面对强大的美国，你们的办法就是熬，熬就是胜利。"

当时陪同会见的中方人员，对林彪这样讲感到惊讶和不解，觉得欠缺劲道，没有力度，远不像其他兵法学说那样铿锵。

两个越南客人听后有何反应，记录上没有记载，但"熬就是胜利"，这无论在政治术语和军事术语中都是前所未有的，不能不给听者留下深刻印象。

后来美国总统尼克松的国家安全事务助理基辛格在分析越战失败时，总结了一段话："我们进行的是一场军事战争，而我们的对手打的是政治仗。我们追求的是从肉体上消灭敌人，而我们的对手

第五章 "战争的伟力之最深厚的根源，存在于民众之中"

的目标是从心理上拖垮我们。我们忘记了游击战的重要格言：游击队不被消灭，即是胜利；正规军不能全胜，就是失败。"

从来很少提"革命"的美国人，后来称此为"毛泽东与格瓦拉[1]的军事革命"。

这是毛泽东在《中国革命战争的战略问题》《抗日游击战争的战略问题》《论持久战》等一系列著作所阐述的中国共产党人的军事理论，对 20 世纪国家解放、民族独立、人民革命历史洪流所做出的历史性贡献。

---

1 格瓦拉，昵称：切格瓦拉。本名，埃内斯托·格瓦拉。1928 年 6 月 14 日生于阿根廷，是阿根廷的马克思主义革命家、医师、作家、游击队队长、军事理论家、国际政治家及古巴革命的核心人物。

▲ "黄河之滨集合着一群中华民族优秀的子孙"

抗日战争中的民众动员，是中国历史上从未经历过的民众动员。日本侵略者发动的战争使中日民族矛盾尖锐化，大大超越中国国内的阶级矛盾，为动员各阶层民众开辟了全新广阔空间。

七七事变前，上海各界救国会领袖沈钧儒[1]等人就提出了"停止内战，共同抗日"的政治主张，得到广大人民群众的支持和响应，掀起了声势浩大的救国运动，并由上海迅速扩展到全国各地。抗战开始后，上海又掀起声势浩大的"一分钱慰劳将士爱国捐"活动，

---

[1] 沈钧儒（1875—1963），浙江嘉兴人，字秉甫，号衡山。清末进士。早年留学日本。回国后参加辛亥革命。1912年加入中国同盟会。五四运动期间，撰文提倡新道德、新文化。曾任国会议员、广东军政府总检察厅检察长、上海法科大学教务长。

全市各阶层人民踊跃捐献，全市还发起为抗敌将士赶制御寒衣物活动，40多万妇女昼夜不停地缝制了20万件棉背心和印有"保卫大上海"红字的棉手套。为支援前线，还成立了救护训练班，组织工人和女工奔赴前线抢救伤兵，到伤兵医院护理伤员。自来水厂工人到战地帮助军队修筑防御工事，修理军械设施。江南造船厂工人赶制水雷、地雷。由500名煤业工人组成的上海煤业救护队，开着50辆卡车抢救伤员，护送难民，运输慰劳品和军需物资。

毛泽东说，要把"全中国人民动员起来，武装起来，参加抗战，实行有力出力，有钱出钱，有枪出枪，有知识出知识"。

著名科学家钱伟长就是其中的典型。

钱伟长1931年以中文、历史双百成绩，被清华、交通、浙江、武汉、中央五所名牌大学同时录取。最后他按照叔父钱穆的建议，进入清华大学历史系。但同年9月发生九一八事变，钱伟长是从收音机里听到这个消息的，他拍案而起："政府讲不要抵抗，因为人家有飞机、大炮。我听了以后火了，下决心我要学造

中国现代力学之父钱伟长

飞机、大炮！"一夜之间，钱伟长做出了人生中一个大胆决定：弃文从理。钱伟长极具文史天赋，但物理只考了 5 分，数学、化学共考了 20 分，英文因没学过是 0 分。系主任吴有训一开始拒绝其转学理工的要求，一直到后来被钱伟长的诚意打动，答应他试读一年。为了实现内心这个愿望，他极其刻苦，早起晚归，来往于宿舍、教室和图书馆之间，废寝忘食，克服了用英语听课和阅读的困难，一年后数理课程超过了 70 分。五年之后毕业时，他以优异成绩成为了物理系中最优秀的学生之一。

抗日与强国的愿望，把本该成为文史学家的钱伟长变成了现代中国力学之父。

钱伟长是一代知识分子的缩影。"黄河之滨，集合着一群中华民族优秀的子孙"，抗战时期，出现了一股知识分子加入抗日队伍的潮流。1937 年七七事变后，从西安到延安的几百里公路上，每天都有成群结队的男女知识青年奔向延安。据美国学者约翰·伊斯雷尔和唐纳德·W. 克莱因统计，1938 年年末，等待批准进入陕甘宁边区的青年学生就有 2 万人。1943 年 12 月，任弼时在中央书记处工作会议上说："抗战后到的知识分子总共有 4 万余人。"包括冼星海、邹韬奋、丁玲、艾青、茅盾、萧军等著名文化人。诗人何其芳用诗句描绘那片黄土地：

延安的城门成天开着

成天有从各个方向走来的青年

第五章 "战争的伟力之最深厚的根源，存在于民众之中"

> 背着行李
>
> 燃烧着希望
>
> 走进这城门
>
> 学习、歌唱
>
> 过着紧张快活的日子

这是土地革命战争中从未有过的景象。燕京大学学生张定的一句话，代表当时很多青年知识分子的心声："此路走不通，去找毛泽东。"张定回忆，当时燕京大学校长、教授经常为投奔延安的学生提供方便。校长陆志韦告诉学生：如果沿途受到盘查，就说转学去齐鲁大学路过陕西，我给你们出证明。

知识分子的大量加入，提高了队伍素质，拓宽了发展前景，为夺取抗战胜利做出了重要贡献。

1938年8月下旬至9月，《新华日报》同时刊登延安的抗日军政大学、陕北公学和国民党办的"中央陆军军官学校""陆军通讯兵学校"招生广告，国民党军校学员入学后一切由学校供给，每月8.5元至12元津贴，共产党的抗日军政大学、陕北公学除了负责入学后的吃穿外，没有津贴，且需"来时自备旅费及被服"，报考者仍然络绎不绝。

泰籍华人马松回忆1938年至1940年抗日军政大学的生活时说："衣服只发一套，无换洗的，只好在星期天到河边脱光衣服，一面在河里洗澡，一面洗衣服，等衣服干后穿上才返校。每月只发一元

中国抗日军政大学

钱零花钱。住的窑洞要自己挖,吃的粮食和烧的柴火到几十里地以外去背扛,吃的多数是小米饭和山药蛋。每个学员都要剃光头,有的知识分子还为剃光头而哭鼻子。"

就是在这样的环境中,马克思主义的政治原理与抗日爱国的激情、边学习边劳动边工作的方式、向工农学习与工农结合的思路,完成了中国历史上第一次知识分子与劳苦大众的感情交融和组织融合。

1938年抗日军政大学第4期共4 269人，统计如下：

文盲：152人；

小学：594人；

初中：1 417人；

高中：1 440人；

专科：145人；

大学：428人；

研究生：11人；

留学生：25人；

其他：57人。

这是抗日军政大学历史上学员人数最多的一期，也是知识分子比例最高的一期。"黄河之滨，集合着一群中华民族优秀的子孙"；从红小鬼到留学生都在高唱抗日军政大学校歌，已经让历史看见：在反抗日本帝国主义侵略这杆大旗之下，黄土高坡上实践"有教无类"的中华民族，已经行进在了民族总体觉醒的伟大历史进程之中。

▲ "动员了全国的老百姓,就造成了陷敌于灭顶之灾的汪洋大海"

更为广泛深刻的组织和动员,发生在农村。

中国最广大的地区是农村,最众多的民众是农民。开辟与发展农村抗日根据地,真正动员民众、组织民众、武装民众、依靠民众,是与日本侵略者持久决胜的核心与关键。

由于长期封建专制统治所造成的封闭和愚昧,加上近代以来殖民地半殖民地处境的摧残和窒息,中华民族的传统优秀品质几乎丧失殆尽,一般中国人尤其是农业人口,在侵略、压迫和摧残面前表现麻木、散漫、冷漠甚至无为地绝望。鲁迅的《阿Q正传》就是对这一精神状态的传神描述。

第五章 "战争的伟力之最深厚的根源，存在于民众之中"

近代以来，不少仁人志士正是由于未能认识到普通民众中蕴藏的伟力，皆不再把动员民众、组织民众、唤醒民众作为变革和革命重点。从曾国藩、左宗棠、李鸿章的"洋务自强"，到康有为、梁启超的"戊戌维新"，再到孙中山组织的一次又一次会党起义，基本都是力图依托少数精英完成对社会的改造，民众只是改造的对象而不是推进变革和革命的动力，最终导致变革与革命一再失败。

其实中华民族的优良品质和巨大潜能就像熔岩和地火一样，被长期压藏在普通民众心底。

真正认识到这一点的，是中国共产党人。毛泽东在《论持久战》中有精彩论述：

> 如此伟大的民族革命战争，没有普遍和深入的政治动员，是不能胜利的。抗日以前，没有抗日的政治动员，这是中国的大缺陷，已经输了敌人一着。抗日以后，政治动员也非常之不普遍，更别说深入。人民的大多数，是从敌人的炮火和飞机炸弹那里听到消息的。这也是一种动员，但这是敌人替我们做的，不是我们自己做的。偏远地区听不到炮声的人们，至今还是静悄悄地在那里过活。这种情形必须改变，不然，拼死活的战争就得不到胜利。决不可以再输敌人一着，相反，要大大地发挥这一着去制胜敌人。这一着是关系绝大的；武器等等不如人尚在其次，这一着实在是头等重要。动员了全国的老百姓，就造成了陷敌于

灭顶之灾的汪洋大海，造成了弥补武器等等缺陷的补救条件，造成了克服一切战争困难的前提。要胜利，就要坚持抗战，坚持统一战线，坚持持久战。然而一切这些，离不开动员老百姓。

这段话是对抗日战争的画龙点睛。

全面抗战爆发后，中国共产党人的工作，就是从这个"中国的大缺陷"着手。如同毛泽东1934年《关心群众生活，注意工作方法》讲话中指出的"革命战争是群众的战争，只有动员群众才能进行战争，只有依靠群众才能进行战争"。

在华北，以八路军派出的工作团为基点，各地"战地动员委员会"纷纷建立，在县、区、村掀起动员热潮。"战地动员委员会"由中国共产党和山西地方实力派阎锡山协商创立。随着形势发展，这一组织形式很快在晋西北、晋东北、晋察冀等抗日根据地扩展开来。

在山东抗日根据地和华中抗日根据地则发展为"民众动员委员会"，下设工作团或训练班，动员群众参军、支前、参战，组织起工、农、青、妇、儿童团等抗日救国群众团体。城镇中的"青年救国会"和"民族解放先锋队"在动员城镇青年抗战和城市学生奔赴艰苦的抗日前线方面发挥了重要作用。

第五章 "战争的伟力之最深厚的根源，存在于民众之中" 203

抗战时期的妇救会

农村中的农救会[1]、妇救会[2]和儿童团历来是被社会忽视的动员群体，他们的作用同样巨大。儿童团组织动员农村中的少年儿童参加抗日斗争，使未来新中国一批骨干从小就经历了风雨锻炼；妇救会则使农村妇女冲破封建思想和习惯的束缚，也积极参加到抗日斗争行列之中。妇救会干部多是贫苦妇女出身，最接近和了解妇女的困难、疾苦和要求，是妇女群众的代言人和办事人。这一组织不但成为动员妇女群众的支柱，更通过锻炼和培训，让许多妇女成为村、乡、区甚至县级妇救会的领导人或工作人员，大批妇女担任村区代表、

---

1 "农民抗日救国会"的简称。是抗日战争时期解放区农村中群众性组织。
2 "妇救会"是"妇女救国会"的简称。在中国抗日救亡运动的高潮中，全国各地的妇女纷纷组织成立妇救会。

县议员、县副议长、边区参议员,担任了村长、区长、县长等职务,让长期受压迫、受歧视的广大妇女群众,在抗日战争的动员下积极参加各种政治活动,改变了数千年来中国妇女的精神面貌。

抗战开始后,各个抗日根据地都调整了与富农及开明地主的关系,由土地革命战争中的"打土豪、分田地"改为抗日战争时期的"减租减息":在未实行土改的地区,允许地主出租土地,但原则上须按照抗战前原租额减少25%,也称"二五减租";承认抗战前的借贷关系,但年利息一般不得超过一分半,如债务人付息已超过原本一倍者,停利还本;如付息已超过原本两倍者,本利停付,原借贷关系视为消灭。这一政策既减轻了农民所受地租和高利贷的剥削,又没有改变地主对土地的实际拥有,成为实现全民动员的重要基础。不仅动员起农民,同时也争取到地主抗日。

为团结一切可以团结的人参加抗战,在抗日根据地不但倡导和推动建立抗日民族统一战线,而且将之付诸政权建设的实践,建立了一种崭新的政权——"三三制"政权,性质就如毛泽东所说:"本党愿与各党各派及一切群众团体进行联盟,并在候选名单中确定共产党员只占三分之一,以便各党各派及无党无派人士均能参加边区民意机关之活动与边区行政之管理。在共产党员被选为某一行政机关之主管人员时,应保证该机关之职员有三分之二为党外人士充任。"

这一政治安排让各界人士内心产生极大的喜悦感和主人翁感。开明士绅、边区政府副主席李鼎铭就提出了对抗战事业意义重大的"精兵简政"建议。边区内还建立了自卫军、锄奸委员会、救护队、洗衣队等群众组织，许多内战时期逃亡的地主也纷纷返回边区，按照要求减租减息，自己还另外捐款捐粮、购买边区抗日公债，支援抗战前线。

土地革命战争年代，革命的主要参与者是产业工人、贫苦农民和起义士兵。抗日战争开始后，在中国共产党强有力的组织动员机制作用下，知识分子、地主士绅、中产阶级、新闻报人、国民党人士、民主党派人士和无党派知名人士、少数民族和爱国僧侣也广泛参加进来，这是中国近代以来未曾有过的政治现象。如何在这样的多元环境中完成宣传鼓动，这是中国共产党人未曾面临的全新工作。

毛泽东为此提出"靠口说，靠传单布告，靠报纸书册，靠戏剧电影，靠学校，靠民众团体，靠干部人员"；还说"不是将政治纲领背诵给老百姓听，这样的背诵是没有人听的；要联系战争发展的情况，联系士兵和老百姓的生活，把战争的政治动员，变成经常的运动。这是一件绝大的事，战争首先要靠它取得胜利"。

在各抗日根据地，抗战宣传文化工作前所未有地活跃。各地创办的各种报刊、杂志数量之多、发行之广、宣传之深、作用之大、影响之久前所未有，成为鼓舞抗日根据地军民斗争的精神食粮。以戏剧、歌曲、诗画等为主的文学艺术动员也异军突起，在民众组织动员方面发挥巨大作用。《放下你的鞭子》《打鬼子》等抗战戏剧和《逼上梁山》等历史剧就像火种，将抗日救亡的烈火传向四方。各根据地剧团还自编自演一些带有强烈乡土气息并富有战斗精神的抗日戏剧，不但在城镇、机关、部队演出，还在乡村巡回演出，不

冼星海指挥黄河大合唱

仅集体演出，还分散演出，把日本侵略者野蛮残暴、中国人民遭受灾难耻辱和抗日将士英勇抵抗的情景，以艺术的形式再现于民众面前，引发人们思想上的共鸣，给抗日军民激励和鼓舞。

各个抗日根据地的歌咏活动也十分兴盛，人们唱《毕业歌》《松花江上》《救亡进行曲》《到敌人后方去》《在太行山上》《游击队之歌》《黄河大合唱》《我要当兵去》《打回老家去》等抗战歌曲，还创作出适合各根据地乡土特点的歌曲、新秧歌、快板书和其他为群众所欢迎的曲艺形式。1949年新中国成立时被定为新中国国歌的《义勇军进行曲》，就是当时民族危亡之际杰出的代表作。著名社会教育家李公朴[1]到晋察冀边区考察后，十分感慨地说："歌咏已经成为晋察冀人民大众的日常生活；救亡歌曲和抗日小调已代替了过去人们消闲或工作中口头所唱的一切陈词滥调。农村歌咏队普遍在乡村里成立了。"

这种目的明确、体系完备、手段多样、贴近群众的宣传形式，成为抗日战争期间中国共产党人组织民众、动员民众的基本架构。充分地宣传、动员和组织，使中国民众前所未有地认识到自身利益与民族总体利益的关系，开始普遍抛弃过去"好男不当兵，好铁不打钉"的陋习偏见，认识到"有国才有家，打走日本鬼子才能过安生日子"的道理，产生"母亲叫儿打东洋，妻子送郎上战场"的参军热潮。

在晋察冀抗日根据地，许多县都出现过整排、整连、整营，甚至整团子弟参军的动人场面。晋察冀根据地领导人聂荣臻说："人民群众充分发动的结果，不仅使我们获得了生存的基础，而且还得到了补充和扩大部队的雄厚兵源；人民群众充分发动的结果，还为我们的作战和指挥提供了一个良好的战场；人民群众充分发动的结果，使边区建立了良好的社会秩序。"

在山东抗日根据地，许多农民家庭兄弟、父子共同参加抗日队伍。

1　李公朴（1902—1946），号仆如，伟大的爱国主义者，坚定的民主战士，中国民主同盟早期领导人，杰出的社会教育家。

1944年春，山东抗日根据地一个县就有2 000名青壮年入伍。

在华中抗日根据地，浙东地区主力部队和地方部队在两三年内就由800多人发展到10 000多人。

根据地青年人自愿参军的情景，与国统区仍然盛行的拉兵、买兵、派兵等现象形成鲜明对照。这就是毛泽东在《论持久战》中所说的："政治上动员军民的问题，实在太重要了。我们之所以不惜反反复复地说到这一点，实在是没有这一点就没有胜利。没有许多别的必要的东西固然也没有胜利，然而这是胜利的最基本的条件。"

抗日根据地内往往有这样的情形：一个家庭中父亲是农救会员，大儿子是工救会员，媳妇是妇救会员，小儿子是青救会员，孙子是儿童团员，在各自岗位上分工合作，为抗日救亡努力。上至白发苍苍的老人，下至刚刚懂事的儿童，过去从不出门的大闺女、新媳妇，行动不便的病老残疾者，都积极投身到抗日根据地的政治体系中来。著名爱国华侨领袖陈嘉庚1940年对延安的政治、社会风气进行考察后，得出"中国的希望在延安"的结论。美国作家斯诺[1]1944年6月在美国《星期六晚报》撰文，称赞抗日根据地是一个"战斗的国家"。

这就是人民战争的汪洋大海，是血肉筑起的钢铁长城，由千千万万真心实意拥护革命的群众结成的铜墙铁壁。

最终成了中华民族培育新社会的摇篮。

---

[1] 埃德加·斯诺（1905—1972），美国著名记者。

▲ 麻木千年、沉睡千年也会被触发唤醒的熔岩和地火

毛泽东在《论持久战》中说:"战争的伟力之最深厚的根源,存在于民众之中。"说得非常有力,被广泛引用。这句话后面还有一句说得更好,但却很少被引用了:"日本敢于欺负我们,主要的原因在于中国民众的无组织状态。"

后一句话说到了中国至弱的根源。

中国共产党对抗日战争胜利的最大贡献,就是通过民众的组织和民众的动员,真正把长期一盘散沙的社会状态,组织成一个坚强的价值共同体、利益共同体、命运共同体,成为刘少奇所说"动员中国全民族四万万五千万人的力量成为统一的力量,是战胜强大日

本帝国主义最基本的条件"。

  这一点对如何灭亡中国有精细盘算的日本侵略者来说，完全始料未及。他们完全没有想到要面对两支性质完全不同的军队，完全没有想到要面对两个性质完全不同的战场。

  战争初期，日本侵略军全力以赴进攻蒋介石的国民政府军队，基本不把共产党领导的八路军和新四军放在眼里。随着越来越深入中国土地，情况越来越发生出乎他们意料的变化。日本军事当局发现在正面战场之外，在其后方又出现了另外一个战场。日军战史陈述说：

> 按照战争的目的，对于互有矛盾的重庆和中共两方，究竟以哪一方为真正的敌人模糊不清，难以确定。在战场第一线应该以谁为打击目标，就更难判断了。尤其是中共势力，它和日军在长期训练中作为目标所描绘的敌人，或者是迄今为止我们所接触过的敌人，无论在形式和本质上都是完全不同。

  到1939年12月，情况基本明了了。日本华北方面军参谋长笠原幸雄说：

> 华北治安战的致命祸患就是共军。只有打破这个立足于军、政、党、民的有机结合的抗战组织，才是现阶段治

第五章　"战争的伟力之最深厚的根源，存在于民众之中"

安肃正的根本。

1940年年初，日军110师团作战主任参谋中村三郎详细描述了八路军的游击战术：

> 使日军最感棘手者，为冀西及冀中军区的共军。彼等以省境及日军作战地区附近，或沼泽、河流等日军势力不易到达的地区为根据地，进行巧妙的地下工作及灵活的游击战。因此，了解和掌握其动向，极为困难。共军的情报收集、传递，非常巧妙而且迅速。日军的讨伐行动，往往在事前便被侦悉。到处都有彼等安插的密探。共军的行动轻快而敏捷，熟悉地理，因而无法捕获。相反，日军却多次遭到共军的伏击。另外，共军在白昼不进行集体活动，混在群众之中，不露行迹。

到1940年8月八路军发动"百团大战"[1]时，日军已有9个师团和12个旅团被钉死在华北，严重牵制了日军兵力，消耗了日本国力。在侵略者后方的敌后战场，中国共产党领导的全民皆兵、全民参战、军民一致打击侵略者的状况，令日军震惊不已。战后日本防卫厅防卫研修所战史室编写的《华北治安战》中记载：

---

[1] 百团大战是中国抗日战争时期，中国共产党领导下的八路军与日军在中国华北地区晋察冀边区发生的一次规模最大、持续时间最长的战役。

八路军和游击队配合破袭日军的交通运输线

居民对我方一般都有敌意,而敌方工作做得彻底,凡我军进攻的地区,全然见不到居民,因而想找带路人、搬运夫,以至收集情报都极为困难。另外,空室清野做得彻底,扫荡搜索隐蔽物资,很不容易。

日军第1军参谋朝枝回忆:

第五章 "战争的伟力之最深厚的根源，存在于民众之中"

（百团大战中）八路军的抗战士气甚为旺盛，共党地区的居民，一齐动手支援八路军，连妇女、儿童也用竹篓帮助运送手榴弹。我方有的部队，往往冷不防被手执大刀的敌人包围袭击而陷入苦战。

日军独立混成第3旅团报告冀南作战的遭遇，记录如下：

两名特务人员捉到当地居民，令其带路，当接近敌村时，带路的居民突然大声喊叫："来了两个汉奸，大家出来抓啊！"冈村支队的一个中队，当脱离大队主力分进之际，带路的当地居民将其带进不利的地形，使我陷于共军的包围之中。

这正是毛泽东所说的："战争的伟力之最深厚的根源，存在于民众之中。"发动群众、组织群众、武装群众，是共产党的法宝。《华北治安战》评论说：

共军与民众的关系，同以往的当政者不同。中共及其军队集中全力去了解民众，争取民心，不但日本，就连重庆方面也远远不能相比。

1943年春，日军再次向晋察冀根据地发动进攻。日军井手大佐总结道：

> 共军的战斗意志极为坚强，只剩一兵一卒也要坚持抵抗。冀西地区为山岳地带，地形错综复杂，我方部队前进多受阻碍。共军则由于熟悉地形，民众又完全在其控制之下，退避、隐藏极为容易。日军虽煞费苦心构成包围网，但因网眼过大，致使敌大股部队得以逃脱。因此，对该地区每年虽实行讨伐作战，但从整个情况来看，与敌人部队作战或得到捕捉部队的机会却极少。

一直在鲁南作战的日军第59师团参谋折田贞重大佐回忆说：

> 因情报不确切，对中共地区的实际情况完全不能掌握，从而使讨伐徒劳无功，几乎是毫无成效的，几十次当中，可能侥幸碰到一次。各部队为了取得成果，东奔西跑，迄无宁日。

曾在冀中作战的加岛武中佐回忆：

> 部队最初进驻无极县时，共方工作队、游击队四处潜伏，居民毫不合作，气氛令人可怕。对此，各队首先由所在地

第五章　"战争的伟力之最深厚的根源，存在于民众之中"

彭德怀指挥百团大战

开始进行肃正，逐步向四周扩大。但终归抓不住真正的敌人。部队在行动中经常受到来自住房的窗口、墙上、丘陵树林中的突然射击。偶尔发现敌人，紧追过去，却无影无踪。以后得知他们挖有地道，地道的入口设在仓库、枯井、小丘的洞穴等处，地道四通八达，甚至有地下集合的场所……日军总像是在和鼹鼠作战一样，费时费力，真想举手服输。

日军山口真一少尉与国共两党的军队都打过仗，对于两种完全不同的作战方式，他的比较与总结是：

> 对神出鬼没的共军每天都要进行神经紧张令人恐怖的战争，不如打一次大规模的战斗反倒痛快。其后我参加过老河口作战，我回忆在中国四年之中，再也没有比驻防在（冀南）十二里庄当队长时代更苦恼的。

一个真实的故事，就发生在山口真一少尉驻地不远的邯郸西部山区的一个村庄。

那天事情发生得突然，孩子们正在满村追逐玩耍，不知从哪里冒出来的日本鬼子，一下子把村子包围了。好几个正在开会的区委干部来不及走脱，都被困在村里，混在乡亲里面。这是一个生命力旺盛的村子，全村五千人中，有一千多个孩子。日本人选中了突破口。他们拿出糖果，一个一个地给，吃吧吃吧，米西米西，随便指指哪一个不是村子的人。没想到的是一千多个孩子，没有一个接糖。把攥紧的手掰开，将糖硬塞进去，手像推火炭一样把糖推出来，又重新紧紧攥上。日本人的糖掉在满是灰土的地上。哪个孩子不知道糖好吃？哪个孩子不知道不吃好吃的糖带来的危险？几十年过去，有人问当年其中的一个孩子：你们咋那么大胆？真的一点儿不害怕？已经白发苍苍的这位老者回答：谁也不是铜浇铁打的，咋不怕？可那糖不能接，一接，就成汉奸了。

第五章 "战争的伟力之最深厚的根源,存在于民众之中"

老人没有多少文化,不会形容夸张,讲起来平平淡淡。他和他当年那些小伙伴凭世世代代流传下来的道德,凭庄稼人做人的直觉,在大灾难面前坚守着那个棒子面窝头一样粗糙无华的意识"一接,就成汉奸了"。这种道德的感召和良心的威慑是如此强大,以致狂吠的狼狗和上膛的三八大盖都无可奈何。这些孩子让人感慨不已。一千多个孩子同住一村,少不了打架斗殴,相互间头破血流。但在支起来的机枪和塞过来的糖果面前,在"一接就成汉奸了"这一结论上,他们无人教导,不需商量,竟然息息相通。这是一代又一代遗传下来的基因,一种不须言传的民族心灵约定,一种麻木千年、沉睡千年也会被触发唤醒的熔岩和地火。按照过去话说,即所谓的"种"。一千多个孩子,个个有种。

任何一个民族,都不乏积蓄于生命中的火种。共产党组织、动员民众的核心与关键,就是激发这些潜在的火种。点燃它,这个民族就不会堕落,不会被黑暗吞没,不会被侵略者征服。

这也正是那些曾经扬扬自得,以为3个月就能灭亡中国的日本侵略者的巨大悲剧所在:不但要面对蒋介石领导的正面战场,还要在毛泽东领导的敌后战场,面对觉悟了的、有组织的、开始为捍卫自身利益英勇战斗的千千万万普通民众。如其战史《华北治安战》所述:

估计军事实力时,必须将共军及其潜在民众之中广泛的武装力量考虑在内。在民众和共军的相互关系上,不论是由于共军的压力或是思想上的影响，民众有机的组织活动与党的地下工作相配合，就能起到加强共军实力、协助其战斗的作用。因此，也可以说，实际上扰乱我治安的就在于这些民众。

侵略者从反面印证了毛泽东那句话——"就造成了陷敌于灭顶之灾的汪洋大海"。

第六章
"中国这头狮子已经醒了"

新中国成为中国历史上第一个完整的、稳定的、繁荣的、现代意义上的民族国家。今天回顾可以清晰地看到，没有民族危亡中实现的民族觉醒，没有全民抗战中结成的民众组织，没有反抗侵略中锤炼的战斗队伍，这一胜利肯定不会这样快地到来。

第六章 "中国这头狮子已经醒了"

中华民族百年沉沦，历尽苦难。

拿破仑[1]说：中国是一头沉睡的狮子，它醒来世界会为之震颤。

拿破仑的意思是：这头狮子最好不要醒来。

事实上这头狮子也一直在沉睡，长期沉睡。

1840年鸦片战争前后，林则徐、魏源企图唤醒这头狮子。林则徐交代魏源写《海国图志》，已经萌生要将中国改造为一个现代国家的思想，但在中国没有引起反响。鸦片战争后书籍传到日本，却引起了强烈震动，成为日本"明治维新"的重要助推。魏源在日本的知名度，远远超过中国。

---

[1] 拿破仑·波拿巴（1769—1821），即拿破仑一世，19世纪著名军事家、政治家，法兰西第一帝国的缔造者。法兰西第一共和国第一执政（1799—1804），法兰西第一帝国皇帝（1804—1815）。

惊醒这头睡狮,还需要更惨痛的失败。

这一失败接踵而至:1894年甲午战争,北洋水师灰飞烟灭,传统印象中的"蕞尔小邦"日本也能强令中国签订《马关条约》,获得空前的割地和赔款。1900年联军入侵北京,签下《辛丑条约》,则是更加空前的"庚子赔款"。

把美国从地区性国家带向世界大国的西奥多·罗斯福[1]总统,因拿出"庚子赔款"美国所得的部分返还中国,办"留美预备学校"(即今日清华大学)、协和医院等,很多中国人对他颇有好感。但这个人对中国这个东方文明古国既充满敬仰也兼怀鄙视。他警告美国人说:

西奥多·罗斯福

> 要是我们重蹈中国的覆辙,自满自足,贪图自己疆域
> 内的安宁享乐,渐渐地腐败堕落,对外部事务毫无兴趣,

---

[1] 西奥多·罗斯福[人称老罗斯福,昵称泰迪(Teddy),1858—1919],美国军事家、政治家,第26任总统。

沉溺于纸醉金迷之中，忘掉了奋发向上、苦干冒险的高尚生活，整天忙于满足肉体暂时的欲望，那么毫无疑问，总有一天我们会突然面对中国今天已经出现的这一事实：畏惧战争、闭关锁国、贪图安宁享乐的民族在其他好战、爱冒险民族的进攻面前，肯定是要衰败的。

再也没有比一而再、再而三的失败更为刺痛人心的了。

只有在深刻的刺痛中，这头睡狮才能觉醒。

梁启超说：唤起吾国千年之大梦，实自甲午一役始也。

睡狮开始觉醒了。

但觉醒进程仍然是一个数十年的历史过程。

甲午战争后1895年康有为的"公车上书"，标志着中国官僚士大夫阶层的觉醒。这个阶层的一些人已经开始认识到整个国家出了问题，必须加以解决。

1919年爆发的五四运动，则是中国知识分子的觉醒。以传统"世外桃源"为乐趣的这个阶层，通过"内惩国贼，外争国权"，全面参与到国家政治历史的进程之中。

1937年的全民抗战，才是中华民族真正的全民族觉醒。日本侵略者占中国的地，杀中国的人，屠中国的城，对整个中华民族来说，使这个民族第一次没有阶级之分，没有地域之隔，有种族之别，没有统治与被统治之嫌，"地无分南北，年无分老幼，无论何人，皆有守土抗战之责任，皆应抱定牺牲一切之决心"，结成利益共同体、命运共同体、荣辱共同体，筑起国家与民族新的血肉长城。

没有最惨痛的沉沦，就没有最彻底的觉醒。代价是极其巨大的。八年抗战，全国军民死伤3 500万人，有形财产损失6 000多亿美元，无形财产损失不计其数。

在这一饱受苦难的进程中，民众觉悟程度和组织程度的进步，达到了前所未有的历史高度。

1937年抗战开始后，国民党中央宣传部长周佛海说了一句话："中国人的要素，物的要素，组织的要素，没有一种能和日本比拟，战必败。"

这个问题已经对艰苦卓绝的抗战胜利、抗日根据地军民完成的空前的组织和动员做出了回答。

当了汉奸的周佛海被南京高等法院判处死刑，经蒋介石签署特赦改判无期，1948年病死狱中。

1938年抗战最艰苦阶段，史学家蒋廷黻在其著作《中国近代史》中发出另一个设问："近百年的中华民族根本只有一个问题，那就是：中国人能近代化吗？能赶上西洋人吗？能利用科学和机械吗？能废除我们家族和家乡观念而组织一个近代的民族国家吗？能的话，我们民族的前途是光明的；不能的话，我们这个民族是没有前途的。"

回答这个问题的资格，只有留给中国共产党人了。

整个抗日战争时期，中国共产党通过广泛的组织和深入的动员，使与世隔绝、自给自足的贫苦大众第一次认识了自己，认识了抗战，认识了中国，认识了世界，也认识了几千年不曾认识的自己拥有的

日军投降仪式

力量。这一成果极大地推动了民众从传统的家庭观念、家族观念向民族意识、国家意识迈进,从而能够积极、主动地投身到伟大的民族解放运动之中去。中华民族第一次形成全民共识:为了生存、发展、繁荣、昌盛并自立于世界民族之林,中国必须在封建半封建、殖民地半殖民地的社会肌体上,构建自己的新型民族国家。

1912年成立的中华民国,是这一艰难探索的起始。30余年实践证明,它不稳定、不持续、不繁荣,最终既无法完成救亡,也无法完成复兴。中国迫切需要一个能够稳定、持续、繁荣,既能完成民族救亡又能完成民族复兴双重历史使命的政权和国家体制。

1949年诞生的中华人民共和国,是中国共产党人通过牺牲和奋斗为苦难深重的中华民族献上的一份大礼。新中国不但从根源上消除了封建半封建、殖民地半殖民地的痕迹，而且从根源上清除了"一盘散沙"的涣散状态，中国人民被前所未有地动员起来、组织起来，开创了中国历史上第一个持续、稳定、繁荣、昌盛，能够完成民族救亡与民族复兴双重历史使命的现代民族国家。其基础，已经在全民抗战中通过动员民众、组织民众、武装民众，实现了对现代中华民族组织的最高形式——中华人民共和国——的奠定。新中国成为中国历史上第一个完整的、稳定的、繁荣的、现代意义上的民族国家。今天回顾可以清晰地看到，没有民族危亡中实现的民族觉醒，没有全民抗战中结成的民众组织，没有反抗侵略中锤炼的战斗队伍，这一胜利肯定不会这样快地到来。

抗日战争是自 1840 年以来，中国人民反抗外来侵略第一次取得完全胜利的民族解放战争，也是中华民族由衰败到复兴的转折点。1949 年中华人民共和国成立，是 1840 年开启的民族救亡命题的标志性终结，又是民族复兴命题的标志性起始。

美国人布鲁斯·拉西特和哈维·斯塔尔在《世界政治》一书中说："历史上，大多数国家都是在战争的经历中形成的。"中国同样概莫能外。用我们自己的话说就是"打败侵略者，建设新中国"。

哈佛大学教授约瑟夫·奈说："一般来讲，大国的标志是有能力打赢战争。"同样讲得很好，正是万众一心、共赴国难的抗战胜利，使中国开始进入世界大国之列。

中国人民在抵抗外来侵略中表现出的深刻的民族觉醒、空前的

第六章 "中国这头狮子已经醒了"

民族团结、英勇的民族抗争、坚强的民族组织,成为抗日战争取得胜利的决定性因素,也成为今天和今后继续实现伟大民族复兴的关键性支撑。

新中国成立前夕,毛泽东说:"中国必须独立,中国必须解放,中国的事情必须由中国人民自己做主,自己来处理,不允许任何帝国主义再有一丝一毫的干涉。"

这句话说出了一百多年来所有中国人的心声。

国家主席习近平2014年3月在巴黎纪念中法建交50周年大会上也讲了一句话:

中国这头狮子已经醒了。

附录一

关于抗日战争正面战场的一封通信

国防大学　金一南

××：

你好！

这回涉及一个沉重的话题，其实也完全不必为我们自身悲观。20 世纪 50 年代初出生的我们，和 20 世纪 60 年代末出生的你们，包括发表网络日志的你的同事（估计是 20 世纪 70 年代后出生的了），包括在舞台上表演《南京 1937》的那些年轻人，对历史不都有越来越清醒的认识了吗？后人书写前人的历史，这是自然惯例，也是社会规律，想改也无法改，任何国家的执政者最须敬畏之处，也正在这里。

你的同事写得很好，一个民族必须能够发现和拥有自己的所有宝藏，必须千倍百倍地珍惜自己的这些宝藏。今年"八一"我到黑瞎子岛（中俄争议的最后一块土地）附近，对岸俄罗斯怎么进行他们的教育。幼儿园教师带孩子们来到无名英雄墓，老师边讲边哭，三四岁的，五六岁的小孩子，更大一些的孩子都跟着一起哭。也许那些孩子们并不真的十分明白为什么哭，但他们看到老师哭了，老师那么伤心，于是也都伤心地哭了。这样的民族，这样的教育，怎能不形成他们精神强大的基因？相比起来，我们差距很大。问题不是那些在先烈墓碑上跳来踏去的孩子，而是除了自身悲欢便一概无泪的老师，和"选择性对待历史"的做法和态度。这种选择性对待也是多种多样的，最近×××××新版的小学课本，把"狼牙山五壮士"从课本中去除了（解释说"放到了课外辅导读物里"），而代之以×××和××，说这才是新时代的英雄，堂而皇之地认为过去的英雄应该从我们今天这个时代剔除了。这种"钱包鼓起来就能自立于世界民族之林"的感觉，只能造成我们民族精神的萎靡。也许正是从这些方面看，显出你、我、他（你那位同事）这些并非大人物的并非小的责任。能看出来，你的同事是搞国际问题的，也看了不少资料，但对战争史特别是抗日战争史不熟悉，所以一些描述是不准确的。

其一，石牌战斗是1943年5月初到6月中旬鄂西会战的一部分。你同事所列歼敌2.5万人是历时一个多月、从湖南北部到长江西陵峡口的石牌、延绵千里战线上的全部作战成果，击毁日机15架（而不是45架）也是如此，不是石牌一战的成果。石牌作战5天，歼敌一千余人。

其二，不仅石牌不是中国抗日战争的"斯大林格勒"，整个中国抗日战争也没有"斯大林格勒"。这不是一个让人舒服的说法，却是研究那段历史不得不承认的史实。"斯大林格勒"是形容从防御到反攻、从被动到主动、从失败到胜利的转折点和枢纽点，而石牌不是这样的点。翻遍抗战史，也找不到这样的点。包括石牌作战在内的鄂西会战阻止了日军的进攻，但此后日军通过常德会战、豫中会战、长衡会战、桂柳会战、湘西会战，仍然在不断进攻；郑州失守、许昌失守、洛阳失守、长沙失守、衡阳失守、桂林失守、柳州失守……仍然是中国人听到的一个又一个噩耗。特别是湘西会战（日本人称"芷江作战"）竟然发生在1945年4月，距其天皇宣布投降仅剩4个月时间，鬼子们还在战场上以劣势兵力甚至劣势兵器（湘西作战非常明显）向中国军队连续发动进攻，你说中国的"斯大林格勒"在哪里？倒是湘西作战末期日军强弩之末的表现，让美国《纽约时报》评论了一句"可视为中日战争转折的暗示"，有这句话我们就能聊以自慰吗？那时在欧洲战场希特勒已经自杀、德国人已经投降了，我们才仅仅把进攻的日军击退，然后继续防御。所以不是中国共产党故意淹没了抗日战争中的"斯大林格勒"，是它本来就没有。如果真有，别说一个共产党，全世界共产党加起来也淹没不了。赫鲁晓夫当年反斯大林，把斯大林格勒都改为伏尔加格勒了，但"斯大林格勒战役"作为"二战"苏德战场的战略转折点，至今彪炳战史，无人能够撼动。

其三，关于石牌作战与平型关作战的比较。前面说了，把石牌作战与鄂西会战的关系弄清楚了，就会明白石牌作战与平型关作战歼敌人数基本一样，都是一千多人。要说不一样的话，那么还有这样几个不一样。

平型关作战是一天歼敌一千多人，石牌作战是5天歼敌一千多人；平型关作战是1937年抗战开始的第一个胜仗，那时从国内看，华北国军纷纷败退，恐日情绪到处蔓延；从国际看，美英袖手旁观，德日步步紧逼，中国空前孤立。此时以八路军如此简陋之装备和长期连肚子都吃不饱的官兵状况打出一个平型关胜利，对鼓舞一直只见失败不见胜利的国人士气、击破"皇军不可战胜"的神话，无疑意义极其重大。

1943年的石牌之战也是中国战场一个显著胜利，但那已是在台儿庄作战胜利之后，而且此时"二战"已经全面开始，珍珠港事件也已发生，日军在太平洋战场已受美军重挫，战争初期那股傲气已经大减，而且此时美援已经大量拥入中国。在石牌作战中，中美空军曾给日军造成很大杀伤。当时国军的重迫击炮团装备40多门150毫米口径的美式重迫击炮，一次作战就向日军发射几千发炮弹，仅仅几个小时就杀伤日军数百人。这些条件，在平型关作战的八路军都不具备，只能凭借子弹和刺刀，一个对一个地较量解决。要知道那是一支不掌握执政资源（不但"在野"，此前还到处被"围剿"）、不享受外援分配，甚至不享有政府正常财政拨款的军队（抗战初期享受过一阵，后来中断了），正是这些情况，决定了石牌作战无法和平型关作战相比。认为石牌作战意义大于平型关作战的说法，并没有很好地把握那段历史。

当然就像所有生命价值等同一样，任何牺牲都是相同的。不要说牺牲在平型关还是牺牲在石牌都应获得我们同样的尊敬，即使那些殒命于兵荒马乱大溃退中的无数无名官兵，今天也是需要我们在他们生命痕迹消失的地方放上几束白花的。美国人今天还在满世界寻找他们参加"二战"官兵的遗骸，对我们该是一个多么深刻的提醒！日本人在广岛的纪念碑上，把死于原子弹轰炸及后续效应的20余万人的姓名一个一个都刻了上去，又是怎样一种对前人和后人负责的态度？而我们遭受南京大屠杀的30万人死亡，至今南京的纪念馆内也只刻有3 000个有名有姓的名字，其他29.7万人的姓名呢？真令我们对世界汗颜。把这个账也记在共产党头上，显然不公平，因为南京是当时国民政府的首都，南京城的雨花台还是专门杀共产党人的地方。离南京近一些的"苏区"（江西"中央苏区"和"鄂豫皖苏区"）早被国军"围剿"得不得不万里长征，被驱赶到荒凉贫穷的西北一隅去了。南京城被日军屠杀的30万人中，将近10万是来不及撤走的国军军人，而当时向南京进攻的全部日军才5万多人。这些都是不管我们多么难受，也只能承认的史实。

我们过去用《地道战》《地雷战》这些电影把敌后抗战描写得无所不能，宣扬英雄主义之时有过分之处，但今天恢复历史的真面目时，又把原来的确被淡化的正面战场想象得英勇无比，也不是实情。国民党内地位仅次于蒋介石的副总裁汪精卫投靠日本人，在南京组织傀儡政府，令中国抗战大局出现超级震荡。整个抗战期间一直发生国军部队成建制地向日军投降，转成伪军，使尾随日军作战的伪军达百万以上（电影中"报告连长，来了100多鬼子，200多伪军"长期成为笑谈），成为世界反法西斯战场中国战场的奇景，使我们今天仍然羞愧。就说石牌战斗，以"勇将"著称的国军11师师长胡琏一方面表示"与阵地共存亡"，另一方面又在江边暗备小船，准备必要时逃命；打到最艰苦的第5天，国军18军军长认为难以支撑，已经下令撤退，突然接到后卫部队报告，说入夜后日军阵地枪炮声沉寂，已经悄悄撤退了，这才下令立即向部队追回撤退的命令，同时向重庆报告"石牌大捷"。今天不了解这些，以一两篇文章就"恢复历史真面目"，同样是弱不禁风的单薄。我们说这些作战指挥层的犹豫与动摇，丝毫不减弱石牌战斗国军官兵奋勇作战和英勇牺牲精神的可贵可叹，它同样是中国人不屈精神的杰出代表。说这些是要说明我们过去描述历史的时候太多理想主义，今天想要再现一部公正的历史，再不能仅仅凭另一种理想主义了。在整个抗日战争期间，共产党的高级领导者无人向日本人投降，八路军、新四军也没有任何一支部队投降日本人去当伪军，毛泽东、周恩来、朱德、彭德怀这些人的骨头是很硬的。抗战初期，蒋介石曾经悄悄告诉德国大使陶德曼，他之所以不能同意德国提出的"调停"意见，是因为"共产党人是不会投降的"，如果他同意对日妥协，在国内就无法实施领导了。我们今天认识历史，如果拿现在共产党内那些腐败分子、马屁分子去和当年的共产党人联想类比，可能永远无法明白为什么共产党能够获得大多数人民拥护，为什么那样一个弱小的力量最终能夺取全国政权。

长期以来国共之间的确分歧太深、对立太深，在那个时代也仇恨太深，这些都极大地影响到中华民族的整体认同，给其他力量以许多可乘之机。当然今天已经大不一样了，但我们仍然能看到一些影子。连战夫人坦承来访之前不知大陆会怎么对待他们，可见心理阴影也一直没有消除。说到历史评价方面，"选择性认同"也是双方共同的老毛病，正是在这一基础上，让人看到今天巨大的进步。胡锦涛在9月3日纪念大会讲话中说"中国国民党和中国共产党领导的抗日军队，分别担负着正面战场和敌后战场的作战任务，形成了共同抗击日本侵略者的战略态势"；将国民党置于共产党之前，将正面战场置于敌后战场之前，不能不说是巨大的历史进步；说"以国民党军队为主体的正面战场，组织了一系列大仗，特别是全国抗战初期的淞沪、忻口、徐州、武汉等战役，给日军以沉重打击"，同时讲八路军、新四军抗战名将时也讲佟麟阁、赵登禹、张自忠、戴安澜等国军将领，讲"狼牙山五壮士"时也讲国军的"八百壮士"，不能不说是巨大的历史进步。虽然国民党方面至今还没有这样评价过共产党，但回归历史的真实，本身已经是历史的选择，而不是党派的选择了。所以我们没有必要悲观，因为历史的确在不断进步。它不需要再来个整体推翻、推倒重来，它正在一步一步日益接近真面目。

你的同事从抗战胜利60周年天安门广场的纪念仪式中看到很多不尽如人意的地方，我倒觉得并不在于是否应该给白发苍苍的老兵们放几把藤椅，也不在于向人民英雄纪念碑献花圈时是否该由政治局常委打头。中国人第一次这样纪念自己的胜利日（台湾那边除了模仿日本人说"终战"别的不敢提），第一次让人感觉到胜利不仅属于国共两党，还属于海内外全体中国同胞，本身已经向世界发出了一个强烈信号。历史演进并不都是主动和自觉的，就这个意义说，那60声震人心魄的礼炮震撼和开启的心扉，也许不是仪式设计者的预料，推开的却是包容全世界所有中国人的大门。

对不起，写了一堆不轻松的话题。民族的成熟最终是民族中个体的成熟，相信这种讨论不会遏制，而会加速思想的成熟。

下回寻找一个轻松话题。

附录二

岁月的皱纹与历史的刀痕

国防大学　金一南

有人说岁月能抚平一切，包括苦难，包括伤痕。

当工地的脚手架最终取代刑场的绞刑架，当建筑的喧嚣最终取代战场的喧嚣，岁月真的能在潜移默化中完成这种神奇的疗效吗？

"在我年轻的时候，脸上这些刀痕是很吓人的"，1995年抗日战争胜利50周年之际，南京大屠杀的幸存者李秀英对采访者说。当年她不甘受辱与日本兵殊死搏斗，被刺37刀，鼻子、嘴边、眼角、脸颊无处不是刀伤，让人看了触目惊心。

"现在58年过去了，皱纹已经掩盖了刀痕。"说着这一切的时候，77岁的李秀英已经很平静。对面静静听的采访者，是美籍华裔女作家张纯如。

张纯如用英文记录下采访的一切。她从小在美国长大，虽然能用中文交流，但用中文阅读和书写已经很困难了。

1997年，29岁的张纯如出版了这本书：《南京暴行：被遗忘的大屠杀》。

这是从未经历灾难的新一代人，对那场浩劫的认识与思索——而且是更深刻的认识与思索。不说这本书所产生的影响，也不说这本书让世界上多少人第一次知道南京大屠杀的真相，它引人思索那些更加久远的命题：关于历史与现实，关于记忆与忘却，关于岁月的皱纹和历史的刀痕。

都知道不应该忘却。现实却迫使人忘却。遗迹在消失。老人在逝去。新诱惑、新追求、新概念、新梦想、新人类、新新人类……在层出不穷地产生。现代都市的青年，大脑几乎变成一两周就要格式化一次的硬盘，还有多少空间存放那些历史的老照片呢？

这就是以张纯如心路历程为主线的大型舞剧《南京1937》给我带来的震撼。

我不太喜欢看舞剧，也看不懂很多舞剧。但我一下子就看懂了这部舞剧。那一刻，我像个内行一样沉浸其中，心领神悟了几乎所有的舞蹈语言和造型语汇，并且被深深震撼。张纯如是年轻人，《南京1937》的编剧、策划、作曲、造型、舞美……比张纯如更加年轻。就是这些年轻人用这部舞剧，让我们这些忙忙碌碌的人们获得片刻停顿，回头反顾我们平时很难有时间反顾的那段历史。当舞台大幕拉开的那一刻，时间中断了，肉体静止了，思维却激越地飞腾和碰撞：思索我们最巨大的灾难，最刻骨铭心的伤痛，以及必须从灾难和伤痛中获得的思想和力量。

对一个民族来说，从灾难中获得的力量，是支撑民族思想大厦的栋梁。

我去过耶路撒冷犹太人的"哭墙"。那是一段几十米长的残破墙段，两千年前被罗马人毁掉的以色列圣殿的遗迹，今天以色列人的圣地。没有人准备把它恢复原貌，只是在说明的图片中，你可以领略它昔日的辉煌。一批又一批以色列人来到这里，尤其是那么多半点皱纹也没有，面孔嫩得像五月鲜花一样的年轻人，他们虔诚地站在这段象征他们祖先遭受巨大苦难的"哭墙"面前，把头轻轻地抵在被两千年岁月风霜磨砺得粗糙不平的墙面上，许久许久，默默地祈祷。那一刻作为旁观者的我，突然觉得这些向"哭墙"倾诉心声的以色列年轻人，一定也从这段残破墙面的石缝之中，倾听到从历史中传来的遥远回声。

这就是他们的圣地。他们在他们的圣地，进行他们的心灵洗礼。我当时想：这些年轻人也会老去，岁月的皱纹也会悄悄布满他们鲜花一样的容颜。但当他们年复一年、代复一代地到这里一次又一次经历心灵洗礼的时候，谁还能毁灭这样的民族？谁还能遏制这样的民族的强大生机？

《南京1937》不过是一出舞剧。但这出舞剧的真正了不起之处，就是她也使我们获得了一次心灵的洗礼。这些年轻的主创人员，对我们民族的伤痛和灾难理解得那样深刻和透彻，不得不令人万分感慨：我们这个民族并非那样容易忘却；历史并非仅仅属于年长人；一代人真的是强于一代人。舞剧总编导、28岁的佟睿睿说："排这出舞剧不为我们自己，不为中国歌剧舞剧院，为全体中国人。"就凭这一信念，这群年轻人不知克服了多少困难，经历了多少个不眠之夜，发挥出了多么大的创造潜能，从而使他们的节目具有如此强烈的艺术感染力和情感穿透力。这哪里是一出舞剧，完全是台上、台下、幕前、幕后、演员、观众共同的令人久久难以忘怀的精神洗礼。

岁月的皱纹可以掩盖历史的刀痕。1918年出生的李秀英老人，2004年12月在南京病逝。先于李秀英老人一个月，1968年出生的张纯如在美国加州圣塔克拉拉自杀。完成《南京暴行：被遗忘的大屠杀》之后，忧郁症成为她长期的精神困扰。她们二人年岁相差整整半个世纪，居住在世界上不同的半球，却几乎在同一时间去向了同一归宿。

再过多少年，当南京大屠杀的场所被一栋又一栋现代化建筑淹没的时候，当只有在圣塔克拉拉那个叫作"Gate of Haven"的公墓里才能找到张纯如的小小墓碑的时候，我们中国人也永远不会忘记自己灾难深重的过去，永远不会忘记力图使我们永远记住灾难深重过去的人们。

历史应该永远记住这个日子：2005年9月3日，天安门广场万人肃立，寂然无声，唯有60响礼炮一声接一声地轰鸣，震撼着向人民英雄纪念碑敬献花圈的人们以及电视机前亿万观众的内心。这是我们第一次如此隆重地表达对胜利的纪念，对先烈的崇敬，对苦难的追思。听得见这轰鸣炮声的，和已经听不见这轰鸣炮声的，共同分享作为中国人的尊严。

在奔腾不息的光阴长河中，我相信这些命题还将长久萦绕着我们：关于历史与现实，关于记忆与忘却，关于岁月的皱纹和历史的刀痕。我又相信物质不灭、宇宙不灭，唯一能与苍穹比阔的是精神。每一个为中华民族的民族精神注入新鲜活力的人，都在使我们的声音穿越苍穹，让世界听到中国人民的心声。

附录三

平型关风云：战争中的政治与政治中的战争

国防大学　金一南

某大型文学双月刊某年出版的第 5 期，首篇刊登了长篇报告文学《平型关风云》（以下简称《风云》）。这是一篇看过之后让人从细节到立论都无法接受的文章。现将实在需要辩驳之处罗列如下。

《风云》开头的第一句话是："自从打完直罗镇那一仗，将近两年了，林彪还没有再打仗。"

第一句话就是错的。

直罗镇战役是 1935 年 11 月 19 日至 24 日，红一方面军在陕北直罗镇地区组织实施的进攻战役。林彪作为红一军团团长参加了这次战役。在该战役之后，1936 年 2 月 18 日至 5 月 5 日，红一方面军又发起了东渡黄河、打击山西国民党军的东征战役，林彪又率领红一军团参加了东征战役。东征战役结束后，林彪才暂时脱离战场，出任红军大学校长。说他从直罗镇战役之后到平型关战斗之前将近两年时间未打仗，违背历史事实。

《风云》展现的第一个场景是，林彪"独自带着译电员，乘一辆军用吉普"，沿盘山公路爬上海拔1 800米的平型关，然后"吉普戛然而止。林彪从车上下来，兴趣浓厚地登上平型关巅，举起望远镜瞭望"。

第一个场景便是滑稽的。

吉普车是第二次世界大战的产物。当时美国陆军军需部将其研制出来，主要用于运送指挥人员、侦察人员及少量物资，所以被命名为"General purpose vehicle"，意为多用途车辆。"二战"中的美国士兵取其谐音，称它为"Jeep"，后来全世界很多地方都将这种车辆直译为"吉普"。林彪居然在第二次世界大战爆发之前两年，就坐上了吉普车向平型关奔驰，这一场景不能不让人感到滑稽可笑。

《风云》细节失真的地方还有多处。基本可分为两类：

一类可以看出作者对历史资料核对与把握得粗糙。例如文中说当时林彪"首次踏上山西黄土高原"。林彪不是首次踏上山西黄土高原。如前所述，红军东征时他已经"踏上"过一次。文中又说"自从8月25日八路军改编誓师以来"。首先，准确地讲应该是红军改编誓师，而不是八路军改编誓师；其次，8月25日不是红军改编誓师日。8月25日是中共中央革命军事委员会正式发布红军改编命令日。红军的改编工作从8月初即开始。8月22日，南京国民政府军委会正式颁布红军改编命令。同日，115五师（不是八路军全部）未待全部改编完毕，即由陕西三原地区誓师出征（《中国人民解放军战史》第二卷，军事科学出版社）。

《风云》还让林彪这样想："他所率领的部队，一万四千人马，正是另外两个师的总数——第115师，仍旧是王牌军的地位。"

另外两个师指第120师和第129师。

首先，王牌军王不王牌并不取决于部队人数的多少；其次，《中国人民解放军发展沿革》（解放军出版社1984年12月出版）记载，抗日战争初期，由红军改编的八路军各师实力如下：

第115师，15 500人；

第120师，14 000人；

第129师，13 000多人。

115师的人数无法达到"另外两个师的总数"。

或许作者形容的是实际开赴前线的部队实力？第一，文中没有讲明。第二，据120师战史记载：该师开赴前线的人数是9 047人。129师战史记载：该师开赴前线的人数是9 160余人。"一万四千人马"（作者统计）的115师依然无法达到"另外两个师的总数"。

《风云》描述林彪在勘察地形时特别关注老爷岭："由于这个制高点对兵家来说，有难以用数字估量的利用价值，使林彪即刻联想到历代有眼光的兵家必定对这里有过充分的利用。"其实林彪在具体部署平型关战斗时恰恰忽略了老爷岭，以致战斗中一度出现险情：少部分日军士兵抢先占领了该制高点。幸而指挥调动灵活，命

686团立即组织有力部队将日军少部分兵力压了下去,战斗方化险为夷(李天佑《首战平型关》,《红旗飘飘》第三辑)。

《风云》让朱总司令在平型关战斗后"高兴地想:南京一直骂我们'按兵不动''抗战不力''游而不击',这一回,你老蒋也不得不给我们发一个嘉奖令"。

"按兵不动""抗战不力""游而不击"这些诬蔑我军的说法,并非出现在平型关战斗之前。1937年七七事变后,8月初我军即自动集中,进行改编。8月22日国民政府军委会刚刚宣布红军部队改编命令,115师即由三原地区誓师出征,9月25日就打响了平型关战斗。行动之果断,抗战之坚决,连国民党也未料到。作者自己缺乏清晰连贯的时间观念和基本判断,却让我们的朱总司令去把将近两年之后国民党掀起反共高潮时讲的话语拿到平型关战斗之时来。当时刚刚开赴山西前线的八路军部队连一块游击区都没有,到哪里去"游而不击"? 短短两个半月八路军的行动令国民党目不暇接,南京政府凭什么"一直骂"?

至于作者提出的平型关战斗中115师伤亡人员数字,需放在后面专门讨论。

《风云》细节失真的另一类,则来源于常识的缺乏。"吉普车"就是一例。还有文中把红军干部指挥职务的提升称为"军官擢升";称共产党的军队为"共产党军",并将其和"共产党人"并列,出现"共产党军和共产党人"这种概念混淆和逻辑混乱的称谓;说因为战斗中获得了部分缴获,林彪"作为师首长,他觉得对得起弟兄们",

尽管我们这支军队内部官兵之间从未以"弟兄"相称；说林彪"长期征战于南国水乡"，尽管南国并非皆"水乡"，而红色根据地赖以存在和红色队伍赖以发展的那些边缘区域，倒是山乡的面积远远大于水乡的面积。

《风云》在最后处充满激情地写道："放开大道，让开两厢。同日寇争夺广大乡村。"这里已实在让人忍俊不禁了。不同时期概念的随意搬用和对同一概念的随意曲解，最终将作者的本意也置于了一个荒谬可笑的地步。

解放战争初期，中共中央在领导我东北军民与蒋军的斗争中，创造出了"让开大路，占领两厢"的八字战略方针，意为不以占领和据守大城市及交通要道为目标，而以建立广大的乡村革命根据地为目标。"两厢"在这里已经成为了广大乡村和偏远地区的代名词。《风云》在未弄清这八个字的来源和基本含义，甚至在连原话都记不清楚的情况下，把它搬移到抗战初期，然后错写成"放开大道，让开两厢"。连两厢都要"让开"，还到哪里去"同日寇争夺广大乡村"？

我们说细节是一篇文学作品赖以取信读者、打动读者的细胞与生命，那么立论就是一篇论说文章赖以支撑自身的架构与灵魂。采用文学方式论说历史的《平型关风云》，除了细节之外，还要给我们带来一些什么样的立论呢？

从三个方面探讨：

一、平型关战斗到底是抗日决心的产物，还是个人野心的产物

《风云》是这样反复描绘的："自从抗战爆发以来，林彪显得精神振奋，很想找一个同日本人较量的机会，以显示自己独立的军事才华。""现在来到平型关，就再也按捺不住要在这里打一仗的冲动。""千里之外的率军之将，到底摆脱了某种约束……抓住战机打几个漂亮仗，由此一鸣惊人，到时不赞成也得赞成。""要想表现独立的军事才华，只有在与强敌较量之中，才易于显露。也只有战胜那中国人从来没有战胜过的'皇军'，才会收震惊寰宇之效。""林彪急迫想创一个惊世之举。""'大获全胜、一鸣惊人'的可能与'一败涂地、全军覆没'的危险同时存在。"而"战争本身就是风险，没有风险，就没有英雄。"于是平型关战斗就成为作者至少两次提到的林彪个人之"天赐良机"，难怪作者笔下的毛泽东要勃然大怒："他还是想表现自己，想当抗日英雄！"然后"以掌击桌，以致把妻子贺子珍刚刚泡好的一杯龙井茶掀翻了"。

《风云》通过这些描写向人们提示，平型关战斗不过是林彪个人野心的产物。

我们不要忘记以下几点：

首先，平型关战斗是八路军总部直接布置的。

平型关战斗之前，周恩来、彭德怀等人几度与阎锡山等会商，协调八路军在山西的作战行动。当时正值大同弃守，阎锡山为挽回

晋北局势，准备集中兵力在平型关与敌会战，望我八路军与之配合。周恩来等当即表示：八路军不宜担负正面阵地防御任务，只宜在进攻之敌之翼侧和后方发挥运动游击专长。彭德怀在其自述中写道："我从总部出发时，就考虑八路军如何争取在抗日战争中头一仗打个胜仗，以提高共产党和八路军的威望……当阎锡山谈到以王靖国和陈长捷两军分守平型关和茹越口，另以一个军守雁门关时，我说：你们坚守平型关正面，我115师出五台、灵丘、蔚县地区，隐蔽集中在敌前进道路两侧，待敌进攻平型关时，从敌侧后夹击进攻平型关之敌军……阎甚同意。"

正是在这样的情况下，八路军总部命令第115师进至平型关以西日军前进方向翼侧之大营镇待机，准备侧击进犯平型关之敌。

9月14日，115师先头部队进抵大营镇。

9月19日，115师第343旅奉命进至平型关东南上寨地区待机。第344旅向这一地区机动。八路军总部随115师进驻五台。

9月22日，日军一部由灵丘向平型关进犯，并占领东跑池地区。

9月23日，八路军总部命令115师向平型关、灵丘间出动，侧击该敌。

9月25日，战斗打响。

平型关战斗首先是八路军总部直接布置的。从作战预案的形成、部队的调动、作战方式的确定、作战地域的选择、战斗发起的大致时间等，无不充满周恩来、朱德、彭德怀等人深谋远虑的谋划与思考。

其次，平型关战斗又的确是115师师长林彪具体指挥的。

领受作战任务之后，林彪迅速率领部队到达指定位置。他亲率人员在平型关一带反复勘察地形，亲自选定伏击地域，并将"侧击"具体化为"一翼伏击"这种于我更为稳妥的战斗方式。在战斗发起前对作战部署的精心策划、对作战任务的详尽划分，战斗发起后对意外情况的果断处置、对作战部署的及时调整等方面，林彪都表现出其干练的军事才能。甚至在战前连以上干部战斗动员大会上，林彪也有被人们记忆下来的表现。军事学院1964年编印的《教学参考战例》第三册，在平型关战斗主要经验第三条"准备充分，企图秘密，动作勇猛"中还附有这样一句"战斗前林彪师长的报告是对全师指战员最大的鼓舞"。这些活生生的历史事实大约不是拿"个人野心""急迫想创一个惊世之举"等简单的脸谱概念就能够解释清楚的。

再次，纵观平型关战斗的全过程，不论是筹划战斗的周恩来也好，朱德也好，彭德怀也好，或是实施战斗的林彪也好，我们看到的都是一个群体。任何个人离开了这个群体，皆微不足道。平型关战斗表达的是中国共产党及其领导下的八路军的抗日决心，这一决心自九一八事变以来，通过工农红军的北上抗日、东征抗日、反蒋抗日、联蒋抗日直至八路军的平型关战斗，可以说终于付诸实践。

而且这一决心是在相当困难的条件下付诸实践的。装备优良的华北战场国民党近80万军队尚不能抵御20万日军的进攻，纷纷望风披靡向南溃逃，而我艰苦卓绝的八路军部队当时连大刀尚列入部队装备。据时任686团团长的李天佑回忆："有的战士连土造步枪都摊不上，只是背着大马刀。在懦弱者看来，我们未免太不自量力了。""当我军战士挺胸阔步地前进时,(国民党士兵)还瞪着眼睛,讥讽说:'你们背着吹火筒、大刀片,真的要去送死吗?'"就是这样一支军队,偏偏北上前线去日军侧后寻求战机,这里面不论是群体还是个人,你说真正能支撑住他的是勇气与决心呢,还是私利与野心?

国民党内历来不乏野心勃勃之人。但在此关键时刻却无人跳出来"表现独立的军事才华""战胜那中国人从来没有战胜过的'皇军'""收震惊寰宇之效"。甚至在我平型关战斗已经取胜后,八个团的国民党部队仍然不敢出击,眼见日军两个大队(两个营)从眼前安然退走。当时并非如作者想象是一个设法争当英雄的时刻。那是一个充斥民族失败主义,充斥悲观失望情绪的时刻,是一个设法争相逃命、各自拼命保存实力的时刻。在这种时刻,八路军代表中国共产党人站出来,代表中华民族站出来,力夺全国抗战以来第一个歼灭战的胜利,其意义已经远远超出了一场伏击战本身。连1989年8月台湾国民党"国防部史政编译局"编纂出版的《中国战史大辞典》,在说到平型关战斗时也要写上:"(9月)25日我军发动反击,克复蔡家峪、小寨村等地,切断平型关至灵丘间之日军交通。"

国民党人不写"八路军",而写"我军",因为八路军在其国民革命军编制序列之内。又因为这样一来,平型关战斗的光荣就可以名正言顺地记在"国军"身上。

国民党尚在追求与蒙混的金招牌,我们今天为什么要把它摘下来，用"个人野心"或是别的什么理由，甩给20多年前叛逃的那个"野心家、阴谋家"？

凡有历史常识者皆能承认，我八路军将士，不论群体还是个人，皆在这一战中表现出了难能可贵的勇气。八路军军歌中响遍全中国的"首战平型关，威名天下扬"两句，并非在为个人叫好。它表露的是一个群体的坚强决心，体现的是一支军队的英雄气概。它歌唱出的光荣，是中国共产党的光荣，是中华民族的光荣。

多年政治运动的影响，使我们之中不少人产生这样一种怪癖：非常习惯于把历史切割成碎块，然后再分别放到个人的背上。这个人不行了，便连同他背上的所有东西一起抛弃。

历史如果被切割成碎片，总有一天会被全部扔光的。

二、平型关战斗到底是一场胜仗、平手仗，还是一场败仗？

《风云》认为为了歼灭一千多日军，"我方也付出了惨重的牺牲，伤亡指战员也不下千名"。文中还让聂荣臻向朱德汇报伤亡情况时，再次重复伤亡"不下千人"的推论。结论是："林彪一心想创一个惊世之举，到头来，仅与敌人摔了个平跤。"

平型关战斗真如作者所说是"摔了个平跤"吗？

首先，战争从来不是仅仅以伤亡计胜负的。抗日战争中，中方付出了比日方大得多的伤亡代价，能说中方实是战败，或顶多算个平手吗？

其次，"不下千名"是一个相当模糊的概念，其意一般指千人以上。那么是一千以上？两千以上？或是三千以上？作者提出如此模糊的估计，不知他的来源在哪里，依据是什么。

再次，我们可以查阅参战部队的伤亡统计。当时直接参加平型关战斗的部队共有三个主力团，即115师343旅之685、686团和344旅之687团。1937年10月12日，杨得志、陈正湘署名的685团《平型关战斗详报》记载，该团在战斗中伤亡如下：

阵亡：指挥员15人，政工人员1人，战士37人，共计53人。

负伤：指挥员31人，政工人员3人，战士117人，卫生员2人，共计153人。

全团伤亡合计206人。（《中共党史教学参考资料》第16册）

686团伤亡指挥员73人，战士213人，全团伤亡合计286人。（《三十八军抗日战争战史》，1956年编印）。687团当时未报统计数字，全团具体伤亡人数不清。

685团、686团为主攻部队，承担了战斗中主要歼敌任务。两团伤亡数字合计为492人。加上估算的担任断尾任务之687团伤亡数字，平型关战斗我方伤亡数字基本在600左右。这一数字在多种军史、党史著作中均得到证实。我以此为代价，取得了歼敌1 000余人、缴获步枪1 000余支、机枪20余挺、击毁汽车100余辆、马车200余辆的战果，使赶来援救的日军名将板垣征四郎及其部下缩于平型关5天不敢下山，半月之内山西日军各部被迫停止战斗行动，重新调整部署，这些仅算"平手"吗？国民党军队一溃千里，很多人把希望转而寄托在共产党身上,据彭德怀回忆,我八路军开赴前线时,"沿途人民夹道欢迎,送水送茶,拥塞于途,馒头烤饼,扔满车厢"(《彭德怀传》,当代中国出版社);平型关战斗之后,向前方开进的129师386旅旅长陈赓在日记中写道:"沿途群众对我们非常欢迎,特别是平型关战斗的胜利,使他们对我们的信仰更加提高。"大日本皇军不可战胜的神话,首先在平型关被共产党领导的八路军打破了,这还不是胜利吗?

战斗结束第二天,毛泽东致电朱德、彭德怀,表示"庆祝我军的第一个胜利"。一个月后在会见英国记者贝特兰时,毛泽东所列八路军已经取得"多次的胜利"之中,第一例便是"平型关的战斗"。《风云》在提不出具体依据的情况下,将115师损失数字翻上一番,然后便作出他所说"打了个平手"的结论,如此对待历史,实在过于轻率。

《风云》提出"平手"的结论还依据一点:林彪的"后怕"。说战斗结束的当晚林彪"无论如何睡不着",且后来著文承认,"还不曾碰到过这样强的敌人";"敌人射击的准确,运动的隐蔽,部队的掌握,都颇见长"。

如果指挥员对自己指挥的战斗感觉如此,那么说"平手"已经是十分客气的了。

《风云》引用的是林彪1937年11月写下的《平型关战斗的经验》中的一段话。林彪在文中将经验归纳为12条,其中11条都是在分析与总结敌之弱点和我应采用的战斗方针,仅第7条剖析了敌之强点，便被紧紧抓住当成了后怕的依据。且不说1条与11条的比例如何，作为一个战场指挥员，分析、掌握敌之战斗特点难道不是很正常的、很必要的，怎么能作为"后怕"的依据呢？

三、平型关战斗到底是抗日战争时期毛泽东军事战略方针的对立物，还是这一战略方针的补充？

《风云》全篇的核心就是：平型关战斗违背了毛泽东制定的抗日战争战略方针。

首先要明确：什么是毛泽东的抗日战争战略方针。《风云》引用毛泽东的话说："这就是真正独立自主的山地游击战（不是运动战）。"

不仅是《风云》如此，若干文章在评述毛泽东抗日战争的战略方针时，多引用的就是这个观点。这是1937年9月21日平型关战斗前四天，毛泽东发给八路军副总指挥彭德怀电文中的一句话。

这些引用者们为什么要忘记毛泽东后来更为准确的表述？

1937年10月25日，平型关战斗一个月之后，毛泽东与英国记者贝特兰谈话时，改变了最初对八路军战略方针的提法。他说："现在八路军采用的战法，我们名之为独立自主的游击战和运动战。"待到1938年5月发表的《论持久战》中，毛泽东已经对这一战略方针做出了更为系统科学的概括："八路军的方针是：'基本的是游击战，但不放松有利条件下的运动战'。"紧接着他进一步强调指出：

"这个方针是完全正确的,反对这个方针的人们的观点是不正确的。"

其次要明确:毛泽东抗日战争战略方针是个人智慧的产物,还是集体智慧的产物;是事先就制定好了摆放在那里的,还是在实践中发展完善的结果。

毛泽东无疑是一个伟大的战略家。抗战一开始,他就以异常敏锐的战略眼光指出了游击战争的战略地位。其极富个性的精辟分析基本被后来的事实所证明。这确是他独具慧眼、高瞻远瞩,在谋略上胜人一筹之处。但这是不是说,他就可以不用吸收周围人们的智慧、观点,周围人只要与他稍有不一致就要成为正确路线的对立面、英明方针的反对者呢?他也可以不吸收实践中产生的经验,而能够将其理论指导运用于一切实践之中呢?

果真如此的话,那么正确的思想路线和战略方针就只有从天上掉下来了。

毛泽东在平型关战斗发起前确实不太同意这场战斗。之所以说是"不太同意",因为他毕竟还是同意了八路军总部的一系列部队调动,还是同意了林彪"一个旅的暂时集中"。他没有明确提出对这一战斗的阻止与反对。但他的建议毕竟是要求 115 师"以自觉的被动姿势,即时进入恒山山脉南段活动"(1937 年 9 月 17 日致朱、彭、任电),而不是去北段恒山山脉与五台山之间的平型关。是"目前红军不宜过早暴露,尤不宜过早派遣战术支队","暂时把我军兵力一概隐蔽并养精蓄锐"(1937 年 9 月 25 日致朱、彭、任、周电),而不是去积极主动寻求战机配合友军作战。在 9 月 21 日给彭德怀的电报中，他提出"集中打仗则不能做群众工作，做群众工作则不能集中打仗，二者不能并举。"并且特别指出"集中打仗在目前是毫无结果可言的。"9月25日战斗打响的当天，毛泽东还致电周恩来，强调指出"今后没有别的工作，唯一的就是游击战争"。

这里面的任何一句话，我们都可以用来否定平型关战斗。于是以战斗发起前毛泽东对待平型关战斗的态度为评价此战唯一依据的人们，总不去考虑战斗结束后毛泽东认识观点发生的一系列变化，及平型关战斗对这一系列变化起到的推动作用。

平型关战斗之后，八路军在人民群众中的威望空前提高，毛泽东很快意识到原来对八路军行动方针"集中打仗"与"做群众工作"这两个侧面的说法有不够精当的地方，容易造成似乎在强调一个侧面而否定另一个侧面的误解。从1937年9月底到10月上中旬的一系列电报中可清楚地看出来，他对这两个侧面结合的认识有了明显变化，对在有利条件下集中兵力作战这个侧面越来越加以强调。

10月6日，毛泽东致电周、朱、彭，指出"红军与卫立煌军在质量上可为晋北战役之领导者"，并提出115师"要准备付出相当之代价，即应准备减员二千至二千五百……但在支持山西作战，即用以支持华北作战，较为长久之战略目的上却有很大意义"。

10月23日，毛泽东致电彭雪枫并告周、朱、彭、任等八路军将领，指出：对游击战的部署与计划，"并不妨碍争取以主力在长城一带举行有利的决战之现时计划"。

到10月25日与英国记者贝特兰谈话时，毛泽东已经明确指出：

"军事上的第一要义是保存自己消灭敌人,而要达到此目的,必须采用独立自主的游击战和运动战,避免一切被动的呆板的战法。"这里游击战不再被强调为"唯一的"了。新的提法是"现在八路军采用的战法,我们名之为独立自主的游击战和运动战"。

这就是在平型关等一系列战斗前后,我军战略方针发生的不甚显著但却十分重要的变化。这一变化和发展,到毛泽东1938年5月撰写《论持久战》时为一鲜明段落。抗日战争时期我军的战略方针在那篇文章中被更为全面、更为完善地表露出来了。"基本的是游击战,但不放松有利条件下的运动战"里面,"不放松有利条件下的运动战"是毛泽东对原来方针的重要补充。全然不理会这一补充的人们,便只有将平型关战斗放到毛泽东战略方针的对立面了。

其实说来说去还是那个老问题:人的正确思想是从哪里来的?从天上掉下来的,还是自己头脑中固有的?正确的理论是头脑的产物,还是实践的产物?我们学习了多少年的辩证法,但我们却那么习惯于把领袖人物的英明思想看得如此僵死。以静止的观点来看待领袖人物的思想,实际是将领袖人物生动的、活跃的思想人为地僵化了。表面看来这似乎很有利于表现他们的英明,实际却将他们置于了绝境。僵化的、凝固的东西还能生机勃勃地发展,还能雷霆万钧地前进吗?

《风云》是以披露一些鲜为人知的事情,得出一些出人所料的结论为出发点的。这是现今引起震动的流行手法。可惜观点虽新,方法却很老。"文化大革命"中,这一段历史已经被作为抗日战争初期的两条路线斗争来看待。不仅仅是平型关战斗，还有彭德怀指挥的百团大战。基本说法都是违背了和对抗了毛主席的正确路线。我党我军的历史在他们的眼光中依然是一部两条路线斗争的历史。若干著名战将不过是毛主席革命路线的绊脚石。这里面有我们多少年一直未真正弄清楚的个人和集体的关系，个人和历史的关系，以及当年轰轰烈烈讨论过的"到底是英雄创造历史，还是奴隶创造历史"问题。影响如此久远，以至于我们今天在用最新的方法"揭秘"或"披露"的时候，落入的仍然是一二十年前的老套。

最后还必须指出的一点是，作者在林彪与板垣征四郎之间进行比较。他饶有兴趣地罗列出两人"许多惊人的相似之处"如个头、外貌、各自部队都含有的那个"五"字番号（115师和第5师团），直到两人皆心怀鬼胎，"都不约而同地想借内长城隘口平型关创一个惊世之举""一心想震惊世界"，这许许多多"殊途同归"之处的时候，为什么竟然忘记了两人之间的本质区别：一个是侵略者，一个是反侵略者。这条"殊途"是永远也无法"同归"的。如果连这个本质区别都无助于我们理解那部纷繁复杂的历史，我们便只有身不由己地把"九一三"事件放到平型关战斗之前。讲到林彪在那场战斗中令人无法回避的作用，我们若认识不到他当时作为一个反侵略者，做出了被历史记录下来的重要贡献，便只有如作者那样，发现他是一个如板垣那样罄竹难书的野心家、阴谋家，在半个世纪前就不知疲倦地施展着自己的诡计和阴谋。

这样的"报告文学"，能报告出我们那部有血有肉、有声有色、波澜壮阔的历史吗？

  《风云》在开篇处标题前的第一句话是"谨以此文献给毛泽东诞辰一百周年"。为此，他写出了这篇文章。但历史终归是历史。哪怕你把它形容成一块嶙峋峥嵘的巨石，它也不会似《风云》这样，变成一束今天献给你、明天献给我的花束。

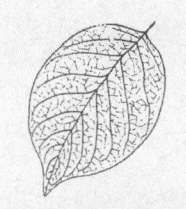

高校教师多元评价的
理论探索与实践运用

——基于西南大学教师评价改革个案研究

陈时见　王志坚　葛信勇　◎主编

西南大学教育评价改革研究中心｜组织编写
重庆市教育评价改革高等教育研究中心

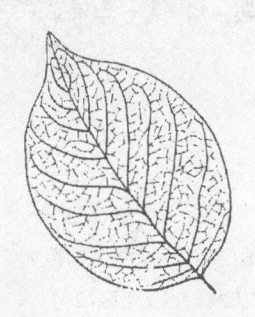

西南大学出版社
国家一级出版社　全国百佳图书出版单位

图书在版编目(CIP)数据

高校教师多元评价的理论探索与实践运用：基于西南大学教师评价改革个案研究 / 陈时见，王志坚，葛信勇主编. -- 重庆：西南大学出版社，2023.11
ISBN 978-7-5697-2054-9

Ⅰ.①高… Ⅱ.①陈… ②王… ③葛… Ⅲ.①西南大学—教师评价—研究 Ⅳ.①G645.11

中国国家版本馆CIP数据核字(2023)第206632号

高校教师多元评价的理论探索与实践运用
——基于西南大学教师评价改革个案研究
GAOXIAO JIAOSHI DUOYUAN PINGJIA DE LILUN TANSUO YU SHIJIAN YUNYONG
——JIYU XINAN DAXUE JIAOSHI PINGJIA GAIGE GE'AN YANJIU

陈时见　王志坚　葛信勇　主编

责任编辑：曹园妹
责任校对：张　琳
装帧设计：魏显峰
排　　版：贝　岚
出版发行：西南大学出版社（原西南师范大学出版社）
　　　　　地址：重庆北碚区天生路2号
　　　　　邮编：400715
　　　　　市场营销部电话：023-68868624
印　　刷：重庆市正前方彩色印刷有限公司
幅面尺寸：170 mm×240 mm
印　　张：17.25
字　　数：283千字
版　　次：2023年11月　第1版
印　　次：2023年11月　第1次印刷
书　　号：ISBN 978-7-5697-2054-9
定　　价：68.00元

前言

2020年10月,中共中央、国务院印发《深化新时代教育评价改革总体方案》,对深化教育评价改革做出了整体部署,对教师评价提出了明确的要求。为深入推进教育评价改革,教育部于2021年12月确定了16个教育评价改革试点单位,其中高校有10所。作为全国教育评价改革的试点高校之一,西南大学不断深化教育评价改革,探索教育评价的新思路与新路径,取得了明显的成效。高校教师评价改革是高校教育评价改革的重要组成部分,对于新时代高校教师队伍建设和高校内涵发展具有非常重要的现实意义。

高校教师多元评价是高校对教师进行多方面评价改革的探索。随着高等教育的发展,高校教师的职责越来越多样化,由此出现了不同的发展类型,而且不同类型的教师呈现出不同的发展特点。因此,高校教师的发展不是单一维度的数值反映,而是多维度数值的综合体现,对教师单一维度的评价对高校教师发展无疑会产生不利的影响,从而影响高校师资队伍建设和健康发展。高校教师多元评价主要体现在评价主体、评价标准、评价内容、评价过程、评价方法等方面的多维化与多样化。本书中的研究以西南大学深化教师评价改革实践为基础,坚持理论研究和实践研究相结合、整体推进和重点突破相结合、制度创新和推广应用相结合,既包括高校教师评价的基本内涵和价值诉求等理论问题,也涉及高校教师评价的体系构建和组织实施等管理问题,特别是对基于教师师德评价、教学评价、科研评价和社会服务评价等关键性问题的改革探索和实践应用进行了系统总结。

本书的研究内容体现了三个方面的特征：一是时代性。本书坚持以高质量发展为主线，凸显高校内涵发展的时代主题，反映了加快建设教育强国、办好人民满意教育的时代要求。二是理论性。本书不仅分析了高校教师多元评价的政策导向和发展走向，而且探讨了教育评价理论与教育评价实践相互影响、相互促进的内在关系，揭示了教学研究质量与教学发展、科学研究质量与学科发展、应用研究质量与社会发展的内在逻辑。三是实践性。本书以教师多元评价改革为主线，以体制机制改革为重点，特别注重改革探索在实践中的具体应用，总结了高校教师多元评价标准、评价过程、评价方式等方面的典型经验。

本书是集体合作的成果，陈时见、王志坚、葛信勇负责统筹规划教师多元评价的改革探索与实践应用，并担任本书的主编，拟定研究的基本框架和内容体系，组织书稿的讨论、修改、统稿与定稿。各章具体写作分工如下：第一章由杨挺、杜彬恒、周琴负责，第二章由张代平、赵倩、张天泉负责，第三章由李燕、潘卓、于建行、颜红梅、肖清湄负责，第四章由胡娟、赵珂、冯林、王雯负责，第五章由吴能表、易鹏、王正青、刘晓燕负责，第六章由刘新智、谈娟、黄先智负责，第七章由杨明厚、李惠、蒋例利负责，第八章由葛信勇、杨季钢、杨秋燕负责。在书稿撰写和出版过程中，西南大学有关部门和单位的领导与专家提出了宝贵的意见与建议，西南大学出版社为书稿的出版付出了辛勤劳动，在此一并表示感谢！

陈时见
2023年3月20日

目 录

第一章 高校教师多元评价改革的时代价值 / 001

一、高校教师多元评价的内涵特征 / 001

二、高校教师多元评价的政策实践 / 011

三、高校教师多元评价的现实意义 / 025

第二章 高校教师多元评价改革的体系构建 / 034

一、高校教师多元评价的基本思路 / 034

二、高校教师多元评价的核心要素 / 041

三、高校教师多元评价的主体内容 / 049

第三章 高校教师多元评价改革的组织实施 / 062

一、高校教师多元评价的组织机构 / 062

二、高校教师多元评价的实施路径 / 071

三、高校教师多元评价的实施策略 / 080

目录

第四章 | 多元评价视域下高校教师师德评价 / 090

一、高校教师师德评价的指标体系 / 090

二、高校教师师德评价的方法运用 / 101

三、高校教师师德评价的实施机制 / 109

第五章 | 多元评价视域下高校教师教学评价 / 119

一、高校教师课堂教学评价 / 119

二、高校教师课外指导评价 / 134

三、高校教师教学学术评价 / 147

附录 / 162

第六章 | 多元评价视域下高校教师科研评价 / 169

一、高校教师科研评价的目的 / 169

二、高校教师科研评价的指标 / 172

三、高校教师科研评价的步骤 / 188

目录

第七章 | 多元评价视域下高校教师社会服务评价 / 202

一、高校教师社会服务评价的探索 / 202

二、高校教师社会服务评价的体系构建 / 208

三、高校教师社会服务评价的组织实施 / 219

第八章 | 高校教师多元评价改革的发展走向 / 232

一、高校教师多元评价改革的研究进展 / 232

二、高校教师多元评价的现实问题 / 246

三、高校教师多元评价的发展趋势 / 249

参考文献 / 258

第一章

高校教师多元评价改革的时代价值

高校教师评价是深化新时代教育评价改革的重要内容。教育评价事关教育发展方向,有什么样的评价指挥棒,就有什么样的办学导向。高校教师多元评价改革是高校教师评价改革实践的理论总结和制度创新,旨在深入贯彻落实习近平总书记关于教育的重要论述和全国教育大会精神,以评价机制改革为牵引推动落实立德树人根本任务,坚决克服"五唯"顽瘴痼疾,扭转不科学的教育评价导向,着力提高高等教育治理能力和水平,加快推进高等教育现代化、建设高等教育强国、办好人民满意的高等教育,为全面建设社会主义现代化国家提供基础性、战略性支撑。

一、高校教师多元评价的内涵特征

厘清核心概念的内涵指向,把握研究对象的主要特征是教育理论研究的逻辑起点。高校教师多元评价是高校教师评价的一种新探索、新机制,是我国高校教师评价理论探索和实践经验总结的理论表达,具有鲜明的中国特色、时代特色和实践特色。

(一)高校教师评价的概念界定

若想对高校教师评价的概念有相对清晰的感知,就应在理解"评价""教育评价""教师评价"这几个关键概念的基础上逐步聚焦,认识到高校教师评价的特殊性。在现实生活中,评价无处不在,我们每时每刻都在做出评价或被他人评价,其英文表达众多,如appraisal,evaluation,assessment,valuation,judgement等。具体而言,评价即评价者运用相应标准对人或事物进行分析后评论并给出价值高低的判断过程,其最早出自宋朝王栐的《燕翼诒谋录》卷五"今州郡寄居,有丁忧事故数年不申到者,亦有申部数年,而部中不曾改正榜示者,吏人公然评价,长贰、郎官为小官时皆尝由之"。

由此可知,评价的综合性较强,本质上是一个价值判断的处理过程,具有较强的主观性,即价值判断与评价者的需要有关,能够满足其需要的、对其具有积极意义的才是有价值的,反之则没有价值,故对于同一事物,不同的评价者可能做出不同的价值判断,给出不同的评价。于评价对象而言,其意指接受评价的人或事物,需要注意的是对人或事物进行评价时,在态度上应有所区分。究其原因,人是动态的、发展的,具有社会性、创造性和作为人的尊严感,其与事或物的静态性、稳定持久的属性不同,对人的评价远比对事物的评价复杂,如果将人与事物相等同,采取统一的态度和方法,将会产生难以估计的消极影响,即对人的评价应在人本主义的基础上进行。

1.教育评价

教育评价的根本之根本就是评价体系的建立与完善。教育评价最早可追溯至"当代教育评价之父"泰勒(Ralph W.Tyler),于20世纪30年代将评价引入教育领域,认为教育评价过程在本质上是确定课程和教学计划实际达到教育目标的程度的过程,但衡量教育目标达成度的标准是人的行为变化,因此,评价是一个确定行为发生变化的程度的过程[1],他在1986年重新完善了该陈述,认为"教育评价是检验教育思想和计划的过程"。但无论哪种表述,泰勒始终认为教育评价的本质是对教育活动做出价值判断的过程,这与上述评价本质的理念一致。

此后,教育评价的价值判断特性得到了更广泛的认可,我国学者也接受并发展了这一观点。如在《教育评价与测量》一书中,教育评价被定义

---

[1] 拉尔夫·泰勒.课程与教学的基本原理[M].施良方,译.北京:人民教育出版社,1994:85.

为"在系统地、科学地和全面地搜集、整理、处理和分析教育信息的基础上,对教育的价值作出判断的过程,目的在于促进教育改革,提高教育质量"[①]。2014年出版的《教育学基础》(第3版)中也提道:"教育评价是指在一定教育价值观的指导下,依据确立的教育目标,通过使用一定的技术和方法,对所实施的各种教育活动、教育过程和教育结果进行科学判定的过程。"[②]这些定义在强调教育评价的本质是对教育价值做出判断的同时突出了教育评价的对象、手段、目的、理念和标准等,在我国教育界得到了相对广泛的认可。此外,由于教育有广义与狭义之分,故教育评价亦有广义和狭义的区别,广义的教育评价即对各种教育(包括学校教育和学校以外的教育)所涉及的要素、环节和成效做出判断,在评价对象上既包括对教育参与者(如教师、学生、校长、教育管理者、教育机构等)的评价,也包括对课程等材料、教育方案等的评价;狭义的教育评价则主要指对学校教育所涉及的要素、环节和成效的判断,在评价对象上主要是学生评价。

2.教师评价

教师评价是教育评价的重要组成部分。教师不再是评价者,而是扮演评价对象的角色。在教师评价的理论发展上,国外的教师评价起步较早,20世纪初便形成了相对正式的教师评价理论和评价工具;而我国相对正式的教师评价则在20世纪80年代后才开始。

关于教师评价的定义众多。在国内,如王汉澜认为教师评价即"依据学校的培养目标和人民教师的根本任务,运用现代教育评价的理论和方法对教师个体的工作质量进行价值判断"[③]。胡中锋将教师评价定义为"评价者依据一定的评价标准和程序,采取多种方法搜集评价资料,对教师个人的资格、能力及表现进行价值判断的过程"[④]。在国外,《教育大百科全书》将教师评价定义为"根据每个评价教师的相关信息形成对教师的评价性判断"。此外,还有学者将教师评价理解为"通过对教师的行为与

---

① 金娣,王刚.教育评价与测量[M].北京:教育科学出版社,2002:2.
② 全国十二所重点师范大学.教育学基础[M].3版.北京:教育科学出版社,2014:316.
③ 王汉澜.教育评价学[M].开封:河南大学出版社,1995:354.
④ 胡中锋.教育评价学[M].北京:中国人民大学出版社,2008:221-222.

能力进行全面的判断以决定人员的聘任和继续任用的一种组织功能"[①]。由前可知,这些教师评价定义的共性在于均赞同评价的价值判断本质,并且强调了教师评价的对象、标准、手段和目的等要素。但由于对物的评价不等同于对人的评价,故教师评价不仅要关注教师职业的工具性、教师的责任,还要关注教师作为人的权利和基本属性,即教师的情感、尊严和需要也应纳入教育评价的考虑范围,故教师评价指在关注并满足教师情感、尊严、需要的基础上,在正确价值观的指导下,根据确立的教育目标和工作任务,运用恰当的评价理论和方法对教师个体的工作进行价值判断的过程。

3.高校教师评价

由于高校教师岗位特点和职业内容的复杂性,尤其是高校教师在知识传播、知识生产、知识转移等方面具有创新性和创造性特点,其评价问题显得更为复杂。在长期高校教师评价实践中,高校借鉴企业人力资源管理理论,积极探索高校教师胜任力评价、教师绩效评价、教师有效性或效能评价等,着力构建评价理论模型和操作工具,开展高校教师评价的理论研究和实践创新。

(1)高校教师胜任力评价。

随着我国高等教育规模的快速扩张,高校教师队伍也得到快速补充和发展,需要用科学理论和方法加强对高校教师的评价,确保高校教师质量提高。胜任力理论为快速发展高校教师评价提供了理论工具,强化了高校教师能力素质与岗位要求的匹配性。高校应深刻调整工作理念,运用现代人力资源管理理论和方法,规范推进选聘培训、发展评价、考核管理等教师工作关键环节。高校教师胜任力评价不仅关注教师较短时期内取得的成绩,更关注教师与工作有关的、相对稳定的个性特征,注重综合运用定性定量标准,促进高校教师评价科学化和精准化。因此,胜任力评价是关注高校教师职业生涯全过程的一种发展性评价。

---

① 诺兰,胡佛.教师督导与评价:理论与实践的结合[M].兰英,主译.北京:中国轻工业出版社,2007:22.

(2)高校教师绩效评价。

高校教师绩效评价制度作为高校人事制度改革的重要内容,伴随着改革的推进正在向科学化、规范化方向发展。高校教师绩效评价的本质是绩效管理理论在高校人事管理实践中的应用,是我国推动企业绩效评价、政府绩效评价实践的再发展。我国高校人事制度主要经历三个发展阶段,即政府集权式管理阶段(1949—1985年),政府统一评价与高校有限参与评价;政府简政放权、扩大高校自主权阶段(1986—2006年),政府评价与高校评价相结合;大学自主改革创新阶段(2006年至今),政府政策指导与高校独立评价。高校教师绩效评价改革在促进高校提高办学效率、增强教师专业发展动力等方面发挥了积极作用。同时,高校教师绩效评价产生的问题日益突出,需要根据办学类型多元化、办学形式多样化等特点,构建适合学校发展战略的"特色化"绩效评价制度,树立以人为本的绩效评价理念,设置柔性化的绩效评价体系,突破高校教师绩效评价困境。

(3)高校教师效能评价。

高校教师效能评价也被称为有效性评价。教师效能评价是高校教师教学效果的重要衡量标准,客观、全面地评估高校教师效能状况,是高校教育质量提升的前提和依据。以教师评价理论和教师效能理论为依据,运用文献资料法、专家访谈法、德尔菲法、模糊综合评价法和数理统计法,通过对调查结果的统计分析与反馈调整,可构建教师教学评价指标体系。同时,可运用模糊综合评价法确定指标体系的权重,通过加权赋值确定教师教学效能。高校教师效能评价实践,以评价指标和评价数字反映教师开展教育教学的情况,逐步走向数字化、数据化方向,更加全面、深入地反映教师发展情况,此评价在教师教学评价方面的运用比较广泛。

(二)高校教师多元评价的内涵

高校教师多元评价是我国高校教师评价制度实践发展的创新成果,根据高校类型、教师岗位类型、教师发展阶段等,构建切合教师岗位特点和发展需要的评价框架、评价标准和评价方法,引导每个教师在各自赛道健康持续发展,促进教师专业发展和学校高质量发展同向同行、同频共振。

1. 评价主体多元化

评价主体是组织实施评价活动的特定组织或者个人，评价主体的确定的问题核心是回答"谁来评"的问题。高校教师评价主体多元化是高校教师多元评价的主体要素和关键所在。高校教师评价主体多元化，是打破学校一元评价格局，综合运用教师（自评）、同事（互评）、同行（评议）、学生（评价）、第三方（评价）等不同评价主体，从多方面、多视角、多维度全方位对教师进行有效评价，从而促进高校教师评价更加系统、更加客观、更加公正。注重尊重教师主体性，构建基于信任的高校教师自我评价，尤其是师德师风评价、立德树人评价、年度考核评价、聘期考核评价等方面，认真听取教师个人总结陈述，充分尊重教师自我评价，彰显开放性、包容性和整体性的教师评价导向。注重尊重同行评议权威性，对教师科研成果的学术性、创新性等进行全面评价。注重尊重学生评价的全面性，引导学生客观、理性、负责地对教师立德树人、教书育人等方面进行评价。同时，也适当通过同事和第三方等对教师有关方面进行评价。综合运用这些评价结果，克服教师评价的主观性、数据化、符号化、碎片化等倾向，促进教师评价的全面性和公正性。

2. 评价标准多维化

评价标准是组织实施评价活动的度量尺度，评价标准的确定的问题核心是回答"依据什么评"的问题。高校教师评价标准是学校衡量教师师德师风、教学科研、社会服务等方面履职情况及其实际效果依据的总和。高校教师评价标准多维化，主要是根据不同类型高校发展战略定位，结合教师岗位类型和发展阶段，涵盖政治素质、能力素质、工作业绩等方面内容，分别制定不同教师评价标准和指标体系，为教师聘任、考核、薪酬、晋升、发展等人事工作提供重要依据。主要考虑教师岗位、发展阶段的差异性，分别确定考核主要指标、关键内容和比例结构等方面的差异性，促进教师考核标准符合教师岗位实际和教师发展规律，增强教师评价标准的引领性和导向性。在高校内部，教师学术评价质量标准应是统一性的、规范的，即同一学术作品被评定为何种等级是固定的，不会因岗因人而随意调整,而不同岗位教师、不同发展阶段教师则学术水平应有差异性。因此,高校教师多维评价标准应始终坚持标准刚性约束和综合运用的辩证统一。

3. 评价方式多样化

评价方式是组织实施评价活动的程序和方法,评价方式的确定的问题核心是回答"怎么评"的问题。高校教师评价方式的确定是开展高校教师多维评价的关键所在。从评价程序来看,主要可以分为评价准备、评价实施、评价反馈三个阶段。在评价准备阶段,学校发布评价标准、制定评价方案、组建评价机构或工作力量,教师收集整理评价证明材料、做好个人陈述汇报准备。在评价实施中,学校有关行政部门根据评价标准、评价要求,按照规定程序对教师提供的评价材料进行审核比对,并确定相应评价等级结果和对应待遇。在评价反馈中,学校有关行政部门按照规定程序,将评价结果反馈给教师,并兑现相应的薪酬待遇。从评价方法来看,主要经历了专家主观判断、学术成果赋值赋分加权、代表性成果评价等方式迭代。为进一步提高教师评价的可信度和准确度,高校教师评价方式逐步走向多样化。高校应坚持综合运用定性和定量相结合、同行互相评价和教师自评相结合的方式,积极探索代表作制度、国际同行评议等评价新机制,积极将大数据等新技术、新手段运用到高校教师评价实践中,促进高校教师评价方式不断创新。

4. 评价过程多阶化

评价过程是通过分析、研究、比较、判断,评估或预测评价对象或内容的效果、价值、趋势或发展的过程。高校教师评价过程多阶化是基于高校教师职业生命周期和教师专业发展阶段特点,打破"一评定终身"的怪圈,从注重"结果把关"转变为注重"过程预防",由以"甄别、遴选"等鉴定性评价为主转变为以"诊断、改进"等发展性评价为主,积极探索建立年度考核、聘期考核、专项考核等相承接的高校教师考核评价体系,为促进教师发展和激活教师动力提供有效支撑。统筹好事前评价、事中评价和事后评价的整个过程，构建一个完整全面的评价过程。高校教师评价过程多阶化的核心是坚持长线考核和短期考核相结合，注重长期考核是为了引导教师潜心教学科研，产出原创性、标志性、颠覆性重大学术成果，注重短期考核是为了预防教师出现精神懈怠、职业倦怠等不良倾向，短期考核和长期考核的目标原则、考核重点、考核方式、结果运用等都略有不同。高校教师评价过程多阶化主要体现了以人为本、尊重规律、统筹兼顾等价值导向，目的是激励、引导、促进教师专业发展，整体提高高校教师人力资本效益。

（三）高校教师多元评价的特征

高校教师多元评价是高校教师评价实践发展和制度创新的重要成果，既凝聚了高校教师评价理论的公共特征，又体现了我国高校教师评价实践的鲜明特色，具有很强的政治性、时代性、发展性、创新性等特征，集中彰显了党和国家的发展战略和坚强意志，具有鲜明的实践导向和发展导向，为高校教师队伍建设和教师评价发展提供了重要遵循。

1. 坚持国家意志，体现政治性

高等教育法律法规政策文件是党和国家关于高等教育改革发展方针政策的重要载体，集中体现了党和国家的意志与精神，这既是由教育的政治属性和政治功能决定的，也是由我国的国家性质决定的。高校教师评价制度是我国高等教育政策制度的重要组成部分，必须充分体现党和国家关于高等教育发展的方针政策的要求。从高校教师评价政策来看，要始终坚持党和国家处于主导地位，由制定方组织专业力量负责起草，在广泛听取专家学者等各方面意见后，通过国家法定决策程序进行审议，最后以中共中央、国务院或者教育行政部门的名义印发。各级党委和政府始终是高校教师评价政策的制定主体，这是由三方面因素决定的。一是由教育制度政策制定的路径惯性决定的。制度安排在实施过程中会形成有利于自身维持与发展的机制与环境。同时，也形成了我国教育制度改革的路径依赖，政府始终处于教育体制机制改革的主导地位。高校教师多维评价制度改革也是由各级党委和政府主导的。二是由教育制度政策权威的实践需要决定的。各级党委和政府是我国国家管理和社会治理的主体力量,是人民群众高度信赖、充分信任的组织主体,其出台的各项教育政策措施具有很强的权威性,各方会广泛认同并认真落实。三是由我国高等教育发展的基本实际决定的。在我国高等教育体系中公办高校始终处于主体地位,各级党委和政府出台的教育政策必须一一落实,这样才能在有效推进高校教师评价改革中保护国家利益。

2.坚持制度理性,体现时代性

高校教师评价制度始终伴随着时代发展而不断变革、不断创新。纵观我国高校教师评价制度改革实践,其始终处于诱致性制度变迁和强制性制度变迁相互交织的状态。在全面建设社会主义现代化国家、全面深化改革、全面依法治国、全面从严治党的时代背景和历史条件下,高等教育改革发展面临新的历史机遇和时代要求,必须始终以识变、应变、求变的姿态和思维,深化教育领域综合改革,不断提升强国建设、民族复兴的教育贡献度和支撑力。高校教师评价改革是新时代深化教育领域综合改革的关键命题。高校教师多维评价是新时代深化教育评价改革的创新成果,顺应了深化改革的时代要求,意在解决教育发展的主要矛盾和教育评价关键问题。党的十八届三中全会全面擘画了新时代全面深化改革的指导思想、战略目标和重点任务,把"完善和发展中国特色社会主义制度,推进国家治理体系和治理能力现代化"作为全面深化改革的总目标,中央成立全面深化改革委员会研究部署改革重大问题,教育改革始终是全面深化改革的重要议题。教育主要矛盾是教育发展不平衡不充分的问题,加快建设中国特色、世界水平的现代教育体系任务繁重,高等教育在建设高质量教育体系中的地位更加突出,高校教师在建设高素质专业化教师队伍中发挥着示范引领作用。从教育评价改革总体目标来看,改革教师评价是教育评价改革的重中之重,高校教师评价是教师评价的关键问题。高校教师多元评价是遵循我国高校教师评价基本制度,适应新时代发展要求的制度创新。

3. 坚持实践逻辑，体现发展性

我国高校教师评价制度变迁属于典型的渐进式变迁。改革开放以来，党和国家先后出台了系列重要文件全面部署了高校教师评价改革，围绕"谁来评价""评价什么""依据什么评价""怎么评价"等关键问题，逐步构建导向正确、内容衔接、体系完善的教育评价制度体系。从高校教师评价制度体系演进和内容变革来看，我国高校教师评价制度改革始终坚持"边干边学""先行先试"的原则，实行分步推进的渐进式改革路径。选择条件成熟、实力雄厚、基础较好的高校开展改革试点，经过一定周期的实践探索和经验总结后，逐步在全国高校推广实施。渐进式制度变迁最显著的优势就是改革的稳定性、低风险性、高效性，不会因为改革而出现较大波动、产生严重反弹，甚至带来严峻挑战，这也是我国推进教育改革的基本经验之一。

4. 坚持中国特色，体现创新性

加快构建具有中国特色的教育评价体系是新时代深化教育评价改革的关键任务。改革开放以来，我国在推进新时代高校教师评价制度改革的过程中，始终坚持中国立场、中国实践，注重学习和借鉴先进教育评价理念，采用先进的评价工具，注重总结和凝练教育评价改革中的创新举措和取得的实践经验，不断促进我国高校教师评价体系构建完善。建立适应中国教育改革发展实际需要，引领中国教育未来方向，遵循国际惯例和具有中国特色相统一的高校教师评价体系显得尤为紧迫。高校要紧跟全面建设社会主义现代化国家、实现中华民族伟大复兴的中国梦的时代要求，牢记"为党育人、为国育才"的初心使命，落实立德树人根本任务，为高水平科技自立自强提供基础性、战略性支撑，不断提高服务经济社会发展的能力，这些也是高校教师多维评价改革的目的所在。因此，高校教师多元评价始终把师德师风作为教师评价的第一标准，注重考察教师思想政治素质、教书育人实绩等鲜明特征。

二、高校教师多元评价的政策实践

高校教师评价内容处在一个政策关系网络中,"上下政策"与"左右政策"彼此关联①。高校教师多元评价政策由国家政策、地方政策和高校政策共同构成,国家政策处于主导地位,地方政策和高校政策是国家政策在区域、高校的具体化与实践化。

(一)高校教师多元评价的国家政策

我国高校教师评价制度经过艰辛探索和实践发展,构建了具有中国特色的高校教师评价政策体系。新中国成立以后,党和国家颁布实施了一系列重要政策文件,主要集中在高校教师职称体系及确定条件方面,其中《国务院关于高等学校教师职务名称及其确定与提升办法的暂行规定》是我国第一部比较完整的高校教师职务条例,确立了教授、副教授、讲师、助教四级教师职务体系及其任职条件和晋升原则。改革开放以来,我国高校教师评价政策改革经历了合格评价、择优评价和多元评价等发展阶段。

1. 以"考核评价"为主导的高校教师评价制度

我国高校教师评价政策在"拨乱反正"中恢复建立、在深化教育体制改革中逐步规范、在实践探索中日益完善,为构建具有中国特色高校教师评价政策体系奠定了制度基础。

(1)明确高校建立教师考核制度。

教育部出台系列政策文件规范了高校教师考核要求,1978年10月,教育部《关于讨论和试行〈全国重点高等学校暂行工作条例〉(试行草案)的通知》,规定学校应该定期地对教师进行考核。教师的职称确定和提升,要根据他们担任的教学和科学研究任务、教学质量和学术水平来评定,其中优秀的,不受资历、学历的限制。1979年11月,为落实"学校应该定期地对教师进行考核"要求,教育部印发《关于高等学校教师职责及考

---

① 刘振天 陈昌芸.改革开放以来高校教师评价制度的演变、实践与完善[J].高等教育评论,2022(2):33.

核的暂行规定》,明确规定了高校教师的职责和考核依据,考核内容,考核方法,表扬、奖励和教育,考核的组织领导,比较系统地设计了高校教师评价制度的框架和操作规范。1981年4月,教育部印发《教育部关于试行高等学校教师工作量制度的通知》,出台《高等学校教师工作量试行办法》和《高等学校教师教学工作量超额酬金暂行规定》,教师工作量包括:教学工作量(含教学法研究工作量)、科学研究工作量、实验室建设工作量等;教师全年工作量,按每天8小时,每周5天,每年暂按42周计算,应为1680小时(待校历确定后,按校历周数计算教师全年工作量)。工作量计算突出教学中心地位,全校教师的教学工作量,一般应占全校教师工作量的三分之二左右,兼顾科学研究、实验室建设、教材建设等工作;对完成超额教学工作量教师发放超额补贴。

(2)明确高校建立教师职务(职称)制度。

1978年3月,《国务院批转教育部关于高等学校恢复和提升教师职务问题的请示报告》,要求"在国务院没有作出新的规定以前,仍可执行这一规定"[1]。其中,对教授、副教授提升(即现在职称晋升)条件和权限进行调整,提升条件要突出"又红又专",对"在教学科研方面有重大贡献""有重大发明创造的教师,可以越级提升"(即现在职称破格晋升);原批准教授、副教授、讲师、助教职务确认有效;教师职务审查批准机构由"校务委员会"调整为高校党委;教授批准权限由教育部下放到省级教育行政部门。1979年11月,邓小平同志在中央党、政、军机关副部长以上干部会上指出,在学校里面,应该有教授(一级教授、二级教授、三级教授)、副教授、讲师、助教这样的职称。凡是合乎这些标准的人,就应该授予他相应的职称,享受相应的工资待遇[2]。1979年11月,《教育部关于给普通高等学校教学人员增拨升级面的通知》发布,指出"在全国40%的职工升级以外,专项拨给普通高等学校一部分升级指标,主要用于讲师以上教学人员的升级"[3]。国务院有关部、委、总局所属普通高等学校(含部、委、总局直接领导和双重领导,以部、委、总局为主的学校)均为8%,教育部和各省、自治

---

[1] 这一规定是指1960年国务院颁发的《关于高等学校教师职务名称及其确定与提升办法的暂行规定》。
[2] 邓小平.邓小平文选(第二卷)[M].北京:人民出版社,1994:224.
[3] 何东昌.中华人民共和国重要教育文献(1976—1990)[M].海口.海南出版社,2000:1758.

区、市所属普通高等学校的升级人数指标在7%—9%。讲师以上教学人员实行择优升级,对1977年后越级提升为副教授、教授而又未提过级和工作成绩卓著的,原则上可以升两级并兑现工资待遇。1982年,教育部印发《关于当前执行国务院关于高等学校教师职务名称及其确定与提升办法的暂行规定的实施意见》,总结高校教师职称确定与提升工作经验,对确定的条件和权限进行调整和完善,要求高校在教育部暂行规定和实施意见基础上制订具体实施细则。此后,党和国家相继出台了《高等学校教师职务试行条例》《国家教委关于高等学校深化职称改革工作 完善教师职务聘任制的意见》《关于高等学校继续做好教师职务评聘工作的意见》等文件,进一步规范和完善高校职称评聘工作。

(3)推进高校教师评价法治进程。

1993年10月,《中华人民共和国教师法》发布并明确规定:国家实行教师资格制度;取得高等学校教师资格,应当具备研究生或者大学本科毕业学历;学校或其他教育机构应当对教师的政治思想、业务水平、工作态度和工作成绩进行考核。1995年3月公布的《中华人民共和国教育法》明确规定,国家实行教师资格、职务、聘任制度,通过考核、奖励、培养和培训,提高教师素质,加强教师队伍建设。1995年12月,教育部发布《教师资格条例》,明确了高校教师资格的条件、考试、认定、罚则等关键问题。1998年8月公布的《中华人民共和国高等教育法》规定,高校校长负责聘任与解聘教师以及内部其他工作人员。同时,高等学校实行教师资格制度、教师职务制度、教师聘任制和教育职员制度。

2.以"择优评价"为主导的高校教师评价制度

新世纪以来,我国高等教育参与全球竞争,高等教育规模和高校教师队伍快速扩张,教师评价制度改革深入推进,更加突出市场竞争择优评价政策导向。

(1)人才基础地位更加凸显。

2003年12月19—20日在北京召开的全国人才工作会议,胡锦涛总书记在会上发表了题为《实施人才强国战略 坚持党管人才原则》的重要讲话,提出要牢固树立人才资源是第一资源的观念,充分发挥人才资源开发在经济社会发展中的基础性、战略性、决定性作用。要牢固树立人人都可以成才的观念,坚持德才兼备原则,把品德、知识、能力和业绩作为衡量人才的主要标准,不唯学历,不唯职称,不唯资历,不唯身份。会后,印发了《中共中央 国务院关于进一步加强人才工作的决定》,确定了人才工作指导思想、基本原则和全面部署了重点任务,尤其提出要"坚持改革创新,努力形成科学的人才评价和使用机制",建立以能力和业绩为导向、科学的社会化的人才评价机制,建立以公开、平等、竞争、择优为导向,有利于优秀人才脱颖而出、充分施展才能的选人用人机制。2010年,《国家中长期人才发展规划纲要(2010—2020年)》颁布,提出了"培养和造就规模宏大、结构优化、布局合理、素质优良的人才队伍,确立国家人才竞争比较优势,进入世界人才强国行列,为在本世纪中叶基本实现社会主义现代化奠定人才基础"的战略目标,部署了三个方面八项主要任务、两个方面八项改革任务、十项重大人才政策和十二项重大人才工程,指出要创新人才培养开发、评价发现、选拔任用、流动配置、激励保障等一体化人才工作机制。尤其是在人才评价发现方面,提出建立以岗位绩效考核为基础的事业单位人员考核评价制度;完善专业技术职务任职评价办法;加快推进职称制度改革。要改进科技评价和奖励方式,完善以创新和质量为导向的科研评价办法,克服考核过于频繁、过度量化的倾向。

(2)人才工程推进更加强劲。

在实施人才强国战略进程中,党和国家推出系列重大人才工程,着力造就拔尖创新人才,推动青年人才脱颖而出。其中,在高校实施的重大人才工程主要包括三类:一是由中央组织部、中央宣传部、人力资源和社会保障部等牵头实施的海外高层次人才引进计划、国家高层次人才特殊支持计划、文化名家暨"四个一批"人才、"百千万人才工程国家级人选"等人才项目;二是由教育部牵头实施的"长江学者奖励计划"、教育部"创新团队发展计划"、教育部"教学名师"人才项目(此后纳入国家百千万人才工程);三是由科技部、国家自然科学基金委员会分别牵头实施的"创新人才推进计划""杰出/优秀青年科学基金"等人才项目。同时,中国科协等设立的"青年人才托举工程"等人才资助项目。各类人才项目分别设定了人才评价标准和遴选程序,定期遴选、严格考核、加大支持,促进了国家级人才快速成长和持续发展。

(3)学术创新导向更加明显。

在实施重大人才工程过程中,注重考察学术创新能力和科研创新成果。尤其是在国家级人才推荐申报过程中,注重考察学术研究成果和学术发展潜力。在学术创新能力和科研创新成果评价中,学术论文、科研项目成为科研评价的关键指标。但是"唯论文"的不良导向也慢慢形成,比如国家科技计划项目、国家科技创新基地、国家科学技术奖励、创新人才推进计划等科技评价中过度看重论文数量多少、影响因子高低,忽视标志性成果的质量、贡献和影响等。特别是SCI论文受到极大追捧,是国家科研项目申报立项和结题验收的重要指标,也是教师职称评审和人才项目评价的重要指标。对论文、项目、获奖等科研成果的评价也呈现出注重数量忽视质量的不良倾向。

3.以"分类评价"为主导的高校教师多元评价

党的十八大以来,我国高等教育改革发展迈入新时代,建设教育强国使命更加艰巨。高等教育支撑中国式现代化基础性、战略性地位更加凸显,服务经济社会发展的要求更加迫切。在此背景下,"分类评价"改革积极推进,改革成效日益显现。

(1)"五唯"顽瘴痼疾严重制约高等教育高质量发展。

2018年,习近平总书记在全国教育大会上指出,要深化教育体制改革,健全立德树人落实机制,扭转不科学的教育评价导向,坚决克服唯分数、唯升学、唯文凭、唯论文、唯帽子的顽瘴痼疾,从根本上解决教育评价指挥棒问题。长期以来,我国科技人员评价存在"唯论文、唯帽子、唯职称、唯学历、唯奖项"倾向,高校教师评价也深受科技评价、人才评价、项目评价等不良倾向影响。为贯彻落实中央人才发展机制改革意见精神,2016年教育部颁布《教育部关于深化高校教师考核评价制度改革的指导意见》,全面部署了高校教师评价制度改革,提出"以师德为先、教学为要、科研为基、发展为本"的基本要求,坚持德才兼备,注重凭能力、实绩和贡献评价教师,克服唯学历、唯职称、唯论文等倾向。2018年,中共中央办公厅、国务院办公厅印发《关于深化项目评审、人才评价、机构评估改革的意见》,提出科学设立人才评价指标,突出品德、能力、业绩导向,克服唯论文、唯职称、唯学历、唯奖项倾向,推行代表作评价制度,注重标志性成果的质量、贡献、影响。2020年,中共中央、国务院印发了《深化新时代教育评价改革总体方案》,着力改革教师评价,推进践行教书育人使命,坚决克服重科研轻教学、重教书轻育人等现象。2020年,科技部印发《关于破除科技评价中"唯论文"不良导向的若干措施(试行)》,教育部、科技部印发《关于规范高等学校SCI论文相关指标使用 树立正确评价导向的若干意见》,坚决扭转科技评价"唯论文",论文"SCI至上"顽疾。2021年,人力资源社会保障部、教育部印发《人力资源社会保障部 教育部关于深化高等学校教师职称制度改革的指导意见》,提出要克服唯论文、唯"帽子"、唯学历、唯奖项、唯项目等倾向。

(2)把师德师风作为教师评价第一标准。

高校教师是一种具有崇高荣誉感的特殊职业。高校教师不仅是学问之师,更是道德之师、为人之师。[①]2014年,教育部印发《教育部关于建立健全高校师德建设长效机制的意见》,提出"将师德考核作为高校教师考核的重要内容",引导广大高校教师自尊自律自强,做学生敬仰爱戴的品行之师、学问之师。2016年,中共中央印发了《关于深化人才发展体制机制改革的意见》,全面部署了新时代人才工作,对创新人才评价机制改革给予高度关注,提出"突出品德、能力和业绩评价""改进人才评价考核方式""改革职称制度和职业资格制度"三大重点任务。其中,在突出品德、能力和业绩评价方面,强调"坚持德才兼备,注重凭能力、实绩和贡献评价人才"。2018年,教育部印发《新时代高校教师职业行为十项准则》,为高校教师设定行为规范。同时,教育部印发《教育部关于高校教师师德失范行为处理的指导意见》划定高校教师行为红线,对高校教师师德失范行为实行"一票否决"。2020年,中共中央、国务院印发《深化新时代教育评价改革总体方案》,明确指出,"坚持把师德师风作为第一标准"。坚持把师

[①] 杜彬恒.逻辑、框架、路径——高校如何把师德师风作为教师评价第一标准[J].当代教师教育,2021(3):56.

德师风作为高校教师评价第一标准,符合履行教书育人职责使命的根本要求、新时代高校教师队伍建设改革的首要要求、治理高校教师行为失范的实践要求。

(3)以"分类评价"推进高校教师多元评价。

2016年,中共中央印发了《关于深化人才发展体制机制改革的意见》,在"改进人才评价考核方式"中提出,评价主体走向多元化,注重运用同行学术评价、社会评价等评价机制,建立评价责任和信誉制度,适当延长基础研究人才评价考核周期。2016年,《教育部关于深化高校教师考核评价制度改革的指导意见》提出"坚持分类指导与分层次考核评价相结合"的基本原则,根据高校的不同类型或高校中不同类型教师的岗位职责和工作特点,以及教师所处职业生涯的不同阶段,分类分层次分学科设置考核内容和考核方式,健全教师分类管理和评价办法。2018年,中共中央办公厅、国务院办公厅印发《关于深化项目评审、人才评价、机构评估改革的意见》《关于分类推进人才评价机制改革的指导意见》等文件,提出根据不同职业、不同岗位、不同层次人才特点和职责,分类建立健全涵盖品德、知识、能力、业绩和贡献等要素,科学合理、各有侧重的人才评价标准。2018年印发的《中共中央 国务院关于全面深化新时代教师队伍建设改革的意见》,对深化高校教师人事制度改革做出部署,要求教师准入必须考察政治素质和业务能力,将新入职教师岗前培训和教育实习作为认定教育教学能力、取得高等学校教师资格的必备条件。同时,推进教师职称制度和职务聘任制改革,加强聘期考核,准聘与长聘相结合,做到能上能下、能进能出。深入推进高等学校教师考核评价制度改革,突出教育教学业绩和师德考核,将教授为本科生上课作为基本制度。2020年,中共中央、国务院印发《深化新时代教育评价改革总体方案》,提出改进高校教师科研评价,要"根据不同学科、不同岗位特点,坚持分类评价,推行代表性成果评价,探索长周期评价,完善同行专家评议机制,注重个人评价与团队评价相结合"。

（二）高校教师多元评价的地方政策

地方政策是国家政策和高校政策的过渡与衔接。在国家推进高校教师多元评价改革的过程中，各省、自治区、直辖市结合各地实际，相继出台了高校教师多元评价政策及其配套制度，推动高校教师评价改革实践发展。

1.以高校分类管理推动高校教师多元评价

目前，我国建立了全球规模最大、结构最为复杂的高等教育体系。从办学体制和隶属关系、历史传统和发展优势、战略定位和发展策略等方面来看，千差万别、不尽相同。但是，近年来，受"一把尺子"评价影响，我国高校出现同质化发展倾向，千校一面现象日益凸显。如何破解高校发展同质化突出问题？上海作为我国重要高等教育中心，以敢为人先、创新示范的改革勇气和发展魄力，以高校分类管理破解高等教育改革发展难题，推动高等教育内涵式发展，以分类评价破除高校教师评价"五唯"顽疾。上海市委、市政府于2014年11月印发实施《上海市教育综合改革方案（2014—2020年）》，率先提出要对上海高校进行分类管理、分类评价。

2018年，中共上海市委组织部等6部门联合印发了《关于深入推进上海高校分类管理评价 促进高等教育内涵式发展的指导意见》，根据高校职能定位将高校划分为"学术研究型、应用研究型、应用技术型和应用技能型"四种类型，推动高校实现从"一列纵队"向"四列纵队"发展格局调整。同时，上海正式实施了《上海市高等教育促进条例》，将高校分类管理评价推向法治轨道。上海推进高校分类管理、分类评价为高校教师分类评价提供了基本框架。

为了破解"五唯"难题，上海市教育委员会于2016年出台了《上海市教育委员会关于试行市属高校教师分类考核评价制度的指导意见》，提出"坚持分段考核与分类评价相结合"的原则，根据教师职业发展的不同阶段以及所处的岗位类型，建立合理的考核评价周期和指标。为破除"唯文凭"现象，上海高校分类评价体系不将教师学历作为指标；针对"唯论文"现象，评价体系将采取分类原则，不再对学生、教师论文总量进行考察，不再将论文作为应用技术和应用技能型高校的重要观测点,不再将以论文为主要依据的大学排行和高被引学者作为观测点,仅在学术研究型高校保留师均论文数指标;为解决"唯帽子"问题,评价体系降低其权重,挤掉"一人多帽"的水分,引入非评选性头衔的高层次人才类别,更加注重人才的实际贡献。

2.以教师岗位分类管理推进高校教师多元评价

随着历史变迁、经济发展、社会进步,大学肩负的使命日益丰富多元,内部结构日益复杂,人员分工日益具体。为把大学教师这一宝贵而丰富的人才资源优化配置好、创新潜力激发出来,深化高校人事人才制度改革显得日益紧迫。高校人事管理制度是高校人事制度的基础性制度安排。当前,高校人事制度改革逐步从注重人员管理向注重岗位管理转向,核心是合理设置岗位、科学配置人员、注重人岗相适、整体提高效能。岗位分类管理是高校教师岗位管理改革的重要方向,也为高校教师多维评价提供了基础性制度设计。在深化新时代教育评价改革的实践中,北京市立足高校教师职业特点和岗位实际,以岗位分类管理积极推动高校教师多元评价改革。2022年,北京市人力资源和社会保障局、北京市教育委员会印发了《北京市深化高等学校教师职称制度改革实施办法》,提出构建"以品德、能力、业绩为导向,以分类分层、科学评价、人才培养为核心,以激发高等学校教师的活力、动力、创造力为目的"的高校教师职称制度。

北京市高校教师职称制度改革突出三个特点:一是制定体现高等学校教师职业特点的评价标准,高等学校教师按照教学为主型、教学科研型、社会服务型等岗位类型,建立科学合理的分类分层评价标准。二是实行职称评审代表作制度,人才可自主选择代表性成果参加职称评审。教学为主型岗位教师,重点评价其教育教学水平、教研教改能力、人才培养实绩等;教学科研型岗位教师,重点评价其教学水平、学科建设创新质量和贡献、成果科学价值和学术影响力等;社会服务型岗位教师,重点评价其成果转化推广、科技创新服务、决策服务、科学普及等方面的贡献。三是推行高等学校职称自主评聘,下放职称评审权,落实单位主体责任。

3. 以评价内容多维推动高校教师多元评价

推动知识传播和知识创新是高校教师的主要使命,也是区别于其他职业的鲜明特征。高校教师通过承担教学任务、科研任务和社会服务任务履行肩负的责任和使命。随着高校内部岗位的分工细化,在每个岗位,对教师承担的教学、科研和社会服务任务的要求是有差异的。高校教师评价如何更加全面、客观、准确地反映教师的履职情况、工作业绩,各地对此做了很多研究,比如通过将教师工作内容划分成教学、科研、社会服务等维度,来提高评价的精准性、精细度。浙江坚持教师岗位分类和评价内容分维相结合,积极推进高校教师评价改革。2023年1月,浙江省教育厅、人力资源和社会保障厅联合发布《关于进一步深化高校教师职称评价改革的指导意见》,提出将教师岗位设置为教学为主型、教学科研并重型、科研为主型、社会服务型等类型,并制定相匹配的评审标准和业绩要求。针对不同类型岗位教师,考核侧重点和导向具有差异性。同时,积极探索建立定量和定性相结合的评价体系,按照教学、科研、社会服务三个维度,分类细化评价标准和权重。在评价方式上,鼓励采取个人述职、面试答辩、同行评议、实践操作、业绩展示等多种灵活的评价方式。在评价机制上,实行同行专家评议机制,健全完善外部专家评审制度,探索引入第三方机构进行独立评价。加强代表性成果的鉴定和评议机制建设,技术创新成果、成果转化、标准制定、决策咨询、设计文件等可作为代表性成果,引导教师产出更多的高水平成果,防止简单量化、重数量轻质量。创新建立职称"直通车"机制,参评对象包括取得重大基础研究和前沿技术突破、解决重大工程技术难题、在经济社会事业发展中做出重大贡献的教师;在世界、全国范围的竞赛、比赛、评奖中取得具有广泛影响的高水平业绩成果的教师;招聘引进的高层次人才和急需紧缺人才;等等。

坚持师德师风作为教师评价的第一标准。党员教师申报职称要由所在教师党支部出具思想政治和师德师风表现书面鉴定,非党员教师由学院(系)党组织出具。同时,突出一线育人导向,晋升高一级职称的青年教师,须有至少1年担任辅导员、班主任、党支部书记、党建导师等工作经历,或支教、参加孔子学院及国际组织援外交流等工作经历,并考核合格。

(三)高校教师多元评价的学校政策

学校政策处于高校教师多元评价改革的"最后一公里",是最直接、最具体、最生动的政策形态。不同类型的高校在推进教师多元评价实践中提出符合高校发展战略、目标定位和发展实际的政策措施。北京大学、西安交通大学、苏州大学等加强顶层设计、积极推动改革,为推动我国高校教师多元评价提供了实践样本和创新示范。

1. 世界一流大学高校教师多元评价

在我国高等教育体系中,北京大学和清华大学始终处于"塔尖",发挥着战略领导和创新示范的重要作用。其中,北京大学人事制度改革始终走在时代前列。为了加快建设世界一流大学的步伐,紧密围绕国家发展需求和科技文化前沿需要,持续实施人才强校战略,2014年北京大学在深化综合改革的过程中掀起了新一轮人事制度改革浪潮。教育教学和科学研究是北京大学的核心使命,吸引优秀学术人才并为其提供良好的可预期的职业发展轨道是学校聚集人才的有效途径。2018年、2021年北京大学两次对出台的《北京大学教学科研职位分系列管理规定(试行)》进行修订完善,根据学校功能及职位特点,对教学科研职位按照三个系列进行管理,即教学科研并重系列(简称教研系列)、教学为主系列(简称教学系列)和研究技术为主系列(简称研究技术系列)。其中,教研系列职位是支撑学校教学科研事业发展的核心职位;教学系列职位是学校教育教学的基础职位;研究技术系列职位是学校科学研究的支撑辅助职位。教研系列职位按照无固定期限预聘制(简称预聘—长聘制)方式管理,教学系列和研究技术系列职位的管理按照事业单位合同聘任制的有关规定执行,强调合同聘期管理与考核要求。各系列人员在聘期内不得申请系列转换。

北京大学教师多元评价体现在教师岗位聘任和职称晋升等方面。2018年,北京大学出台《关于教学科研人员聘任教研系列、教学系列和研究技术系列职位的实施细则(试行)》,体现了三大政策导向:一是突出师德评价,坚持把思想政治和师德师风表现作为聘任的首要要求,凡思想政治和师德师风评估不合格或出现问题者,单位不得推荐聘任;二是尊重各单位自主权,各院系应根据相关学科情况和人才队伍状况,参照本单位的学术机构目标群相应职位标准,确定教研系列、教学系列、研究技术系列职位基本聘任条件和任职标准,高标准、严要求,精心组织遴选聘任工作;三是推进科研评价机制改革,预聘期设置为6年和缓冲期1年,推行国际同行评议和校外专家同行评议制度。北京大学还围绕图书资料系列、教育管理与德育系列、实验技术人员系列、会计/审计系列分别制定职称评定实施细则。

2.高水平研究型大学教师多元评价

高水平研究型大学是国家战略科技力量的重要组成部分,也是创新发展的动力源和创新思想的策源地。西安交通大学是一所位于我国西部地区的高水平研究型大学,始终秉承"西迁精神"优良传统走在高等教育改革发展前列,其教师多元分类评价的基本政策逻辑是坚持人员分类、岗位分类原则,将岗位分成教师岗位、管理岗位、工勤岗位等不同类型。2019年,西安交通大学出台了《西安交通大学岗位聘用实施办法》,明确规定了三类岗位的比例结构:专业技术岗位的比例不低于70%,其中教师岗位的比例不低于55%;管理岗位的比例不超过18%;工勤岗位数量根据用人实际逐步减少。岗位聘任考核坚持"业绩为王"原则,实施分类分级管理,校管干部的考核由组织部按照学校有关规定组织实施,其他人员的考核由人力资源部按照学校有关规定组织实施。

针对教师岗位评价,2015年,西安交通大学出台了《西安交通大学关于制定教师职务聘任申报基本条件的指导意见》,将教授、副教授岗位分为教学科研并重岗位(A类岗位)、科研为主岗位(B类岗位)、教学为主岗位(C类岗位),并针对三类岗位分别确定了详细聘用条件,比如承担教学任务量、科研经费数、发表论文数、成果获奖数等。同时,业务条件达到考核要求2倍以上、未达到规定工作年限可以破格聘任,入选"青年骨干教师培养计划"考核特别优秀者也可以聘任到高一级职务岗位。同时,将教师岗位分为领军学者、"青拔"人才、准聘—长聘制教师、专职科研人员等不同类型,领军学者按照《"领军学者计划"实施办法》从入选之日起聘用在专业技术二级岗位;"青拔"人才按照《"青年拔尖人才支持计划"实施办法》在聘期内不定等级,聘期考核合格后申报相应等级岗位;准聘—长聘制教师、专职科研人员按照《西安交通大学讲师、副教授招聘与管理实施办法》《西安交通大学专职科研队伍管理办法》在准聘期内不定等级,转入长聘后申报相应等级岗位。

针对管理岗位评价,2017年,西安交通大学出台了《西安交通大学深化职员制度改革实施办法》,旨在建设一支结构合理、素质优良、精干高效、适应建设一流大学要求的管理队伍。职务主要反映管理岗位的层级、类别和职责,职务之间体现上下级领导关系,主要分为正校、副校、正处、副处、主管。职级主要反映职员从事管理工作的专业素质和能力水平,体现职员管理工作的经历和业绩。职级从高到低分为:一级、二级、三级、四级、五级、六级、七级、八级、九级、十级,其中一级、二级、三级、四级、五级、六级为高级职级,七级、八级为中级职级,九级、十级为初级职级。同时,西安交通大学专门出台了主管岗位聘任与管理办法,对主管岗位设置、聘任、管理与培养等进行了细致的规定。

针对教师考核管理,2017年,西安交通大学出台了《西安交通大学教师考核实施办法》和《西安交通大学职员考核暂行办法》,进一步规范了教师考核管理工作。教师考核坚持全面考核与突出重点相结合,在全面考核教师的师德师风、教书育人、科学研究、社会服务、专业发展等基础上,重点关注其标志性业绩;坚持定量与定性相结合、年度与聘期相结合、个人与团队相结合,突出学科公认的高质量学术成就或教学科研成果,年度考核重在对岗位任务进展情况进行督促检查,聘期考核对履行岗位职责情况进行全面总结评价,对于纳入团队管理的教师侧重对团队的整体考核;坚持分类管理,分层考核,根据学科类别、岗位等级和岗位类别的不同,分类分层进行考核,不同学科类别、不同岗位等级、不同岗位类型的教师考核各有侧重。对于领军学者,侧重考核其学科建设责任、团队建设责任及开创前沿研究的责任;对于聘用在二级岗位的教师,侧重考核其学科方向建设责任,包括梯队培养、教学科研成果等;对于聘用在其他高级岗位的教师,侧重考核其教学、科研、公共服务各项职责的完成情况;对于聘用在中、初级岗位的教师,侧重考核其加入教学科研团队,参加教学、科研活动情况以及职业发展潜力。对于聘用在教学科研并重岗位的教师,对其教学科研情况均重点考核;对于聘用在科研为主岗位上的教师,侧重考核其科研任务完成情况及重要科研成果;对于聘用在教学为主岗位上的教师,侧重考核其教学任务完成情况及教学质量。

3. 高水平地方高校教师多元评价

地方高校是我国高等教育体系的重要组成和主体部分,在服务区域地方经济社会发展等方面发挥着不可替代的作用。尤其是,东部经济发达省份地方高校依靠资源优势、区位优势、理念优势,突破地方高校身份和政策局限,以"变道超车"策略实现各项事业的高质量发展,具有很强的典型性和示范性。苏州大学是入选国家"双一流"的地方高校,因追求卓越发展理念,具有充满竞争力的创新制度和丰富资源而取得优异的发展成绩,备受各界关注。从2009年起,苏州大学推动岗位聘任和人员分类管理制度改革,出台了《苏州大学岗位设置与聘用暂行办法》及各类人员聘用考核实施细则。学校岗位分为专业技术岗位、管理岗位和工勤技能岗位三个类别,其中专业技术岗位分为教师岗位和其他专业技术岗位。专业技术岗位占学校岗位总量的77%,其中教师岗位占学校岗位总量的59%,其他专业技术岗位占学校岗位总量的18%。管理岗位占学校岗位总量的17%。按照后勤社会化的改革方向,逐步减少工勤技能岗位的比例。学校专业技术岗位任职条件综合考虑学术资历、学术贡献和学术影响等因素,体现教育教学、科学研究、社会服务等方面的成就和贡献。管理岗位任职条件以德才兼备和业绩能力为导向。

学校对教师、其他专业技术人员、管理人员、工勤人员等分别设置了岗位并确定了聘任的具体条件。其中,针对教师岗位和其他专业技术岗位的聘任条件更加强调科研创新方面的成果。2019年,苏州大学在开展第四轮岗位聘任时,对原聘任政策进行调整完善。同时,苏州大学修订完善了教师职称聘任标准,出台了教师、实验技术人员、教育管理人员、大学生思想政治教育教师等职称评聘标准,突出了师德考核、教学考核、创新成果考核等重点方面。苏州大学具有竞争力的创新制度,吸引了全球精英人才加盟,该校建成了一支力量雄厚、结构合理、充满活力的人才队伍,专任教师达到3300余人,其中包括1位诺贝尔奖获得者,10位两院院士,9位发达国家院士,34位国家杰出青年科学基金获得者,42位优秀青年基金获得者,1位"万人计划"杰出人才,13位"万人计划"科技创新领军人才,4位"万人计划"青年拔尖人才,14位"百千万人才工程"国家级人选等各类国家级人才。苏州大学有31个一级学科博士点,一个国家一流学科,18个学科进入全球基本科学指标(ESI)前1%,4个学科进入ESI前1‰。

三、高校教师多元评价的现实意义

高校教师多元评价是激发高校教师工作积极性、主动性的"指挥棒",对于引领教师专业发展、提高人才培养质量、推动高校创新发展具有全局性、基础性、战略性的深远影响和现实意义。同时,高校教师多元评价是新时代深化教育评价改革的创新性成果,具有很强的示范性和引领性。

(一)引领教师专业发展

教师评价是教师队伍建设改革的指挥棒,决定着教师队伍建设改革的方向。建立科学完善的教师评价机制能够为高校教师队伍建设改革提供导向、规范、激励作用,对深化教育综合改革具有基础性、根本性的影响。

1.涵养崇高师德修养

立德树人是高等学校教育的根本任务。高校教师是培养肩负民族复兴重任时代新人的第一资源和关键要素。高校教师的根本任务是落实立德树人,第一职责是教书育人,承担着塑造灵魂、塑造生命、塑造人格的重任。学生思想道德养成是道德认知、道德情感、道德体验和道德实践相统一的过程。高校教师要以德立身、以德立学、以德施教、以德育德,必须有崇高的师德修养。高校教师多元评价改革引导教师树立正确的价值立场,突出师德评价的第一标准地位,促进教师增强思想自觉和行动自觉,增进教师师德知识认识、价值认同、情感认同,促进师德实践发展和持续增强。

2.激发教师育人潜能

教师是立教之基、兴教之源。有高质量的教师,才会有高质量的教育。教师是贯彻落实立德树人教育根本任务的主体力量,肩负着"为党育人、为国育才"的教育使命。教师教学质量和教学水平的高低直接影响教学效果的优劣,可以通过学生发展质量来反映。优秀教师队伍应坚持学生主体地位,坚持正确导向,践行立德树人,明确教学目标,牢牢把握教学风向标,在教学过程中纳入有关科学精神和充满人文情怀的内容,强调课程内容的重心。学校要注重转变教师的角色,重点关注教师的思政素养、师德师风建设成效等。教师应将教育"播种在课堂上,收获于实践中",学校应构建教师专业成长和素养培养的服务体系,增强对全国教书育人模范和优秀教师的宣传力度,在实践活动和评价改革中弘扬师德师风。教学评价,需要考核教师的教学过程、教学效果和科研成果,也需要关注学生的学习效果、培养质量和参与度等,真正做到"以评促学""以评促教",激励教师形成"良心工程"的教育理念与思路,把好人才的"入口关""培养关""出口关",进一步充分发挥教育评价改革的积极作用。

3.促进教师持续发展

高校教师肩负着知识传播和知识生产双重使命、教育和育人双重职责。要促进高校可持续发展,必须激发教师发展的内生动力和使命感。从教师发展的内生动力来看,核心是教师要涵养崇高师德和形成学术创新志趣。从教师发展的使命感来看,关键是要激发教师的育人使命感和创新使命感。从根本上来说,就是要尊重教师的主体地位,激发教师追求卓越发展的内生动力。同时,高校教师发展因岗位不同、类型不同、使命不同,需要在各自的赛道发展。多元评价可以全面、系统、长周期地反映教师的发展动态,也能为教师可持续发展提供宽松的制度环境。高校教师多元评价制度改革,实现了教师发展的主体性、连续性、多样性,为其持续发展提供了内生动力、平台支撑和条件保障。

(二)提高人才培养质量

高校教师多元评价可以让教师涵养崇高师德、激发其教育育人潜能,有利于坚持德育为先的原则,落实立德树人的根本任务,营造积极健康的教育生态,为学生全面发展提供坚实基础。

1.坚持德育为先的价值理念

高校盛行"唯论文、唯帽子、唯职称、唯学历、唯奖项"的"五唯"现象,造成了教育价值扭曲、学术生态破坏等问题,其功利化、工具化的弊端违背了立德树人的教育初心。教育评价要做到正本清源,真正让教育回归到以育人为本的正确航向。学校必须落实立德树人这一根本任务,坚持社会主义办学方向,回归教育初心。开展学校维度教育评价改革时,教育评价应回归教育本身,体现学校教育的本质特点,应着重关注学校是否以思想引领和立德树人为根本方向,紧紧围绕立德树人的核心任务,将其贯穿教育各领域。加强课程思政和专业教育融合发展,从课程思政"为何"与"何为"的问题出发,把思想政治工作贯穿教育教学全过程,全面提高人才培养质量与能力。将课程思政融入专业教育的发展规划中,突出课程思政的引领性、持续性和有效性,将课程思政贯穿课堂学习、专业实践和作业考查等多维环节。此外,关注人才培养的新要求,学校是培养多层次人才的主要场域,要形成过程性和总结性相结合的人才评价体系,加快构建高质量的人才培养评价体系。学校发展教育评价体系,应注重人文性和工具性的双重向度,在评价中发现教育和人的多维价值,引导学校办学活动。在教育评价过程中,关注人的创新性和可持续性发展,打破"五唯"禁锢,使学校办学回归立德树人的初心,更加关注教育环节的创新水平、发展潜力等动态特征,强化以创新性能力塑造为核心的教育评价方向,依据学科领域和具体发展方向,建立不同环节的多维评价体系,更好地评价学校核心技术产出效果、服务国家战略发展需求水平。

2.坚持学生学习主体地位

学生是学习活动的主体。紧紧围绕学生组织开展教育教学活动,才能切实提高教育教学活动的质量。学校教育存在课程与培养需求不匹配、数量质量不高、学生兴趣低迷等三大问题。可通过构建合理高效的教育评价体制,加强学生差异化评价,促进人才培养质量提升,在评价体系中要更加注重培养学生的创新能力、跨学科能力和人文情怀等相关软实力。学校可以通过创新学生和教师等多元主体的评价机制,构建社会评价、教师评价、学生家长评价和学生自我评价的融合评价机制,整合内部评价与外部评价双重评价机制,评价方式多维化、评价效果多样化,综合评价学生全方位的发展情况,做到教育评价有数据可考,有数据分析支撑。回归立德树人的主线和本质,以教育评价改革为牵引,统筹推进育人方式、办学模式、管理体制、保障机制改革,坚决破除一切制约教育高质量发展的思想观念束缚和体制机制弊端。以教学评价改革倒逼教育教学改革,破除唯分数的单一智育标准,构建德智体美劳五育融合的全方位发展育人标准。优化教育过程和考核制度,避免唯分数论和唯结果论,推进综合素质评价和学业考核评价并举,充分尊重学生的身心发展规律,全面评价不同学段、不同性质的教育教学。

3.坚持营造健康教育生态

教育评价是教育发展的"风向标",要注重教育评价改革的系统性和科学性。现存的"分数至上""考试第一"的教育观念使教育生态环境遭受破坏,社会形成了比较严重的焦虑情绪。教育评价改革势在必行,且需针对教育出现的关键性问题进行改革,多管齐下保障改革成效,重构健康良好的教育生态。教育治理体系和治理能力的现代化建设是高质量教育体系建设的必然要求,其中建立教育规范制度是关键一步。要优化教育评价制度,贯彻执行"三全育人"教育理念。一是优化政社校家协同育人体制机制，明确政府、社会、学校和家庭在教育中的不同角色，厘清教育目标和方式，加强政社校家的教育制度保障，提升其教育能力，使校内外形成制度规范，构建符合新时代教育需求的政社校家协同育人机制。二是确立科学的教育评价改革体系，推进教育管办评分离，厘清政府、社会和学校三方的权责关系，政府下放教育评价权力，为教育评价改革增添活力。三是为不同教育类型和学段的教育主体，制定多样化的教育评价体系。根据区域、类型等要素，实行分类化的评价标准，真正落实教育公平。

（三）推动高校创新发展

教师是高校改革发展的主体力量。深化高校教师多元评价机制改革，可以有效促进高校人力资源的优化配置和有效开发，支撑学校发展战略目标的实施和重点任务的推进，促进学校发展理念变革和模式重构，整体形塑学校内涵式、高质量发展的强大动力、合力和创新力。

1.坚持正确的价值导向

要坚持社会主义办学方向，把立德树人作为教育的根本任务。教育评价改革可促使教育高质量发展。应将立德树人根本任务在教育评价改革的全过程贯彻落实，坚持以德为先的正确导向，树立科学的教育发展观、人才成长观、选人用人观，明确教育发展的价值选择，确保教育发展的方向正确；培养德智体美劳全面发展的社会主义建设者和接班人，为国家发展和社会进步不断做出新的更大贡献。教育发展的终极目的是满足人的需要，提高人的素质，促进社会经济、政治、科技和文化的发展，而不是为了教育而教育，为了知识而知识。"以人为本"是现代教育的重要理念，其本质是促进人的全面发展。教育目的影响教育发展效果，教育评价决定教育发展价值选择，教育发展改革中应深化理解"培养什么人，怎样培养人，为谁培养人"的根本问题，坚持"育人的根本在于立德"，将立德树人根本任务落实到教育发展的各个环节，建立知识教育与价值引领统一的育人体系，着力灌输"真善美"的价值取向与实现学生终身发展能力的提升，在教育评价改革中提升学生的政治素养，让学生扩展知识的广度和思想的深度,加强培养学生的创新能力、跨学科能力和人文情怀,培育新时代的复合型人才。育人育才是教育评价改革的根本任务和终极目标,在教育评价改革中应不断明晰新时代教育发展的价值观,创新教育评价改革的路径。

2.坚持正确的办学方向

中共中央、国务院印发的《深化新时代教育评价改革总体方案》指出:"教育评价事关教育发展方向,有什么样的评价指挥棒,就有什么样的办学导向。"教育肩负着培养德智体美劳全面发展的社会主义建设者和接班人的重要任务,教育评价改革关系着教育高质量发展的方方面面,是一项历史性和实践性兼具的难题。构建新时代高等教育评价体系将有助于及时修正教育评价偏离的方向,引导高校始终坚持社会主义办学方向。[①]教育评价改革是当前我国教育领域关注的热点问题,要牵住教育事业改革的"牛鼻子",对标《深化新时代教育评价改革总体方案》等文件,做好教育评价改革的顶层设计,依据政策方针制定切实可行的改革方案和路径。在构建新时代高等教育评价体系时,要做到统筹规划,精准施策,必须把坚持社会主义办学方向放在首要位置,把立德树人成效作为检验学校一切工作的根本标准,因为社会主义教育是通过培养全面发展的人,为社会主义的政治、经济服务,这是社会主义教育客观规律的反映。深入推进教育评价改革,促进了教育高质量发展,推动了人才培养模式变革,营造了积极健康的教育生态。为构建教育高质量发展的新格局,应体系化整合教育评价改革,针对不同主体和不同类型教育的特点,分类设计、稳步推进,增强改革的系统性、整体性、协同性,服务于"为党育人、为国育才""全民终身学习"等战略要求。

---

① 王姗姗,邱均平.论政治标准、业务标准、效益标准三结合教育评价体系的构建——新时代需要什么样的高等教育评价[J].重庆大学学报(社会科学版),2023(4):118.

3.探索科学的发展模式

教育评价是对教育活动满足社会与个体需要的程度做出判断的活动,是对教育活动现实的或潜在的价值做出判断,以期实现教育价值增值的过程。教育评价改革将促使学校建立全方位的人才培养、评价和反馈的监控体系,逐步引领高等教育高质量发展。随着高等教育的普及发展,教育发展的模式随着教育环境的变化而不断变化。新一轮教育评价改革要求教育发展模式必须与时俱进,提升社会融合度,创新性解决教育发展中的新问题。优化高质量教育模式和体系,要求教育评价改革进行多维化和全方位的调整,应从传统单一性的借鉴模式向多维化创新性的模式转变,创造服务新时代发展需要的中国特色社会主义教育发展新模式。充分重视教育评价改革对教育改革思想的引领作用,使其在教育改革中发挥出纲举目张的重要作用。因为时代在变、要求在变、教育在变,教育评价必须要变。正确发挥评价指挥棒的导向作用,用评价引导发展,是实施教育评价改革的基本要义。[1]教育评价改革中,聚焦高品质办学模式,为建立高水平教育发展体系,应增强改革动力、加快改革节奏、细化改革举措,以不断加强教育教学质量、提升办学水平和管理水平,以高水平的教育评价工作来进一步推动中国教育发展再上新台阶。教育评价改革是积极探索教育发展模式的新方式,可从教育的目标导向、社会的人才需求、人才培养的规律出发,改革办学体制,完善教学制度和教育评价体系,构建新型教育发展模式。通过进一步完善教育评价改革体制机制建设,为教育高质量发展模式提供坚实的制度保障。

(四)形塑人才发展新局

高校教师是国家人才队伍的重要组成部分,也是国家科技创新的战略支撑。深化高校教师评价制度改革,加快推进高校教师多维评价,有利于营造良好的学术环境和创新生态,有利于统筹推进教育优先发展、科技自立自强、人才引领驱动的"三位一体"良性循环的运行机制,加快建设教育强国、科技强国、人才强国。

---

[1]马陆亭.推动新时代高校评价的差别化创新[J].民族教育研究,2021(6):6.

1.牢固树立"德才兼备"人才观

党的二十大报告指出,培养造就大批德才兼备的高素质人才,是国家和民族长远发展大计。长期以来,党和国家始终坚持"德才兼备"人才观,把"德"和"才"作为衡量人才的核心标准,并明确了"德"和"才"的内涵标准。高校教师评价是新时代我国高等教育内涵式、高质量发展的重要任务。《深化新时代教育评价改革总体方案》把"改革教师评价,推进践行教书育人使命"作为教育评价改革的重点任务,其中,"引导教师潜心育人的评价制度更加健全"是教师评价关键目标,"坚持把师德师风作为第一标准""突出教育教学实绩""强化一线学生工作""改进高校教师科研评价""推进人才称号回归学术性、荣誉性"是教师评价改革的主要内容。高校教师多维评价是贯彻落实新时代深化教育评价改革要求的重要探索,集中响应了以高质量发展为主线、加快建设教育强国、办好人民满意的教育的时代要求。面对重科研轻教学、重科研轻育人、"五唯"、人才"帽子"异化等现实问题,高校教师多维评价应坚持全面的人才评价观,回归教师发展的内涵本质,以营造良好的学术生态和创新环境。

2.推动国家战略人才力量建设

努力培养造就更多大师、战略科学家、一流科技领军人才和创新团队是国家战略人才力量建设的重要任务。高校作为国家战略科技力量的重要部分,有优势、有平台、有能力成为建设国家战略人才力量的关键力量。大师、战略科学家、一流科技领军人才和创新团队有其自身成长发展规律,其成长需要鲜明的体制机制作为保障。高校人才队伍建设是一个有机整体,不仅需要大师、战略科学家、一流科技领军人才、中青年科学家,还需要高层次战略管理人才和教学科研辅助人才。只有把高校各种不同类型的人力资源科学开发、合理配置、有效整合,才能形成强大的人才工作合力。完善高校人事人才制度体制是培养造就更多大师、战略科学家、一流科技领军人才和创新团队的重要保障。高校教师多元评价改革探索,遵循了人才成长基本规律和发展要求,为高校人事人才制度改革提供了正确人才工作理念和改革思路,为培养国家战略人才力量提供了重要支撑。

3. 推动人才发展体制机制创新

新时代人才工作要有"聚天下英才而用之"的雅量,营造"真心爱才、悉心育才、倾心引才、精心用才"的浓厚氛围,始终把促进人才发展作为人才工作的重点来抓。完善体制机制是促进人才发展的重要支撑。其中,评价机制在人才发展体制机制中具有牵引性、导向性功能。坚持高校教师多维评价,充分认可不同类型教师在各自赛道的健康发展,本质上就是充分肯定和认同每一位教师潜心耕耘、精心育人的劳动价值和创新贡献。应建立质量贡献导向的学术标准,创新完善教师评价方式,注重评价结果的实践运用。教育评价改革揭示了教学研究质量与教学发展、科学研究质量与学科发展、应用研究质量与社会发展内在的逻辑关系。通过多方不断的努力,目前基本形成了教师专业发展和学校高质量发展同向同行、同频共振的良好局面。

第二章

高校教师多元评价改革的体系构建

现代大学的职能不断多元化,形成了一个错综复杂的网络,包括生产性职能、消费性职能和公民职能等。一方面,大学是推动社会变革的重要工具;另一方面,大学也应当为国家进步与社会发展做出贡献。随着社会经济的不断发展,高校的社会职能不断演变、不断拓展并日趋完善。高校职能的多元化带来大学教学组织、科研组织和管理组织的结构性变化,也必然对高校教师群体带来结构性和功能性转变,成为影响教师岗位分类管理和多元评价的重要因素。

一、高校教师多元评价的基本思路

高校对教师的评价在一定程度上体现了学校自身的办学理念和追求,对学校的整体发展具有深远影响。有效的教师评价应当做到同时保证学校教育教学质量与教师自身专业发展互相结合、互相促进,更加侧重于对教师成长的引导和鼓励,引导教师以德立身、潜心育人,争做"有理想信念、有道德情操、有扎实学识、有仁爱之心"的好老师。

(一)强化教师多元岗位职责

2016年发布的《教育部关于深化高校教师考核评价制度改革的指导

意见》提出,"坚持全面考核与突出重点相结合,全面考核教师的师德师风、教育教学、科学研究、社会服务、专业发展等内容,同时针对当前教师队伍发展的突出问题和薄弱环节,进行重点考察和评价"。将师德考核摆在教师考核的首位。将师德考核贯穿于日常教育教学、科学研究和社会服务的全过程。"针对不同类型、层次教师,按照哲学社会科学、自然科学等不同学科领域,基础研究、应用研究等不同研究类型,建立科学合理的分类评价标准。"并更加重视综合考评教师社会服务、科研成果转化业绩。2020年,中共中央、国务院发布《深化新时代教育评价改革总体方案》,指出要遵循教育规律,系统推进教育评价改革,改革教师评价,根据不同学科、不同岗位特点,坚持分类评价。

  对于高校教师而言,一般都要承担教育教学、科学研究、社会服务等多重任务。教师的专长和精力决定了其难以在教学、科研和社会服务中都投入相同的时间和精力,取得同样出色的成绩。只有进行教师岗位分类管理,制定差异化的考核标准,方能满足教师差异化发展的需求。因此,科学设岗是完善高校教师评价和人事制度改革的重要前提,是系统推进人才引进、考核评价、薪酬分配制度改革的先决条件。

  多年来,各高校根据自身办学条件和发展目标,不断探索和完善教师精细化管理,优化教师岗位的分类、数量和层次设计,以及相应的岗位职责和要求,引导和激励教师根据自身特点和潜能合理找准定位,规划并选择职业发展通道。以岗位标准为核心评价教师、遴选人才,以岗位职责任务为核心实行目标管理,以任务完成情况为核心实施绩效收入分配,探索建立符合高等教育规律、更加科学有效的教师评价及人力资源管理机制,推动实现教师个人职业发展与高校事业发展目标有机融合,不断挖掘教师的能力和潜力,提升师资队伍建设水平,充分发挥高校教学、研究和社会服务基本功能。部分高校教师教学科研岗位分类设置情况见表2-1。

表2-1 部分高校教师教学科研岗位分类设置情况

高校名称	教师岗位类型	备注
北京大学[①]	教学科研并重系列	教学科研并重系列职位是支撑学校教学科研事业发展的核心职位。肩负学科建设、人才培养、科学研究和文化传承创新的重要使命,承担引领学科发展、培养创新人才和开展创新研究的责任
	教学为主系列	教学为主系列职位是学校教育教学的基础职位。主要承担基础课和公共课的教学工作任务
	研究技术为主系列	研究技术为主系列职位是学校科学研究的支撑辅助职位。主要承担以北京大学为负责单位、面向科技前沿的重大基础研究和面向国家需求的重大应用研究
浙江大学	教学科研并重岗	教学科研并重岗要求同时承担高水平科学研究和高质量本科或研究生课程教学工作
	研究为主岗	研究为主岗要求承担高水平科学研究工作
	教学为主岗	教学为主岗要求主要承担高质量本科或研究生课程教学工作,同时承担一定的科学研究工作
	社会服务与技术推广岗	社会服务与技术推广岗要求主要承担农业与工业技术推广、公共政策与科技咨询、医疗服务及教育培训等社会服务工作
	团队科研/教学岗	团队科研/教学岗要求在科研或教学团队中承担团队项目科学研究、项目研究助理、项目技术管理工作或协助承担一部分量大面广的通识课程与大类课程基础教学工作
武汉大学[①]	基础教学型岗位	基础教学型岗位:任现职以来均从事全校公共基础课教学的教师可以申请,全校基础教学型岗位的教师总数原则上控制在教师总编制数的15%以内
	教学科研并重型岗位	教学科研并重型岗位:既承担教学任务又承担科学研究任务的教师可以申请
	科研为主型岗位	科研为主型岗位:专职从事科学研究(含培养研究生)的教师可以申请,科研为主型岗位按编制数的50%—55%设置高级岗位,其中正高岗位控制在15%—25%

[①] 北京大学人事部.关于印发《北京大学教学科研职位分系列管理规定(试行)》的通知[EB/OL].[2021-12-09].http://hr.pku.edu.cn/zczd/xxjbmzd/.

续表

高校名称	教师岗位类型	备注
西南大学	教学为主型	教学为主型以本科人才培养为主要职责，设置在涉及公共课、平台课、教师教育和学科教育专业的相关单位。岗位重点考核教学工作量、教学质量和教学研究业绩
	教学科研型	教学科研型为专任教师岗位主体，以教育教学和科学研究为主要职责，设置在有本科人才培养任务的单位
	专职科研型	专职科研型以科学研究和研究生培养为主要职责，主要设置在校管科研机构和国家级平台

大多数高校将教师岗位分为教学为主型、教学科研型、科研为主型三类，不同教师岗位职责的差别主要体现在教学和科研工作的任务量要求和侧重点方面。教学为主型岗位主要负责承担基础课和公共课的教学任务，承担部分科研工作，对其教学工作量的要求一般远高于其他类型岗位，主要考查其教学水平和人才培养的成效，岗位重点考核教学工作量、教学质量和教学研究业绩；教学科研型岗位是教师岗位的主体，需要同时承担课程教学和科学研究工作，岗位任务覆盖广且相对比较均衡，至少要兼顾教学和科研两个方面的业绩；科研为主型岗位主要承担面向科技前沿和国家重大需求的基础研究或应用技术研究，承担重大研究项目，开展高水平科学研究，不承担或少量承担教学工作，重点考核代表性学术业绩及支撑成果。

一般来说，高校把教学科研并重型岗位作为教师的主体岗位，鼓励教师既从事教学又从事科研，其是支撑学校教学科研事业发展的核心职位，根据不同学科分设不同的评价标准。大多数高校并未单独设立社会服务岗，而是将社会服务功能融入其他类型的岗位职责之中，作为教学和科研之外的一个附属考核指标。多元分类设岗为教师根据自身在教学和科研方面的优势和专长选择岗位提供了可能。

(二)优化教师分类评价指标

目前,我国高校教师评价标准和评价指标体系趋近"大一统""一刀切"状态。究其原因在于高校未能根据不同教学科研行为取向,设计具有区分度、针对性、契合性的评价标准,进而难以全面反映教学科研活动的多样性、业绩成果的差异性以及社会服务的复杂性。而分类评价思路确立了每一种教学科研活动的类型和方式,以及业绩成果的独立性、差异性与多样性。学校一般由人力资源部门负责制定教师评价指标体系的基本框架和规章制度,二级学院在此基础上制定各学院内部具体的考核指标和实施细则。从对教师进行"考核"的视角出发,人力资源部门组织的年度考核、聘期考核均主要是从"德、能、勤、绩"等方面考核教师在一定时期内的表现。这四个方面的考核内容基本上仍然属于定性评价的范畴,对教师更科学具体的评价似乎还难以凸显真正的成效。尽管各高校在进行这四个方面考核的实际过程中,还有一些具体的操作办法,但给老师们的感觉往往是在"搞形式、走过场",对教师的触动和实际激励效果并不明显,更谈不上促进教师的自主发展。

在这种情况下,国内高水平大学纷纷把此类对教师的"考核"逐步转向"评价",将学校层面组织的整体性活动转变为针对个人的管理行为。尽管这种转变的界限难以把握,但其意义却非同寻常。在这个前提下,对教师进行考核的许多内容和指标被具体化了,被赋予个性化色彩,这样教师评价实现量化的可能性大大增加。加上原有的定性部分的评价内容,基于组织目的的大学教师评价的指标体系类型变得相对清晰。经过大致归类,高校对教师进行绩效评价的指标类型如表2-2所示。

表2-2　高校教师评价指标类型

指标类型	师德师风	教育教学	科学研究	社会服务
数量指标	思想政治 遵纪守法 职业道德 学术诚信	本科生授课 研究生授课 实习指导 论文指导 指导研究生 课程建设 教材建设 教学研究项目 教改论文 教学研究专著 教学成果奖 教学比赛获奖 指导学生获奖	科研项目 学术论文 著作 科研获奖 资政咨询 知识产权 产品 设计类成果 文艺创作成果	成果转移转化 咨询服务 人才培训 学校或学院的 公益工作
质量指标		项目级别 论文级别 获奖级别 学生评教 同行评价	项目级别 论文级别 获奖级别 学术地位	为学校或学院 做出贡献大小 社会认可 同事评价

从表2-2可以看出，基于"评价"的视角，教师评价指标可以从数量指标和质量指标两个维度来呈现。除了师德师风指标以外，教育教学、科学研究和社会服务指标均在数量和质量两个层面包含有具体的内容。从这些指标的要求看，基本上每个指标都能通过量化分析，使不同教师的工作业绩呈现出不同特点，从而为教师评价结果的多样化、个性化带来可能。

（三）重视教师不同发展潜能

高校对教师的评价既要尊重全体教师在专业成长过程中的一致性，又要体现教师个体在各自学科领域的差异性和独特性。不仅要有量化指标，也要有实质评价，通过不同层次的评价，确保评价结果的科学性和全面性。因此，高校教师评价要区分不同类型岗位，根据其特点和侧重点进行分类考核。一般情况下，对普通教师可采用相对统一、标准化的考核评价指标和办法，对小部分特殊类型的教师宜采用个性化、差异化的"一人一策"考核评价方式。例如，对于教学为主型教师，重点考核其教学工作量、教学质量、高水平课程建设、教材建设以及教学研究情况；对于科研为主型教师，重点考核其重大原始性创新成果或者取得前沿核心技术突破、解决重大科学问题和工程技术难题的能力；对于长期承担国防科研任务的人员，要为其高级职称晋升等开设绿色通道，让广大科研人员潜心攻克"卡脖子"问题。聘期内只要完成代表性任务即可认定为考核合格，不需要面面俱到。

教师的成长过程一般都要经历三个阶段，分别为适应期、发展期、创造期。新任教师处于适应期，主要是接受教育和学习的阶段，这个阶段的教师正在由学生向教师的角色转变，逐渐熟悉教学常规性工作，融入科研团队，不断将书本知识转化为教学能力和技巧。发展期是高校教师基本形成教育教学经验和技能的阶段，具备独立的教育教学实践能力，认同教师的职业价值和责任，并初步形成自己的教学方式和经验体系。创造期是教师不断经过教学反思，把科研成果引入教学过程，积极开展研究型教学，科教结合的过程。一部分教师度过创造期后可以成为"名师""名家"，产生较为广泛的教学或学术影响。用一把尺子来衡量所有阶段的教师显然无法满足教师专业发展的需求。

针对不同层次、不同发展阶段的教师，学校应当从不同的角度开展评价，对教师发展进行全方位关注。比如，对于青年教师，重点关注其对教育教学、学校工作生活的适应情况，可根据其教学各个环节的具体表现、向资深教师学习的热情和主动性、自我反思的积极性等来评价，帮助青年教师更好地迈出职业生涯的第一步。对于中年教师，应当关注其是否出现职业倦怠现象，主要对其课堂教学质量、教学科研业绩等进行评价，进一步激发其工作热情和创新活力。通过评价，使教师能够明确自身的定位，明晰未来发展的目标和方向，从而提高教育教学质量。

二、高校教师多元评价的核心要素

我国高校教师评价的功能目前过多地指向行政管理、绩效划分等级的价值导向,其成为高校用以引导和规约教师教育教学行为的重要常规性举措。多元评价的思路对增强高校教师评价的针对性、适切性以及科学性等具有重要的意义,同时,也将修正高校教师评价的功能取向,体现出对不同岗位教师、不同类型成果差异的尊重。

(一)教师多元评价的标准

《深化新时代教育评价总体方案》提出,"改革教师评价,推进践行教书育人使命",将"坚持把师德师风作为第一标准"作为教师评价的首项改革任务,"突出教育教学实绩"和"改进高校教师科研评价"部分突出体现了分类多元、动态综合评价的要求。

1.坚持把师德师风作为第一标准

党的十八大以来,习近平总书记对高校师德师风建设做出一系列重要指示,并亲自做出部署谋划。当前高校师德师风建设面临新形势、新挑战,深入探索并构建起与之相适应的高校师德师风评价体系、健全师德师风建设长效机制,成为摆在各个高校面前的一项重要课题。

2018年,《中共中央 国务院关于全面深化新时代教师队伍建设改革的意见》发布,强调突出师德,把提高教师思想政治素质和职业道德水平摆在首要位置,把社会主义核心价值观贯穿教书育人全过程,突出全员全方位全过程师德养成,推动教师成为先进思想文化的传播者、党执政的坚定支持者、学生健康成长的指导者。

为深入贯彻落实习近平总书记关于教育的重要论述和全国教育大会精神,2019年,教育部等七部门印发《关于加强和改进新时代师德师风建设的意见》,把立德树人的成效作为检验学校一切工作的根本标准,把师德师风作为评价教师队伍素质的第一标准,将社会主义核心价值观贯穿师德师风建设全过程。2020年,教育部等六部门发布的《教育部等六部门关于加强新时代高校教师队伍建设改革的指导意见》,强调以强化高校教师思想政治素质和师德师风建设为首要任务,将师德师风作为教师招聘引进、职称评审、岗位聘用、导师遴选、评优奖励、聘期考核、项目申报等的首要要求和第一标准,严格师德考核,注重运用师德考核结果。

"善之本在教,教之本在师。"高尚的师德师风是教师践行教书育人使命最重要的品质和要求。将师德师风作为教师评价的第一标准,是由教师职业的特殊性和教育事业的特殊使命所决定的。人民教师作为一个特殊的职业,它要求既要精于"授业""解惑",又要诲人不倦乐于"传道";不仅要努力做好"经师",更要涵养德行成为"人师";不仅要善于"言传",更要树立榜样恒于"身教"。"德高为师,身正为范",教师自身品德与作风的示范作用,是其他任何职业都不可比拟的。可以说,师德师风的好坏,不仅会影响高校的学风、教风、校风,甚至会对世风产生深远影响。因此,只有坚持把师德师风作为第一标准,突出师德师风在教师考核评价中的首要地位,才能培育出新时代"四有"好老师。

2.聚焦教书育人职责

教书与育人的高度统一才称得上是真正的教育。[①]目前绝大部分高校都已经认识到了师德师风建设的重要性,能够主动去激励和引导教师将"四有"好老师标准作为其行为准则。但是,当前高校评价中过度重视科研成果的整体导向,以及教师职称评价制度中对科研业绩的关注和侧重,导致一部分教师过多地把个人精力放在科学研究上,在一定程度上忽略了自身的育人职责。有相当一部分教师对教书和育人两者之间的关系存在割裂性认识,与学生极少有思想交流和互动,不关注、不了解、不关心学生的学习生活状态,育人意识相对淡薄。

"十四五"期间是推进教育强国建设的重要时期,要有力回答"强国建设,教育何为"这一时代课题,深刻认识当前深化高校教师评价改革的重要性、紧迫性,持续破除教师评价中的体制机制障碍,打造新时代高质量

---

① 杨胜才.坚持"四个统一"把握重要抓手 切实增强高校师德师风建设实效性[J].思想教育研究,2020(1):132.

教师队伍。国运兴衰,系于教育;三尺讲台,关乎未来。高校应当积极贯彻落实《深化新时代教育评价总体方案》的要求,从落实立德树人根本任务的政治高度出发,加大力度持续深入推进教师评价改革,引导高校教师回归本职主责,探索并构建以教书育人为导向的高校教师评价体系。牢记"为党育人、为国育才"的初心使命,促进大学教育精神的本质回归,不断提升高等教育质量,更好地服务教育强国战略。

3.体现多元综合评价

　　高校教师除了具有教书育人的核心职能外,同时负有科学研究、社会服务等职能。教书育人和其他职能密切相关、互相促进,绝不是对立关系。只有建立健全教师综合评价体系,才能促进高校各项工作职能协同发展。要持续改进科学研究评价指标,构建以质量、贡献和影响为导向的科研分类多维评价体系。深入思考并兼顾集体和个人、短期和长期、系统和局部等关系,深化长周期与团队考评机制改革,从而引导高校科研回归本真,真正做到科研育人、教研相长。要健全社会服务工作评价指标,重点评价高校教师在服务社会过程中产生的经济效益、社会效益,以及科教融合度、产教融合度等发展性指标,支持和鼓励教师不断拓展社会服务内涵、加强广泛深入联系,结合国家社会需求变化不断提升自身能力和职业素养。

　　高校教师评价的实施应当建立动态平衡机制。一方面,教师分类管理过程中要不断调整优化考核指标、评价体系等,推动学校在教育教学、科学研究、社会服务等各个方面人力资源的合理配置,避免某种岗位类别过热或过冷;另一方面,要灵活调节教师在教学科研等方面的投入和发展,为教师转岗提供通道,让教师根据个人意愿有机会选择更适合自己的岗位,充分给予教师自主权,完善流动退出机制。这样才能促进教师更加安心地开展教学科研活动,为学校发展做出更大的贡献。

　　大学教师评价改革是一项多维度、多层次的系统工程。大学教师评价一方面与教师的专业技术职称评定、绩效分配等密切相关;另一方面,大学教师评价的公平性合理性,还深刻影响教师工作的创造性、认可度与满意度。《教育部关于深化高校教师考核评价制度改革的指导意见》提出了以"师德为先、教学为要、科研为基、发展为本"的评价基本要求,突出高校教师的品德、能力和业绩评价。教师多元评价要体现动态综合的特点,创新教师评价考核方式是我国当前建设高素质专业化创新型教师队伍的迫切需要。

(二)教师多元评价的主体

当前大多数高校都已经充分认识到教师评价主体多元参与的重要意义和必要性,并采取多种方式保障各类评价主体的实质性参与,如年度考核、聘期考核、学生评教、同行评议等,通过不同评价主体之间的互动协作、思想碰撞、观点交汇,最终实现共同建构。

1. 教师自评

在高校教师评价具体实施过程中,需要由教师主动提供相关素材。教师对自身的评价是教师评价中不可或缺的重要组成部分。因此,不能简单地将教师定义为评价客体或被评价者,他同时也是评价活动的主体。在诸多评价主体中,教师本人最了解自身工作情况、优势特色以及问题不足。教师自评作为教师评价的方式之一,包括自我评估与自我反思两个部分。教师自评并不是对一定时期内工作成果的堆砌,而是以自身岗位职责为基础,对照自身教学、科学或服务行为,进行深层次的自我剖析,客观评价自身工作的优缺点,反思并提出改进建议和措施。

教师的发展从根本上来说,应当指教师个人的自主发展,因此,教师自评是教师自主发展意识的必然。教师自评应当关注两个方面的内容:一是科学制定评价标准,评价指标体系对教师评价的目标和内容具有导向作用;二是教师自我评价结果不能仅与奖惩挂钩,要指向促进教师全面发展。如果过度地以压力或功利性目的来督促教师开展自我评价,将难以保证教师开展此项工作的真实性,评价结果的可靠性受到影响,教师评价便会失去促进教师个人发展的重要意义。同时,鼓励教师自身积极参与评价,发挥教师评价的主体性作用,既能有效发挥以评促改的作用,也能拓宽学校管理部门广纳谏言的途径,能使其更加清楚地掌握教师的实际工作状态,对高校的长远发展至关重要。

2.同行评价

同行评价是教师评价中十分重要的方式。同行教师基本上在领域内拥有较高的专业能力和水平,对领域内工作的理解也较为深刻。在同行评价过程中,每一位教师既是被评价者,又可能是评价者,"将心比心",这种评价方式会激励每一位教师认真对待评价工作。为了更好地促进教师之间的交流与进步,同行评价专家最好同时包括校内同行和校外同行,有利于实现互相借鉴、互促互进的目的。为保障评价结果的真实性和可信度,在选择同行评价专家人选时要严谨慎重。总体来讲,首先,同行评价专家自身业务素质和专业能力要突出,要有影响力,能够给予教师中肯的专业性评价;其次,同行评价专家要有公信力,为人德高望重、严谨务实,所做的评价结果大家能认同和信服。同行专家评价的重要性不言而喻,但是在实际开展工作时,既要有针对性,又要有适当的评价方法与之匹配。

学校教师评价工作的组织实施者可对评审专家开展相关培训,利用专题交流、专题辅导等多种方式,促使其了解评价体系的设计理念、总体思路以及具体实施方式等。评审专家通过提高对教师评价的认识、理解、接受并认同学校教师评价的价值取向及相关标准,最终将认识转化为理性的评价行为。而业绩评价结果,很大程度上取决于评审专家的诚信素质与学术眼光。要进一步强化评审的透明制度建设,减少主观性评价,增加同行专家推荐,并设立实名公示和连带问责机制,打造诚信的教师评价体系。建立专业诚信库,根据可跟踪、可追责的原则,完善并细化现有的专家同行评价。评价过程合理引入第三方机构,避免相关评价指标和标准与资源简单挂钩。

3.学生评价(教)

学生是教师开展教育教学活动的对象和直接受益人,因此,学生自然成为参与教师评价的直接人选。学校课堂是教师工作的主要阵地,教师选取教学内容的科学合理性,组织引导学生积极开展实践、引发学生独立思考和合作交流的有效性,以及对学生的个体差异和情感体验的关注度等,这些都是对教师进行评价的重要内容。学生评教制度于20世纪中叶由美国开创,并于20世纪70年代被美国大学广泛采用,德国和哥伦比亚的大学则从21世纪初开始实施。学生评价是高校评价教师教学质量或能力最常见的方式,在20世纪70年代,学生评教指标主要用于提升和"塑造"教学质量,后来也成为总结教师业绩的主要指标,逐渐发展成为对教师教学能力评价的主导性指标。

学生是课堂学习活动的主体,其对教师课堂教学情况的评价及反馈应当得到足够重视。但是由于教学评价与绩效奖惩、教师聘任和职务晋升紧密关联,必须严肃对待,而学生受到自身年龄、经验、知识和判断能力等多方面因素制约,未必能够充分理解教师的教学目的和意图,因此学生评价应当以客观描述课堂教学情况为主,避免主观判断。为了尽量保证评价的客观性、准确性,负责教学评价的行政管理部门一方面应当通过印发学习资料或手册等方式,引导学生了解教学评价的意义、内涵以及指标体系等信息;另一方面要帮助学生深入了解教学评价对促进教师专业发展的意义,帮助学生认识对不同性质课程的合理价值判断方法。除了学生对教师的评价以外,还可以用教学督导来检查和评价教师的教学工作,但是由于教学督导需要由大量经验丰富的教师来担任,花费的人力和时间成本巨大,因此难以作为主要的教学评价手段。

(三)教师多元评价的程序

当前,高校教师评价多是自上而下开展的,由学校和人力资源部门负责组织实施,行政管理色彩比较浓厚,教师作为评价主体参与度偏低,处于被动地位。国内高校在教师评价流程上各不相同,但基本程序却有相似之处。

1. 设计评价方案

可以说,教育教学、科学研究、社会服务如同高校的"三根柱子",缺一不可。相应地,教师要想在大学立足,就要注重教育教学、科学研究、社会服务三个方面。考虑到学科及职称差异,高校对不同学科类型、不同岗位的教师制定各自的考核评价标准,多维度系统考察教师的实际贡献。在实际工作中,教学、科研、社会服务这三项基本工作的比重和要求也有所不同。不同岗位的教师分工不同、职责各异,加上二级学院发展规划不一,因此各学院、各学科所采用的教师评价标准允许存在差异。此外,校院两级管理要求学院发展、学科建设要与学校整体发展使命保持一致。由此形成了以高校整体发展方向为纲领,体现各学院、各学科特征的差异化教师评价标准。

现在大多高校的教师评价已经形成了包含综合素质、教育教学、科学研究等多维度的评价体系,并且将评价结果具体运用到教师绩效考核,但实际效用未必尽如人意。当前高校教师评价主要聚焦岗位设置,基于不同岗位类别,构建教师分类评价体系。在评价组织实施过程中,未能对教师进行更精细化的分类规划、分类评价,未能对不同学科、岗位、年龄层等给予不同关注,这会造成不同学科之间指标配置不平衡,不同类型教师评价简单化、片面化等现象,呈现出评价"一刀切"的情况。

高校教师评价应当综合考虑学科发展定位及其特点,权衡学科间发展不平衡的情况,结合学科建设和人才队伍建设规划,根据学校整体事业发展规划对教学、科研、社会服务等不同任务的要求,科学设置各级各类专业技术岗位,分类分级制定评价内容。要尊重不同系列教师的成长发展规律,按照分学科、分岗位类别的思路进行评价,研究确定青年创新人才的考核周期和方式,开设重点岗位人才绿色通道,兼顾交叉学科、小众学科等师资队伍建设。拓展多元化、可选择的教师职业发展路径,让擅长不同领域的教师在各个维度充分发展,而不是要求所有教师平均发展,从而促使教师群体更好地担负起教育教学、科学研究、社会服务、文化传承创新等多重使命。

2. 收集评价素材

科学采集评价素材和数据是确保教师评价结果真实、有效的关键。从实践来看，教师评价常用的方法有绩效考核、自我评价、学生评价、同行评价等，但都有各自的局限性。绩效考核是学校根据绩效管理的需要，运用定性与定量的方法，针对教师一定时期内承担的任务，对教师工作的任务量和业绩成果进行考核和评价。绩效考核被广泛应用，有助于学校实现管理目标，帮助教师认识和提升自身能力，甚至成为岗位聘用、职称晋升、奖金薪酬发放等决策的依据。但在实际操作中不可避免地会受到评价者个人价值观念、评价视角、评价能力、人际关系等方面的影响，从而导致评价结果的偏差。教师自评是教师认识自我、自我诊断的一个重要途径和手段，一定意义上，也是教师自我反思、自我激励与自我提高的过程，但容易出现主观意识较强的问题。学生评价往往受制于专业能力不足的局限，评价结果缺乏准确性。同行评价也存在"面子""圈子"问题，以及学科壁垒、认知局限等影响公平公正的因素。因此，只有综合运用不同的评价信息收集方法，才有可能彻底改变建立在主观模糊评价方法上的评价实践。

高校教师评价体系的构建与实施是一个长期复杂的过程，既要善其事，更要利其器。要加强高校信息化建设的顶层设计，积极探索人工智能、大数据、物联网等现代技术手段与教师评价深度融合，为评价提供相对全面、精准、客观的数据采集与分析。完善教师信息管理数据库，记录教师工作环节，跟踪职业成长状态，通过全方位、全要素、全周期的动态数据信息，有效支撑对高校教师行为表现的过程评价。创建教师评价数据分析平台，深入挖掘高校教师工作的隐性价值，形成定量与定性相结合的评价，分析结果作为教师评价的重要依据。以教育信息化建设为牵引，推进高校教师评价的有效实施与持续完善，实现教师评价智能化、提高精准度，促进评价常态化、长效化。

3. 运用评价结果

高校教师评价结果的应用要始终为教师群体成长服务，为学校事业发展服务,推动实现教师发展的最大化和大学功能的最优化。

高校教师从事教学、科研及社会服务是一项复杂的创造性劳动,不仅需要长期付出艰辛的努力,而且需要不断去探索创新,不断提升自身的专业水平与业务能力,通过不断学习积累,在实践中成长并走向成熟。高校教师评价应体现"发展性",针对发展性评价科学设置评价标准及指标体系,评价素材中应当包含大量的教师专业发展和成长信息,评价结果能够让教师客观认识自己的成绩与不足,促使其提高自我认识、自我反思、自我提高的能力,合理分配个人在教学、科研和社会服务等方面的时间与精力,调整并改进教学科研行为,更好地实现个人价值。要建立健全科学有效的激励、竞争、发展和约束机制,发挥教师评价的导向功能,达到充分调动广大教师工作积极性、促进教师成长发展的目的,"以评价促发展"。

教师评价结果能够为学校人事管理与决策提供依据,基于科学有效、客观公正的教师评价体系得到的评价结果,可作为教师引进、培养、使用、评优、评先、薪酬、绩效、晋升和奖惩等方面的客观依据,从而达到强化教师岗位职责和规范教师个人行为的目的,同时也是提高学校管理效能的一种手段和方法。教师评价的最终目的是实现高校教师个人成长与高等教育事业发展的"双赢",推动实现高校的总体任务和发展目标,提升学校的整体绩效和办学效益;促使高校教师在学校的整体建设发展中有责任感、使命感、获得感、幸福感,彰显人民教师"春播桃李三千圃,秋来硕果满神州"的自我价值。学校的发展离不开教师个人的努力和进步,学校不能单方面要求教师个人修正自己的教学与科研行为模式、价值观念等来适应学校的要求,要积极主动地参与教师个人职业生涯规划指导与管理,将教师个人发展纳入学校整体管理的范畴,以实现学校与个人的共同成长。

三、高校教师多元评价的主体内容

习近平总书记多次用"大先生"对广大教师寄予殷切期望,指出:"在学生眼里,老师是'吐辞为经、举足为法',一言一行都给学生以极大影响。"作为中华民族"梦之队"的筑梦人,教师的思想政治素质、职业道德水平和价值观念直接影响学生的世界观、人生观、价值观养成,关系国家和民族的未来。要着力转变重师能轻师德、重教书轻育人、重业务轻思想等观念,在教师评价中破除"五唯"顽瘴痼疾。

(一)师德评价

教师是立教之本、兴教之源。从"四有"好老师到"四个引路人"再到"四个相统一",习近平总书记对广大教师群体的角色定位和使命担当提出新的更高要求,为教师队伍建设指明了目标和方向。要坚持将师德师风作为第一标准来建设高素质的教师队伍,引导教师将教书育人和个人修养相结合,做到以德立身、以德立学、以德施教。

1. 严格师德考核

2018年,教育部印发《新时代高校教师职业行为十项准则》,成为新时代高校教师师德考核评价的指向标。明确提出:"要强化考核,在教师年度考核、职称评聘、推优评先、表彰奖励等工作中必须进行师德考核,实行师德失范'一票否决'。改进师德考核方式方法,避免形式化、随意化。完善师德考核指标体系,提高科学性、实效性。"2021年,中共教育部党组印发《关于完善高校教师思想政治和师德师风建设工作体制机制的指导意见》,提出统筹开展教师思想政治和师德师风教育的举措。

面对当前多元思潮冲击,高校教师要进一步提高政治判断力和领悟力,筑牢防范抵御各类风险挑战的思想之基。目前来看,各高校已经陆续出台了师德师风考核办法,但是师德师风考核标准相对模糊粗放,评价指标相对笼统抽象,整体上呈现出"定性评价多、定量评价少,主观评价多、客观评价少"的特点。大部分高校主要以两个方面的政策依据对教师的师德师风开展评价,即正向的师德荣誉和反向的师德失范行为处理处分。师德师风评价指标应该是多维度、多方位且科学客观的,但是由于相关信息采集存在一定难度,导致师德师风评价的可操作性不强、评价结果科学性不高。

高校教师评价必须坚持以德为先的评价标准,进一步严格师德师风考核,明确评价的目标和底线,引导教师把思想政治素质建设和教书育人紧密结合,突出师德师风评价对促进教师个体发展的重要作用。一是要坚持价值引领。引导教师以社会主义核心价值观为底色，主动担当作为，赓续红色基因，讲好中国故事、弘扬中国精神，自觉把个人理想融入时代的生动实践。二是要强化以人为本。师德师风评价要遵循教育发展规律、教师个体的身心发展规律，将思想政治引导贯穿全过程，既要注重高位引领又要强调师德底线，厚植师道文化传统，弘扬优良师德师风。从教师需求出发，改革不合理的教师评价体系，健全教师自主发展内在机制，赋能专业成长。三是做到客观公正。建立负面清单制度，引导教师严守师德红线，对师德失范行为严格执行"一票否决"，坚决做到不包容、零容忍。重点考察当前师德师风建设方面存在的突出问题和薄弱环节，推动师德自查常态化，切实转变不良思想动态，使教师"不能为、不敢为、不想为"。

2. 师德评价方式

师德的内涵界定是开展科学评价的前提。一直以来，师德的概念有广义和狭义之分，不同时期、不同学校在师德师风问题的性质界定、程度区分以及适用边界等方面存在模糊空间，考核指标也存在明显差异。另外由于无法将道德层面的要求直接细化为师德师风行为性指标或量化标准，因此高校通常提出师德师风负面清单，划出"红线"，亮出"底线"，严控师德失范行为。大部分高校的师德评价未能制定多维度的细化指标，主要以综合评述方式呈现，主观印象评价居多。因此，完善师德评价指标体系，是新时代高校师德评价的重点和难点。师德评价体系中应同时包含正面指标和负面清单，并合理设定相应权重，定性与定量相结合，推动实现师德师风的系统化评价。通过建立健全指标体系，制定切实可行的评价标准，避免评价流于形式、流于表面。

目前，高校师德综合评价主要分为德、能、勤、绩、廉等方面。要积极探索师德增值评价，发挥师德的增值示范作用，通过树立宣传身边典型，以榜样引领激发教师教书育人的活力和热情。除了执行师德失范"一票否决"外，要进一步完善过程评价，充实评价内容，体现出评价结果的差异性。充分发挥民主监督和参与评议的作用，建立健全考核评价监督约束机制。

师德评价结果的运用效果将直接影响评价导向作用的发挥,要强化评价结果的运用。对于评价结果中认定的师德失范行为,一定程度上还存在着"发现问题易、解决问题难"的困境。目前师德专项奖励在奖励力度上,与教学、科研奖励绩效相比较小,师德师风评价考核结果在人才引进、职称晋升、评优评奖等方面的激励导向力度仍有待加强。要发挥师德评价对教师行为的约束和提醒作用,采取针对性的举措来帮助教师提高认识、加强整改。

3.构建长效评价机制

高校师德建设及评价是一项长期的系统工程,任重道远。要切实提高教师对师德考评的重视程度,深化教师对师德新要求的认知和对师德评价考核内容的理解。通过将管理惩戒制度化、规范化、严肃化,师德涵养和榜样引领常态化、长效化,促进制度约束和教育督导相结合,引导教师成为"四有"好老师,建设高素质专业化教师队伍。

为了推动高校师德"四个评价"落实到位,首先要坚持平时监测与聘期评价相结合,贯彻落实师德师风第一评价标准,促使良好的师德师风成为教师的基本素质。要加强平时监测,将师德评价融入教师日常管理,将师德评价发展成为日常化、常态化的评价,这样有助于从发展性角度更加科学地判断教师师德的现实状况,为评价结果和师德改进提供强有力的支撑,进而提升师德评价的实效性。聘期考核的周期相对较长,在一定时期内对教师思想政治素质和教书育人业务能力进行双重考察,能够较为全面地观察教师在整个聘期内的师德表现,有利于对教师的师德做出系统性判断。

良好的师德是在长期的教育实践中锤炼而成的,高校要充分认识到加强师德工作制度建设的重要性,使其成为推动新时代高等教育高质量发展的重要保障。把师德评价与教学、科研、服务工作紧密结合,与推动实现学校改革发展总体目标相结合。新时代高校师德建设应促进道德教育与教师个人道德修养紧密结合,将管理评价模式转变为以服务为主的涵养模式,推动师德评价从封闭走向开放,从单一走向多元,从多元、多维、多向的视角推进制度完善和过程重构,为教师长远发展提供强大的支持与保障,形成教育、评价、效能相统一的长效治理链条。

(二)教育教学评价

科研成果可比性强、区分度高、归属明确,而教学成果成效时间长,教育教学质量又难以量化,因此高校教师评价中教学方面基本上属于参照性指标,评价多停留在表面上,缺乏严格而具体的评价标准和要求,尚未得到实质性的考评与体现。高校以往开展对教师的评价时过多地与科研业绩挂钩,导致一部分教师出现轻教学重科研的倾向。为了改变长期以来"唯科研成果论英雄"的不良导向,要切实破解教学与科研重心的冲突和矛盾,科学评定教育教学工作。

1. 回归教书育人本责

《中华人民共和国教师法》中对教师做出了明确定义:"教师是履行教育教学职责的专业人员,承担教书育人,培养社会主义事业建设者和接班人、提高民族素质的使命。"课堂是教师教书育人的主阵地,教好学生是教师的首要任务。教育评价改革就是要引导教师立足本职本责、回归本分、潜心教书育人。《深化新时代教育评价总体方案》提出把认真履行教育教学职责作为评价教师的基本要求,引导教师上好每一节课、关爱每一个学生。明确将教师参与教研活动,编写教材、案例,指导学生毕业设计、就业、创新创业、社会实践、社团活动、竞赛展演等计入工作量。引导教师回归教书育人本职主责,从思想观念上重视教学,在实际行动上投入教学。

构建以教书育人为导向的高校教师评价机制,要强化教书育人的价值认同,理念先行。当前的高校教师评价机制中掺杂了太多急功近利的评价导向,导致教师把大部分时间和精力花在了与个人利益高度关联的科学研究甚至商业活动上,减少了对学生,特别是与科研产出几乎无关的本科生的关注和投入。这些错误导向与高校教师的职业初心严重背离,教师职业发展日趋呈现现实性和功利性特点,一定程度上会导致高校办学偏离人才培养的主线与初衷。高校深化教师评价改革,必须树立起科学正确的评价导向,充分激发教师职业发展的内生动力,建立把教师主要时间和精力用于教育教学的约束激励机制,努力营造更加有利于教师积极主动投入教育教学的大学文化与制度环境,从源头上破除功利主义、机会主义等错误导向的不良影响。同时,要树立以人为本的评价理念,不能仅仅将教师评价视作管理手段,而是要坚持尊重教师、关爱教师、发展教师的目标原则,强化教师教书育人的责任心和积极性,增强教师的责任感、成就感和荣誉感,建立健全将教师自我实现与高校事业发展需要相结合的评价机制,引导教师将思想的力量转化为推动教育事业改革发展的行动自觉和强大动力。

2. 突出教育教学实绩

《深化新时代教育评价总体方案》在"改革教师评价,推进践行教书育人使命"部分强调"突出教育教学实绩",支持高校建设高质量教学研究类学术期刊,鼓励高校学报向教学研究倾斜,实施教材建设国家奖励制度,完善国家教学成果奖评选制度等,对教师教育教学实绩做出评价改革设计。通过加大对教育教学工作量和教育教学实绩方面的制度支撑和保障,引导教师把更多时间和精力投入教学、研究教学,创新教学方式方法,切实取得突破。

突出教育教学业绩的核心地位,是构建以教书育人为导向的高校教师评价指标体系的前提和基础。一是要严格教育教学工作量考核。严格执行教授为本科生上课制度,并且明确学时要求。健全教学工作量认定标准,优化教育教学业绩系统评价,多层次全方面地构建教育教学业绩评价指标体系。二是要完善教学质量评价机制。对教学规范、教学运行、教学效果、教学研究及获奖等方面的工作实绩进行多维度考评,结合教师自评、同行评价、学生评价、督导评价等多种形式开展教学质量综合评价。完善教育教学业绩的过程评价,对教师各个教学环节进行系统的、全过程的评价,运用发展性眼光实施长远评价,激发教师教书育人过程中的积极性、主动性和创造性。三是要强调教学业绩评价指标的核心地位,在职称评审、岗位评聘、人才推荐、绩效考核等方面增加教育教学指标的权重,鼓励教师真正把根扎在三尺讲台。四是要探索教育教学业绩的增值评价,构建以高校教师对学生长远发展的影响为标准的评价指标,既关注学生当下的进步,更聚焦其未来的发展潜力,形成不断提升并且持续改进的教育教学指标体系。

3.克服重教轻学倾向

目前我国高校教师教育教学评价中不同程度地存在"重教轻学"倾向,即对教师的教育教学评价侧重于考察教师"教"的行为表现,而缺乏对学生"学"的效果的关注。高等教育治理现代化要求教育教学评价既要能够引导教师反思教学行为,也要重视学生的学习情况反馈。但现实情况是,教师"教"的视角下的评价指标在教育教学评价中占据主导地位,学生主体的地位相对淡化。以教师课堂教学为例,一般情况下,教师"教"的指标包括教学状态、教学内容、教学设计、教学组织、教学过程等多维度的多元评价指标,而学生"学"的指标仅局限于学生表现或学习收获等单一维度指标。

究其原因,是我国教学理念早期深受苏联教育体制和传统教学模式的影响,过分强调教师的权威而忽视学生的主观能动性,以"学"为中心的理念、指向学生学习效果的"教"始终难以落到实处。高校要加强配套机制建设,构建以"学"为中心的评价机制。"学习共同体"是近些年广受关注的新型教学理念,它是指教师和学生共同组成学习团队,深化沟通交流机制,合作完成学习任务。在学习共同体中,教师不再仅仅作为知识传授者或教学者,而是助学者,教师依据学习者的学习习惯、认知条件、实际需要等指导学习。以学习为中心,让"教"适应"学",让"教"辅助"学",让"教"服务"学"。基于"学习共同体"理论,高校教师的教学也应当是指向学生学习之"教",大学教育教学评价应当落实以"学"为中心的理念,引导教师转向学习之"教"。

(三)科学研究评价

科学研究是人才培养和社会服务的源头活水,是高校的基本职能之一,也是高校教师的一项重要职责。深化高校教师评价改革的一项重要内容就是处理好教学和科研的关系,树立正确的科学研究评价导向。

1.落实破"五唯"的要求

2018年,习近平总书记在全国教育大会上明确指出,要扭转不科学的教育评价导向,坚决克服唯分数、唯升学、唯文凭、唯论文、唯帽子的顽瘴痼疾,从根本上解决教育评价指挥棒问题。在2018年两院院士大会上指出"人才评价制度不合理,唯论文、唯职称、唯学历的现象仍然严重"。《深化新时代教育评价总体方案》突出质量导向,重点评价学术贡献、社会贡献以及支撑人才培养情况,不将论文数、项目数、课题经费等科研量化指标与绩效工资分配、奖励挂钩。同时提出改进评价的维度和方式,根据不同学科、不同岗位特点,坚持分类评价,推行代表性成果评价,探索长周期评价,完善同行专家评议机制,注重个人评价与团队评价相结合。

高校科研评价改革是一项系统工程,涉及职称评审、人才评价、绩效评价、资源配置等各个方面,牵一发而动全身。《深化新时代教育评价总体方案》出台以来,教育功利化倾向在一定程度上得到遏制,良好的教育生态正在形成。各高校也对教师职称评聘条件进行了调整,改变了以往"重数量轻质量""重科研轻教学"等弊端,积极探索成果代表作制度,强调教师的教育教学实绩和为社会服务的功能,科研成果不再是唯一条件,教师评价指标更加全面、立体、多维。科研评价改革的目的不止于建立科研成果评价指标体系,更重在对科研评价指标体系的科学合理应用,既在于制度上的"破"与"立",更在于实践中的"评"与"用"。科研评价改革的大方向是遵循科技创新规律,突出质量、贡献和影响,倡导高校教师真正把论文写在祖国大地上。

2.树立正确的评价导向

根据《第四次全国科技工作者状况调查报告》,93.7%发表过学术论文的科技工作者认同发表论文的主要目的是达到职称晋升要求,90.4%是为了完成各种考核要求。在"点篇数、计件制"的评价引导下,大量"为论文而论文"的写作,造成了论文数目很多、解决科学问题却很少的"虚假繁荣"局面。在科学研究追逐"短平快"的大背景下,一些基础理论问题以及与社会发展相关的应用课题,由于无法快速发表论文而无人问津,很大程度上影响了重大原创性成果产出和"卡脖子"技术的突破。更为严重的是,量化的数字指标所带来的焦虑甚至引发少数科研人员抄袭等学术不端行为,严重破坏学术生态。

当前"五唯"问题广受诟病,根本原因在于"评什么"与"干什么"脱节,评价更主要是从"方便考核""方便管理"的角度进行考虑。科学研究有其自身发展规律,不能简单地用计数和计件的方式来衡量。评价本身不是目的,其意义在于以评促教、评教相长,以此推动知识创新和转移,进而服务社会。要改变短时间频繁评价的做法,探索长周期评价、延时评价,并不断进行优化完善。评价成功与否,不仅取决于评价体系自身的好坏,而且在于能否调动评价对象的积极性,赢得广泛的认可与支持,达到以评促教的根本目的。

3.实行科研分类考核评价

当前的科研领域至少包括基础研究、应用基础研究、技术开发、国防军工科研、成果转化、决策咨询等多个大类。学术成果主要表现为破解世界科技前沿难题、满足国家重大战略需求、回答解决区域行业重大理论和现实问题等多种形式。从成果呈现形态看,主要有论文、著作、专利、报告等。大体而言,理科主要看论文,文科主要看著作、论文,工科主要看专利以及对产业界的实际效果。要拓宽评价维度,认识到"成果的多元化",将不同科研领域、不同科研方式产出的创新性科研成果纳入科研评价,将论文以外的其他高水平科研成果纳入代表作,完善代表作评价制度。

按照不同学科和领域进行分类科研评价,区分论文在基础研究、应用研究、技术开发等各个领域的评价使用标准,分类设计相关评价指标和相应权重。对于基础研究、应用研究和技术开发要采用不同的评价标准,避免"一刀切"。基础研究成果产出的主要表达形式是论文,评价重点聚焦论文的创新水平和科学价值。应用研究不直接与论文挂钩,主要评价技术创新与成果转化,解决实际问题和支撑行业产业发展的效果。根据研究领域制定不同的评价方法,"综合准入制"与"破格制"相结合,多角度、多视野、多途径评价科研人员。基础学科研究生培养,从科研能力培养和实践训练的角度出发,应当对学生提出论文发表的要求。应用学科如若取消发表论文的硬性指标,则必须重点关注学位论文的创新性。二级教学科研单位制定事业发展规划和绩效考核指标时,应根据实际情况,在落实学校提出的基本目标任务的基础上,提出个性化考核评估指标。同时还要强调解决基础研究重大问题、国家重大需求和产业重大应用问题,并根据可及性、体现区分度的原则分别明确在职称晋升等长期评价和绩效核算等短期评价中的应用,提高学术水平评价的效度。

(四)社会服务评价

社会服务是高校教师以满足社会现实需要为目的,在开展常规的教育教学和科学研究活动之外,发挥自身优势有计划地参与社会的政治、经济、科技、文化等方面发展和解决实际问题的活动。或者说,社会服务是人才培养和科学研究的外溢作用体现,也是高校参与国家和社会建设发展的主要途径与渠道。

1.社会服务评价指标维度

尽管高等教育的社会服务价值日益凸显,但现实中人们对高校履行社会服务职能的实际效果不尽满意,关注度仍亟待提升。现阶段大众对高校教师社会服务能力的认识尚存在明显短板。政策层面对高校社会服务的关注和介入,一般仅停留在宏观视域的要求与规约,从管理的角度强调高校整体的社会服务意识与职责,尚未涉及教师个体服务社会的内涵,以及提高教师个体社会服务能力的方式方法等问题。

根据各综合性高校评价或大学排名的指标中关于高校社会服务评价的相关内容,我们对与社会服务相关的评价指标进行了梳理,见表2-3。

表2-3 国内大学排名与社会服务相关的指标

评价/排名名称	社会服务评价相关指标
"双一流"建设大学动态监测指标数据	服务国家"急难险重"事件 企事业单位委托经费 高校成果转化和社会服务机构建设
第五轮学科评估	社会服务贡献(按学科特色)
2022软科中国大学排名	科技服务(企业科研经费) 服务平台(服务社会基地) 专利成果(专利获奖) 成果转化(技术转让收入)
校友会2022中国大学排名	社会服务效益 社会服务典型 社会服务基地
武书连大学排名	无

结果显示,随着国家对高校在科技成果转化和服务经济社会发展方面的需求越来越迫切,越来越多的大学评价关注社会服务能力,但目前社会服务指标高度集中在科技成果转移转化方面,从一个侧面反映出各外部评价主体对高校社会服务成效评价的指标维度相对单一。

为适应社会发展对高校提出的新要求,高校服务社会的内容不断拓展,包括但不限于科技成果转移转化、决策咨询、终身教育、科教资源共享、科技推广与培训等。高校参与社会服务的形式也日趋多样化,与地方政府、科研院所、行业企业等开展全方位合作,共建产学研合作基地等,努力发挥服务社会职能;创新机制支持教师在校外兼任顾问、离岗创业等,进一步加强高校与社会的联系,同时也为高校自身发展拓展更大的空间。

2.增强社会服务责任感

高校教师主动服务社会的责任意识是推动其自觉发展社会服务能力的前提和基础。能够积极参与各类社会活动或者有兼任社会职务的一部分教师，其社会服务工作成效往往比较突出，能够更好地将教育教学、科学研究与经济发展和社会治理的现实问题相结合，为行业企业提供技术支持，为政府部门提供决策咨询等。因此，高校应引导教师提高对社会服务工作的认识，正确认识和处理提供社会服务与从事教学、科研之间的关系，增强教师的社会服务责任感。

高校社会服务作为一种相对特殊的人力资源辐射活动与智力输出，其内涵广泛而丰富，领域和范围复杂多元，不仅体现在科技、经济方面，也可以融入思想、道德、社会、政治和文化等层面，涵盖了为促进经济社会发展和人类文明进步所创造的全部价值。高校自身的属性决定了实现服务职能必定以智力资源为依托，既可以通过市场化、有偿的方式来实现，也常常以公益性、无偿的方式去展现；既包括可以即时被感知的直接价值、显性价值，也包含指向未来、利在长远的间接价值、隐性价值。

高校要引导教师树立"大服务观"，不能将社会服务的内容局限在科学研究领域，或者将科研活动成果的推广应用等同于社会服务的全部内容。这样不仅窄化了高校承担社会服务职能的内涵，模糊了社会服务与科学研究职能的边界，也弱化了高校在一些其他方面为经济社会发展所创造出的价值，同时导致人文社科类教师在社会服务活动中的贡献度和显示度降低，难以充分发挥特长开展知识含量高、专业性强的社会服务活动。要强化社会服务工作的包容度、前瞻性、长远性，充分考虑服务形式的多样性，充分认可服务内容的丰富性，充分了解服务对象的差异性，探索构建立体多维、动态开放的社会服务评价指标体系和分类评价标准，引导教师各尽其责、各显其能，推动实现高校、教师、社会共同发展、同频共振。

3.提升社会服务实际效能

2016年,习近平总书记在全国高校思想政治工作会议上强调:"我国高等教育发展方向要同我国发展的现实目标和未来方向紧密联系在一起,为人民服务,为中国共产党治国理政服务,为巩固和发展中国特色社会主义制度服务,为改革开放和社会主义现代化建设服务。""四个服务"是高等教育发展的初心使命和责任担当,为新时代高校开展全面社会服务指明了方向。

受目前高校教师的教学科研活动与市场需求脱节、成果本身转化价值不高、成果转化渠道不畅等因素影响,高校参与社会服务的质量和深度远不尽如人意。要坚持以提升社会服务实际效能为目标,强化面向现实需求、解决现实问题的评价导向,引导教师扭转追逐学术热点的倾向,保持内心淡定,增强研究定力,涵养科研心态,研究实实在在的问题,做真正的学问。瞄准产业转型升级的重大问题,以科教产教深度融合为切入点,提升科技成果熟化程度,提高转化技术含金量,增强市场竞争力。不断引导教师在开展教学科研活动时既要遵循科教研究发展的内在规律,又要把准市场脉搏,切实扭转重论文轻专利、重研发轻转化以及工科理科化等不良倾向。

建立配套完善的社会服务评价体系是激励高校推进全面服务社会的重要制度保障。教师考核评价中要强化成果转化实效,引导教师树立正确的科研定位,面向产业行业实际需求和现实问题规划开展科学研究任务,不能为了职称晋升、项目结题等而"制造成果";畅通科技成果转化渠道,完善知识产权确权制度,加强技术工程化、系统化以及和供应链整合的平台与能力建设,增强成果转化服务能力。科学运用考核结果完善奖惩机制,强化高校全体单位和职工对社会服务工作的重视程度。

第三章

高校教师多元评价改革的组织实施

高校教师多元评价改革的组织实施是在构建评价体系框架的基础上，从健全评价组织机构、设计评价实施路径和构建评价实施策略等方面进行的实际操作和具体实践。因此，要建立健全分类分级科学合理、职责功能协同高效的评价组织机构，要围绕高校教师评价改革的核心领域明确教师评价的改革目标和操作路线，要基于高校教师评价的重点难点问题，构建多元一体的评价实施策略和良性互动机制。

一、高校教师多元评价的组织机构

高校教师多元评价组织机构的设置主要面向教师分级评价、教师分类评价和教师多元评价机构协调等评价实施内容。西南大学设置了"三级"教师评价组织机构，并根据教师评价内容，进一步健全完善了教师分类评价机构的功能设置，进一步优化了多元评价机构协调机制，这些是保障西南大学教师评价改革工作平稳有序实施的重要基础。

（一）教师分级评价组织机构

教师评价组织机构从功能属性上可划分为行政主管机构和学术评价机构两大类。行政主管机构是教师评价的组织者、管理者，其参与教师评价的工作主要集中在制定科学合理的评价政策、建立公平公正的评价程序、做好评价管理服务与监督、审定并使用评价结果等方面。学术评价机构则直接作为教师评价主体,可对教师的教育教学水平、学术水平等进行直接性、结果性评价。

组织机构是高校开展教师评价的载体,其科学分级分类是确保教师评价工作平稳高效开展的基础和保障。为提高教师评价的专业性、精准性和科学性,西南大学构建了"学院—学部—学校"三级教师评价组织机构体系。其中,学院和学校层级涵盖行政管理和学术评价两类组织机构,学部层级为学术评价组织机构。从学术组织体系来看,主要由学校学术委员会、各学部学术委员会、各学院学术委员会构成。

1.二级学院

二级学院是高校实行行政化校、院两级管理模式中的第二级,二级学院是构成大学的最基本的教学和行政单位,是教师组织关系、人事关系和学术关系的直接载体,也是开展教学科研工作的主要平台。西南大学根据办学需要和自身专业特点,共设置44个二级学院及一些科研院所,涵盖102个本科专业及哲、经、法、教、文、史、理、工、农、医、管、艺等12个学科门类。二级学院教师评价组织机构包括党政组织和学术评价机构两个部分。党政组织在教师评价中主要负责教师思想政治和师德师风考察、教学科研工作量核算、岗位任务完成情况考核、综合表现情况鉴定及教师评价的具体组织管理。学术评价机构为学院学术委员会,按教学科研单位进行设置,主要负责各类教师评价推荐评审、学术事项管理、成果认定等。例如,负责评审教学科研系列副高级及以下专业技术职务,向学校学术委员会推荐本单位申报教学科研系列正高级专业技术职务的人选,评审高层次人才引进岗位人选,推荐学术组织的任职人选、人才选拔培养计划人选,推荐教学、科学研究成果奖等。由于学院学术委员会组成人员基本上同属一个一级学科,在学术评价中属于小同行评价,其评价结果更具专业性和精准性,评价结果能够更直接反映教师教学科研水平。

2. 学部

学部是超越学院层次的更高起点、更高标准、更高要求的一种开放式跨学科组织。学部一般依据学科门类设置，实行学科交叉、整合，可以基于学科门类组织教学、组建科研创新平台，能够有效推动所属二级学院相关人力资源和学术资源有效流动和重新组合[①]，其是学术指导、科研组织和协调的机构。西南大学于2019年印发了《关于成立学部学术委员会、部务联席会的决定》，进一步建立健全学部运行机制，实现学部实质性运转，共有11个学部学术委员会、部务联席会，分别是人文学部、社会科学学部、教育科学学部、艺术学部、理化与材料学部、资源环境学部、工学部、数学与信息科学学部、农学部、动物科学学部、生命科学学部。学部学术委员会在教师评价中的职责主要涉及高级专业技术职务推荐评审、特设岗位推荐评审以及教学、科学研究成果奖推荐等。

3. 学校

学校层面的教师评价组织机构包括学校职能部门、学校学术委员会和学校议事机构三个部分。学校职能部门在教师评价工作中发挥组织、管理、服务作用，同时也是教师评价结果的使用者。人事部门是教师评价的牵头部门，教学、科研等部门是协同部门。职能部门主要负责制定教师评价标准、机制、规范等，并需提交学校学术委员会审议、学校议事机构审定。学校学术委员会是学校最高学术机构，在学校党委领导下，统筹行使学术事务的审定、审议、评定和咨询等职权，由学校不同学科、专业具有正高级专业技术职务的人员组成。学术委员会下设教学指导、学科建设、学术评价、师资队伍建设、学术道德等专门委员会。专门委员会根据法律规定、学术委员会的授权及各自规程开展工作，其审议、评定、咨询结果及会议纪要等需提交学术委员会备案。在涉及教师评价的事项中，学校学术委员会负责审定专业技术职务聘任学术标准，审议学科、专业及教师队伍建设规划，审议教学科研成果评价标准、专业技术职务聘任办法、学术评

---

① 魏小琳.治理视角下大学基层学术组织的重构[J].教育研究,2016(11):67-68.

价标准、学术道德规范、学术争议处理规则;评定学校教学、科学研究成果及奖励,对外推荐教学、科学研究成果奖,评定高级专业技术职务人选、高层次人才引进岗位人选、名誉(客座)教授聘任人选,推荐国内外重要学术组织的任职人选、人才选拔培养计划人选等,受理有关学术不端的举报并组织学术评议,评定学术争议等。学校议事机构主要包括学校党委常委会、校长办公会及各类涉及教师评价的领导小组会议等。其中,各类领导小组会议负责研究教师评价相关事项,并提出意见与建议,党委常委会和校长办公会负责审定关于教师评价相关事项的结果。

西南大学在构建教师评价三级评审组织机构中,围绕健全两级管理、下放评价权限等方面进行了一系列有益探索,进一步提升了教师评价的质量和效率:一是在教师职称评审中,适当下放评审权限,学院学术委员会限额推荐评审,学部、学校学术委员会择优评审,五年岗位空间下达各二级单位,各单位统筹规划使用,细化质量导向评审标准,强调评聘结合,强调聘后职责任务、聘期等要求,进一步注重评审监管、服务、纪律要求与惩戒。二是在教师评价中充分发挥"学院、学部、学校"三级评审的不同优势:第一级评审实行择优限额,扩大小同行评价权重,建立同行专家主审制度;第二级评审注重学术质量把关,在推荐排序的基础上,提出综合评价意见和发展性建议,更加体现发展性评价的特征;第三级评审注重评价质量底线把关,体现跨学科、跨领域综合考量。三是教师评价工作运行机制实行两级管理,在明确各单位事业发展任务目标的基础上,各单位明确教师岗位职责与聘期任务,学校考核评价二级单位,二级单位考核评价教师个人。

以西南大学专业技术职务三级评聘机制为例:

第一级评审由各学院(部、所)学术委员会、思想政治教育系列专业技术职务推荐组、实验技术系列专业技术职务推荐组、其他专业技术系列专业技术职务推荐组、高等教育管理研究系列专业技术职务推荐组构成,主要负责各系列中级职务的评审、高级职务的推荐评审,各系列牵头职能部门负责组建相应系列专业技术职务推荐组。各二级单位对本单位申请人进行思想政治和师德师风考察与综合推荐,协同学校相关职能部门开展教学工作量与教学质量考核、教书育人校外同行评审、学术水平校外同行评审,同时负责本单位评审工作的监管和申诉受理工作。

第二级评审由各学部学术委员会、教学科研系列教学为主型专业技术职务评审组、教学科研系列思想政治理论课教师专业技术职务评审组、思想政治教育系列专业技术职务评审组、实验技术系列专业技术职务评审组、其他专业技术系列专业技术职务评审组、高等教育管理研究系列专业技术职务评审组构成,主要负责各系列高级职务的推荐评审,学校学术委员会办公室负责组建各专业技术职务评审组。

第三级评审为学校学术委员会专业技术职务评审专门委员会,负责学校有评审权各系列高级职务的评审,学校无评审权各系列高级职务的推荐评审。校长办公会审定专业技术职务评审结果,并按学校岗位聘用相关规定聘用至相应岗位。校纪检监察部门和校工会负责学校评审工作的监管。

各级评审委员会的评审程序一般包括材料会前预审与会议评审。会议评审包括申请人答辩、主审专家综合评价、会议评议和投票表决等。其中主审专家综合评价,要求每位申请人应有2名专家进行主审,形成综合评价意见和发展性建议,由主审专家或工作人员在会议评议阶段宣读。

(二)教师分类评价组织机构

教师分类评价组织机构由行政主管机构和学术评价机构两大类组成。行政主管机构主要包含党委组织部,人力资源部、党委教师工作部,教务处,研究生院、党委研究生工作部、党委学生工作部、学生工作处,科学技术处,社会科学处,机关党委,发展规划与学科建设部,国内合作处,纪委办公室、监察处、巡察工作办公室,财务部等行政职能部门。学术评价机构指的是学校学术委员会及各学院(部)学术分委员会,其中学校学术委员会下设教学指导、学科建设、学术评价、师资队伍建设、学术道德等专门委员会。

1.行政主管机构的功能

行政主管机构整体负责教师评价的组织和实施,从政策制定、评审实施、过程监督到结果审定和运用全过程参与。2020年底,西南大学出台了《西南大学党建工作与事业发展融合考核实施办法(试行)》并于2021年起实施,将全校82个二级单位分为教学科研单位、机关直属单位和经济目标单位3类,设置90余个观测点和若干负面清单、加分项目,强化对教书育人、科研突破等重点任务完成情况的考核评价。由人事部门牵头,教学管理部门、科研管理部门协同,各职能部门分类牵头负责教师师德师风评价、教育教学评价、科研能力评价、学生工作评价、社会服务评价等多维评价工作。

党委教师工作部负责教师师德师风评价。落实"立德树人"根本任务,坚持把师德师风作为第一标准,把思想政治素质作为教师评价的第一关。在教师选聘、职务晋升、岗位晋聘、出国访学、科研项目申报、人才项目推荐、评优评奖等工作中,党委教师工作部做到"凡进必审""凡推必审",对师德师风问题"零容忍",做到"一票否决"。2021年12月,西南大学出台《西南大学教师师德失范行为处理规定》,明确新时代教师职业行为负面清单,针对主要问题、突出问题划定基本底线,深入推进师德师风考察常态实施,建立年度考察和日常考察监测机制。

教务处、研究生院负责教育教学评价。2021年4月,西南大学出台《西南大学教学科研单位应当工作量和基本任务量计算办法(试行)》,建立教育教学工作量计算标准,以及学校考核二级单位教学、科研工作量办法,全校形成教书育人基本职责任务共识。鼓励坚守教育教学一线,制定教学研究项目与成果分类分级标准,将参与教研活动、出版高质量教材和指导实习实践、就业创业、社团活动等纳入教师评价和绩效奖励体系。把教学工作量和教学质量作为职称评审的基本条件,明确晋升高级职称须有至少一年专职辅导员、班主任等学生工作经历,强化教授每年至少为本科生授课3个学分对应学时数的要求。

科学技术处、社会科学处等职能部门负责科研能力评价。每年初根据学校事业发展基础与目标,按各二级单位教师人数和岗位结构综合确定基本科研任务量并下达各二级单位,各二级单位再根据实际情况,对教师个人的科研工作量和科研基本任务进行评价和考核。坚持"质量导向、分类多元"原则,出台《西南大学研究项目与成果分类分级办法(试行)》,

涵盖项目、论文、著作、资政建议、获奖以及文艺创作、知识产权、产品、设计等方面，推动不同类型教师找准发展定位。实行代表性成果评价机制，强化校外第三方评价，试行教育育人校外同行评价，完善学术同行评价，实行校内评审主审制。对自然科学、人文社会科学等不同学科，建立项目、论文、获奖等不同类型转化认定成果体系。不以数量论英雄，重点关注成果的创新水平和贡献度，允许教师不受评审条件中的成果数和级别限制，凭标志性高水平成果申请正高职称。

党委学生工作部、学生工作处，招生就业处，国内合作处等职能部门负责学生工作和社会服务评价。主要从毕业生就业、国内合作项目和公益任务等方面来进行评价。其中，国内合作包括各类横向合作项目、共建科研合作平台(地方研究院、联合实验室、合作示范基地等)、承担落实学校安排的重点合作任务(组建校校合作平台、产学研联盟等)、社会服务成效显著获社会服务类奖或优秀案例等方面；公益任务包括对口支援教师干部选派、定点扶贫挂职干部选派、承担落实学校及上级安排的定点扶贫及对口支援等公益性任务等方面。

2.学术评价机构的功能

学校学术委员会下设五个专门委员会。各专门委员会主要职责如下。

教学指导专门委员会负责审议本科和研究生专业设置、招生和人才培养方案的学术标准；评定或推荐遴选校级及以上教学名师、教学奖励、教学改革项目，认定教学成果；等等。

学科建设专门委员会负责审议学校"双一流"建设方案、评价报告等；对学校学科建设发展规划、学科布局、动态调整提出咨询意见；等等。

学术评价专门委员会负责评定或推荐遴选校级及以上的科研奖励、科研项目、科研平台及重要学术组织任职人选；认定科研项目、科研成果；对学校科学研究的管理办法、改革方案提出咨询意见；等等。

师资队伍建设专门委员会负责评审专业技术职务、推荐遴选高层次人才引进人选、推荐高层次人才计划人选；评议专业技术职务二级及以下岗位人选的学术水平;对学校师资队伍建设、专业技术职务评审、岗位设置与聘任、高层次人才引进等制度性文件提出咨询意见;等等。

学术道德专门委员会负责受理涉及学术不端的举报并组织开展学术评议;对学术道德规范制度、学术争议认定与处理规则提出咨询意见;等等。通过修订《西南大学学术道德行为规范及管理办法》对学术道德规范与学术不端行为进行了界定,在明确学术规范的同时,将调查划分为行政调查及学术评议两个方面,对相关职能部门的工作职责范围及相应工作流程进行了明确,构建了相关职能部门开展行政调查,学术道德与学术评价专门委员会负责学术评议,学生工作部、研究生工作部和党委教师工作部负责对存在学术不端行为的人员进行处理的协同工作机制。

(三)教师多元评价机构协调

1.机构协调性的意义

在多项调查中发现,包括"双一流"建设高校在内,多数高校行政机构都面临发展上高校协同的困境与治理难题,高校行政机构存在治理的"碎片化"倾向和管理上的内卷化倾向[①]。协同推进教师多元评价,需要强化协同观念,构建各类组织机构之间的协同体制机制,发挥多元主体的协同效用,力求简便高效,力戒形式主义,避免增加基层负担。

2.机构协同运行机制

西南大学以党建工作与事业发展融合考核为总抓手,牵引教师多元评价机构协调运行。坚持党建工作与事业发展一体推进,坚持"一盘棋"统筹兼顾,把做好党建工作与改革、发展、稳定各项工作紧密结合,同教学科研、管理服务、队伍建设等各项任务一体推进,努力实现教师评价的管理服务标准化、资源配置最优化、教育效益最大化。

西南大学党委成立党建工作与事业发展融合考核领导小组,由学校

---

① 斯阳,李露萍.协同治理视域下高校机关党建和业务工作深度融合的现状与对策[J].上海党史与党建,2022(4):80.

党委书记、校长任组长,分管组织、人事和机关党建工作的校领导任副组长,成员由党政办公室,党委组织部,党委宣传部、党委网络工作部,纪委办公室、监察处、巡察工作办公室,机关党委,发展规划与学科建设部,人力资源部等职能部门主要负责人组成。领导小组在学校党委的领导下开展考核工作。领导小组下设党建考核工作组、事业发展考核工作组和机关考核工作组,分别由党委组织部、人力资源部和机关党委牵头,负责考核工作的组织实施。

党建考核工作组,由分管组织工作的校领导担任组长,党委组织部牵头组织,成员单位包括党政办公室,党委宣传部、党委网络工作部,党委统战部,纪委办公室、监察处、巡察工作办公室,工会、教代会,团委,党委学生工作部、学生工作处,党委保卫部、保卫处,人力资源部、党委教师工作部,研究生院、党委研究生工作部,离退休党委、离退休工作处等部门。考核内容主要包括领导和运行机制、意识形态工作和政治把关作用、思想政治工作、基层组织制度执行和推动事业发展作用发挥等情况。党建工作考核形式包括平时检查和述职评议。

事业发展考核工作组,由分管人事工作的校领导担任组长,人力资源部牵头组织,成员单位包括发展规划与学科建设部、教务处、研究生院、社会科学处、科学技术处、国内合作处、国际合作与交流处、财务部和招生就业处等部门。事业发展考核内容包括基本任务考核和关键目标考核两个部分。基本任务考核包括教学和科研两个方面,分别由教务处、研究生院、社会科学处和科学技术处牵头负责。关键目标考核包括教学、科研、队伍建设、国际化和社会服务五个方面的业绩,分别由教务处、社会科学处、科学技术处、人力资源部、国际合作与交流处和国内合作处等部门分类牵头负责。教学科研单位考核实行校院两级管理,学校考核单位,单位考核教师个人。

机关考核工作组,由分管机关党建工作的校领导担任组长,机关党委牵头组织,成员单位包括党政办公室,党委组织部,党委宣传部、党委网络工作部,党委统战部,纪委办公室、监察处、巡察工作办公室,工会,机关党委,发展规划与学科建设部,人力资源部、党委教师工作部,财务部,党委保卫部、保卫处,离退休党委、离退休工作处等部门。考核内容包括党建工作和事业发展两个方面。党建工作考核党的六个建设（政治建设、思想建设、组织建设、作风建设、纪律建设、制度建设）、反腐倡廉和突出业绩。事业发展考核年度任务、日常管理和突出业绩。其中,年度任务包括年度工作任务和学校专项任务两方面。日常管理包括履行工作职责、加强人员管理、提升管理服务能力、落实安全稳定工作。

西南大学将考核结果作为二级单位及教师个人工作业绩评价、评优评奖和干部考核的重要依据和有关资源分配的重要参考,并结合实际工作,表扬先进,激励中间,鞭策后进。

二、高校教师多元评价的实施路径

西南大学构建了以教师岗位职责任务的评价为基础,以教师学术贡献的综合评价为核心,以教师工作业绩的周期性评价为保障的教师评价实施路径,主要凸显"四个多元",即评价主体多元、评价对象多元、评价标准多元和评价方式多元,着力突出评价质量导向、破除"五唯"倾向。

（一）教师岗位职责任务的评价

科学的岗位职责设置是考核评价教师做出的实际贡献、实现的工作目标的基础,是对教师学术水平、学术活动、业务能力进行评价的基本依据。高校教师岗位职责任务一般包括教学、科研、社会服务及公共事务等内容。同一所院校应根据不同岗位类型确定教师岗位职责,根据不同层次教师岗位特点设立不同层次要求的岗位职责,根据教师不同时期工作重点的变化确定考核评价标准[1]。

为进一步提高岗位职责任务对教师评价的激励与约束作用,西南大学在优化岗位设置、研制岗位工作量计算办法、深化岗位聘用制度改革等方面进行了一系列有益探索。

---

[1] 燕红,胡爱萍,富丽琴.对高校教师聘任制改革中存在问题的探讨——谈教师岗位职责的科学制定与评估[J].中国高教研究,2001(6):41-42.

1. 科学设置岗位总量与结构

有效开展教师岗位职责任务评价的前提是科学合理规划设置岗位总量与结构。西南大学通过制定编制核定与岗位设置办法，聚焦人才培养和科学研究核心事业发展需要，统筹规划用人总量，核定各类编制规模，合理设置岗位总量与结构，在编制总控下，根据学校不同发展阶段的目标核定各类编制数量，作为学校各阶段岗位总量设置指导。围绕学校事业发展核心，分步优化各类岗位结构比例，优先保障教学科研需求，人力资源配置重点聚焦一流学科、基础学科和交叉学科；编制核定与岗位设置由学校统筹规划、相关部门和各二级单位协同分类推进。创新管理思路和方法，逐步健全岗位分类设置与管理体系，深化多元聘用机制改革，构建更加合理的岗位分类发展机制；根据学校不同发展阶段的目标，建立岗位设置动态调整机制，强化人才培养和学科发展导向，激发二级单位事业发展主体作用，动态调整各单位、各类岗位规模与结构，精准高效配置人力资源。专任教师岗分为教学为主型、教学科研型和专职科研型3类。其中，教学为主型以本科人才培养为主要职责，设置在涉及公共课、平台课、教师教育和学科教育专业相关单位，校管科研机构和未承担有公共课、平台课的单位不设置教学为主型岗位；教学科研型为专任教师岗位主体，以教育教学和科学研究为主要职责，设置在有本科人才培养任务的单位；专职科研型以科学研究和研究生培养为主要职责，主要设置在校管科研机构和国家级科研平台。学校成立岗位设置与聘用工作领导小组，统筹负责编制管理、岗位设置、聘用管理等工作，研究有关重大事项，领导小组下设办公室，挂靠人力资源部，牵头负责组织实施有关具体工作。各二级单位须在岗位总量规模控制指导下，制定岗位设置与聘用实施细则，明确各类岗位职责任务与考核标准。

2. 深化人员聘用与岗位聘用改革

坚持发展导向，聚焦落实立德树人根本任务，坚持把师德师风作为第一标准，围绕学校事业发展目标，合理规划设置本单位教学科研发展任务和师资队伍结构。实行人员能进能出、职务能上能下、待遇能升能降的岗位竞聘管理制度,严把聘用条件和聘用程序关。强化基本职责管理和任务业绩导向,各二级单位应明确本单位各级各类岗位的具体职责和聘期任务。突出分类分级,由学校统筹,各职能部门和二级单位分工协同,强化二级单位在岗位聘用中的主体责任和自主权,分类、分级、分步推进岗位聘用与考核工作。进一步明确了学校含弘人才岗位、常规岗位的职责与聘期任务。

含弘人才岗位:为解决西部高校"引才难、稳才难"的现实困境,面向服务国家和地方重大战略发展需求,设立"含弘领军岗""含弘英才岗""含弘优青岗"和"含弘研究员岗"。岗位职责主要是聚焦一流人才培养、一流成果产出,履行好人才培养职责。含弘人才岗位聘用人员每年须承担本专业本科生核心专业课程教学任务,且年均本科生课堂教学工作量能够达到教学主管部门和二级单位规定的要求。突出思想政治教育,创新课程体系建设和人才培养模式,鼓励开展高水平教学改革研究,切实提高人才培养质量;围绕国家科技发展战略重大需求和经济社会发展重大问题,承担国家重大科研项目,开展原创性研究,产出引领性、标志性成果,填补学科空白,取得创新性突破。含弘人才岗位聘期4年,实施中期考查和聘期考核,以目标任务为导向,相对集中组织开展。中期考查由二级单位组织实施,重在对特设岗位目标任务推进情况进行汇报或展示,评议目标任务完成进度和主观努力情况,对岗位目标任务的进一步推进提出意见和建议。中期考查的进度评议情况及建议作为下一步团队推进落实聘期任务目标的参考。聘期考核由学校组织实施,重在对特设岗位任务目标完成情况进行综合考核,考核结果分为优秀、合格、基本合格和不合格四个等次。聘期考核优秀可续聘原岗位;考核结果合格,若达到相应岗位聘任条件可续聘;考核基本合格或不合格不予续聘,调整聘用至相应级别常规岗位。

常规岗位:根据教师岗位类型分类制定岗位职责和任务。教学科研型聚焦开展高质量教育教学研究,完成学校和所在单位规定的教学工作量和本科教学任务,将专业教育与思想政治教育有机融合;积极从事高质量科学研究,承担高质量研究项目,产出高质量学术成果;积极参与国内外合作交流与社会服务工作。教学为主型潜心从事高水平教育教学研究与实践,承担高质量本科课程教学工作,每年保证相当的教学工作时数,将专业教育与思想政治教育有机融合,积极开展教育教学研究;承担高质量教学研究改革项目,产出高质量教学学术成果;积极开展创新创业教育教学工作,指导学生取得创新创业成果。专职科研型潜心从事高水平科学研究与实践,开展高水平科学研究工作,重点围绕基础研究和国家(地方)重大需求,承担高质量科研项目,产出高质量科研成果;积极开展国内外合作交流,积极参与科技推广、科技咨询、教育培训等社会服务工作;从事研究生教育教学工作,指导学生开展科学研究。各类岗位均须完成规定的本科课堂教学工作量,且年均教学工作量达到学校基本任务量和所在单位规定的要求。各二级单位结合学校和本单位事业发展目标,在岗位聘用工作方案中进一步细化基本任务,各级各类专任教师聘期岗位任务要求应高于学校基本任务底线要求。

3.研制岗位工作量计算评价办法

为深入推进教师分类评价改革,强化教师岗位职责和基本任务约束,突出高质量教育教学和科学研究业绩激励,夯实教师评价的基础标准,西南大学研制了教师岗位应当工作量和基本任务量计算办法。应当工作量是指各教学科研单位教师应当完成的教学、科研工作量,各单位教学和科研应当工作量,根据各单位专任教师数量与结构,并按一定基准值比例关系和标准确定;基本任务量为各教学科研单位教师须完成的底线教学、科研工作量。计算的教学工作量包括本科和研究生课程教学、实习指导、论文指导和研究生指导,以及教学管理中关于审核评估重要环节工作等工作量。人文社科、自然科学工作量分别根据科研管理部门制定的研究项目与成果分类分级标准制定。应当工作量和基本任务量计算标准为学校核算二级单位教学、科研工作量的依据,各二级单位根据学科发展需要,制定符合本单位实际的教师个人各类各级岗位教学、科研和单位公共事务工作等任务要求和工作量计算标准。二级单位同时根据自身实际情况制定教学、科研工作量相互折算办法,允许教师在教育教学和科学研究上有所侧重。在教师个人工作量计算中,应考虑团队合作工作量的计算分配,对承担学院党政管理工作的教师,二级单位可酌情减少教学、科研工作量要求。各二级单位教师完成基本任务的,核拨相应任务绩效;未完成基本任务的,按未完成的比例扣减相应任务绩效;根据各单位超出基本任务工作量情况,结合教学研究与科学研究质量核拨调节绩效。

(二)教师学术贡献的综合评价

教师学术贡献的综合评价是基于教师在学术方面的表现和成就。具体来说,教师学术贡献的综合评价主要包括学术成果质量和影响力、参与学术活动和学术组织、学术平台建设、指导学生情况、学术荣誉获得情况等。

教师学术贡献的综合评价是教育领域的一个热门研究课题,目前学者主要聚焦在以下几个方面:一是评价指标的建立和优化,当前对于教师学术贡献的评价指标还存在一定的争议和不确定性;二是教师学术贡献对教学质量的影响,教师的学术贡献与其教学质量之间存在一定的关系,未来的研究可以探究教师学术贡献对教学质量的影响,并寻找在教学中更好地发挥教师的学术优势的办法;三是教师学术贡献与学生学业成果的关系,探究教师学术贡献与学生学业成果之间的关系的内在机制,可以有效地指导教师的科研和教学实践。

在高校教师学术贡献评价实践中,主要存在以下问题:一是评价指标维度单一化,过于关注教师学术成果的数量,而对学术成果的质量和影响力等方面的评价不足,或重科研、轻教学情况突出;二是评价标准不够科学精准,一些评价标准存在主观性和随意性,评价标准覆盖面小,缺乏前瞻性,存在"五唯"倾向;三是缺乏过程性评价和发展性评价导向。西南大学在改革实践中,通过一系列政策措施有效地推动了教师学术贡献综合评价的改革探索。

1.进一步明确育人评价导向

落实立德树人根本任务,坚持把师德师风作为第一标准,强化教书育人基本职责,坚持教学工作量和质量综合考核,创新开展"教书育人(成果)校外同行送审",送审内容主要包括课堂教学(录课视频、教案等)、课程思政、教学研究业绩、实践实训指导、科研育人等方面。评审须形成综合性评价意见和发展性建议,并明确是否同意推荐。教师晋升高一级专业技术职务,须曾有至少一年担任辅导员、班主任等学生工作经历,或至少一年支教、扶贫、驻村帮扶、参加孔子学院及国际组织援外交流等工作经历,或至少一年因工作需要由学校选派至有关部门挂职或借调等工作经历,并考核合格。注重多元教学成果认可,在各类教师评价活动中,教学学术成果与科研学术成果均同等有效使用。

2.完善分类评价标准

建立成果分类评价体系,构建教育教学实绩和科学研究成果分类分级标准,涵盖项目、论文、著作、资政建议、获奖、课程、教材、指导学生获奖以及文艺创作、知识产权、产品、设计等方面,突出"尊重多样""质量导向"和"分类评价",破"五唯"、立"标准",根据学科业界的认可度,强化教育教学和科学研究实绩,对研究项目与成果进行分类,从T级到C级进行分级,将科研成果分为科研类研究成果、应用类研究成果两类。在研究项目方面,注重引导科学研究朝国民经济效益和社会发展相结合的方向开展,对纵向项目和横向项目同等重视。同时将国家级科技项目和国家重点研发计划项目(含课题、子课题)、国家自然科学基金、国家社科基金等项目纳入重点绩效考核指标。在论文方面,尊重学科多样性,注重科研代表作。

3.完善教师岗位分类评价

根据不同岗位的职责和要求,对教师进行分类评价,以更好地发挥教师的专业特长和才能,促进教师的专业发展和职业成长。根据不同岗位类型的特点和职责,制定相应的、有针对性的评价指标,包括教学效果、科研成果、学术影响力、学术能力和学术潜力等方面。西南大学教师岗位分为教学科研型、教学为主型、专职科研型等多种类型,应充分发挥考核评价的指挥棒作用,分类设置条件要求和评价标准,推动不同类型教师找准发展定位。

4.健全质量评价机制

持续改进校外同行专家评审,聚焦申请者代表性业绩及其支撑成果,围绕"成果质量影响所处本学科领域水平""成果创新性与科学性""学术规范""人才潜力"等评价维度,既要做出定量与定性相结合的结论性综合评价意见,又要针对问题和不足形成具有针对性的发展性建议指导,避免"唯数量"或单纯积分式评价;持续完善校内同行专家评价,注重小同行评价,适当加大学院学术委员会评审权限,实行同行专家主审制度,强化代表性成果学术质量评价;继续优化实施青年创新人才破格评审。

5.强化学术道德评价

质量导向教师学术评价需要强化对教师学术道德的评价,包括诚信、责任、公正、尊重知识产权等方面的评价,以保证评价的公正性和学术规范性。西南大学将教师学术道德评价贯穿教师评价过程始终。一是加强学术道德评价标准建设,在职称评审、岗位聘用、专家推荐等评价事项中建立学术道德评价标准,强化评价结果的应用,将评价结果与教师的职业发展和职称晋升等方面的决策相结合;二是实施互评监督机制,相关评价材料在网站上全程展示,由同行对其进行评价和监督,以促进教师的自我规范和自我提高。

通过构建以质量、贡献和影响为导向的教师学术贡献综合评价体系,有效引导教师潜心育人,回归本职主责,逐步克服重科研轻教学、重教书轻育人等现象。近年专业技术职务评聘申请材料显示,申请者的课程建设、作物育种产品、资政建议等类型代表性成果数量不断攀升,校内外同行专家对多元成果的认同度也显著提高,"唯论文"不良倾向得到有效扭转。未来,教师学术贡献综合评价应围绕以下几方面进行深化探索与革新:一是健全多元化的评价方式,不仅仅包括对学术成果和教学成果的评价,还将涵盖对教师的职业道德、教育教学理念、教学能力和创新能力等方面的评价,以全面评价教师的学术水平和职业素养;二是完善信息化的评价手段,通过大数据、人工智能等技术手段对教师的学术成果、教学效果、教育教学理念等方面进行评价,提高评价的效率和准确性;三是引入国际化的评价标准,相关学科专业教师学术评价标准应瞄准国际先进水平,以适应全球化的教育和科技发展趋势。

(三)教师工作业绩的周期性评价

教师工作业绩的周期性评价是指学校对教师在一定的时间周期内所取得的工作成绩、职业素养和职业发展情况进行全面、客观和公正的评价,评价结果将为教师职业发展提供依据和指导。教师工作业绩的周期性评价的内容主要包括教学质量、科研成果、职业素养和职业发展四个方面。其中,教学质量评价主要关注教师的教学效果、教学方法和教学态度等方面;科研成果评价主要关注教师在科研方面的成果和影响力等;职业素养评价主要关注教师的职业道德、教育教学理念、师德师风和师范建设等方面;职业发展评价主要关注教师的职业规划、职称晋升、教学能力提升和学科建设等方面。评价周期的长短会直接影响教师的职业发展和工作动力。评价周期过短,教师可能会感到压力较大,需要频繁地去反思自己的工作表现,但也会更有动力去改进自己的工作。评价周期过长,教师可能会感到工作没有得到及时的反馈和指导,但也会更有时间去深入思考和研究自己的工作。评价周期的确定需要根据实际情况来综合考虑,学校事业发展的需要、教师评价内容的丰富程度、教师评价方式的多样性以及教师个人的职业规划等均是影响教师评价周期的重要因素。

教师工作业绩的周期性评价存在以下几方面问题:一是评价周期和频率不合理,容易导致评价结果的滞后性或不及时;二是评价结果的运用不充分,缺乏与评价结果挂钩的具体的奖惩措施和激励机制,也没有将评价结果纳入绩效管理和考核中,影响评价的实效性;三是评价结果的反馈不及时,容易导致教师对评价结果的不理解和不满意,影响评价的公信力和可信度。针对上述问题,西南大学构建了"长短结合"的教师工作业绩周期性评价策略和机制。主要包括年度工作业绩评价、中期考查和聘期考核。

1. 年度工作业绩评价

教师年度工作业绩评价是对教师短期内的工作表现进行全面、客观和公正的评价,是学校或二级单位对教师进行管理和激励的重要手段,重点评价教师完成岗位基本职责任务情况。西南大学制定了年度教学科研应当工作量和基本任务量评价标准,评价的内容主要包括教学、科研、社会服务等方面。其中,教学主要关注教师的课堂教学工作量、教学成果、教学管理等方面;科研主要关注教师在科研项目、科研成果、学术论文等方面的业绩。教师年度工作业绩评价的方式可以分为定量和定性两种:定量评价主要是基于教师的教学、科研、教学管理等方面的成果进行评价,如学生考试成绩、教学反馈、科研成果数量和质量等;定性评价主要是基于教师的教学态度、职业素养和职业发展等方面的表现进行评价,如同事评价、学生评价和自我评价等。

2. 中期考查

中期考查重点关注工作进展情况,考查环节包括受聘人员述职、成果展示、学术进展报告等,根据不同岗位类型进行分类实施。中期考查不仅仅是对教师个人的考核,更是对整个学校教学科研管理水平和质量的评估。因此,应该鼓励全员参与,包括校领导、教师、管理人员和学生等,以便从不同角度全面地了解学校的教育教学和科学研究的工作情况。中期考查不是一次性的评估和考核,而是一个持续改进和优化的过程,在评价考核基础上及时总结经验,为下一步工作提供参考和指导,促进学校和教师的持续发展。

3. 聘期考核

聘期考核属于教师工作业绩长周期评价,重点关注工作业绩质量和聘期任务完成情况。专任教师聘期考核具体由各二级单位组织实施。聘期考核通常分为预聘期考核和续聘期考核两个阶段。预聘期考核主要是对新聘用的教师进行评估和考核,以便判断其是否适合在该岗位工作。

续聘期考核则是对已经在该岗位工作一段时间的教师进行评估和考核，以便确定是否继续聘用该教师。以学校含弘人才岗位聘期考核为例，考核评价内容重在对特设岗位任务目标完成情况进行综合研判，考核结果分为优秀、合格、基本合格和不合格四个等次，聘期考核优秀可续聘原岗位；考核结果合格，若达到相应岗位聘任条件可续聘；考核基本合格或不合格不予续聘，调整聘用至相应级别常规教师岗位。西南大学教师工作业绩聘期考核主要具备以下特征：一是长期性，高校教师长周期评价是对教师在职业生涯中的教学、科研、教学管理、职业素养等方面进行全面评估和考核的机制，具有长期性和持续性；二是系统性，高校教师长周期评价是一个系统的评价体系，包括教学、科研、教学管理、职业素养和社会服务等多个方面的评价，可全面评估教师的表现和贡献；三是多元化，高校教师长周期评价采用多元化的评价方法和手段，包括学术评价、同行评价、学生评价、领导评价等多种评价方式；四是教学和科研并重，高校教师长周期评价重视教学和科研的并重，既重视教师的教学质量和教学效果，也重视教师的科研成果和科研能力；五是可促进教师职业发展，高校教师长周期评价旨在帮助教师实现职业发展和提高职业素质，通过评价结果为教师的职业发展和职业晋升提供支持和参考；六是重视社会服务，高校教师长周期评价也重视教师在社会服务方面的贡献和成就，包括社会服务项目、社会服务成果等方面的评价。

三、高校教师多元评价的实施策略

绩效分配、职称评聘和二级单位考核是与教师评价相关的三个重点难点领域，西南大学通过诊断教师评价结果在上述领域运用中存在的难点问题，制定了一系列协同改革实施策略，以推动学校事业的高质量发展。

（一）教师评价与绩效分配

1.教师评价结果与绩效分配关联的主要问题

(1)绩效考核目标与教师评价标准匹配性差。

一方面,绩效考核往往以教学、科研等易量化指标为主,对教师个人的教学质量与效果、科研质量水平、人才培养质量等难以量化的指标重视不足,从而导致许多二级单位和教师片面追求量的大小而忽略了质的提升。另一方面,绩效考核政策未能充分发挥事业发展指挥棒的作用,部分教师仍抱有"旱涝保收"的固化思维,未能借助绩效考核提升自身工作能力和促进个人发展。

(2)绩效考核结果对教师个人激励作用不足。

对绩效考核数据运用不到位,存在绩效考核仅是为了进行绩效分配的工作思维,在绩效分配结束后,未能对相关数据进行深入分析和研究,也未将相关结果和明细反馈给二级单位和教师个人,缺乏长效激励机制,无法发挥绩效考核对学校、二级单位以及教师个人事业发展的引导作用。

2.西南大学绩效分配制度改革历程

2009年以来,国家多次出台有关事业单位实施绩效工资改革的指导意见,提出强化考核结果运用,通过绩效工资分配体现创新驱动发展和人才创新创造的改革方向。根据国家对事业单位绩效工资改革的部署安排,西南大学从2013年起探索实施绩效考核与分配制度改革,通过4次制度改革和实践,建立并逐步完善了以成果业绩激励和奖励为主的绩效考核与分配制度,建立了"基础绩效+奖励绩效"的绩效津贴分配模式,首次构建了涵盖学校党建与思想政治工作、人才培养、科学研究与社会服务、师资队伍建设、招生就业及学生管理和国际化等工作的综合性绩效考核框架。为进一步完善绩效考核制度,学校于2015年提出了"绩效编制"概念,进一步优化精简绩效考核程序,立足人才培养和科学研究两大核心任务,以工作量和工作业绩核算各二级单位年度"绩效编制","绩效编制"成为各二级单位绩效津贴总量划拨的主要依据。2016年,人社部和财政部联合下发《关于中央有关事业单位实施绩效工资的通知》。根据国家控制绩效总量、缩小收入差距、兼顾公平和效率等指导性意见,为进一步完善绩效工资制度,2017年,西南大学出台并实施了绩效津贴相关办法。绩效考核结果与绩效分配紧密相关,绩效分配制度在兼顾公平的基础上较好地体现了多劳多得和优绩优酬。为加强党对学校工作的全面领导,进一步强化党建工作与事业发展同谋划、同部署、同推进、同考核,推动学校"双一流"建设,2020年西南大学出台了《西南大学党建工作与事业发展融合考核实施办法(试行)》,2021年发布了《西南大学绩效工资实施办法》,进一步深化绩效工资分配制度改革,注重分类分层激励,建立健全"基础保障、职责约束、业绩激励"三位一体的绩效工资制度,多劳多得、优绩优酬,激励教职工履职尽责和争创优绩。强调"融合考核、两级管理、分块核算、重点激励"原则,实施基于实际贡献的奖励机制,充分发挥绩效分配的杠杆与指挥棒作用。

3.推动教师评价与绩效考核深度关联融合

(1)以党建事业融合考核统领教师评价与绩效分配。

西南大学将党建与事业融合考核等级作为核拨二级单位绩效工资的重要依据,充分发挥考核的激励与约束作用。落实各职能部门在绩效考核中的主体责任,进一步强化党建、教学、科研、队伍建设、国际化、社会服务、办学收益和管理等方面的考核,根据考核结果分类进行绩效核算。根据学科发展需要和学校下达的"基本任务"和"关键目标",各二级单位结合实际,明确教职工各类各级岗位职责和具体任务,制定本单位教职工考核办法,考核结果与本单位绩效工资分配关联。各单位制定教学、科研工作量相互折算办法,允许教师在教育教学或科学研究上有所侧重,对接国家重大发展战略和经济社会重大问题,协同攻坚产出高水平标志性成果的科研任务,鼓励采取团队目标任务考核评价,对承担有学院党政管理工作的教师,二级单位可酌情减少教学科研工作量要求。

(2)以校院两级考核协同推进教师评价与绩效分配。

充分发挥绩效考核的指挥棒作用,调动二级单位事业发展的能动性和主动性,学校考核二级单位,二级单位考核教职工个人,进一步扩大二级单位在绩效考核与分配中的自主权。学校核定绩效工资总量,按绩效工资实施办法及相关配套文件划拨二级单位绩效工资总量,各二级单位结合本单位实际,制定绩效工资实施细则。学校根据教学科研单位专任教师岗位结构状态数据核定各单位基本任务和关键目标任务,强调教职工履行岗位职责。二级单位根据教职工履职尽责和岗位任务完成情况,按照单位制定的绩效分配实施细则,对教职工进行绩效考核并据此进行绩效分配。在此基础上,对重点业绩进行奖励,充分利用绩效分配杠杆,激励教职工为事业发展做出积极贡献,提高教职工干事创业的积极性。

(二)教师评价与职称评聘

教师职称评聘制度是高校内部管理体系的重要构成部分,高校教师评价的一个重要目的就是将教师评价结果运用于教师职称的晋升与聘任,这涉及广大教师的切身利益,影响高校师资队伍的稳定与发展。高校教师评价与职称评聘的关联主要体现在以下三个方面:一是高校是培养各类高级专业人才、发展科学技术和推动社会全面发展的主阵地,高校教师是高校教育职能的主要承担者和实施者,高校良好的运转有赖于高校文化所倡导的职业道德和职业精神,即师德,也即"德高为师,身正为范"的内在品格修养,是高校办学的灵魂所在,因此师德是高校教师职称评聘的首要评价标准。二是人才培养和教育教学是高校的核心任务,教师是"履行教育教学的专业人员,根据一定社会的要求,有计划、有组织地对学生施以影响,使之成为合格的社会成员"。教学工作是高校的基础性工作,是高校教师实现人才培养目标的基本路径,因此,评价教师的教学是高校教师职称评聘的核心标准。三是科学研究是彰显高校特殊性的重要标识,是提高教学质量、支撑学科建设、提供社会服务的根基所在。高校办学追求"产学研"相结合,科研成果的数量和质量一方面是评价高校综合实力的重要指标,另一方面也是评价高校教师科研能力、专业素养和发展潜力的重要指标。

1.教师评价结果与职称评聘衔接中的问题

(1)师德评价标准相对模糊,多以底线性考察为主。

目前教师思想政治和师德师风考察的评价标准较为笼统,相对于教师的教学工作评价及科研工作评价体系,对教师师德的评价标准更为定性化,且多以底线性考察为主,在考察过程中,对师德师风标准的把握容易被简化为"是否触碰了红线",考察结果反馈与发展性指导不足,师德培育长效机制有待进一步完善。

(2)评价中重科研、轻教学现象突出。

高校普遍承担着教育教学、科学研究和社会服务等多重职能,对高校教师评价领域的权衡与划分具有一定难度。教育教学和人才培养是高校办学的根本任务,科学研究是高校职能的特色标识,高校教师的教学与科研在理论上是相辅相成的,然而在对教师评价的具体实践中往往形成重科研、轻教学的局面。一方面,由于目前国家和社会对高校的评价及排名主要基于高校的科研实力,导致高校在对教师评价时主观上更加重视科研评价结果;另一方面,教育教学业绩相对难以量化,人才培养效果的呈现具有滞后性、长期性以及隐蔽性,导致在高校对教师评价时客观上表现出"重科研、轻教学"的倾向。

(3)评价模式单一,评价过度依赖"量化"标准。

高校在职称评聘工作中往往都制定了非常详细的、具体的、可量化的指标体系,评价标准更加关注易于量化的内容,如科研经费规模、论文成果级别与数量等。评价指标的设置一般只注重对教师劳动成果的评价,往往忽视对教师劳动过程的评价,即注重对教师的"奖惩性评价"而忽视"发展性评价",导致对教师评价结果的运用无法充分服务于教师个体的发展,也没有有效聚焦高校教书育人核心职能的定位。

2.教师评价结果在职称评聘中的运用方式

为提高教师评价结果在职称评聘工作运用中的专业性、精准性和科学性,西南大学构建了以成果质量为导向的多元分类评聘体系。

(1)进一步聚焦立德树人根本任务。

坚持把教师思政和师德表现评价作为首要程序,强化教学工作量考核与教学质量综合评价,探索开展"教书育人校外同行送审",落实学生工作或支教扶贫等工作经历要求,构建业绩成果多元分类评价标准,实行教育教学业绩成果与科研业绩成果同等互换;注重质量导向,克服"五唯"倾向,尊重学科、岗位特点,完善分类多维评价标准;取消出国留学经历、论文、博士学位等专业技术职务评审的限制性条件,尊重教学科研成果多样性,取消成果条件类别限制,突出成果质量要求。

(2)进一步健全分类发展评聘体系。

教师系列按岗位类型分为教学科研型、教学为主型和专职科研型等三个类型。承担本科生教育的学院教师一般为教学科研型教师,其中公共课、公共平台课和学科教育学教师为教学为主型教师,校管科研机构和国家级科研平台教师为专职科研型教师。职称申请人原则上按所聘岗位类型申报相应职称,其中,教学为主型岗位申请人达到本岗位教学工作量与教学质量考核要求的,若满足教学科研型相应职务基本学术条件,视为符合申报条件;专职科研型岗位申请人达到本岗位相应职务教学工作量与教学质量考核要求以及基本学术条件的,视为符合申报条件。

(3)进一步完善分类多元评聘标准。

将西南大学二级教学科研单位按照学科领域划分为人文社科、自然科学和艺术体育等三大学科领域,结合各学科领域的特点分类设置职称申报条件要求。除职称评审条件传统要求的项目、论文、专著及科研获奖外,在人文社科领域增加了资政咨询类成果,在自然科学领域增加了应用类研究成果,在艺术体育领域增加了文艺创作类成果,各领域增设的成果类型丰富了不同学科领域教师在职称评审中代表性成果种类的选择。

(4)进一步创新质量导向评价方式。

二级学院组建考核小组对职称申请人的思想政治素质和师德师风进行考核,考核形式主要采取平时了解、师生座谈、档案查询、考核对象面谈和委托有关部门协助调查等形式开展;委托第三方专业机构,探索"教书育人校外同行评审",将职称申请人的课堂教学视频、教案、课程思政、教学研究业绩、实践实训指导、科研育人等方面材料送校外同行评审;采用代表性成果评价,不唯形式与数量,对标业内公认的项目级别、刊物质量、获奖含金量等不同成果认定梯次,遴选出解决关键问题、攻关科学难题以及提出原创性理论的成果;创新实施学术分级评审与主审专家评价相结合,实行学术委员会三级评审与校内同行专家主审相结合的评价机制,每级评审须有2名校内同行专家进行主审,主审专家在深入审阅申请者代表性成果的基础上,对申请者的代表性成果质量、创新性、科学性和学术规范性等提出具体意见建议,供学术委员会各级评审专家参考。

(5)进一步畅通青年人才绿色通道。

创新实施青年创新人才破格评审正高级职称,对标学科前沿,无定量定级成果条件要求,强化同行评价认可和高水平代表性成果评价,对接学校特设人才岗位("含弘优青岗"),培育青年拔尖人才。引导青年教师主动围绕国家科技发展战略重大需求和经济社会发展重大问题,承担国家重大、重点科研项目,开展原创性研究,产出引领性、标志性成果。

3. 教师评价结果在职称评聘中的运用效果

(1)育人评价导向更加鲜明。

坚持"立德树人"根本标准,强化"教书育人"基本职责,坚持把师德师风作为第一标准,坚持教学工作量和质量综合考核,创新开展"教书育人校外同行送审",落实教师评聘高级职务须有学生工作或支教扶贫等经历要求,注重多元教学成果认可与科研成果同等运用。

(2)分类评价标准更加完善。

建立分类评价标准体系。突出"尊重多样""质量导向"和"分类评价",破"五唯"、立"标准",为职称评聘工作提供基础依据。

(3)质量导向评价机制更加健全。

持续改进校外同行专家评审。围绕"学术水平与影响力""成果创新性与科学性""学术规范""人才潜力"等多维度,评价代表性成果,做出综合性评价和提供发展性指导。

(三)教师评价与二级单位考核

1.教师评价结果与二级单位考核存在问题的分析

目前,高校大多实行校院两级自上而下的考核评价模式[①],教师个人考核评价与学校二级单位考核的协同关联度不够,集中体现为以下几方面。

(1)教师工作量与二级单位工作量核算缺乏协同机制。

二级单位考核评价教师缺乏科学的工作量指导标准,且教师个人工作量未与所在二级单位工作量核算建立协同联动关系,导致学校对二级单位工作量考核极易出现偏差。二级单位对教师个人业绩的计算和评判也容易出现武断和主观,对不同岗位类型教师的工作量难以进行客观公平的比较和评判,评价结果的可信度难以保证。

(2)教师评价与二级单位考核目标一致性存在偏差。

高校在对二级单位进行考核时,重点关注和考核二级单位各项工作的整体完成情况,如教学、科研、社会服务、办学收益等易于量化的指标,并根据二级单位整体考核结果,按照学校的绩效分配办法,将相应的绩效划拨至二级单位;教师是学校的主体之一,除了教学、科研等可量化工作外,其还有很多难以用简单量化方式来考核评价的工作内容,如教师的职业道德、教书育人质量、人才培养效果等。

2.教师评价结果与二级单位考核关联机制构建

为深入落实中共中央、国务院《深化新时代教育评价改革总体方案》,促进党建工作与事业发展深度融合,激励二级单位履行主体责任,激发教职工干事创业的积极性,西南大学制定了《西南大学党建工作与事业发展融合考核实施办法(试行)》,构建了教师考核评价结果与二级单位考核的关联协同机制。

(1)建立教学科研工作量核算标准。

为贯彻落实立德树人根本任务,深入推进科研分类评价改革,强化岗

[①] 汪凯.高校教师绩效考核方式探究[J].管理观察,2014(14):177.

位职责和基本任务约束,西南大学出台了《西南大学教学科研单位应当工作量和基本任务量计算办法(试行)》,建立了教育教学和科学研究工作量计算标准。学校每年上半年根据教学科研单位专任教师岗位结构状态数据和各岗位教学、科研工作量下达标准,核算并下达各单位本年度应当工作量和基本任务量,年底根据教学、科研工作量计算标准核算各单位基本任务完成情况,进行基本任务考核。同时,根据学校事业发展规划要求,结合学科实际,每5年下达各二级单位关键目标任务,将教育教学和科学研究实绩纳入关键目标考核,突出高质量教育教学和科学研究业绩激励,推动学校事业高质量发展。

(2)实施系统化的校院两级考核制度。

教学科研单位考核实行两级管理,学校考核单位,单位考核教职工个人。根据学科发展任务和学校下达的"基本任务"和"关键目标",结合单位实际,由各单位制定本单位教职工考核办法,明确各类各级岗位职责和具体任务,考核结果与本单位教职工绩效分配关联。各单位在对教师进行考核时,须把师德师风作为教师考评的第一标准;明确教育教学基本职责要求,建立健全教育教学工作与活动工作量核算办法,落实教授承担本科生课程教学要求,对标一流专业建设,落实教育教学研究、教材建设等方面工作任务;注重科研考核质量,教师科研工作量考核实行年度进展考核和聘期任务考核相结合,重点进行聘期考核,注重科研质量、影响和贡献考核,要突出标志性高质量成果引导与激励,对产出重大标志性成果的教师,要减免科研基本工作量考核;分类实施教师考核,制定教学、科研工作量相互折算办法。

3.教师评价结果与二级单位考核关联实施效果

(1)进一步优化治理体系,提升治理效能。

一是确立了任务目标的责任共识。通过下达教学科研应当工作量和基本任务量,全校上下进一步明确了职责任务,形成了职责任务约束、超工作量激励和高质量业绩奖励的考核激励共识,二级单位事业发展主体地位凸显,主动谋划作为的积极性提升。二是形成了高质量发展的基本理念。明确学校在教学、科研、队伍、国际化和社会服务等主要事业发展领域的关键目标,聚焦内涵式发展,分类分层分级差异化激励,以考核促建设,形成了各单位积极谋划、推动产出高质量业绩成果的事业发展理念与氛围。三是促进了教书育人主责主业的良好风尚。确保了教育教学在事业发展考核中的主要占比,强化教书育人基本职责任务约束,突出教育教学实绩和关键目标激励,贯彻落实了教育评价改革"立德树人"成效根本标准。

(2)压实二级单位主体责任。

通过构建学校考核单位、单位考核教师个人的机制,有效压实二级单位主体责任。学校考核二级单位,考核内容、方式和具体指标,按不同单位性质分类制定、分类实施。考核结果作为二级单位工作成绩评定、评优评奖和干部考核的重要依据、有关资源分配的重要参考、核拨二级单位绩效的重要依据。改变以往教师绩效分配与教师项目经费、论文数量等直接关联的绩效分配方式,由单位考核教职工个人,二级单位自主权进一步提高,由各二级单位根据本单位实际制定绩效分配实施细则,对本单位教职工进行绩效考核和绩效的二次分配。

(3)激发教师创新创造活力。

落实"立德树人"成效考评,健全教育教学实绩评价,去"五唯"、重"质量"、看"影响"、讲"贡献",引导教师立足教书育人主责多元发展;强调基本任务约束性考核与重点业绩激励性考核相结合,激发教师教学科研创新创造活力;将年度进展考核与聘期目标考核相结合,遵循科技活动与教师成长规律,引导教师高质量发展。

第四章

多元评价视域下高校教师师德评价

师德评价是高校教师评价的重要内容。本章围绕"为什么评""评什么""谁来评""怎么评"等问题，从高校教师师德评价的指标体系、方法运用和实施机制三个方面，着重阐述师德评价的价值导向、理论内涵、指标体系、评价方法、实施机制等。

一、高校教师师德评价的指标体系

2018年，习近平总书记在北京大学师生座谈会上的讲话中强调："评价教师队伍素质的第一标准应该是师德师风。"党的十八大以来，以习近平同志为核心的党中央高度重视师德师风建设，做出了一系列重要指示，出台了一系列制度文件，以前所未有的力度全面推进师德师风建设。

师德评价是师德建设的重要环节，是检验师德建设成效的重要手段，也是新时代教师多元评价的重要组成部分，对培养高素质教师队伍具有重要意义。2018年《中共中央 国务院关于全面深化新时代教师队伍建设改革的意见》、2019年教育部等七部门印发的《关于加强和改进新时代师德师风建设的意见》、2020年《教育部等六部门关于加强新时代高校教师队伍建设改革的指导意见》等，对高校教师师德考核提出了明确要求，更加凸显了开展师德评价的紧迫性和必要性。

（一）师德评价的价值导向

1.引导教师坚定正确的政治方向

道德具有历史性，其内容和形式受一定的社会物质生活条件的制约，这导致形成不同的道德历史类型。恩格斯认为，"善恶观念从一个民族到另一个民族、从一个时代到另一个时代变更得这样厉害，以致它们常常是互相直接矛盾的"[①]。不同的社会环境和社会制度下，社会道德标准存在差异，如社会主义国家和资本主义国家的道德标准就存在差异；道德标准也会随着时代的变迁而发展变化，例如我国的道德标准就经历了封建社会至新时代的发展演化。

师德作为道德的重要组成部分，同样具有历史性。习近平总书记强调，"坚持教育为人民服务、为中国共产党治国理政服务、为巩固和发展中国特色社会主义制度服务、为改革开放和社会主义现代化建设服务"，具有显著的时代特征。

高校教师肩负着培养社会主义建设者和接班人的重大使命，师德评价必须引导教师坚定正确的政治方向，引导教师领悟"培养什么人、怎样培养人、为谁培养人"的核心要义。师德评价要发挥"指挥棒"作用，引导广大教师胸怀国家和民族，肩负国家使命和社会责任，牢记"为党育人、为国育才"的政治使命和政治责任，坚持党的全面领导，坚持马克思主义指导地位，深刻领悟"两个确立"的决定性意义，增强"四个意识"、坚定"四个自信"、做到"两个维护"，提高政治判断力、政治领悟力、政治执行力，把党的决策部署和教育方针贯彻落实到立德树人根本任务中，努力成为先进思想文化的传播者、党执政的坚定支持者，更好地担起学生健康成长指导者和引路人的责任。

2.引导教师潜心教书育人

教书育人是教师的天职，是中华传统文化中师道精神的内核。习近平总书记指出："广大教师要做学生锤炼品格的引路人，做学生学习知识

[①] 马克思,恩格斯.马克思恩格斯选集(第三卷)[M].中共中央马克思恩格斯列宁斯大林著作编译局,编译.北京：人民出版社,1995:433-434.

的引路人,做学生创新思维的引路人,做学生奉献祖国的引路人。"师德评价是师德建设的重要环节,主要目的就是引导广大教师教书育人。

通过师德评价,引导教师传播知识、传播思想、传播真理,塑造灵魂、塑造生命、塑造新人,传播中国特色社会主义之"道",塑造信念坚定的时代新人;引导广大教师既要做传授书本知识的教书匠,更要成为塑造学生品格、品行、品味的"大先生",顺势而为、乘势而上,引导学生扣好人生的第一粒扣子,承担起新时代教书育人的神圣使命;引导广大教师严爱相济、润己泽人,以人格魅力呵护学生心灵,时刻保持仁爱之心,保持对教育的热情,心中始终装着学生,把自己的温暖和情感倾注到每一个学生身上,把对家国的爱、对教育的爱、对学生的爱融为一体,做一名有温度的好老师;引导广大教师始终站在知识前沿,刻苦钻研、严谨治学,不断提升自己,用真理启发学生、引领学生,用人格力量感染学生、激励学生;引导广大教师不忘立德树人初心,牢记"为党育人、为国育才"的初心使命,为培养德智体美劳全面发展的社会主义建设者和接班人做出新的更大贡献。

3. 引导教师锤炼高尚师德

高尚师德是对培养社会主义建设者和接班人的责任担当,好的教师是以德施教、以德立身的楷模。习近平总书记强调:"老师应该有言为士则、行为世范的自觉,不断提高自身道德修养,以模范行为影响和带动学生,做学生为学、为事、为人的大先生,成为被社会尊重的楷模,成为世人效法的榜样。"

广大教师不仅要遵守师德底线约束,更要自觉锤炼高尚师德。要充分发挥师德评价的监督和促进功能,引导广大教师自觉深入学习习近平新时代中国特色社会主义思想、习近平总书记关于教育的重要论述,自觉加强师德修养,严格遵守《新时代高校教师职业行为十项准则》,严格自我约束,严于律己、为人师表,带头弘扬社会主义核心价值观,弘扬中华优秀传统文化,做到以德立身、以德立学、以德施教、以德育德,努力增强立德树人、教书育人的责任感和使命感。

(二)师德评价的理论内涵

对于师德的内涵,学术界目前有多种观点。有的学者认为师德超越个人品德和公民道德,有的学者认为师德即教师的职业道德,有的学者认为师德有广义和狭义之分,等等。上述观点在一定的语境和场域下有其合理性。在师德评价语境下,需要明确师德评价的内涵,以确保评价的公平性和科学性。

1.师德的内涵

《辞海》中"道德"的定义是"以善恶评价的方式调节人际关系的行为规范和人类自我完善的一种社会价值形态"。道德具有两个特点:第一,道德是一种行为规范,即要求人应该怎么做;第二,道德体现了社会的整体价值观,是全社会的价值追求。

道德包括客观和主观两方面。道德的客观方面指一定的社会对社会成员的要求,表现为道德关系、道德体系、道德标准、道德规范和社会道德理想等,例如2019年中共中央、国务院印发的《新时代公民道德建设实施纲要》,对中国特色社会主义公民道德建设提出了一系列道德要求。这些要求是社会成员必须遵守的,对于社会成员个体来说,是外在的约束和要求。道德的主观方面指人们的道德实践,包括道德意识、道德信念、道德判断、道德行为和道德品质等,是社会成员内在的思想认识,以及在思想认识的支配下的外在道德行为表现,例如公民在"文明礼貌"道德要求方面的认识以及道德行为。

"师德"即教师应遵循的道德,也是一种行为规范和一种价值形态。"师德"与"医德""艺德""官德"一样,其存在依赖于特定的职业,脱离这个职业,便无从谈起。顾明远教授将"教育道德"(师德)界定为:"教师职业活动中的道德要求和道德表现"[1]。可以看出,师德是教师在从事职业活动时应当遵循的行为规范,具有显著的职业特点。

需要辨析清楚的是,"师德"与教师"职业道德"的关系。《新时代公民

---

[1] 顾明远.教育大辞典(增订合编本)[M].上海:上海教育出版社,1998:734.

道德建设实施纲要》从社会角色的角度把公民道德划分为社会公德、职业道德、家庭美德、个人品德四类,其中职业道德的要求是"爱岗敬业、诚实守信、办事公道、热情服务、奉献社会",这成为部分学者讨论师德概念的依据。但这些职业道德的要求没有涵盖教师职业对师德的全部要求。从传统的师德到新时代的师德,之所以师德一直备受重视,是因为教师对学生具有引导、示范和教化作用。因此,一方面,教师在教育教学活动中对学生具有引导、示范和教化作用的行为都应当纳入师德的范畴。按照《新时代公民道德建设实施纲要》的划分标准,师德除了职业道德以外,还应包括社会公德、家庭美德、个人品德中会对学生产生影响的有关行为要求。另一方面,师德必须限定在与职业相关的范畴内,不能把师德范畴无限泛化,甚至超过了公民道德,这就失去了讨论"师德"的特殊性以及必要性。

2.师德评价的对象

"师德"源于"道德",同样包含师德的客观方面和主观方面。客观方面是指教师在开展教育教学工作中,需要遵循的准则和行为规范,这种规范是社会对教师的要求,是教师在从事职业活动时必须遵守的,是外在约束。主观方面是指教师自身具备的师德意识、师德品质、师德判断和师德行为等,是教师的内在修养、内在认识以及在内在认识指导下的外在师德行为。师德的客观方面和主观方面,通过教师的师德行为产生联系。

师德评价的实质,是用社会对教师群体客观的师德规范去衡量教师个体外在的师德行为,考量的是教师的行为。关于师德评价的对象是认识还是行为,学术界的一种观点认为是外在的师德行为,另一种观点认为不仅包括外在的师德行为,还包括内在的师德认识。因为人的行为都是在一定的认识指导下做出的,可以通过师德行为去判定师德水平的高低。尽管从心理学看,好的行为结果并不意味着其产生于好的行为动机,但只要未对社会秩序、学生培养造成不良影响,也符合师德建设所期望的结果。例如:个别师德认识水平较低的教师,如果能始终如一地表现出符合师德规范的行为,也不会影响师德建设的目标。而师德强调的是道德行为对社会的影响,即使教师有好的师德认识,但未通过道德行为表现出来,也不符合师德建设的目的和要求。从评价手段看,目前尚无有效的评价方法和工具绕过教师的师德行为评价师德认识。2019年教育部等七部门印发的《关于加强和改进新时代师德师风建设的意见》对师德评价表述的落脚点是"全面客观评价教师的师德表现",同样要求评价教师的师德行为。

3.师德评价的主体

评价主体的选择应当遵循"利益相关、充分了解"的原则,坚持多主体多元评价是全面客观反映教师师德水平的重要保证。师德评价的目的是考察教师的道德行为是否符合大众对教师的道德要求,着眼点在于对社会、对大众的影响,本质上是考察是否利他。师德评价如果不以利他为目的,师德评价则没有存在的根基。因此,他人评价是师德评价的重要组成部分,评价者应当是师德行为的利益直接相关者。从教师的职业特点看,评价主体主要包括教师本人、学生、学生家长、同事、单位五类群体,其中教师本人的评价属于自我评价,其他四类群体评价属于他人评价。

(1)师德的自我评价。

教师自身在师德建设中起着主导作用,其师德评价的主体性不能被弱化。心理学研究表明,内在的动机比外在的刺激对人的行为具有更持久稳定的作用。尽管他人评价能够对教师本人起到激励和促进的作用,但外因必须通过内因才能起作用。教师自我评价的过程是一个自我反思、自我完善的过程,能够促进教师主动发现问题、主动改进问题,从根本上激发提升师德水平的内在动机。此外,教师自我评价增强了教师的主人翁意识和参与感,能够提升教师对师德评价的认同感。

(2)师德的他人评价。

一是学生评价。学生评价是最重要的师德评价,教师职业存在的核心原因,是有学生的存在和有师生关系的存在。学生是教师教育教学活动的关键参与者和良好师德的主要受益者,学生对教师师德具有重要评价权。二是学生家长评价。在大学阶段,教师与学生家长的沟通,与中小学和幼儿园阶段相比,相对较少、不太密切,学生家长可以通过学生的间接反馈和直接了解评价教师的师德行为。三是同事评价。教师与同事之间在教书育人、科学研究、服务社会等方面都有深入的沟通交流。同事作为具有独立思考能力的受益者,对教师个人的道德意识、道德品质、道德行为具有全面客观的判断,能够提出相对准确的道德提升建议。四是单位评价。这种评价方式目前在师德评价中占据了主导地位,如年度考核、思想政治素质考察、师德师风考察等。单位评价的必要性在于,一方面单位评价能够站在全局的角度考察教师师德行为,评价考核更符合组织意图,可以充分发挥评价的导向作用和调节作用,促进单位师德水平的整体提升;另一方面单位对师德建设负有主体责任,单位评价可以确保党对师德建设的指示和要求得到贯彻落实,保证教师师德建设的正确方向。

评价者应当对教师师德行为有深入了解,具有自主判断能力,以确保评价的客观性和准确性。在具体的选择和实施上,应根据学段的不同确定评价主体。例如高校学生对教师师德行为具有一定的自主判断能力,而部分中小学生和幼儿园学生尚不具备。

4.师德评价的标准

道德以善恶作为判断标准,符合社会发展规律和广大人民群众的利益是最根本的道德标准。因此,师德评价应当遵循大众对师德的善恶标准。大众对"善"的师德行为评价主要是"师德好""师德高尚",这意味着"善"的师德行为已经超出了教师的一般道德行为标准,是大众所期待的师德行为;对"恶"的师德行为评价主要是"没有师德""缺少师德""师德失范",这意味着"恶"的师德行为已经违反了大众对教师师德的底线标准,是大众所反对的师德行为。

大众朴素的"好"的师德评价标准可概括为"严守师德底线、追求崇高师德",对教师基本的师德要求是"非恶",高层次的师德要求是"向善"。美国著名法学家富勒把道德划分为"义务的道德"和"愿望的道德"两种。义务的道德是指一个有秩序的社会必须遵守的基本原则,是社会成员应该遵循的道德底线;愿望的道德是希望社会成员能够达到某种道德高度,这种高度是高于"义务的道德"标准的。这也印证了大众对师德的评价标准。

关于"严守师德底线"的标准,教育部印发的《新时代高校教师职业行为十项准则》《研究生导师指导行为准则》等一系列文件对师德的底线行为进行了明确规定,涵盖了思想、教学、科研、社会服务、廉洁纪律等各方面。对于违反师德底线的行为有严格的调查处理程序,能够进行客观的评价。而关于"追求崇高师德"的标准,"崇高"的判断是一种评价者的主观判断,取决于评价者对崇高的认定标准。教育部印发的各类文件为教师提出了崇高师德的努力方向,中国传统的师德文化在大众心中建立起了朴素的崇高师德标准,这对教师和大众都具有引导作用。此外,受社会、历史等多方面因素的影响,社会和评价者的"崇高"标准也会发生变化。

5.师德评价的要素

评价要素的选择应当遵循"权威全面、粗细得当"的原则。师德是一个包容性很强的概念,确定师德评价要素需要满足两个条件:一是师德评价的要素要尽可能全面,能够代表社会对教师的师德要求,以确保评价师德的准确性和客观性;二是由于师德评价是组织行为,是在组织的领导下开展的师德评价行为,要素要具有权威性,以确保师德评价有法理依据,让评价对象信服,让评价更具有可执行性。据此,凡是法律法规所规定的教师行为规范,都应当是教师师德评价的依据。

《中华人民共和国教师法》规定了教师在遵纪守法、为人师表、教书育人、自我提升等方面的义务,为师德的构成提供了法理依据。

2005年,《教育部关于进一步加强和改进师德建设的意见》发布,从遵章守纪、提高教学质量、学生全面发展、自我道德修养、严谨治学精神等方面提出了提高教师职业道德水平的具体要求。

2011年,教育部、中国教科文卫体工会全国委员会印发了《高等学校教师职业道德规范》,从爱国守法、敬业爱生、教书育人、严谨治学、服务社会、为人师表六个方面规定了高校教师的职业道德规范,这是首次明确规定高校教师职业道德的内涵。《高等学校教师职业道德规范》按照"愿望的道德+义务的道德"的体例进行编写，对师德的六个方面提出了倡导性要求和禁止性要求。

2018年，《中共中央 国务院关于全面深化新时代教师队伍建设改革的意见》要求，要把提高教师思想政治素质和职业道德水平摆在首要位置，具有显著的时代特点。同年，教育部制定了《新时代高校教师职业行为十项准则》，对高校教师明确了十个方面的职业行为规范，这是目前高校教师队伍遵循的最新、最全面的职业行为准则。《新时代高校教师职业行为十项准则》在表述上仍然采用了"愿望的道德+义务的道德"的体例，提出了倡导性要求和禁止性要求。尽管《新时代高校教师职业行为十项准则》不能完全等同于师德要求，但涵盖了新时代高校教师师德的基本要求。在兼顾师德评价的全面性、权威性和法理性需求下，师德评价以《新时代高校教师职业行为十项准则》规定的十个方面为评价要素，是比较合理的。

《新时代高校教师职业行为十项准则》是师德评价的根本遵循，可将师德评价指标设置为三级指标体系。

一级指标为准则的十大方面，即：坚定政治方向、自觉爱国守法、传播优秀文化、潜心教书育人、关心爱护学生、坚持言行雅正、遵守学术规范、秉持公平诚信、坚守廉洁自律、积极奉献社会。

二级指标可设置为正面评价指标和负面评价指标，以准则的十个方面所设定的"高线"和"底线"为依据。在坚定政治方向方面，二级指标的正面评价指标为：坚持以习近平新时代中国特色社会主义思想为指导，拥护中国共产党的领导，贯彻党的教育方针。二级指标的负面评价指标为：不得在教育教学活动中及其他场合有损害党中央权威、违背党的路线方针政策的言行。其他九个方面依此类推。

三级指标的设置可选取准则十个方面的具体工作中高校重点关注的观测点。例如，坚定政治方向方面，可以选取教师参加政治理论学习的情况、坚定政治方向和政治信仰情况、把党的教育方针贯彻落实到教育教学全过程的情况等；出现负面评价指标的不宜事件可作为扣分项。其他九个方面依此类推。具体可参看表4–1。

表4-1 师德评价指标体系

一级评价指标	二级评价指标		三级评价指标
	正面评价指标	负面评价指标	观测点
坚定政治方向	坚持以习近平新时代中国特色社会主义思想为指导,拥护中国共产党的领导,贯彻党的教育方针	不得在教育教学活动中及其他场合有损害党中央权威、违背党的路线方针政策的言行	1.积极参加政治理论学习,自觉提高政治觉悟; 2.坚定政治方向和政治信仰,做到"四个自信"; 3.党的教育方针贯彻落实到教育教学全过程; 4.不得有损害党的权威、国家安全、民族团结、社会稳定的言行
自觉爱国守法	忠于祖国,忠于人民,恪守宪法原则,遵守法律法规,依法履行教师职责	不得损害国家利益、社会公共利益,或违背社会公序良俗	1.热爱祖国,热爱人民,拥护中国共产党的领导; 2.全面贯彻国家教育方针,遵守国家法律法规和学校规章制度,依法履行教师职责; 3.不散布有损教师形象和学校声誉的言论; 4.不得参与吸毒、诈骗、赌博、偷盗等违法犯罪活动
传播优秀文化	带头践行社会主义核心价值观,弘扬真善美,传递正能量	不得通过课堂、论坛、讲座、信息网络及其他渠道发表、转发错误观点,或编造散布虚假信息、不良信息	1.做到文化自信,主动学习中华优秀传统文化,用优秀文化来指导专业学习; 2.发扬中华民族传统美德,传递生活正能量; 3.自觉抵制西方腐朽文化侵蚀、西方敌对势力渗透; 4.任何时候不得发表、转发、编造不当、不实言论
潜心教书育人	落实立德树人根本任务,遵循教育规律和学生成长规律,因材施教,教学相长	不得违反教学纪律,敷衍教学,或擅自从事影响教育教学本职工作的兼职兼薪行为	1.遵守教学纪律,认真备课、上课、批改学生作业,注重课堂教学效果; 2.关注学生个性特点,因材施教,激发学生的学习兴趣; 3.注重教学内容、方法、手段创新,推动教学质量提高

续表

一级评价指标	二级评价指标		三级评价指标
	正面评价指标	负面评价指标	观测点
关心爱护学生	严慈相济,诲人不倦,真心关爱学生,严格要求学生,做学生良师益友	不得要求学生从事与教学、科研、社会服务无关的事宜	1.对学生要求严格,耐心指导; 2.遵守教学管理制度,维护学生的合法权益; 3.设身处地为学生着想,关心关爱学生; 4.不得讽刺、挖苦、歧视学生,不得体罚或变相体罚学生
坚持言行雅正	为人师表,以身作则,举止文明,作风正派,自重自爱	不得与学生发生任何不正当关系,严禁任何形式的猥亵、性骚扰行为	1.衣着得体,语言规范,举止文明; 2.关心集体,团结协作,尊重同事,尊重学生家长; 3.工作积极,顾全大局,服从组织安排; 4.与学生保持阳光、纯洁的师生关系; 5.不参加传销、邪教组织
遵守学术规范	严谨治学,力戒浮躁,潜心问道,勇于探索,坚守学术良知,反对学术不端	不得抄袭剽窃、篡改侵吞他人学术成果,或滥用学术资源和学术影响	1.坚持严谨、科学、自律的治学态度,模范遵守学术道德规范; 2.踏实勤勉,热爱学习,积极参加业务及师德培训,努力提高教学科研水平和师德素养; 3.积极引导学生遵守学术规范; 4.不得论文造假、学术不端
秉持公平诚信	坚持原则,处事公道,光明磊落,为人正直	不得在招生、考试、推优、保研、就业及绩效考核、岗位聘用、职称评聘、评优评奖等工作中徇私舞弊、弄虚作假	1.能公平公正地对待学生、同事、下属; 2.待人坦诚、信守承诺、大公无私; 3.工作中不得有投机取巧、急功近利、弄虚作假的不良行为
坚守廉洁自律	严于律己,清廉从教	不得索要、收受学生及家长财物,不得参加由学生及家长付费的宴请、旅游、娱乐休闲等活动,或利用家长资源谋取私利	1.合规使用科研经费; 2.严格遵守财务报销规范; 3.不得向学生谋取私利; 4.不得收受贿赂,吞占公家财产

续表

一级评价指标	二级评价指标		三级评价指标
	正面评价指标	负面评价指标	观测点
积极奉献社会	履行社会责任，贡献聪明才智，树立正确义利观	不得假公济私，擅自利用学校名义或校名、校徽、专利、场所等资源谋取个人利益	1.遵守社会公德，维护社会正义； 2.积极参与社会实践，自觉承担社会义务，主动提供专业服务； 3.合法获取劳动报酬，不能通过侵犯学校名义谋取私利

二、高校教师师德评价的方法运用

高校教师师德评价机制包括清晰的评价目的、多元的评价主体、合理的评价指标，回答了"为什么评""谁来评"和"评什么"等问题，在此基础上，还需要思考"怎样评"的方法。

师德评价方法是评价主体为了认识评价客体的价值，对其在教育活动中的道德行为进行价值判断所采取的有效手段。师德评价的主体具有多元性，包括本人、学生、同事、领导等，评价客体的教育行为包括内在动机、实施手段、最终成效等因素。师德水平有阶段性表现，会随着个人认知的发展和周边环境的影响发生动态变化，因此，根据师德评价的目的，充分考虑评价客体的相互联系和发展规律，给出实施评价的合理途径和手段，这是选取师德评价方法的重点所在。

新时代高校教师师德评价不仅要继承以往评价工作中的好做法，而且需要针对评价过程中发现的不足，及时完善优化方法，不断提高评价工作的可信度和有效度，实现对教师师德水平的客观公正评价，同时促进教师职业素养的整体提高。

（一）分层评价

师德境界分为由职业属性所引申出来的执业义务以及社会期待的超越义务的至善美德两个层面。由于对教师职业社会价值的认同不一致，教师的德行追求和行为表现会有所差异。基于这种差异，对教师的道德行为进行善恶评判以及价值衡量的方法即为分层评价法。

1. 分层评价的运用

在新时代高校教师队伍建设中，提升教师整体师德水平是首要之举，师德考核是实现职业素养提升的有力抓手。目前，各高校都在师德评价方面开展了积极探索。由于道德品质的一些心理现象不容易量化，如动机是否纯粹、思想是否先进等，在开展师德评价时多采用定性分析法。但定性评价的方式可能会导致出现评价结果主观化、平均主义化，管理工作不够科学化、不够精细等问题。师德评价既是对道德行为的评判，也是对教育行为价值的衡量，需要将定性与定量相结合，进行层次区分，首先判断其是否属于道德行为评价的范畴，确定属于评价范畴后，对照评价标准，对教师师德水平进行正向和负向类型判断，再进一步进行价值尺度评估，研判正负向行为的层次。有了师德层次的区分，再根据实际需要进行结果运用。

正向行为包括践行教师职责和义务的行为，例如爱国守法、廉洁自律、公平诚信等，以及追求至善的美德，例如牺牲自我、无私奉献等。前者是社会对教师的基本要求，具有共识性和普遍性，后者是社会对教师的美好期待，具有个体性和示范性。两者相互联系，相互贯通，遵守规则是追求美德的前提，追求美德为遵守规则提供内在保障。因此在教师师德涵养过程中，要遵循严守师德底线、追求至善美德的路径。第一步是要求老师知底线、明道理、守规则，第二步是倡导教师学先进、追先进、当先进，坚持将制度约束与美德塑造相统一。

负向行为包含两个层面，一是个人修养不足导致的不当行为，该行为没有重大的社会危害性，如随地吐痰、乱扔垃圾等；二是违反职业道德的行为，具有比较严重的社会危害，如学术不端、与学生发生不正当关系等。2016年教育部印发的《教育部关于深化高校教师考核评价制度改革的指导意见》规定，高校教师有师德禁行行为的，师德考核不合格，并依法依规分别给予相应处分，实行师德"一票否决"。在进行定量操作时，可采用测量学、统计学等方法进行计算，给出更精准化的评价结果。

2.分层评价的特点

(1)全面性,"质""量"并重。

层次评价方法综合运用定性评价方法和定量评价方法实施评价。定性评价侧重对"质"的评价,通过描述性语言对客体表现做出定性结论的价值判断,简单易行,但结果比较抽象,主观性较强。定量分析更关注"量"的计算,通过数学语言给出客观化、简洁化结论,操作相对困难,需要考虑评价指标的关联度、影响度以及将一些隐性指标进行显性化展示。定性分析是定量分析的前提,定量分析是定性分析的深化,两者相辅相成,密不可分。

(2)可操作性,"粗""细"有度。

层次评价方法运用的前提在于评价指标体系的建立。指标粗放,层次较少,很难体现教师的师德水平差异;指标过细,层次较多,容易让评价者陷入细节,缺乏对整体的把握。科学合理的指标体系是使评价结果具有说服力和教育意义的保障。

(3)导向性,"高""低"区分。

通过层次评价方法实现教师师德水平可视化,评价结果为入职、推优、评奖、晋升、提拔等人事管理工作提供了重要参考,为选树先进典型发挥引领示范作用提供了渠道,引导教师积极开展师德建设。但在引导的同时还要避免过度量化引起的功利化趋势。

(二)动态评价

教师的道德品质会受到自我认识、学校氛围以及社会环境等各方面因素的影响,是一个动态变化的过程。因此师德评价需要充分关注教师道德发展全过程,结合各个阶段进行综合评价,并根据评价反馈意见,提出优化建议,帮助教师提升职业道德素养,激发师德涵育潜力,此种方法即为动态评价方法。

1.动态评价的运用

在师德评价实践中,有些学校采用一次性静态评价方法,在进行年终绩效考核时开展师德评价,这种评价方法是面向过去的评价,重视结论,轻视过程,难以在教师成长过程中及时提供信息反馈、进行问题纠正,难以满足教师师德提升需求;重视领导评价,轻视自我评价,很难激发教师师德涵育的主动性和能动性。2020年,中共中央、国务院印发的《深化新时代教育评价改革总体方案》明确提出,要"坚持科学有效,改进结果评价,强化过程评价,探索增值评价,健全综合评价,充分利用信息技术,提高教育评价的科学性、专业性、客观性",要"坚持把师德师风作为第一标准",要"推动师德师风建设常态化、长效化"。

师德师风建设工作是一项长期而艰巨的任务,是一项站位高、内涵深、要求严的系统工程,对于教师发展的意义是重大的,对于教师思想的影响是弥久的。教师思想意识、道德品质的形成是一个长久学习和实践的过程,师德师风建设工作不可能一蹴而就。需要建立动态评价机制,将诊断性评价、形成性评价、终结性评价(即总结性评价)前后贯通、融为一体,体现出全周期、多视角、强反馈的评价思维。

动态评价首先要明确评价目标,评价目标不应是学校管理者单方面的要求,应该是教师高度认同的学习涵育目标,只有这样,教师才能主动进行自我审视,积极学习,取得进步。在此基础上,评价主体全程围绕目标分阶段开展诊断性评价、形成性评价、终结性评价。

在入职前或者开展教学科研工作前对教师的道德表现进行诊断性评价,通常采用观察法、访谈法、问卷法、测验法等具体方法进行信息收集。由于家庭环境、成长经历、文化背景等不同,教师的职业能力、素养、价值观存在差异,应通过诊断把握教师的个性化差异及形成原因,制订师德培养计划并进行学校事务安排。

在教师成长过程中,在教师自我学习和学校培育后进行形成性评价。通过评价,能够及时了解教师"自育""他育"后的师德效果,了解教师师德状况以及存在的个性化问题和普遍性问题,分析症结所在,根据教师实际需求给予有针对性的指导,在及时对培育工作进行改进和优化的同时,提炼出"自育"和"他育"中的有效经验做法,加以宣传和推广。

终结性评价方法通常指在某个阶段末期对教师实际道德水平与最终目标之间的差距进行评价的方法。评价的主要作用是评定教师师德水平,划分教师师德等级,对教师形成反馈,检验培养工作成效。划分教师师德等级的目的,不是让教师极力关注自己在单位中的排位,形成功利性竞争趋势,而是通过对比,让目标关注自己的成长、进步、变化,激发其内在积极主动学习、向好向善的动力。

2.动态评价的特点

(1)动态性。

动态评价着眼于对教师师德水平的变化进行评价,更注重对过程的细致观察、对变化的敏锐察觉,结论更加真实客观,对师德评价活动及建设工作更有益,也体现了对教师的充分关注以及学校管理手段的科学性。

(2)关联性。

动态评价的三种功能形态相互关联,诊断性评价有时会参考终结性评价的结果,终结性评价会决定下一阶段评价的起点,终结性评价和形成性评价阶段都会对教师形成意见反馈,在对教师进行整体评价时会综合诊断性、形成性、终结性评价结果。另外,虽然形成性评价能在一定程度上促进教师向师德发展目标靠近,然而教师师德水平的差异仍客观存在,所以,既要借助形成性评价来帮助教师逐步达到师德涵养目标,又要采用终结性评价来发现先进、鼓励先进、带动其他教师学习先进。三种评价方式的各自作用与内在联系,构成了动态评价方法的有机统一。

(三)发展性评价

在初期的教师评价中,为了完成教学任务,强化对教师的管理和约束,很多学校采用以奖惩为目的的评价方式。随着时代发展,传统评价方式的弊端凸显。20世纪80年代末期,英国摒弃传统的奖惩评价模式后,推广了一种新型教育评价方法,该方法更加关注评价活动与教师发展的关系,即发展性评价。

1.发展性评价的运用

我国对高校教师职业道德的评价进行了一系列的探索,在师德评价制度化、规范化、科学化发展趋势中,部分高校的这项工作流于形式,其注重教师业务能力的提升,轻视师德水平的发展,以教学科研成果为依据进行绩效核算,根据考核结果实施奖惩措施,师德失范问题层出不穷。因此,需要充分发挥评价的教育功能,通过事前的教育、引导、预警,过程的督促,将问题的苗头浇灭,防患于未然,及时纠偏扶正,促进教师全面发展。

在发展性评价的实施过程中,关键在于将发展性思想贯穿于整个评价活动中。发展性评价主要包括初次见面、收集信息、评价面谈和复查面谈四个环节[①]。运用在师德评价实践中,首先,管理者与教师双方进行奠定评价活动成功基础的初次见面,通过交流,管理者向教师介绍实施师德发展性评价的目的、意义、具体流程,同时解答教师的相关疑问。然后,评价主体根据评价目标有计划地对教师的师德相关信息进行搜集,搜集方法可采用听课记录、突出事件记录、访谈、问卷调查等,尽可能保证信息的全面、客观。接着,进行评价面谈,评价双方在相互信任的前提下,在轻松和谐的氛围中展开深入交流,交流内容主要包括对教师目前的职业道德状况进行分析,对教师目前的困惑以及其对学校的期许进行讨论,对教师下一步职业道德发展目标进行规划。面谈后,双方一起撰写评价报告。在教师成长一段时间后,评价双方开展复查面谈,一起回顾发展轨迹,回溯改进措施的落实情况,探讨师德学习培训活动的参与成效,通过定期的审视总结,促进发展目标的达成。

2.发展性评价的特点

(1)发展性。

师德发展性评价的目的在于促进各方的长远发展,包括教师个人和学校整体,少数教师和全体教师的共同发展,不是为了证明教师能力,通

---

① 王斌华.发展性教师评价制度[M].上海:华东师范大学出版社,1998:148.

过评价来做出是否对其聘用、晋升、推优评奖的决定。

(2)纵向性。

师德发展性评价淡化了奖惩性评价的甄别功能,如在学院的教师之间进行师德水平的横向排序,更注重教师的成长与发展,教师自己与自己的纵向对比,让其能发现问题、分析问题、解决问题,感受进步,收获喜悦,激发教育情怀。

(3)正向性。

师德发展性评价侧重对教师的正向评价和引导,对于表现优秀的教师,指导其发挥示范引领作用,让优秀延续优秀,为其职业发展指明方向;对于表现落后的教师,帮助其查找原因,实行正向引导,细心发现其进步之处,慷慨给予鼓励,让教师重拾信心,加倍努力。

(4)双向性。

发展性评价鼓励评价主体与评价客体之间积极沟通,评价主体与评价客体相关的群体和个人进行充分交流,建立起畅通的信息反馈机制,评价结果更加客观真实,评价效果更加优化。

(四)档案袋评价

每位教师具有不同的师德成长路径、师德涵养轨迹。充分尊重个性,关注个体需求,有目的性地搜集每位教师的师德相关资料,放入电子或纸质师德档案袋中,通过动态科学管理,真实反映教师师德水平状况及变化发展过程的评价方法即档案袋评价方法。

1.档案袋评价的运用

档案袋评价方式是20世纪80年代,在西方教育评价改革中产生的一种全新的评价方式。学生和教师有目的性地收集学生在学习过程中的表现材料,并对材料进行科学管理,展示学生的学习成效和成长轨迹。2014年发布的《教育部关于建立健全高校师德建设长效机制的意见》指出,要"健全师德考核","将师德考核作为高校教师考核的重要内容",要求"考核结果存入教师档案"。在实践中,部分学校对教师的师德评价常常随着教师年度考核附带开展，存入档案的资料仅有师德评价结果，不能充分展现教师师德成长轨迹，难以体现评价活动的动态化、有益性、长效性。为了实现师德评价目标，细化师德评价内容，促进教师全面发展，可借鉴档案袋评价方法来实施师德评价，主要环节为：

首先，进行档案袋设计。评价双方根据评价目标一起进行档案袋设计，包括搜集内容和评价标准，其中搜集内容可包括个人职业道德相关典型作品、活动记录、评定量表、测验及成绩、评价记录、自我反思等，呈现形式可以为文字、照片、录像、证书等。评价标准可以以表单形式呈现，在表单中列明师德考核指标以及每个师德等级的尺度和界限。设计时需要明确材料主题，划分材料范围，确定材料类别，明晰考核指标，便于后续对档案袋的规范管理。

其次，开展档案袋资料搜集。由学校主导，以教师为主体，按照档案袋的要求动态进行资料搜集。

最后，实施档案袋评价。管理者和个人不定时对档案袋资料进行查阅、回顾、对比，针对有关问题进行沟通交流；管理者根据学校要求，以档案袋资料记录为依据，定期组织开展评价活动，并形成有效反馈。

2.档案袋评价的特点

（1）多元性。

一方面，师德档案袋评价方法对应的评价指标是多元的，包括与教师职业道德相关的敬业爱生、爱党爱国、修身立德等内容。另一方面，参与考核的人群也是多元的，包括教师本人、学生、同事、领导等，通过评价指标和主体的多元选取，用"师德放大镜"和"师德传声筒"对评价客体做出360度立体评价，让评价结果更加全面真实。

（2）主体性。

师德档案袋评价方法强调以教师为主体绘制个性化发展轨迹。教师不再被动接受评价，而是主动进行自我管理，进行丰富多彩的作品和记录搜集；主动进行自我评价，认识自身的优缺点；主动进行自我完善，与管理者进行积极沟通，主动学习改进；主动实现自我成就，在感受成功的喜悦的同时激发出强大的内驱力。[①]

(3)人本性。

师德档案袋评价方法以教师为本,以实现教师发展为目标,在评价过程中充分尊重教师的个体差异,积极反映教师的合理诉求,体现了让每一位教师得到充分发展的教育初衷,增强了教师的职业归属感和身份认同感。

三、高校教师师德评价的实施机制

在对师德评价内涵与外延的概述、评价指标体系的构建与探索、多种评价方法的探析与运用基础上,结合国家上位要求与高校工作实际,拟从实施原则、实施内容、评价工作流程、评价运行保障等四个维度探索师德评价的实施机制。

(一)实施原则

1.坚持党的领导

2018年9月,习近平总书记在全国教育大会上发表重要讲话,从党和国家事业发展全局出发,突出强调了加强党的领导对于做好教育工作的极端重要性,对加强党对教育工作的全面领导提出了明确要求。

《中共中央 国务院关于全面深化新时代教师队伍建设改革的意见》《关于加强和改进新时代师德师风建设的意见》等相关文件均强调,着力提升教师思想政治素质,全面加强师德师风建设,应坚持党建引领,充分发挥教师党支部和党员教师作用。中共教育部党组印发《关于完善高校教师思想政治和师德师风建设工作体制机制的指导意见》,明确指出,各高校应建立健全学校党委、院(系)党组织、教师党支部三级联动的教师工作机制,强化基层党组织在教师思想政治和师德师风建设中的作用。

---

① 罗文浪,戴贞明,邹荣,等.现代教育技术[M].北京:北京理工大学出版社,2015:159-160.

2.坚持全面多元

2017年2月27日,中共中央、国务院印发《关于加强和改进新形势下高校思想政治工作的意见》,强调指出,高校肩负着人才培养、科学研究、社会服务、文化传承创新、国际交流合作的重要使命。相对于其他职业人群而言,高校教师具有"学为人师、行为世范"的特殊性,社会大众对教师的德行评判更加严苛,对师德的外延理解更为宽泛;相对于中小学教师,高校教师承载着科学研究、社会服务、国际交流合作等责任与使命,师德不仅仅局限在教育教学过程中,也体现在科学研究、社会服务等工作和国际合作交流等方面。

要实现高校教师师德全面、多维、精准评价,必须坚持全面多元评价原则,充分吸收学生、同事、学生家长、同行专家、单位等高校教师职业行为对象的评价意见,将教师教育教学、科学研究、社会服务、遵纪守法等全方位现实表现纳入综合评价体系。尽可能拓宽了解信息的渠道,尽量广泛、充分、全面地掌握评价客体的信息。

3.坚持客观公正

师德考评结果对于教师而言,具有正向激励和负向约束双重效用。师德考评的客观公正与否,既关系着教师个人职业生涯的发展路径和个人名誉,也影响着师德评价价值引领的考评效能,决定着考评体系能否得以长效且良好运行。实现严格师德考评,实事求是、客观公正显得尤为重要,要做到全体教师对评价目的、程序、标准和结果有清晰的了解和掌握。对违反师德底线的行为,要坚决"零容忍",实行"一票否决",坚决杜绝"包庇""请托"等现象发生。

4.坚持有效可行

首先,构建的评价实施机制应切实可行,应立足学校自身实际,充分有效利用现行工作机制,在现有基础上健全完善,有效衔接工作人员年度考核机制,同谋划、同部署、同推进。其次,评价环节设计和具体操作层面应简单易行,抓住核心关键,不宜全体普测或大范围测评,不要过于复杂、不便操作。最后,评价指标、评价方法等设计应科学合理,符合教学科研等工作规律,确保评价的效果、效能和效益。

(二)实施内容

根据高校教师特点,可以融合层次评价法、动态评价法、发展性评价法、档案袋评价法开展综合评价。

1.确定评价环节

评价周期为一年,包括四个主要环节:

第一,诊断评价环节。在教师入职初期,通过个人自评、函询原学习工作单位、支部访谈三种渠道,了解新教师的个性特点,掌握其师德品质的初步情况,支部结合学校发展目标同教师本人一起制订师德发展计划。

第二,信息收集环节。由教师本人及支部负责人对个人师德相关资料进行即时动态搜集,搜集工作贯穿于考核工作的始终,搜集的材料作为开展评价的重要支撑材料。

第三,过程评价环节。密切关注教师的师德成长动向,教师本人和党支部每月例行开展师德表现审视,有突出表现的,由党支部核实后动态更新师德评价意见。教师可根据自己的成长感受,提出疑惑、进行反思、分享感受。党支部指定专人给予教师有针对性的指导和进行充分沟通。

第四,综合性评价环节。在考核周期的末期,评价主体反馈教师评价意见,由牵头管理部门出具综合意见,同时和教师一起回溯发展计划落实情况,若有必要,可对发展计划进行调整。

2.准备评价材料

评价材料主要包括个人资料、评价资料和发展性评价卡片。

(1)个人资料。

一是自我评价。教师对自我师德水平的评价,包括认识到的差距、发现的不足、进行的反思、下一步的改进计划、发展规划及诉求,以及成长心得、经验分享、发展建议等。二是活动开展。包括教师参加的教育部、学校、学院各级各类师德师风培训研修以及社会服务活动、组织策划开展师德师风活动的情况、开展师德师风理论研究的情况等内容。三是个人荣誉。包括获得的师德师风建设工作相关荣誉称号以及真实发生的正向突出事件中个人收获的荣誉等,来源包括个人报告、社会报道、新闻宣传、周边反馈等。

(2)评价资料。

一是诊断性评价意见,即在评价周期的初期,对教师师德表现的评价及发展性建议。上岗第一年可参考原学习、工作单位意见,之后可参考前一年末的综合评价意见。二是过程性评价意见。在初期评价意见的基础上,根据教师师德表现的动态变化,动态更新意见。若无重大变化,则无须更新,该意见具有即时性,可用于教师教材参编、项目申报、党员发展等事项的二级党组织把关。三是综合性评价意见。在评价周期的末期,通过观察、调查、测验、访谈、问卷等方式,充分了解教师的师德状况,对照评价标准,给出评价意见。

(3)发展性评价卡片。

一方面为管理者根据教师师德表现与评价标准的差距,进一步查找问题和分析原因后,给出的具体合理化改进意见和发展建议。另一方面为每个评价周期结束时评价双方一起对改进措施落实、目标达成情况的回溯意见。

3.划分结果等次

关于师德评价等次划分,很多高校结合自身实际进行了实践探索。目前,有的高校将师德考评分为"优秀""合格"与"不合格"三个等次。[①]

师德师风是评价教师队伍素质的第一标准,2019年教育部等七部门印发《关于加强和改进新时代师德师风建设的意见》明确要求,将师德考核摆在教师考核的首要位置。同时,作为事业单位工作人员考核内容

---

① 刘程毅.高校教师师德考核评价机制研究[J].教育教学论坛,2017(36):48.

(德、能、勤、绩、廉)之一,师德考评工作可与事业单位工作人员年度考核有效衔接,同谋划、同部署、同推进。2023年,中共中央组织部、人力资源社会保障部印发《事业单位工作人员考核规定》,将年度考核设为优秀、合格、基本合格和不合格四个档次,学校可将师德考评与年度考核保持一致,设置为"优秀""合格""基本合格""不合格"四个等次。

贯彻落实党的教育方针坚定有力,爱国守法、立德树人、师德高尚、作风优良、廉洁自律、勤勉敬业奉献、教书育人成效突出,具有先进模范典型示范作用的,可确定为"优秀"。全面贯彻落实党的教育方针,爱国守法、立德树人、作风良好、关爱学生、爱岗敬业、廉洁从业,未发现相关思想政治和师德师风问题的,可确定为"合格"。能够贯彻落实党的教育方针,爱国守法、尽职履责、廉洁从业,经调查核实有违反师德师风高线要求但未违反底线要求的,情节显著轻微的,确定为"基本合格"。经调查核实有违反师德师风底线要求的,确定为"不合格"。

选取《新时代高校教师职业行为十项准则》中十项要素作为考核指标,下设一级指标、二级指标、三级指标作为观测点。分数设置总分为100分,各单项权重10%,满分10分;单项评分标准优秀10分,合格8分,基本合格6分,不合格0分,最终分数为各单项加权分数之和。等级划分为优秀(>80分)、合格(80分)、基本合格(≥60且<80分)、不合格(<60分)四个等级。

评价主体包括本人、学生、同事、二级党组织,各占总分权重25%。学生评价和同事评价的具体名单在所指导学生及所属二级党组织中随机抽取后确定,最终得分取参评人评分的加权平均分数。学生评价的主体包括课程教学的学生和导师指导的学生,各占50%;非研究生导师,课程教学的学生评价占比为100%;非研究生导师因客观原因未承担教学任务的,当年学生评价视为合格。

4.设置等次比例

在事业单位工作人员管理实践中,不论是年度考核、职称评审、岗位聘用,还是科研项目和人才项目申报,均设置了相应比例。如:《事业单位工作人员考核规定》中关于年度考核优秀档次占比规定在应参加考核总人数的20%,特殊情况下可适当提高至25%或降至15%。关于师德考评等次是否设置相应比例问题,学术探讨中有不同的见解:有的认为通过全面调查统计分析,可以设置相应比例来区分出优、良、中、差;有的认为即便是通过科学技术,也很难客观定性评价。[①]

实际上,师德评价不同于年度考核、职称评审、岗位聘用、科研项目和人才项目申报等对教师个人素质能力的综合评判,而更偏重德行表现。高尚的师德,既要求教师有高尚的道德情操,又要求有与之相统一的外在行为表现,还要有良好的立德树人、教书育人成效,应得到师生及社会大众的普遍认可。因此,师德评价不宜参照年度考核设置优良中差比例,应以事实为依据,以评价体系为标准,严格标准把握、实事求是地客观呈现教师个体的师德表现情况。

5. 评价结果运用

师德考核结果运用于教师管理和职业发展全过程,可作为岗位聘用、职称评定、职务晋升、工资晋级、干部选任、申报人才计划、申报科研项目、学习进修、评奖评优等工作的重要依据。

(1)成长激励。

评价等次为"合格"及以上的,具有年度考核评优资格,具有职称评聘、推优评先、表彰奖励、科研和人才项目申请等方面的资格;考评等次"优秀"的,同等条件下优先。

具体而言,要分类运用师德特长。多主体评价和分要素评价全面展示了教师的师德特质,为"人尽其才""知人善任"提供了科学支撑。充分结合教师的师德特质,在职称评聘、推优评先、表彰奖励、科研和人才项目申请等方面,推荐有相应特点和优势的教师,例如:申报科研和人才项目,侧重推荐"遵守学术规范"的教师;申报"教书育人楷模",则侧重推荐"潜心教书育人"的教师。同时,可根据教师个人的师德特质,调整单位内部分工,激发教师的工作积极性,充分发挥单位教师的整体效能,进一步完

---

① 郑婧伶,徐英.高校教师师德评价机制评析与重建[J].广西警官高等专科学校学报,2013(3):59-62.

善单位内部治理。

(2)负面约束。

个人约束机制：师德考评等次为"基本合格"的,年度考核结果不能评为合格及以上档次；师德考评等次为"不合格"的,年度考核应评定为不合格,并根据处理处分情况,取消影响期内在职称评聘、推优评先、表彰奖励、科研和人才项目申请等方面的资格。

单位约束机制：师德师风考评工作纳入年度党建考核内容,出现考评等次"不合格""基本合格"的作为扣分项,出现考核等次"优秀"的作为加分项,以考促改、以考促建。

(三)评价工作流程

立足学校工作实际,充分用好学校党委、二级党组织、教师党支部三级联动的教师工作机制,充分发挥基层党组织的主体作用,务实、高效开展教师师德评价工作。具体工作流程如下。

1.基层考评小组推荐

2018年,中共中央印发的《中国共产党支部工作条例(试行)》指出,党支部是党的基础组织,是党组织开展工作的基本单元,是党在社会基层组织中的战斗堡垒,是党的全部工作和战斗力的基础,担负直接教育党员、管理党员、监督党员和组织群众、宣传群众、凝聚群众、服务群众的职责。高校党支部在基本任务基础上,还承担着保证、监督党的教育方针的贯彻落实,巩固马克思主义在高校意识形态领域的指导地位,加强思想政治引领,筑牢学生理想信念根基,落实立德树人根本任务,保证教学科研管理各项任务完成等重点任务。

教师党支部具备实施师德评价机制的良好工作基础,承担着强化教师思想政治工作,推进师德师风建设的重要职责,可通过"三会一课"、主题党日活动、组织生活会、民主评议党员、经常性谈心谈话了解党员思想状况和心理状态,有针对性地做好关心关爱、心理疏导、教育引导等。同时,还应密切联系非党员教师,做好教育、培养、发现和推荐优秀人才的工作。

师德评价工作作为教师思想政治和师德师风建设工作的重要一环，应与教学科研工作等具体业务工作同谋划、同部署、同推进、同考核。具体操作层面，可将基层教学组织（系/教研室等）对应划分到相应教师党支部，由教师党支部牵头，教研室协同开展教师师德评价。

具体操作方法为：(1)教师党支部负责教育、管理、监督、宣传、凝聚、服务工作，教师党支部书记与支部教师全员开展日常谈心谈话，密切掌握教师思想政治动态和师德师风表现情况。(2)基层教学组织负责协助教师党支部进行教师师德档案管理，及时关注学生网上评教信息并归类形成课堂教学质量评价正面、负面清单，记录先进事迹、评优评先情况，师德失范问题和惩处情况等。(3)每年教师党支部根据教师师德档案，结合教师本年度实际表现，民主评议、组织生活会情况，对比往年情况，由党支部委员会吸收基层教学组织成员组成基层考评工作小组，对教师师德表现进行综合评价，确定写实性、描述性、有针对性的评价意见，提出发展性评价意见，并给出考评等次建议意见。

2.二级考评工作组推荐审议

各教学科研单位二级党委成立师德考评工作组，负责组织实施本单位教师的师德考评工作。二级单位师德考评工作组由单位党政领导、教代会主任、工会主席等组成，二级单位党政主要负责人对本单位师德考核负直接领导责任。

师德考评工作组严格对照《新时代高校教师职业行为十项准则》，严把教师思想政治与师德师风引领高线和要求底线，坚持客观公正、遵循实事求是的原则，综合评议基层师德考评工作小组给出的师德评价意见和师德考评等次。对于不影响教师个体权益约束或者凸显性评价的，由二级单位确定考评推荐结果；其他情形的，二级单位经研究后将建议意见报学校党委审定。

对于考评推荐结果和建议意见，在本单位范围内予以公示，接受大家的监督。

3.学校党委审定

学校党委书记和校长是师德师风建设的第一责任人,共同管理师德考评工作,共同承担师德考评责任。学校教师工作委员会负责统筹开展教师师德考评工作,研究师德考评工作的重大事项。教师工作委员会办公室挂靠党委教师工作部,作为师德考评工作的主管部门,负责师德考评工作的组织与实施,对各二级单位的教师师德考核工作进行监督和指导。

二级单位公示无异议后,将师德考评结果报教师工作委员会办公室。教师工作委员会办公室会同教师工作委员会成员单位对二级单位的推荐结果进行审查,审查结果报教师工作委员会审议。教师工作委员会审议通过,公示无异议后,报学校党委常委会审定。

(四)评价运行保障

1.动态排查

构建学校教师工作委员会成员单位、二级教学科研单位、教师、学生、学生家长和社会多元立体的师德监督网络体系,明确校院两级师德投诉受理责任人,公开信访举报电话、邮箱、意见箱,畅通监督渠道。完善教师师德月报、思想政治动态排查制度,探索教师状况调研办法,密切关注涉及师德失范的网络舆情,动态精准掌握教师师德状况,及时发现问题苗头和风险点,及早研究干预对策。对发现的师德失范行为,协同联动、快速响应、启动调查、严格依规惩处,按照相关工作要求将相关问题线索、核查处理情况及时报送学校主管部门。

2.纪律保障

师德考评工作中,各级工作机构和人员应严格遵守相关纪律要求,实事求是,客观公正,不得弄虚作假、歪曲事实;保守秘密,不得泄露考评情况和考评对象个人隐私;清正廉洁,不得收受礼金礼券、礼品和接受宴请等。

有下列情形之一的,考评工作组成员应当回避:(1)与考评对象有利害关系的;(2)与考评对象有夫妻、直系血亲、近姻亲关系的;(3)考评对象是其直接指导的研究生的;(4)其他可能影响公正考评的。

考评过程中有违反考评工作要求、纪律规定,徇私舞弊、监管不力、推诿隐瞒等情形,造成不良影响和严重后果的单位和个人,将根据有关规定,给予严肃处理。

3.权益救济

评价既有正向评价,也可能有负向评价。负向评价将对教师个体的职业生涯发展和个人声誉产生否定性约束。当事人收到书面约束性评价时,本人可在规定时间内进行陈述和申辩;学校应对其所提出的事实、理由和证据进行复核,记录在册;提出的事实、理由和证据成立的,应予采信。

当个体的发展、声誉和直接权益受到侵害时,还应采取一定的补救措施消除侵害。因此,在师德评价实施机制中设置复核与申诉的权益救济机制十分必要,其既是教师个体合法权益的保障机制,也是师德评价实施过程中的工作纠错机制。

当教师个人对师德评价判定不服时,可以在规定时限内请求学校对相关情况进行重新审查核对。学校应当在规定时限内做出复核决定。教师对复核决定仍不服的,按照规定可向学校的主管部门或者同级事业单位人事综合管理部门提出申诉。

对于存在遗漏问题或新问题的,违反规定程序或者滥用职权的,师德失范行为的情节认定有误的或有其他影响师德评价结果因素的,学校应当及时予以更正。师德考评结果变更的,应按照变更后的师德考评结果运用和执行。

第五章

多元评价视域下高校教师教学评价

  高校教师教学评价既是"对教师为达成教学目标所开展一系列教学活动而进行的诊断方式",同时也是高校教师进行自我教学反思与优化教学模式的重要依据。[①]高校教师教学评价能够彰显教师教学行为的主观能动性、揭示高校教师人才培养质量、引领教师教学发展未来走向。近年来,为满足高校学科专业的多样性、教学内容的开放性以及教师专业发展的全面性诉求,我国高校努力规范教师教学评价体制机制,从高校教师的课堂教学评价、课外指导评价和教学学术评价三个基本维度,确立了高校教师教学评价目的、评价指标、评价步骤,明晰了"为什么而评?""评什么?""怎么评?"等基本问题,[②]以期回归高校教师教学评价本真,深化对高校教师教学评价本质的认识。

一、高校教师课堂教学评价

  课堂即教学发生的环境,包括教师、学生、课业活动进行的空间;教学包括对教师行为和学生行为的描述。课堂教学是一种特殊的认识和实践过程,即教师教学生认识和实践的过程。[③]课堂教学指在课堂环境中教师和学生之间的特殊交往活动。从拉尔夫·泰勒(R.W.Tyler)将评价正式纳

[①] 牟智佳,刘珊珊,陈明选.循证教学评价:数智化时代下高校教师教学评价的新取向[J].中国电化教育,2021(9):104.
[②] 周湘林.以学生学习为核心的高校教师教学评价方法创新研究[J].现代大学教育,2017(1):93.
[③] 李森.现代教学论[M].北京:人民教育出版社,2011:58.

高校教师多元评价的理论探索与实践运用
——基于西南大学教师评价改革个案研究

入课程编制过程开始,评价就逐渐在课程与教学研究领域引起热议。作为培养人才的主要路径,课堂教学同样是评价实施的核心载体。课堂教学评价即对教师的课堂教学所进行的评价,主要是对教师课堂教学的行为及其效果的价值判断。从广义上来说,课堂教学评价一般有过程和结果、教师和学生两个方面的维度。科学、合理的课堂教学评价有助于高校诊断、挖掘和提高课堂教学活动的内在价值,引领和规范课堂教学,进一步发挥其提高教育教学质量、深化教学改革的功效。在教育评价改革的新背景下,课堂教学评价必须立足于一定的情境中,在情境中进行。情境的真实性、不可模仿性是课堂教学评价的生命力和内在价值的重要保障。[①]同时也要注重过程性评价,评价多元化、科学化等,保证教学管理人员、教学督导、专业教师、学生、任课教师等多元主体有效参与。高校教师课堂教学评价内容主要包含四大板块:教学内容、教学方法、教学态度和教学效果。本文在既有研究的基础上,结合教师多元评价理论将高校教师课堂教学评价界定为:以高校教学目标为导向,选取科学且操作性强的方法步骤,通过多元主体评价系统地收集信息,对高校教师课堂教学活动的过程和结果做出价值判断,为被评价者自身发展和相关管理部门决策提供依据的过程。围绕课堂教学评价的目的细分评价指标,选取多元主体参与构建课堂教学评价指标体系,按步骤开展教学评价。

(一)课堂教学评价的目的

课堂教学评价的目的,是确立评价指标、选择评价方法和开展教学评价的指挥棒。教育评价是对教育活动满足社会与个体需要的程度做出判断的活动,以增值教育价值为目的。[②]我国教师评价的目的主要分为以行政管理为导向的奖惩性目的和以教师专业成长为中心的发展性目的两方面。随着第四代教育评价等理论的逐步形成,高校教师评价改革也在不断推进。新时代课堂教学评价以立德树人为根本任务,以严格教育教学工作量考核、加强教学质量评价工作、健全教学激励约束机制和强化课堂

---

① 卢立涛,梁威,沈茜.我国课堂教学评价现状反思与改进路径[J].中国教育学刊,2012(6):46.
② 陈玉琨.教育评价学[M].北京:人民教育出版社,1999:7.

教学纪律考核为总体要求。教师教学评价逐渐形成奖惩与发展相融合的共识，普遍侧重发展性。教育评价本身是对教育活动的价值做出评判，对目的的分析即对价值的选择，课堂教学评价的目的应满足不同主体的需求并促进其发展和完善。

1. 学生发展目的

课堂教学评价的学生发展目的是保障教学质量，满足学生学习需求。在高校教师课堂教学评价的前端输入层面，评价活动能够促进师生间的积极互动，增进学生的知识与技能，帮助学生建立自我意识，形成自我概念，提高自我评价能力。评价活动提供的针对性反馈，有助于学生更好地理解和掌握学科知识与技能，激发学习动机与学习兴趣。在终端输出层面，通过对教师课堂教学活动的评价，学校可以对教师的教学表现进行定量和定性评估，监控教学质量，诊断教学活动中存在的问题和不足，并采取针对性的措施进行改进，从而不断提高教学质量和水平，确保教学在满足国家和社会建设发展需求上发挥出更有效的作用。学生参与教师课堂教学评价的过程，可以提高学生的参与度，并将教育评价的权力赋予受教者。这种评价方式不仅能够有效地将课堂教学的输出端和输入端联系起来，更能共同作用于学生综合素质的发展，以培养适应高速发展的社会所需的人才。

2. 教师发展目的

课堂教学评价的教师发展目的是及时反馈问题，提高教师教学能力。课堂教学评估的目的之一是为教师提供有用的反馈信息，以衡量其教学的有效性。按期开展高校教师课堂教学评价有助于教师判断自身教学实践活动与预期目标之间的距离，认识自身教学现存问题，从而具体化教学目标、调整教学计划以及做出合理的教学决策。通过科学的外部评价和自评进行教学能力与专业能力的反思与提升，调动积极性，提高教学质量和人才培养水平。通过评估教师的课堂教学质量，学校可以了解和掌握教师教学情况与存在的问题，为教师提供相应的培训和指导，帮助教师优化教学效果，进一步提高教学质量和教学水平。

3. 教学管理目的

课堂教学评价的教学管理目的是考核教学绩效，完善教师管理制度。多主体、科学、健全的课堂教学评价是学校对教师进行绩效评估和管理的重要工具，对规范学校教学行为，改善教学效果，提高人才培养质量，实现学校的可持续发展有重要作用。通过对教师的教学表现和教学成果进行评估，学校可以客观地评估教师的绩效，为教师的聘任、晋升、奖励和惩罚提供依据。教师可以根据评估结果进行调整和改进，从而获得相应的奖励和惩罚。此外，教师的教学成果和表现也可以作为学校评估和比较不同教师的基础。总之，课堂教学评价实时跟进教师和学生的学习发展，以适应和改进学校教学发展的布局与方向，为教育管理者进行科学决策和制定工作方针提供依据。

（二）课堂教学评价的指标

高校教师是高等教育质量的核心保障因素，对其课堂教学的评价有助于创设与优化教师管理制度和提高教师教学能力，是保证高校课堂教学质量、促进学生能力发展的必要环节，关乎高校办学成效和后备人才培养。高校教师课堂教学评价标准是依据评价目的对教师工作情况和个人能力进行价值评判的准则。评价指标是评价标准体系的核心，评价指标的设定是最具操作性的环节。指标体系的建立过程也是加深对评估对象认识的过程。科学的课堂教学评价指标体系，不仅能够全面反映和评估课堂教学的实际情况，而且能够起到促进教学改革的作用。

1. 课堂教学评价的内容和要求

高校教师课堂教学评价的内容应具有系统性，包含教学准备、课堂教学以及考试的全过程。美国课堂教学质量评价系统将观察要点分为四个维度：课堂环境（Classroom Environment）、课程结构（Lesson Structure）、执行效果（Implementation）和教学内容（Math/Science Content）。[1]我国课堂教学的评价标准从注重目标达成转向师生共同发展[2]，以教学目标达成、教学过程安排和教学活动开展为主要评价内容。目前高校对课堂教学的评价包括教学态度、教学内容、教学方法和教学效果四大板块，根据过程性评价要求，教学态度需包含教学准备；教学内容和教学方法主要针对课堂教学实际；而考试成果应作为教学效果的因素，以便构建更为全面的评价指标。

（1）教学态度。

教师的教学态度是影响教学效果的关键要素，这种影响贯穿于整个教学过程。对教学态度进行评价时需考虑多方面的要点，其中包括：是否进行充分的备课并熟练掌握课程内容；是否认真投入、细心严谨和不迟到不缺课；是否采用个性化教学方法，因材施教；是否严格要求学生，关心学生的全面发展；作业形式是否多样化，是否按时收发并认真批改；是否注重教学信息反馈，与学生积极互动；等等。对这些要点进行综合评价可以有效地衡量教师的教学态度，促进教学效率的提升。

（2）教学内容。

教学内容在进行教学活动和实现教学目的中起着重要的中介作用。评价教学内容的要点包括以下几点：思想品德教育是否渗透在教学中，使学生获得深刻的感悟；对教学内容的阐述是否具有思想性、科学性、发展性、实用性、适用性与准确性；知识结构的逻辑性与系统性如何；是否进行了教学重点突出与难点突破；教材处理与分析、挖掘的深度如何；教学内容是否注重与学生生活、社会实际和已有的知识经验的联系；是否反映了本学科的最新研究成果；教学设计是否合理，衔接是否自然；能否创造性地使用教材，对教学资源进行合理开发和运用；等等。这些要点在更全面地衡量和提升教师教学内容质量中可以提供有力的指导和支持。

---

[1] WALKINGTON C, ARORA P, LHORN S, et al. Development of the UTeach observation protocol：A classroom observation instrument to evaluate mathematics and science teachers from the UTeach preparation program[J]. Unpublished paper. Southern Methodist University，2012：12.
[2] 刘志军，徐彬.我国课堂教学评价研究40年：回顾与展望[J].课程•教材•教法，2018(7)：16.

(3)教学方法。

教学方法作为达到教学目标的核心工具,也是教学理论与教学实践相联系的桥梁。评价教学方法需要关注以下几个方面:是否采用灵活多样、实效性强的教学方法,注重优化组合;是否恰当地使用直观教学和电化教学手段,如视听辅助设备、图表和模型等;是否注重反馈并及时调整教学方法;是否以启发式教学为主;是否激发学生的学习兴趣;是否善于融合具有创意的课堂导入;是否注重整体和个性的结合;等等。

(4)教学效果。

评价教学效果是检测教学过程是否发挥其有效性的重要手段。评价教学效果要从以下几个方面考虑:是否按照预定的课时计划,实现了多维教学目标(知识与能力,过程与方法,情感、态度与价值观);课堂气氛是否活跃;学生在课堂上掌握知识和技能的程度如何;学生的思维是否活跃;学生的智力是否得到开发;学生的综合能力是否得到拓展;学生是否得到相应的辅导和帮助;师生配合是否默契;课堂教学是否显现出教学艺术及特色;是否有效促进了师生的共同发展。以上要素是评价教学效果的重要指标,反映了教学的全面性、多样性和深入性。

2.课堂教学评价指标体系的构建

开展高校教师课堂教学评价的根本目的是发展,即促进学生专业发展,促进教师教学发展,促进学校教育发展,最终促进社会发展。但对于不同利益相关者,具体评价指标应具有差异性。且不同高校的具体教育情况存在区别,各高校教师课堂教学评价指标体系的构建应结合具体校情自行确定。沈红等学者在《大学教师评价的效能》中指出,不会有放之四海而皆准的教师课堂教学评价指标体系,可以借鉴相关理念、思路和框架来确定。如,学生评教需围绕有效教学的核心理念,同行评教指向教学学术能力,督导评教应将"督管"和"督教"相结合[1]。结合学校实际调研结果,依据设计理念和基本框架即可制定适切的评价指标体系。

多元评价趋势下,课堂教学评价主体涵盖教师本人、学生、同行、督导

---

[1] 沈红,等.大学教师评价的效能[M].北京:中国社会科学出版社,2018:238-241.

人员等。引入层次分析法,结合学校教学发展要求,建立以下高校教师课堂教学评价层级指标体系。最高层 A 代表最终目标,在课堂教学评价体系中指高校教师课堂教学质量;中间层 B 为为实现最终目的采取的方案必须遵循的准则层,此处分为准则层 B1、B2……和子准则层 B11、B12……。准则层为评价主体,子准则层为评价的一级指标;最底层 C 是解决问题的具体方案层,此处即评价细分的二级指标层,评价高校教师课堂教学的具体内容,分为 C1、C2……(详见图 5-1)。在实际操作中,可根据具体评价目标调整评价主体和评价指标。

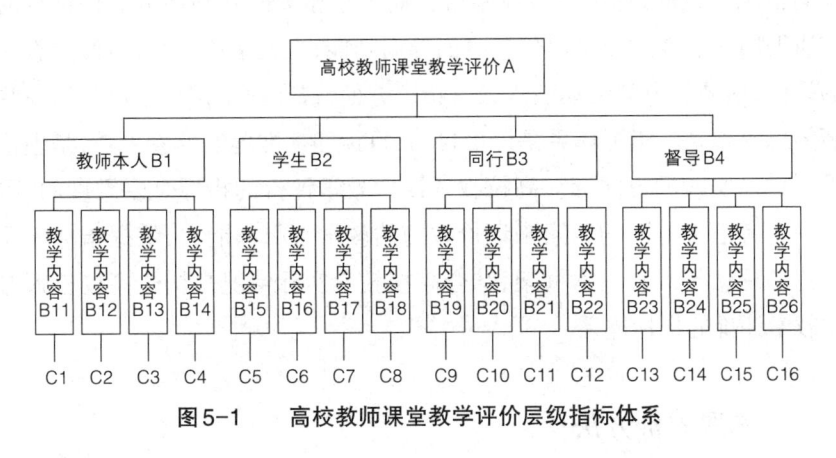

图 5-1 高校教师课堂教学评价层级指标体系

在高校教师课堂教学评价层级指标体系中可建立多级层次结构模型,每一层级两两比较构造成对比较阵,采取 1~9 评估尺度(1=同等重要,3=稍重要,5=颇重要,7=极重要,9=绝对重要,2、4、6、8 为相邻尺度之间的中间值)得到每一层级各因素之于上一层级的权重占比,由下至上地得出各因素在高校教师课堂教学评价整体指标系统的重要程度。

(三)课堂教学评价的步骤

高校教师课堂教学评价是教师教学评价的重要构成。该评价主要针对高校教师在课堂教学中的教学态度、教学内容、教学方法、教学效果等进行评价,以便更好地了解教师的教学水平和教学质量,对有效提高高校教学质量和教学效果有参考价值。具体步骤如下所示。

1. 明确评价标准

明确评价标准包括明确评价的目的,确定评价的目标和标准,依据目的、目标和标准构建评价指标体系。评价目标和相应的课堂教学评价促进了课堂教学评价诸多功能的实现。在课堂教学评价活动中,明确评价目标和要求是评价的起点,不同的评价目标具有完全不同的评价体系结构和内容。如果评价是以评估课堂教学的基本环节是否完备为目标,那么评价体系更关注课堂教学的基本环节;如果以了解课堂教学中师生互动的情况为目的,那么评价体系就会侧重于相关的互动环节。评价目的实质上凸显了课堂教学评价自身的导向功能,也就是说,通过对课堂教学的评价,期望将教学活动引入某一特定方面,或在教学评价中反映出一些新的思想观念。指标体系是评价目的、目标和标准落实的着手点,是理论设想付诸实践的方向标。高校教师课堂教学评价的指标是多维度的,需要综合考虑多方面的因素来评价教师的教学水平和能力,依据指标体系构建的理念基准和基本框架,结合高校教学实际情况来构建高校教师课堂教学评价的指标体系。

2. 选取评价方法

多元理论视角下参与评价的主体应包括教师本人、学生、同行、专家、管理者等相关人员。[1]教师评价方法可分为10类:课堂观察、课堂绩效评定、学生学业成就、成长档案袋评价、学生/家长评价、同行评议或协助、教师自评/行动研究、纸笔测验/测试、问卷与面谈、后设评价等,不同评价方法适用于不同参评主体(详见表5-1)。[2]在方法确定的基础上,根据不同主体的不同目的选择适切的评价模式。教师课堂教学评价为学生发展服务时应选取以学生为中心的评价模式,通过评价为教师提供学生发展关注点,及时满足学生的发展需求。当课堂教学评价为教师教学改进服务时,评价模式应以了解教学问题为重点,为教师改进建言献策。若课堂教学评价服务于学校管理时,评价模式则倾向于奖惩性体系,采用相对评价

---

[1] 史晓燕.教师教学评价:主体·标准·模式·方法[M].北京:北京师范大学出版社,2018:26.
[2] 王斌林.教师评价方法及其适用主体分析[J].教师教育研究,2005(1):42-45.

区分教师教学效果,辅助教学管理的开展。评价方法和模式的选取应视具体评价目标而定,为落实评价指标提供切实路径。

表5-1 教师评价方法与评价主体的交叉分析框架

方法		学生	教师本人	同行	学者/专家	社会公众/家长	行政督导人员
课堂观察	教室观察			®	®		®
	教学观察		®				
	教学录影			®	®		®
课堂绩效评定				®	®		
学生学业成就			®	®	®		®
成长档案袋评价			®	®	®		®®
学生/家长评价		®				®	
同行评议或协助	同行结对		®	®			
	同行指导			®			
	同行训导			®	®		
教师自评/行动研究			®				
纸笔测验/测试					®		®
问卷与面谈		®				®	
后设评价					®		®

(注:®标示为该教师评价方法的适用主体)

3.收集信息评价

收集教学相关信息是进行高校教师课堂教学评价的必要前提。根据高校教师课堂教学评价指标的四大维度(教学内容、教学方法、教学态度和教学效果),可将评价所需要的教学信息分为教学过程评价信息(教学内容、教学方法、教学态度维度)和教学结果评价信息(教学效果维度)。

多元主体可通过课堂观察、学生问卷调查、教学日志、学生作业、课程设计和教学材料等方面,收集教学资料和数据,为评价提供依据。对于两部分教学信息的收集,需要对教学对象各方面的信息进行综合整理,这个过程就是对评价数据的归纳和分析,即评价者对各种材料进行整理、归纳和综合,并据此得出评价结果,最后根据评价结果形成评价结论。根据收集的教学资料和数据,对教师的教学效果进行评价和分析,评估教师的教学水平和能力,并提出建议和改进措施。

4.反馈评价结果

评价结论是课堂教学评价的重要组成部分,其提出是以提高教师的教学水平、增强课堂教学效果为目的的。评价结论应涵盖针对被评价教师课堂教学的具体的、建设性的意见,能够帮助教师了解自己的教学表现、优点和不足,促使其进行自我反思和教学改进。评价结果和意见需及时反馈给教师,也需要为教师提供培训支持,帮助其改进不足之处,提高教学能力。在评价结论中,可以提出相应的教学方法和策略,教师可以利用这些方法和策略改进课堂教学,提高学生的学习实效,并且需要进行持续跟踪、评估、反馈和激励,以确保教师的专业可持续发展。这有助于为高校教师提供更好的教学环境和支持。

(四)课堂教学评价案例分析

课堂教学是学校教学过程的重要环节,教师授课的质量直接关系到人才培养的质量。为使西南大学本科课堂教学质量评价工作更加规范化、科学化,引导广大教师积极投入教学工作,不断提高教师的教学质量和教学水平,特制定《西南大学本科课堂教学质量评价暂行办法》。

1.评价原则

(1)发展性原则。

西南大学教师课堂教学评价不仅旨在评判教师的教学现状,也是对教师课堂教学内容、方法、设计等要素的批判性反思。西南大学教师课堂教学评价始终贯彻发展性评价原则,具体表现在以下五个方面:一是明确课堂教学评价的核心思想在于帮助教师改进教学,提高教学质量,以动态的、发展的眼光来进行切实的评价和诊断,实现"以评促教、以评促改、重在提高";二是强调评价结果及时反馈给教师,提出具有建设性的意见和建议,以便为教学指明方向;三是重视教师的专业价值,注重长期的发展目标;四是坚持形成性评价和终结性评价的结合,起到及时矫正的作用;五是激发全体教师的积极性,扩大交流渠道,以便共同探讨和分享教学的经验与教育资源。

(2)过程性原则。

过程性原则是西南大学教师课堂教学评价中的重要原则,它包括两个方面。一是评价教师的课堂教学活动及其历程。通过评价课堂教学的效率来反映教学的质量,评价的内容主要集中在课堂教学的基本结构和环节上。二是过程性原则和发展性原则相互关联。它不仅考虑评价结果,更关注教师教学经验的发展过程,强调个体发展的连续性,注重评价对教与学的反馈和激励作用,鼓励教师不断更新知识、提高教学和教育科研能力,以提高教学实效。

(3)多元性原则。

对高校教师进行课堂教学评价必须坚持多元性原则。西南大学教师课堂教学评价一是注重评价主体的多元参与。例如西南大学课堂教学质量评价分为领导干部评价、教学督导与同行专家评价、学生评价等方式。领导干部评价主要是从加强与改进管理工作的角度对教与学两个方面进行综合评价;教学督导与同行专家评价以评价教师的教学态度、业务能力与教学水平为主;学生评价以评价教师的工作态度和讲课水平为主。学校教务处和学院定期组织教学基本文件检查,对课程教学大纲、课程教学计划表、教案、教学日历、学生作业、试卷的命题质量和阅卷质量等进行检查评价。课堂教学质量评价采取定期和不定期相结合的形式。二是注重评价角度的多元性。西南大学课堂教学评价以教学内容、教学态度、教学方法、教学效果为重点,并非局限于教师课堂教学的单一领域,还综合使用分数评价、等级评价和语言评价,以全面、准确地反映教学实际情况。

三是不同院系基于不同学科、不同专业实际,制定不同的课堂教学评价机制,而非采取"一刀切"的课堂教学评价模式。

2.评价要素

西南大学课堂教学质量评价表以教学内容、教学方法、教学态度、教学效果四大领域为评价重点,各领域之下又下设具体评价指标与优、良、中、差四个等级,其中90分及以上为优,80~89分为良,70~79分为中,69分及以下为差(详见附录附表5-1)。

(1)教学内容方面。

西南大学紧密围绕国家和人民的根本利益,培养德智体美劳全面发展的社会主义建设者和接班人,全方位地培养学生的道德情操和社会责任感,使其成为有理想、有道德、有文化、有纪律的新时代大学生。其教学内容具体评价标准主要包括4个:一是教学内容坚持正确政治方向,体现社会主义核心价值观;二是落实课程思政要求,积极引导学生树立正确的世界观、人生观和价值观,注重学生理想信念和道德修养的培养;三是课程目标明确,体现"以学为中心、以教为主导"的教学理念;四是教学内容围绕课程目标设计,内容充实新颖,反映学科前沿,具有高阶性、创新性和挑战性。

(2)教学方法方面。

教学方法是指教师在课堂上采用的具体教学手段和方法,是帮助学生实现学习目标的重要工具。教学方法的选取、运用以及拓展不仅有助于教师的专业发展,同样在提升课堂教学质量中发挥着独特作用。西南大学教师教学方法评价标准主要体现在以下三方面。

一是授课形式层面要求讲述生动有吸引力,内容层次分明、重点突出。教师在讲课时应该使用生动、形象的语言表达方式,通过情景模拟、实例解析等方式使学生更容易理解和记忆所学内容,从而增强学生的学习兴趣。教师还应注重语言表达和声音的抑扬顿挫,调节语速和音量,使讲述更生动有趣,让学生保持高度的听课注意力和参与度。教师需要对所讲的知识进行分类和逻辑分析,以使学生更清晰地掌握知识的框架和脉络。还需突出知识点的重难点,通过实例分析和解释帮助学生更好地理解和掌握。此外,教师还应不断拓展知识内容的深度和广度。

二是教学技术层面要求信息技术与教学过程有机融合,教学手段运用得当,多媒体课件制作精良,能够有效激发学生积极思维。因此,在教学中教师需要善于应用信息技术,将其融入教学过程中。包括使用多媒体设备、数字化资料和交互式软件等创造出生动有趣的教学氛围,激发学生的积极思维和创造性思维。此外,教师还应根据学生的具体情况和学科特点,合理地选择和运用信息技术手段,提高教学的针对性和实效性。

三是具体方法层面要求根据教学内容,合理选用启发式讲授、案例教学、探究教学等多种教学方法,提高学生学习效果。启发式讲授是一种通过激发学生兴趣和思考能力的方式,引导学生自己发现知识规律的教学方法;案例教学则是通过案例的方式,使学生将所学知识应用到实际问题的解决中去,培养学生的实际运用能力;探究教学则是通过学生自主探究和发现的方式,促进学生对知识的深入理解和掌握。这三种教学方法各有特点,应根据不同的教学内容和学生特点进行选择和应用,以提高学生的学习效果。

(3)教学态度方面。

教师教学态度是指教师在课堂教学中所表现出来的思想、情感和行为态度。教师教学态度是课堂教学正常运行的重要保障之一。西南大学教师教学态度评价主要包含以下两大指标要求。

一是教学准备充分,对课程内容娴熟,讲课精神饱满,有感染力。教师教学准备和讲课状态是保障课堂教学正常运行的重要组成部分。教师需要对所教授的课程内容有充分的了解和掌握,理解课程的教学目标和任务,制定详细的教学计划和教学方案,确保课堂教学的有序进行。教师应做好教学材料的准备,包括教案、PPT、作业和案例等,以便更好地组织教学活动。精神饱满,充分发挥自己的教学能力和魅力,进一步实现课堂教学实效性和实践性最大化。

二是注重为人师表,仪态大方,教风严谨。注重为人师表即教师应成为学生的榜样,起到引领和示范作用。西南大学教师应注重自身道德修养和职业操守,保持良好的社会形象和声誉。通过自己的行为和言谈,影响学生的行为和价值观。仪态大方即教师在教学过程中仪表端庄、姿态优雅和言行得体。良好的仪态可以给学生留下深刻的印象,体现教师的专业素养和教学水平。教风严谨即教师在教学过程中具备高度的责任感和敬业精神。严格遵守教学程序和规定,确保课堂教学的有序和有效进行。教师还应该具有扎实的学科知识和教学技能,能够做到教学内容的准确和深入。

(4)教学效果方面。

高校教师课堂教学的教学效果是指教师通过教学活动对学生知识、能力、思维、情感等多方面进行培养和提高的程度。良好的教学效果能进一步反过来提升教师课堂教学的能力,实现良性循环。西南大学教师教学效果评价指标包括以下三个方面的要求。

一是学生上课精神饱满,注意力集中,主动学习意识强,无迟到早退情况。上课精神饱满,说明学生对课程内容感兴趣,愿意主动参与到课堂讨论和学习中来;注意力集中,则说明学生对教师讲解的内容高度关注,能够较好地理解和掌握知识;主动学习意识强,即学生具有自我学习的意愿和能力,能够主动地思考问题,独立地完成作业和学习任务;无迟到早退情况,说明学生接受教师的教学,愿意坚持学习。

二是课堂气氛活跃,师生互动有成效。教师应通过多样、新颖的教学手段来进一步培养学生的学习动机,使学生更加主动地参与到课堂教学中来。有效的师生互动可以促进学生的思考能力和创新能力的培养,提高学生的学习效果。

三是学生能够掌握有关的知识与技能,达成课程目标。教师在教学过程中需要根据学生的知识水平和学习能力,采用适当的教学方法和策略,使得学生能够更好地掌握相关的知识和技能。亦要针对课程目标进行相应的评估,确保学生在完成课程的同时达成预期的目标。好的教学效果对提高学生的学习积极性和自主学习能力具有重要的作用。

3.教学质量评价办法

西南大学课堂教学质量评价工作在学校主管教学工作的副校长直接

领导下进行,由教务处负责实施。教学质量由领导干部评价、教学督导与同行专家评价、学生评价和教学资料检查评价四部分组成。

(1)领导干部评价。

各级领导干部(含教学管理人员)应按学校规定,深入本科教学课堂听课,对教师的课堂教学质量做出公正、准确的评价,认真填写《听课记录表》并将评议结果输入本科教学质量评估管理系统。

(2)教学督导与同行专家评价。

西南大学各学院聘请长期从事教学工作、具有副教授及以上职称、工作认真负责的教师成立院本科教学督导组。院本科教学督导组应组织本学院本科教学督导委员每学期对本学院所开设的每门课程随堂听课2学时以上,填写《听课记录表》并将评议结果输入学校评教系统。学校本科教学督导委员应根据《西南大学本科教学督导委员会工作暂行办法》的要求,深入本科教学第一线,每学期至少听课30学时,认真填写《听课记录表》并将评议结果输入评教系统。各学院每学期应组织本院教师相互听课,认真填写《听课记录表》并将评议结果输入评教系统。

(3)学生评价。

学生评价每学期集中安排1—2次。各学院应按教务处的统一安排组织本院全体学生对教师教学进行网上评价,学生评价对象为本学期所有修读课程的任课教师。

(4)教学资料检查评价。

教案(含教学设计、讲义、多媒体课件)、教学日历、作业(实验报告)批阅记录、答疑记录、学生成绩册、试卷分析等教学资料,是检测任课教师课堂教学质量的重要依据之一,各学院本科教学督导组每学期应对本学院所开本科课程的相关资料进行全面检查和评定,特别是要重点检查教师批阅试卷的情况。

教师年度教学质量考核各部分构成比例分别是:领导干部评价占30%,学院教学督导与同行专家评价、学生评价合计占60%,教学资料检查评价占10%。教师晋升职称教学质量考核各部分构成比例分别是:学院领导、教学督导组评价(含教学资料检查评价)占40%,学生评价占40%,学校教学督导委员和教学主管部门评价占20%。

4.教学质量评价结果与意见的处理

(1)评价结果于每个学期末由教务处汇总,在不同层面和不同范围内公布。任课教师也可通过评教系统查阅评价结果。

(2)教学质量评价的结果作为教师参加教学评奖、教学项目申报、职务评审、岗位聘任等资格审查或评聘的重要依据之一。

(3)各学院应认真分析学生评教的结果,特别是要针对学生的评教意见召开学生和教师座谈会;对评价结果为"合格"的教师,应进行个别谈话,督促其改进与提高;如果在第二次评价中,该教师课堂教学质量仍无明显改进,应在学院内进行公开通报,并责成该任课教师进行限期整改,根据整改情况提出进一步处理意见。对评价结果为"不合格"的教师,由教务处在全校范围内进行公开通报,暂停该任课教师授课资格,并责成其脱离教学岗位进行学习整改。整改期满,由学校教务处和人事处根据整改情况审定其是否恢复教学岗位或转岗应聘其他岗位等。

二、高校教师课外指导评价

教师课外指导评价是教师教学评价的重要组成部分,高校教师的课外指导是人才培养的重要环节,是指除课堂教学(如备课、授课、课堂管理等)以外的全部指导工作的总称,多指课后指导。课外指导工作的体系与内容主要包括五大模块,即思想修养类、学习指导类、人文关怀类、班级建设类、实践创新类。本文根据已有研究及教师多元评价理论的要求,将课外指导评价界定为:评价者依据一定的评价标准和评价程序,有计划、有目的、有组织地采取多种方法收集评价信息,对教师课外指导工作进行价值判断的过程。有效的课外指导评价包含三个要素:合理的评价目的、完善的评价标准、科学的评价方法与步骤。

因此,以大学生课外指导的实际之需,构建科学合理的高校教师课外指导评价体系,对课外指导工作的成效进行多元评价,不仅是促进高校教师课外指导工作水平和质量提升的重要措施,也是促进课外指导工作走向科学化、规范化的重要途径,对高校开展学生工作的思维创新、人才培养目标的引领、教师的成长与激励都发挥着重要作用。

(一)课外指导评价的目的

实施课外指导评价(课后指导评价)前应首先确定课外指导评价的目的,课外指导评价的目的直接影响课外指导评价指标的确立以及具体实施。斯塔夫宾(L.D.Stufflebeam)曾经说过,"评价最重要的目的不是证明,而是改进"[①]。评价的最终目的并不只是证明教师的教学效果,还包括通过评价最终促进教师的发展。高校教师不同于其他类型的教师,高校教师有其职业特殊性,欧内斯特·博耶(Ernest L.Boyer)将大学教师工作的功能分为发现的学术、综合的学术、应用的学术与教学的学术几个部分。[②]这说明大学教师具有角色多样性与工作复杂性的特点,评价大学教师的工作应该从全面而深入的视角去考察和评判。同样,大学作为非营利组织也需要问责,因此,不断完善课外指导评价体系,对了解并掌握课外指导工作的现状,把握课外指导工作的规律,提高对大学生课外指导工作的认识,促进教师的自主发展与学校管理的改革具有重要意义。

1.促进学生全面发展

大学开展高等教育的最终价值追求在于提高人才的质量,促进人的全面发展。这不但是高校矢志不渝追求的终极目标,也是高等教育存在的合理性与合法性的体现。课外指导作为除课堂教学之外的"第二课堂",对学生的发展起重要的作用。随着教育强国、科技强国、人才强国的作用日益凸显,社会对创新型、复合型、应用型人才更加渴求,提高人才培养质量,促进学生的全面发展成为课外指导评价实施的重要动力。

2.推进教师专业发展

教师与学生的关系是大学最重要的一对关系,教师是高校教育教学中的关键因素,优秀的师资是高质量的人才培养的有力保障。教师站在大学组织与学科组织交叉的节点上,对大学与学科的发展有着至关重要

[①] 李小融,魏龙渝.教学评价[M].成都:四川教育出版社,1988:34.
[②] 涂艳国.多元学术观与大学学术发展[J].高等教育研究,2011(11):12.

的作用。高校教师与"大学、学科、学生"的关系紧密相连,课外指导评价的目的之一就是促进教师个人的发展,教师自身有了发展,便可以促进其他三者的共同发展。教师要想在专业上得到成长离不开其自我反思,因此,开展高校教师课外指导评价,无法脱离教师的立场,应站在教师的角度思考问题,以提高教师的能力,促进教师教学的不断进步与教学质量的有效改进。

3.优化学校管理决策

随着高校管理体制改革的逐步深化,如何建立科学有效的教师管理体制机制,成为急需解决的重大问题。课外指导评价是教师教学评价以及学校教学管理的一项重要内容,它可以通过对高校教师教学情况的系统诊断,反思高校教学计划的合理性,及时控制教学目标的实现进度;也有助于增强学校层面对教师的管理、任用、奖惩等决定的科学性,有效健全教师教学评价管理机制。然而,传统的教学评价带有很大的主观性和随意性,严重影响了学校科学管理的水平,因此,探索多元化教师评价体系,对优化学校管理决策具有重要意义。不容争辩的事实是,教学是师生共同参与的价值活动,大学的教学活动中最重要的主体就是教师与学生,因此,课外指导评价的价值取向最重要的就是以师生的共同发展为核心,兼顾学校的管理,学校应提供师生互动的保障机制,从而优化学校管理决策,推动高校教学的可持续发展。

(二)课外指导评价的指标

评价目的确立后,需要依据其制定评价体系,需确定课外指导评价的维度。根据大学生课外指导的实际需求,构建科学合理的课外指导评价体系,对课外指导工作的成效进行评价,既能呈现教师工作的真实情况,促进教师课外指导工作水平和质量提升,推进课外指导工作走向科学化、规范化,又对高校学生工作的创新发展、目标引导、工作激励等都发挥着重要作用。指标体系是教育评价的依据,构建评价的指标体系是教育评价方案设计的中心环节,是难度最大的一道工序。[①]因此,制定兼顾所有评价的功能,即让教育行政部门、教师及学生都欢迎和认同的普适标准,可能性微乎其微。故本文以西南大学为个案,依据多元评价理论的指导,结合本校实际,根据教育的目标和教师职业发展的不同时期,制定适合的评价指标。

1. 课外指导评价的内容和要求

(1) 思想修养类。

思想修养是大学生最重要的素质之一,而课外指导则是培养大学生思想修养的有效途径,是高校教师在课堂教学之外,提升学生思想修养的实践教育路径,课外指导不仅能有效提升大学生的思想修养水平,帮助学生更好地理解课堂教学的内容,更有利于培养学生的创新能力、实践能力、综合能力等,从而全面有效地提高学生的综合素质。高校教师的课外指导在思想修养方面的主要内容包括:对大学生进行除课堂教学外的日常教育工作以及心理健康教育工作。高等学校以及教师应该高度重视和积极探索如何在课外指导环节中提升大学生的思想修养,以使其更好地适应社会发展的需要。

(2) 学习指导类。

学风是高等学府之灵魂,它是大学在治学之道中表现出来的极具特色的风格,是大学所承载的独特精神力量与育人体系的具体体现,是大学弥足珍贵的财富。教师课外指导是大学在治学目标、治学态度、治学精神方面的重要内容,主要有学业发展指导工作、学风建设活动、建设效果、课外辅导等方面的内容。高校努力创建优良的学风,积极开展学业指导,是大学改革与发展的重要方面。良好的学风能够提高人才培养质量,提升大学办学水平,促进高校实现全面、协调、可持续的发展。

(3) 人文关怀类。

人文关怀是高校课外指导中面临的重要工作,作为高校教师,应及时帮助困难学生,做好困难学生的教育管理工作,切实关心大学生的身心健

---

① 李方.论教育评价指标体系的构建[J].教育研究,1996(9):49.

康,积极引导大学生建立正确的就业观,加强诚信教育。人才培养环节中的重要任务之一就是做好大学生的人文关怀。主要内容有:适应关怀工作、经济关怀工作、学习关怀情况、心理关怀工作、就业关怀工作、诚信励志教育。高校与教师应高度重视对学生的人文关怀,培养大学生良好的世界观、人生观、价值观,引导大学生形成积极向上的生活态度、科学健康的心理品格。

(4)班级建设类。

高校学生班级建设是大学生课外指导工作的重要组成部分,高等学校正常的教育教学工作的开展与学生学习生活的有序进行依赖于班级建设,良好的班级建设和集体教育能够保障学生的身心健康和合法权益。高校教师课外指导在班级建设中的主要内容有:宣传和落实学生日常管理制度,以及日常纪律教育管理工作。新时期的大学要始终以立德树人思想为指导,始终坚持将工作重点集中于大学生日常管理与服务,营造良好的教学与育人环境,使大学生能够养成良好的日常行为习惯,以实现新时代大学生的德智体美劳的全面发展。其中在课外指导中需重点强调学生的自律性,增强学生的集体主义精神,增强学生的社会责任感,从而推动学生的全面发展。

(5)实践创新类。

大学生实践创新能力包含丰富的内容,这些能力的提升都是教师开展课外指导的主要目标。实践创新内容包括社会实践活动、课外学术科技活动、校园文化活动。高校与教师应鼓励大学生积极参与实践创新类活动,做好正确指导,促进大学生综合能力的提升。

2.课外指导评价指标体系的构建

课外指导评价指标体系,要具有针对性和实效性,各项指标既要包含课外指导工作的基本内容,又要便于对其工作状况进行综合测评,肯定成绩,总结经验,找出差距,促进工作。[1]

依据多元评价理论以及层次分析法,将课外指导工作的目标与学校

---

[1] 蒋明军.高校学生工作考核评价指标体系研究[J].思想理论教育,2006(19):73.

自身特点相结合，建立了由思想修养类、学习指导类、人文关怀类、班级建设类、实践创新类和其他奖惩类6个一级指标、19个二级指标组成的课外指导工作评价体系(满分100分)，从而依据完全达到、基本达到、大部分达到、少量达到或全未达到等评价标准，将高校教师课外指导工作划分为优、良、中、差四个层级。下面介绍一级指标的主体内容，其他奖惩类暂不做介绍(详见附录附表5-2)。

一是思想修养类。一级指标下设日常教育工作与心理健康教育工作两个二级指标。其权重各占5分，其中，日常教育工作的评价维度包括：(1)积极组织课外指导工作；(2)对学生开展有针对性的课外指导；(3)重视思想成长类讲座、报告等活动的组织与宣传；(4)积极参加重大活动。心理健康教育工作则以"开展普及心理健康知识活动"与"参与心理健康教育网络建设"为评价内容。

二是学习指导类。包括学业发展指导工作、学风建设活动、建设效果和课外辅导四个基本维度，其权重分别为5分、7分、5分和8分。学业发展指导工作以"积极完成学业导师工作"和"开展学业发展指导"为评价内容。学风建设活动以"宣传学风建设活动"与"组织讲座与成长论坛"为评价重点。建设效果强调"学生英语考级情况""学生资格证考试情况""学生参与讲座情况"以及"学生获奖学金或其他荣誉及成果"等内容。课外辅导板块注重"积极进行作业批改与反馈，毕业论文、毕业设计等指导"与"考试安排合理，难度适中"评价。

三是人文关怀类。涉及适应关怀工作、经济关怀工作、学习关怀情况、心理关怀工作、就业关怀工作、诚信励志教育六大评价要素。适应关怀工作主要考察教师"开展新生入学教育"的相关情况；经济关怀工作致力于评价教师"对经济困难学生的有效帮助"；学习关怀情况包括评价教师"密切关注学习困难的学生情况"，以及"开展帮扶的情况"；心理关怀工作则评价教师"了解学生心理档案的情况"和"开展心理健康辅导及危机干预的情况"；就业关怀工作考察高校教师"积极开展就业指导与困难帮扶的情况"；诚信励志教育考察教师"开展诚信励志教育工作的情况"。

四是班级建设类。以学生管理制度宣传与落实工作、日常纪律教育管理工作作为主要评价要素。前者从高校教师"宣传学生管理制度""积极贯彻落实学生管理制度"方面对其进行评估。后者则以"考勤管理情况"与"跟踪教育情况"作为日常纪律教育管理工作的评价要点。

五是实践创新类。主要内容包括：以"引导青年志愿服务活动"与"指导假期社会实践活动"为评价重点的社会实践活动，以"开展日常科研与学术交流""指导学生参与科研竞赛活动""辅导学生获得学术成果"为评价内容的课外学术科技活动，以"鼓励学生参与文化艺术类活动""鼓励学生参与体育健身类活动""鼓励学生参与知识技能类活动"为评价基点的校园文化活动。

（三）课外指导评价的步骤

课外指导评价是一项复杂的工作，为了确保评价结果的准确性和可靠性，除了遵循一般教学评价的程序外，还需要研究课外指导评价的具体步骤，以便更好地开展课外指导评价工作。目前，学术界尚无明确的结论，但我们认为，一般情况下，课外指导评价应分为三个阶段：根据评价目的制定评价标准、组织实施和评价反馈，具体步骤如下。

1. 明确评价目的

实施课外指导评价，首先要明确评价目的，从而确定适合的评价方案，开展评价工作，制定相应的评价标准、形式及方法。评价目的可以是为了管理、选拔，也可以是对教师教育教学工作实行监控，促进教师专业发展。前者实现的是对教师做出终结性评价的目的，后者更多的是从形成性评价的目的展开评价，在评价目的中，终结性评价与形成性评价并非必居其一，两者在评价中都发挥着重要的作用，在一定程度上是可以共存的。课外指导评价的目的，是从一个侧面展示教师的课外指导工作的现状，以及提供行之有效的改进方案的可能性，一方面发现问题，促进教师在今后的课外指导工作中的进步与提高，另一方面也可以为鉴定教师教学能力和选拔优秀教师提供具体、有效的依据。因此，为了顺利开展课外指导评价工作，取得预期效果，应首先明确评价目的。明确课外指导评价的目的，除了与教师教学评价方案的制定有直接的联系，使评价者和被评价者有努力方向,而且可为学校的科学管理提供翔实有效的管理依据,推进教学评价的可持续发展。

由于长期以来形式主义思想的影响,部分师生与评价组织者在面对教学评价时存在思想抵触、态度消极等现象,严重影响教学评价的顺利开展。为此,应加大宣传力度、做好正面引导,利用"典型引路"等方法,使评价主体正确认识和了解课外指导评价的意义,真正看到教学评价的实效,从而提高参与教学评价的自觉性与自主性。只有这样,课外指导评价才能取得预期的效果,大学教师的教育教学能力才能得到切实的提高与发展。

2. 确定评价主体

教师评价的主体可以包括教育管理部门、教师同行、学生以及教师本人,不同的评价主体可以从多元的角度对教师的课外指导工作进行评价,从而获得更加全面、真实且有效的评价信息。评价主体必须具备正确的评价理念与态度,在开展评价工作的过程中要自始至终保持公允、坦诚。因此,开展教学评价要在精心设计评价体系的同时宣扬正确的评价理念,从而确保评价的科学性和可靠性。不同的主体在教学的不同层面进行客观的评价十分重要,例如,管理部门或同行针对教师的课外指导能力进行评价,学生从课外指导的过程出发进行评价,而教师本人则应对自己的教学表现进行评价和反思。

3. 制定评价指标体系

制定课外指导评价指标体系是开展评价工作的关键一环,它在很大程度上决定了评价结果的信度和效度。为了保证评价结果的科学有效,制定课外指导评价指标体系必须以现代科学的教学思想为指导,以课外指导评价的目的和教学大纲为依据,充分利用课外指导的形式,融"五育"与特长教育为一体,结合各学科的不同特点,突出教学过程中教师的主导性及学生的主体性,在教师的正确引导之下,促进学生掌握系统知识,并发展自己的认知活动,增强其综合素质,保障学生的全面发展,提高学生适应生活的能力,满足社会发展的需要。在此基础上,明确评价的具体方面和要素,分清主次,排除不需要评价的方面和要素,使课外指导评价指标体系符合科学的教学理论,使评价的目的具体化。为了使课外指导评价指标体系的作用得到充分发挥,需要认真学习和研究评价指标体系,深刻理解其精神,准确掌握各项指标体系的内部结构和联系,对教育教学改革进行深入研究和探索,各学科要开展课外指导评价,同样需要对评价的指标体系的具体指导思想和相应的要求做必要的了解。只有这样,课外指导评价的指标体系才能不断完善,科学性与有效性才能得到体现,从而实现课外指导评价的最终目的。

4.确定评价方法

到目前为止,学界对总结性评价的争议较大,究其原因是人们质疑总结性评价在短时间内对教学工作做出评价的方式是否科学合理。而形成性评价的观点则得到多数人的赞同,其认为,评价应该是贯穿始终的,在教师工作的全过程收集信息,得出全面、有效的评价结果。此外,在选择评价方法和类型时,还应考虑评价的可行性,即收集信息的有效度,以及评价方法是否满足评价的时间要求和经济要求等。此外,应当注重评价的客观性,以确保评价结果能够反映学生的成长情况、教师课外指导的质量以及指导效果等。在选择评价方法时也要注重灵活性,比如可以根据实际情况采用测验、考试等方式进行考查,也可以采用观察、问卷、面谈等评价方法加以考核。

5.实施评价计划

在明确了评价目的,确定了评价主体,制定了评价指标体系,确定了评价方法后,应当按照要求实施评价计划。课外指导评价计划涵盖了评价的目的、方法、具体实施步骤等问题。在实施课外指导评价时,还应注意评价的客观性、公平性、可比性,即评价结果是否能够如实反映教师课外指导的教学效果,能否公正、公平地展开评价,评价结果能否与其他学校、其他班级、其他学科进行比较。要想达到评价的客观性、公平性和可比性,需要完善的评价机制的保障,并严格按照评价标准执行,从而确保评价结果的科学性。为了全面落实课外指导评价计划,有效地实施评价工作,除应遵循教育评价原则外,还需要建立一支素质较高的评价队伍,在评价中重视教师的自我评价,做好评价资料的收集整理工作,保障评价的顺利实施。

6.反馈评价结果

课外指导评价的最终目的是通过它改进教学,提高教学质量,因此,最后一步就是根据评价结果向有关组织或个人反馈信息,提供改进教学的建议和意见。进行教学评价信息反馈的主要对象有:被评价者、有关教育领导机构或领导者、教学评价工作组织。在向被评价者反馈信息时,应当根据情况慎重进行,不要人为地给被评价者增加精神压力;向有关教育领导机构或领导者反馈评价信息,可以采取口头汇报或提供书面材料的方式,其信息主要作为制订教改方案或决策教学管理工作的科学依据;向教学评价工作组织反馈评价信息,其内容主要包括:评价结果、在教学评价过程中遇到的主要问题,以及关于提高教学评价质量的意见和建议,以便为今后改进教学评价工作、探索教学评价规律提供参考。

课外指导评价正处在探索阶段,到底划分为哪几个具体步骤较科学合理,目前认识尚不统一。但无论如何,在实施课外指导评价时,都应注意实验和研究,促使其不断改进和完善,以达到提高教学质量的目的。

(四)课外指导评价案例分析

基于现代教育评价理论的指导,顺应教师教学评价的趋势,西南大学以学生的培养和教师的发展为根本宗旨,以评价的主体多元、手段方法多元、价值意义多元为主要特征,下文以西南大学教师课外指导评价为案例,探索促进教师专业发展多元评价的内在规律,以及具有校本特点和时代特征的操作经验,以激励教师专业持续发展。下面从评价原则、评价示例和工作程序来做案例分析。

1. 评价原则

(1)发展性原则。

为帮助教师完善和反思自己的教育教学思想与行为,重视自身专业发展,使评价过程成为促进教师发展和提高的过程,西南大学要求教师充分了解课外指导评价的目的、具体标准、评价方法、评价结果等内容。学校也以教师专业发展为评价宗旨,在实施课外指导评价时,并非仅为了评价而评价,而是将评价和发展结合起来,让教师了解自己在相关课外指导工作中的优缺点,从而为未来的课外指导工作持续推进指明方向。

(2)多元性原则。

克拉克(Clark)指出,任何教师评价方法在单独使用时都是不准确和有缺陷的。[①]评价资料的多元化也尤为重要,彼得森(KD Peterson)列举了十几种搜集评价资料的方法,并认为教师评价过程中至少要应用其中的4种,只有这样才能真正呈现教师工作的状况。[②]鉴于此,西南大学强调学校管理者、教师、学生等利益相关者都参与教师课外指导评价,以多元评价主体提升教师课外指导评价的信度与效度,以立体地呈现教师课外指导工作表现。要求对教师的师德师风、知识能力、共情能力、心理素质等课外指导涵盖的全部方面进行评估。

(3)科学性原则。

西南大学评价指标体系完整、涵盖全面、标准科学,符合本校实际,具有较强的可操作性。为保证考评过程的效率和考评结果的效益,既有基本内容的考评,也有考评加分项和减分项;既设定主体内容的考评标准,又鼓励大胆创新。考评方式有综合考察、调查取证、自评得分和督查得分等多种形式。

2. 评价示例

为贯彻落实中共中央、国务院印发的《深化新时代教育评价改革总体

[①] CLARK D. Teacher Evaluation: A Review of the Literature with Implications for Educators [J]. 1993:18.
[②] 周成海,靳涌韬.美国教师评价研究的三个主题[J].外国教育研究,2007(1):5.

方案》，按照《教育部等六部门关于加强新时代高校教师队伍建设改革的指导意见》（教师〔2020〕10号）和人力资源社会保障部、教育部《关于深化高等学校教师职称制度改革的指导意见》（人社部发〔2020〕100号）要求，落实立德树人根本任务，突出教育教学实绩评价，克服"五唯"倾向，进一步引导专业技术人员履职尽责，激发和提升创新创造活力，西南大学于2021年4月7日，出台了《西南大学研究项目与成果分类分级办法（试行）》，其中教师课外指导成果分为普通学科类、体育类、艺术类，并以不同等级进行成果认定，具体实施方案如下。

（1）课外指导成果（普通学科类）。

该项成果分为T级、A级、B级、C级四个等级，以竞赛奖项的不同划分级别。如T级成果表示：指导中国"互联网+"大学生创新创业大赛、"挑战杯"全国大学生课外学术科技作品竞赛获得最高等级奖。A级成果分为A1级与A2级。A1级表示：指导全国大学生数学建模竞赛（不含网络和境外）、全国大学生电子设计竞赛、ACM-ICPC国际大学生程序设计竞赛、中国研究生创新实践系列大赛获得最高等级奖。A2级表示：指导教育部、教育部教学指导委员会、专业学位研究生教育指导委员会组织的各类比赛获得最高等级奖。B级表示：指导"挑战杯"全国大学生课外学术科技作品竞赛获得第四等级奖；指导全国大学生数学建模竞赛（不含网络和境外）、全国大学生电子设计竞赛、ACM-ICPC国际大学生程序设计竞赛、中国研究生创新实践系列大赛获得第三等级奖；指导教育部、教育部教学指导委员会、专业学位研究生教育指导委员会组织的各类比赛获得第二等级奖；指导全国性行业（学科）学会、协会组织的各类比赛获得最高等级奖；指导重庆市教委组织的各类比赛获得最高等级奖。C级表示：指导教育部、教育部教学指导委员会组织的各类比赛获得第三等级奖；指导全国性行业（学科）学会、协会组织的各类比赛获得第二等级奖；指导重庆市教委组织的各类比赛获得第二等级奖。

（2）课外指导成果（体育类）。

该项成果分为T级、A级、B级、C级四个等级，以竞赛奖项的不同划分级别。如T级成果分为T1级与T2级。T1级表示：国家体育总局、省市体育局委派担任所属运动队教练，并且指导在籍在册学生参加奥运会获得前三名。T2级表示:国家体育总局、省市体育局委派担任所属运动队教练,并且指导在籍在册学生参加世界单项锦标赛、亚运会获得前三名。A级成果分为A1与A2级。A1级表示:担任教育部牵头组建的中国大学生代表队或重庆市体育局、重庆市教育委员会、西南大学组建的大学生运动队教练,指导在籍在册学生参加世界大学生运动会、世界大学生单项锦标赛等官方举办的洲际大学生赛事获得前三名。A2级表示:担任重庆市体育局、重庆市教育委员会、重庆市民宗委、西南大学所属运动队主教练或主管教练,指导在籍在册学生参加全国运动会、全国民族体育运动会、全国学生运动会、全国大学生锦标赛获得前三名。B级表示:指导在籍在册学生参加国家体育总局、教育部大体协主办的全国性比赛获得前三名。C级表示:指导在籍在册学生参加重庆市人民政府主办的比赛、全国高等师范院校学校体育协会或中国高等农业院校体育理事会主办的比赛、全国学生体育协会主办的大学生分区赛获得第一名。

(3)课外指导成果(艺术类)。

该项成果分为A级、B级、C级三个等级,以竞赛奖项的不同划分级别。如A级成果表示:指导学生参加国家级比赛(需认定)获得最高等级奖;指导学生参加国际级展览、表演等(需认定)。B级表示:指导学生参加国家级比赛(需认定)获得第二等级奖;指导学生参加省部级比赛(包含展览等,需认定)获得最高等级奖,指导学生参加国家级展览、表演等(需认定)。C级表示指导学生参加国家级比赛(包含展览等,需认定)获得第三等级奖;指导学生参加省部级比赛(包含展览等,需认定)获得第二等级奖;指导学生参加省部级展览、表演等(需认定)。

需要注意的是:首先,新增教学类成果类型,由校学术委员会认定。其次,上述所有需认定的成果,由校学术委员会认定。最后,指导学生获奖参照中国高等教育学会发布的最新全国普通高校学科竞赛排行榜内竞赛项目名单由校学术委员会认定。

3.工作程序

教师课外指导成果认定工作,采用个人申报、组织认定的方式开展。

具体评选工作程序如下:一是制定方案。西南大学根据有关文件制定课外教学指导成果认定工作方案,明确认定工作要求。二是发布公告。教务处按照课外教学指导成果认定工作方案,发布认定工作通知。三是个人申报。教师根据通知要求,总结课外教学指导成果,并向所在学院报送。四是学院认定。由教学主管部门对教师课外指导成效等方面进行综合考察,形成综合考核意见,明确是否同意申报,并提出发展性建议。五是学校认定。通过二级单位推荐评审者,由学校审批,如需认定成果,由校专家委员会进行认定后审批。六是结果公示与反馈。从高分到低分排序,发放不同的年度奖励,以此鼓励教师更加努力地提高自身的教学质量,为学校的发展做出贡献,为学生的学习提供更好的环境,从而实现教师专业发展的目标。

三、高校教师教学学术评价

教学学术是教师为了解决教与学过程中出现的问题,通过专业性的探究,从而生产出系统、高深的关于解决教与学问题的知识,以及对这些知识的传播与运用活动。2018年,教育部印发《教育部关于加快建设高水平本科教育 全面提高人才培养能力的意见》(教高〔2018〕2号)提出,要抓住高校教师教学能力提升的核心制约因素,在专业技术职务评聘、绩效考核和津贴分配中,把教学学术水平和科学研究水平作为同等重要的依据。

(一)教学学术评价的目的

基于对教学学术的基本属性、大学教学的利益诉求和高等教育发展现实基础的认识,教学学术评价的目的主要有知识生产、学生发展和教师发展三方面。

1.教学学术评价的知识生产目的

知识生产是学术活动的本质特征。教学要发展成为学术,就必然要具备学术的根本属性。广义的学术指的是人们为解决问题,通过专业性研究而生产出的高深的系统性知识,以及有关知识学习、知识传播与知识运用的活动。在这些活动当中,学术活动是知识生产的核心,集中体现出学术的创新性以及对高深知识的贡献,这是学术活动的根本属性所在。

教学学术的研究领域与研究对象决定了教学学术生产的知识类型。从教学学术的研究领域视角看,教学学术与专业学术一样,都具有"学科性"。学科课程不同,学生遇到的学习困难与学习问题也是不相同的。这就需要教师立足于具体学科领域,抑或基于具体的课程类型,开展学科课程教学学术活动。从教学学术的研究对象来看,专业学术是以本学科领域的基本理论以及具体实践问题为对象,基于学科认识论与方法论,最终生产出包含基本概念和基本原理等具体内容的学科知识。然而,教学学术的研究对象并不是学科本身,而是有关学科知识"传播"的问题,即如何更有效地传授学科课程知识,使学生得以系统掌握学科知识以及获得学科思维,最终实现学科文化的传承与发扬,甚至培养出学科学术接班人。可见,教学学术实则是以学科课程的教学问题为基本研究对象,最终生产出学科教学知识,即"将学科内容转化为学生可以理解的表征形式的知识"。①

教学学术的知识生产表征和知识类型与专业学术并不相同。在知识表征方面,一是基于传统书面媒介,即使用文字符号的文本式传播。例如,教师设计的学科课程内容、编写的教材与撰写的学术论文等书面媒介。二是在实体课堂当中师生以对话形式进行的知识传播与内容表征,例如,在公开课上,教师对教学学术共同体揭示自身对具体学科课程的理论认识与探究。三是运用虚拟媒介以数字化方式呈现的知识传播。即把实体公开课置于虚拟网络平台,这是信息技术潮流下教学学术知识成果表征的时代诉求。在知识类型方面,由于学科教学的情境性和实践性,其所生产出来的学科教学知识表现出丰富的层次性特点,涵盖陈述性知识、程序性知识以及策略性知识等多种知识类型。

---

① SHULMAN L S.Knowledge and Teaching:Foundations of the New Reform[J]. Harvard Educational Review,1987(1):8.

2.教学学术评价的学生发展目的

教学学术不仅具有知识生产的学术共性,同时也具有教师"教学"的个体属性。在知识生产的过程中,教育研究者不仅需要处理研究问题和知识基础、研究问题与研究方法之间的关系,还要处理教师与"学生"这一能动主体的关系。从传统教学视角来看,教师往往扮演着"教的专家"这一固定角色,而今教师则必须成为"学习的设计者",可见,学校教学重心已经从教师的"教"转变为学生的"学",有效促进学生自主发展是教学学术的内在必然要求,教学学术必须体现学生发展目的。

一方面,教学学术实则源于学生学习问题的解决。20世纪80年代后,世界各国政府为了保持国际地位并发展国际竞争优势,要求高校把国家利益与学术科研相结合,一时之间引发高校功利主义科研导向盛行。高校教师开始把自身时间更多用于较易获得学术声望与学术地位的科研工作上,教学时间普遍减少。在此背景下,美国联邦教育前署长博耶(Boyer)提出教学学术概念,从而将大学学术分为发现的学术、综合的学术、应用的学术、教学的学术四大类,强调学术生活中教学的重要地位,即"要给教学的学术以新的尊严和新的地位,以保学术之火不断燃烧"[①]。可见,高校教学学术实则是为了稳固教学地位,以及提升教学质量而生。而高校所表现出的对教学地位的重视,其实质是对学生学习需求的关注。换言之,学生学习问题的解决是高校教学学术兴起的核心动因。

另一方面,助力学生成长是教学学术发展的根本目的。首先,教师生产学科教学知识,是为找到激发学生问题意识,巩固学生学科知识基础,提升学生研究能力以及强化学生学科思维的科学办法,从而解决学生学业困境,帮助学生成长进步。其次,教师是否能够有效生产学科教学知识,一方面取决于教师自身对教学问题的知识探究水平的高低,另一方面更依赖于学生学习问题的创生。最后,作为大学学术的一种形态,教学学术理应服务于高校人才培养。基于培养学生问题意识是大学教学最显著的特性[②],因此,高校既要传授学生基本理论知识,告诉学生"是什么",同

[①] 欧内斯特·L.博耶.关于美国教育改革的演讲[M].涂艳国,方彤,译.北京:教育科学出版社,2002:78.
[②] 周波,刘世民.教学学术视域下大学教学的品性及其意蕴[J].高等教育研究,2018(6):69.

时更要引发学生进行问题思考,促使其关注"为什么",并在方法论层面引导学生思考"怎么样"解决问题,促使学生能够从"学习知识""运用知识"发展到"生产知识"。

3.教学学术评价的教师发展目的

知识生产和学生发展是教学学术的根本目的,是教学学术能够成为具有"教学意味"的"学术"的双重支撑。教师发展作为教学学术产生的动因和发展的结果,是教学学术的非本质目的,在教学学术追求知识生产和学生发展的过程中同步实现。

首先,教学发展是教师发展的核心内容。20世纪60年代,随着教师作为一门专业被提出,教师发展也逐渐成为教师教育的重要话题。不同研究者对教师发展的理解各有侧重,如A.格拉索恩(A.Glatthorn)在《教育大百科全书》中将教师发展界定为教师的专业成长,认为教师的专业成长体现为获得成熟的经验及系统地反思其教学。图姆斯(Toombs)认为,高校教师发展是一个包括相关问题、理念和活动的大框架,涵盖专业发展、课程发展和组织发展三个维度。总的说来,广义的教师发展包括了教师作为学者、教育工作者和社会的人的全面发展,狭义的教师发展则指教师某一方面的专业能力发展,尤其教学发展是教师发展的核心。

其次,教学学术是教师发展的重要动因。大学教师虽然在资源分配制度等影响下趋于从事科学研究,但在对待教学与科研的关系问题上存在着巨大的心理矛盾。大部分高校教师更喜欢教学工作,其平均花在教学上的时间多于研究。大部分教师同意这样的观点:"晋级的基本标准应该是教学的有效性,而不是出版的著作。"[①]但教师的教学付出并没有得到大学任期和晋升制度的认可,学术成果的出版才是大学教师获得终身教职的最重要因素。追求教学学术发展,是高校教师平衡各类学术生活、缓解学术冲突的有效路径,是推动教师个人发展和教学发展的重要动因。

最后,教学学术是教师教学发展的重要标志。教师的教学发展结果体现为三个层次。一是有效教学水平。即通过提高教师教学能力,以便

---

① 欧内斯特·L.博耶.关于美国教育改革的演讲[M].涂艳国,方彤,译.北京:教育科学出版社,2002:65.

解决学生的学业问题,促使学生能够取得学业发展。二是学术性教学水平。通过将理论应用于教学实践,增强教学方法策略的学术性,提升教师教学工作的探究意味。三是教学学术水平。教师通过运用已有学科教学知识,系统反思和研究自身学科教学问题,从而生产出新的学科教学知识以创新教学模式。其中,教学学术水平是教学发展的最高水平,因为当教学发展达到教学学术水平时,教师不仅解决了自身学科课程的教学问题,促进了学生发展,还为学术共同体贡献了新的学科教学知识,供其借鉴和运用,从而促进同行发展。

(二)教学学术评价的指标

基于对教学学术内涵与目标定位的探讨,学者们构建了不同教学学术评价指标体系。其中,克莱博(Kreber)等人以内容、过程和前提三种反思工具为框架,与教学的三种基本知识(教育知识、教学知识和课程知识)结合起来,提出了教学学术评价的九成分模型。[1]但该模型存在量化指标收集困难、操作过于复杂等缺陷。英国学者特里格维尔(Trigwell)等人使用质性研究方法,将教师教学学术水平评价分为知识维度、观念维度、交流维度、反思维度,受到了学界的普遍认可。[2]我们基于国内外学者的观点,将教学学术评价指标划分为教学观念、教学实践、教学成果3个维度。

1.教学观念维度的评价指标

高校教师教学观实际上体现了一种接受新的教育教学理念,并与自身现有观念相互融合,继而形成新的教育教学观念的能力。教学学术能力中的教育观念虽然包含教学观,但实则又不局限于教学观,其涉及一切与教育教学相关的理念与理论,甚至更为宏观的教育观等,具体反映在课程教学、教学方法与态度以及职业认知等多个方面,集中体现在学生观、

---

[1] KREBER C, CRANTON P A. Exploring the Scholarship of Teaching [J]. The Journal of Higher Education,2000(4):476.
[2] TRIGWELL K,MARTIN E,BENJAMIN J,et al. Scholarship of Teaching: A Model [J]. Higher Education Research and Development,2000(2):167.

课程观和教学观三方面。①学生观主要考察教学主体特性和主体地位,是教师实现课程与教材建设以及教学成果开发的基石。课程观是依据教学主体的特性和学生发展的需要,对所实施的课程体系与所选资源等进行分析考察,继而以教材和课件等体现教师研究性和创造性的研究载体,呈现教师对课程目标、内容和资源等的系统认识。教学观主要基于依据学生学业概况所确立的教学目标与设计、教学内容与选择、教学方法与程序,以及教学效果与评价等,体现教师将教育研究与理论运用于育人实践中的学术性取向。

对教师的教学观念评价,主要通过教师的教学理念陈述来实现。教师通过教学理念陈述,可以反思教学行为和教学策略背后的哲学基础,并基于教学理念一体化诊断教学目标、教学内容、教学手段和教学效果相关问题。比如密歇根大学安娜堡分校(University of Michigan, Ann Arbor)就从学生学习目标、教学目标与教学方法、目标达成度评估、包容性学习环境创建、教学风格和语言5个维度评判教学观念情况,涵盖了学科教学理念、目标、方法、评估、反思等方面的内容,蕴含了对教学问题的关注与解决策略。

2.教学实践维度的评价指标

实践要素是教学学术与其他类型学术相比较最显著的特点。教学实践是教师教学学术形成和发展中必不可缺的环节,实践要素考察的主要是教师在教学实践过程中所表现出的各种能力,主要包括课堂教学能力、反思能力、教学交往能力等。其中,课堂教学能力是高校教师在有效传播课程知识中表现出来的一种特殊能力。教学能力是以学术能力为基础,涉及将有关学科知识转化为具体课程知识的技能,以及课程设计与基本教学能力,即将特定知识传授给学生的能力。前者是实现科教融合的关键和科学研究支撑高等教育的支点,是指把学术成果转为具体教学内容的能力。后者是教师进行教学活动组织时所需要的基本职业素质,涉及教学技能和教学反思。教学技能是高校教师在教学过程中运用与教学有

---

① 李志河.高校教师教学学术水平评价模型建构研究[J].国家教育行政学院学报,2019(11):65.

关的知识和经验,促进学生学习的教学行为方式。它是通过练习获得的,既包括内隐的心理活动,也包括外显的行为活动,是教学基本能力的核心,涉及导入技能、引起动机技能、讲解技能、组织教学技能、学习评价技能、网络信息技能等六个方面。教师的教学反思能力是将自身教学活动作为反思对象,对自己的教学决策、教学方法、教学行为和由此产生的教学结果进行分析、审视和调整的能力,包括对自身专业的观察、评价、判断、设计的自我监控能力,以及对教学活动内容、教学对象、教学过程进行计划安排、评价反馈、优化调节的教学监控能力。其具有三个层次:一是没有或无意识反思;二是在行动中反思;三是站在学生的角度做出反思。教学交往是主体与主体间实现教学互动的必要形式。高校教师教学交往能力包括倾听能力与交流能力。前者主要指高校教师能够在教育实践中关注学生、走进学生、倾听学生,以润物无声的语言艺术营造积极和谐的师生关系。后者指教师能够在日常教学工作中与同事、学生、家长等进行沟通对话与务实合作,以及教师能够以学术共同体身份存在于学术场域中,开展教学经验分享与学术交流。

　　此外,由于学生是教学的直接服务对象,也是教学学术活动的重要参与者,学生评价数据也描述了与课程教学效果相关的学生体验,对教师改进课程、验证学科教学知识理论假设等方面具有积极意义。因此,美国高校大多要求各院系制定书面政策和程序,明确教师教授的每门课程都必须接受学生评价,以支持收集和使用学生评估数据,不断改善课程教学。一般而言,学生评价侧重于从个人体验和收获的角度评估教师的教学活动,包括知识维度上教师教学准备的充分程度,教学策略维度上教师对学生学习兴趣激发的能力、对学生学习思维发展的重视情况、创造有利学习环境的情况,以及教学技能维度对学生反馈的及时性和质量、沟通的清晰性等方面。

3.教学成果维度的评价指标

　　教学成果是反映教育教学规律,具有独创性、实用性、新颖性等特征,对提高教育质量与教学水平,以及实现培养目标产生明显效果的教育教学方案等内容。我们将公开发表的教学成果大致分为三类,一是交流性成果,如在教学会议上发言、出版教材、发表论文等;二是应用性成果,如研制新的教学仪器设备、建设课程网站、开发课件等;三是奖励性成果,即获得的教学成果奖励等。美国明尼苏达州立大学曼卡托分校(Minnesota State University, Mankato)在进行教师资格认定时,对卓越教学成果形式提出了具体标准,包括:(1)教学奖项(幼儿园—12年级/大学/州/国家);(2)高于平均水平的教学评价;(3)两年内来自高等教育机构的同行评议;(4)有文件证明在教育机构提供表演艺术大师班课程;(5)进行专业培训或有文件证明在公共场合演讲(如受邀为主题演讲者)。同时,"对有效教学和学生学习成果做出贡献的其他能力和成就证明"也是该校教师资格认定的可选条件。[①]

此外,加州州立大学弗雷斯诺分校(California State University, Fresno)也规定,教师应通过参加会议、研讨会和讲习班等方式,"获得有关有效学习和教学理论与实践研究的相关知识,在教育环境中反思和实践这些知识,展示利用各种教学法的经验所产生的转变效果"。在此基础上,该校提出了教师晋升终身副教授需满足的"专业成长和学术/创作活动"成果要求,对教师在发现的学术、应用的学术和综合的学术方面的分类评价要素与成果形式进行了明确规定。一是发现的学术。其成果载体包括期刊文章、专著、论文集、诗歌、故事、艺术创作、获得的资助和后续工作的证据、公开表演、公开演讲等。二是应用的学术。通过使用知识来解决高要求的、实质性的人类问题,其成果形式包括进行应用研究和评估,提供技术援助,与社区组织协商开发新的产品、做法、临床程序、艺术作品,进行临床服务,促进体验式学习和专业发展,参与基于社区的研究等。三是综合的学术。旨在建立跨学科联系,其成果形式包括设计新的课程、编写教科书、制作电视节目等,为非专业人员写作、赞助座谈会和论坛、塑造核心课程、准备高质量的计算机软件、在课堂上整合专业经验、撰写批评性评论

---

① Minnesota State University. Using Tested Experience as a Basis for Determining Minimally Qualified Faculty Procedures at Minnesota State Mankato[EB/OL].[2023-05-05]. https://admin.mnsu.edu/globalassets/academic-affairs/forms/tested_experience_form_fillable.pdf.

文章等。①由此可见,加州州立大学弗雷斯诺分校的教学学术成果载体丰富,既强调传统知识生产性成果,也重视那些凸显教师教学学术个性的成果内容。

(三)教学学术评价的步骤

教学学术评价是对教师教学学术能力的评估与检验,是高校选拔新任教师,界定与衡量教师自身所具备的教学与学术竞争力大小,以及实施学校内部学术职业管理和协调教师教学与学术科研关系的有力手段。明确教学学术评价的操作步骤是高校切实开展教学学术评价的前提,对科学评价教学学术成果具有重要意义。

1.制定评价方案

制定集体及个人认同的教学学术评价方案,澄明教学学术评价具体指标体系,可影响教师教学学术的价值判断与行为取向,关乎高校教学学术成果质量与未来发展方向,同时为确定教学学术评价方法,实施教学学术评价工作奠定了坚实基础,解决了教师教学学术评价的目的是什么,以及何时开展教学学术评价等基本问题。高校在制定教师教学学术评价方案过程中,需要综合考量多方面因素,确立不同的教学学术评价目标与时间等内容。例如,教师教学学术评价可以学年、学期作为评价周期,以凸显教学学术评价周期的适切性以及评价频次的合理性。但从教学学术评价知识生产的目的来看,教学学术评价的周期不宜太短,评价周期过短容易引发教学学术成果产出有限的问题,导致评价结果大打折扣以及人力和物质资源浪费。

2.确定评价主体

教师教学学术评价传统上大多基于管理主义倾向,以学校或院系领导作为教师教学学术评价的唯一权威评判者,从而对教师贴标签、下结

---

① California State University, Fresno. Policy On Promotion [EB/OL]. (2019-02-08) [2023-05-05]. http://www.fresnostate.edu/academics/facultyaffairs/documents/apm/327.pdf.

论、做预言、排顺序，教师被单纯视为教学学术评价的客体而完全处于被动状态，单一化主体评价与评价客体之间产生的对立关系致使被评价者丧失话语权。而多主体参与的教学学术评价则通过确定的多元评价主体来收集信息，其并非一元主体的简单叠加，而是强调建立学校领导、教育专家等不同层级、不同类型教育工作者共同参与的评价机制，要求教师所在二级学院以及学校职能部门开展逐层递进考察与教学学术审核，以教师自评与同行评价相结合，协商讨论以达成关于教学学术评价结果的共识，从而纠正传统教学学术评价中的形式主义现象，杜绝评价进程中徇私舞弊的不正之风。

3.收集评价信息

一名优秀的高校教师不仅应是一个好的学术研究者，同时也应关注教学本身，研究学科专业知识的传播与创新。鉴于此，对教师教学学术做出公正客观的评价，必须关注教学工作与教学成果两大内容板块。首先，教师教学工作评价需收集教学哲学陈述资料、课程开发资料和代表性教学资料与学生成果、自我评价、同行评价、外部推荐等常规性数据信息，旨在评估教师的学科专业知识水平、教学法知识水平、教学有效性等。其次，教师教学成果评价，主要评价资料涉及教改论文、出版的教材与专著以及教学成果奖励等，其中既要注重成果数量，同时也要考察期刊级别、专著与教材出版社的级别，强调量化评价与质性评价相结合，尤其应以质性评价统整量化评价，进而实现质性评价与量化评价双轮驱动。

4.反馈评价结果

教师教学学术评价结果运用对提高高校教学学术水平具有重要的促进和引领作用，是增强教学学术评价约束力，营造能干事者有平台，想干事者有动力的良好教学学术氛围的驱动力量。首先，教学学术评价结果应反馈给教师本人，以使教师明白其自身教学学术发展的优势与劣势所在，为其补齐自身短板，选定未来教学学术发展方向、拟定下一阶段教学学术成果奋斗目标提供依据。其次，教学学术评价结果可与教师工作绩效评价结果相互结合，共同应用于教师评优评奖、职称晋升、聘期考核、津贴分配等多个领域，对教学学术评价结果优秀者可优先聘任抑或破格晋升，从而体现教师教学学术评价与奖惩、职称，以及与聘任的对应关系。对教学学术评价结果欠佳者，应给予合理缓冲期，并同时提供有针对性的教学学术能力培训，帮助教师不断改进和完善自我。

（四）教学学术评价案例分析

西南大学根据中共中央、国务院关于《深化新时代教育评价改革总体方案》要求，以"质量导向、尊重多样、分类运用"的基本原则，确立了西南大学教师教学学术成果评价内容及具体标准，旨在激发教师教学学术创新活力、提升学术研究质量。

1.评价原则

（1）质量导向。

西南大学教学学术评价强调质量为基，要求克服"五唯"倾向。尊重学科特色和岗位特点，完善多维分类评价标准。健全代表性成果评价、校内外同行评价和第三方评价等机制，突出质量、贡献和影响的综合评价，从而引导专业技术人员潜心教育教学与科学研究，最终产出高质量创新性成果。

（2）尊重多样。

西南大学根据学科业界的认可度，强化教育教学和科学研究实绩，按照质量、贡献和影响，对研究项目与成果进行分类分级，并要求不同类别的项目与成果不做横向比较。西南大学也通过下发《西南大学教学研究项目与成果分类分级标准》[1]、《西南大学人文社科研究项目与成果分类分级标准》[2]和《西南大学自然科学研究项目与成果分类分级标准》[3]等文件，

---

[1] 西南大学.关于印发《西南大学研究项目与成果分类分级办法（试行）》的通知（西校〔2021〕74号）.[EB/OL].(2021-04-07)[2023-05-05] http://xxgk.swu.edu.cn/__local/F/B6/E2/27DBD8EAEE47D85214ECEBC1171_B28544BC_78CA2.pdf? e=.pdf.

[2] 同上。

[3] 同上。

对不同类型学科教学学术评价标准与执行层级做了明确的规定。

（3）分类运用。

西南大学明晰了教师教学学术评价统筹分类运用相关要求，指出教学学术成果评价办法的分类分级标准为学校各类考核评价的统筹标准，具体运用方式和要求按照学校相应工作办法执行，规定学校层面重点考察T级和A级项目与成果，二级单位层面可根据事业发展需要酌情考察B级和C级项目与成果。二级单位可根据学科实际，对本单位内部的研究项目与成果的考核评价自主制定细则。分类分级标准的运用强调破除"五唯"，尊重学科特色和成果多样性特点，注重代表性成果评价和同行评价，突出质量、贡献和影响的综合评价。

2.评价内容

西南大学教学学术评价要素多元，包括教改论文（自然科学类论文详见附录附表5-3，下文不做阐述）、教学研究专著、教学成果奖、课程建设，以及教材建设。其中每一个板块又细分了T级、A级、B级和C级等不同评价层级。

（1）教改论文的等级认定参照人文社会科学研究论文成果认定标准执行。其中，人文社科类的T级分为T1级和T2级，前者是在《中国社会科学》《求是》上发表的学术论文，被《新华文摘》全文转载的学术论文；后者则是在CSSCI来源刊物中顶尖期刊上发表的学术论文（每个一级学科1本），在中国科学院JCR分区（社会科学引文数据库）一区期刊上发表的学术论文。人文社科类的教改论文A级分为A1级和A2级，A1级是在CSSCI来源刊物中知名期刊上发表的学术论文（每个一级学科2本），在中国科学院JCR分区（社会科学引文数据库）二区期刊上发表的学术论文；A2级则是除A1级（含）以上论文外，在CSSCI来源刊物上发表的学术论文等（详见附录附表5-3）。其他公开发表的教改论文可根据标准认定为B级或C级成果。

（2）教学研究专著主要分为A级、B级、C级，其中A级是校内外同行专家综合评选的年度精品教学研究专著，且每年评选不超过5部。B级是在国家新闻出版署公布的"全国百佳图书出版单位"和入选中国出版政府奖先进出版单位名单的机构公开出版的教学改革研究专著、编著、译著。C级则是其他公开出版的教学改革研究专著。

（3）教学成果奖分为T级、A级、B级、C级。其中T1级是国家级教学成果奖特等奖、一等奖、二等奖；而T2级则是省级教学成果奖一等奖，中国学位与研究生教育学会研究生教育成果奖特等奖。A1级是指省级教学成果奖二等奖，中国学位与研究生教育学会研究生教育成果奖一等奖；A2级指省级教学成果奖三等奖，中国高等教育学会教育成果奖最高等级奖，中国学位与研究生教育学会研究生教育成果奖二等奖。B级是学校教学成果奖一等奖，各专业学位教育指导委员会教学成果奖，中国高等教育学会教育成果奖第二等级奖。C级是学校教学成果奖二等奖、三等奖，重庆市学位与研究生教育学会研究生教育教学改革研究优秀成果奖。

（4）课程建设也分为T级、A级、B级、C级。T1级主要是国家级一流课程；T2级是国家审定通过的课程标准，国家级优秀教学案例。A级是指省级一流课程，重庆市研究生教育优质课程，国家级教学案例（入库）。B级是全国性行业组织评选的优秀课程（如中国大学"最美幕课"），省级机构评选的优秀课程类案例。C级则是校级各类课程建设项目。

（5）教材建设的T级、A级、B级评价指标如下，T1级专指马克思主义理论研究和建设工程教材；T2级是国家级规划教材，全国优秀教材。A1级是国家审定通过并在国内使用的中小学教材；A2级则是省部级规划教材，省一级审定通过并在国内使用的中小学教材。B级是校级规划教材，其他教材（如：出版社规划教材）。

3.评价程序

西南大学教学学术评价采用个人申报、组织认定的方式开展。西南大学每年开展一次教学学术评价成果认定工作。具体评选工作程序包括制定方案、发布公告、个人申报、学院认定、学校认定、结果公示和结果运用。

一是制定方案。西南大学根据国家需求的评价导向，制定了《西南大学研究项目与成果分类分级办法（试行）》等教学学术评价成果认定工作方案，明确了教学学术评价认定工作细则，确保西南大学教师教学学术评价标准与程序有理有据。与此同时，方案强调代表性教学学术成果评价办法，以扭转传统上重数量轻质量的教学学术评价倾向，鼓励教师长期积累、潜心研究、原始创新，而非急功近利、为评而评。

二是发布公告。西南大学教务处按照教学学术评价成果认定工作方案，把握教学学术评价工作的政治方向，发布教师教学学术评价相关工作通知，做好各二级学院教学学术评价工作的宣传与动员，保障教学学术评价时间、流程与办法等相关内容有效传达到位，为后续切实开展教学学术评价工作奠定基础。

三是个人申报。教师根据通知要求，总结整理教学学术评价成果材料，并向所在学院报送。教师应当严格执行《西南大学研究项目与成果分类分级办法（试行）》中关于教学学术评价的规定，在既定期限内提交申报材料，并对其教学学术评价材料的真实性负责，不弄虚作假，不谎报各类教学学术成果或剽窃他人成果，不向教学学术评委说情抑或向评委会施加外在影响而干扰评审工作。

四是学院认定。学院切实履行教学学术评价工作的主体责任，并成立教学学术评审工作领导小组，统筹开展教学学术成果评审工作。首先，参与教学学术评审工作的各级领导和教育工作人员，本人以及直系亲属抑或配偶是申请人的，在教学学术评价过程中应当按照学术委员会有关规定进行主动回避。其次，评价小组在教学学术评价过程中，应加强自律并接受监督，秉公评价，不徇私舞弊，应基于客观公正的理念对被评价者提交的材料进行审核考察，讨论研究与教学学术评价相关的重大事项，并按规定将符合评审条件的教学学术评价申请人按照评审管理权限逐级上报。

五是学校认定。西南大学学校层面组织专家小组认真审定二级学院教学学术评审结果，并按学校相关规定对上报的教学学术成果进行相应认定，继而形成综合性考察意见，明确是否同意教学学术成果申报，并提出发展性建议，然后将学校最终认定结果及时反馈给学院评核小组。

六是结果公示。西南大学秉承公平、公正、公开的基本原则，对于已经逐级通过教学学术成果评价与审核的申请人,在相应二级单位网站进行全程公示,公示时间一般不少于5个工作日。教师教学学术评价结果公示期间,若有人对评价结果持有异议,可在公示期内通过电话抑或电子邮箱等方式向相关负责人进行实名反映。

七是结果运用。西南大学坚持成果引领,一方面,将教师的专业技术职务调整和职称评聘等事项与教师教学学术评价结果进行紧密挂钩,通过充分发挥教师教学学术评价结果效益,激发教师教学学术成果高质量产出。另一方面,推广运用优秀教学学术成果,将其内涵转化运用到课堂教学与育人实践当中,以促进西南大学教育教学内涵式发展建设,实现供给与需求的适度对接,进一步凸显教师教学学术成果的实践运用价值。

附录

附表5-1　西南大学课堂教学质量评价表（节选）

教师所在学院：　　　　　　　　课程名称：
授课教师：　　　　　　　　　　授课专业、班级：
授课时间：　　年　月　日　　　授课地点：
分项评价：请在下列各评价标准之后的相应评分位置填入"√"
等级标准：90分及以上为优，80~89分为良，70~79分为中，69分及以下为差

评价重点	评价标准	评价等级			
		优	良	中	差
教学内容	1.教学内容坚持正确政治方向,体现社会主义核心价值观				
	2.落实课程思政要求,积极引导学生树立正确的世界观、人生观和价值观,注重学生理想信念和道德修养的培养				
	3.课程目标明确,体现"以学为中心、以教为主导"的教学理念				
	4.教学内容围绕课程目标设计,内容充实新颖,反映学科前沿,具有高阶性、创新性和挑战性				
教学方法	5.讲述生动有吸引力,内容层次分明、重点突出				
	6.信息技术与教学过程有机融合,教学手段运用得当,多媒体课件制作精良,能够有效激发学生积极思维				
	7.根据教学内容,合理选用启发式讲授、案例教学、探究教学等多种教学方法,提高学生学习效果				
教学态度	8.教学准备充分,对课程内容娴熟,讲课精神饱满,有感染力				
	9.注重为人师表,仪态大方,教风严谨				
教学效果	10.学生上课精神饱满,注意力集中,主动学习意识强,无迟到早退情况				
	11.课堂气氛活跃,师生互动有成效				
	12.学生能够掌握有关的知识与技能,达成课程目标				

附表 5-2 教师课外指导评价指标体系

一级指标		二级指标		评价标准				得分	评价结果
序号	项目	权重(满分)	序号	项目	权重(满分)	优 完全达到	良 基本达到	中 大部分达到	差 少量达到或全未达到		
1	思想修养类	10	1.1	日常教育工作	5	1.积极组织课外指导工作 2.对学生开展有针对性的课外指导 3.重视思想成长类讲座、报告等活动的组织与宣传 4.积极参加重大活动					
^	^	^	1.2	心理健康教育工作	5	5.开展普及心理健康知识活动 6.参与心理健康教育网络建设					
2	学习指导类	25	2.1	学业发展指导工作	5	7.积极完成学业导师工作 8.开展学业发展指导					
^	^	^	2.2	学风建设活动	7	9.宣传学风建设活动 10.组织讲座与成长论坛					
^	^	^	2.3	建设效果	5	11.学生英语考级情况 12.学生资格证考试情况 13.学生参与讲座情况 14.学生获奖学金或其他荣誉及成果					
^	^	^	2.4	课外辅导	8	15.积极进行作业批改与反馈、毕业论文、毕业设计等指导 16.考试安排合理，难度适中					
3	人文关怀类	20	3.1	适应关怀工作	3	17.开展新生入学教育					
^	^	^	3.2	经济关怀工作	3	18.对经济困难学生的有效帮助					
^	^	^	3.3	学习关怀情况	3	19.密切关注学习困难的学生情况 20.开展帮扶的情况					
^	^	^	3.4	心理关怀工作	4	21.了解学生心理档案的情况 22.开展心理健康辅导及危机干预的情况					
^	^	^	3.5	就业关怀工作	3	23.积极开展就业指导与困难帮扶的情况					
^	^	^	3.6	诚信励志教育	4	24.开展诚信励志教育工作的情况					

续表

一级指标			二级指标			评价标准				得分	评价结果
序号	项目	权重（满分）	序号	项目	权重（满分）	优 完全达到	良 基本达到	中 大部分达到	差 少量达到或全未达到		
4	班级建设类	10	4.1	学生管理制度宣传与落实工作	5	25.宣传学生管理制度 26.积极贯彻落实学生管理制度					
^	^	^	4.2	日常纪律教育管理工作	5	27.考勤管理情况 28.跟踪教育情况					
5	实践创新类	25	5.1	社会实践活动	8	29.引导青年志愿服务活动 30.指导假期社会实践活动					
^	^	^	5.2	课外学术科技活动	9	31.开展日常科研与学术交流 32.指导学生参与科研竞赛活动 33.辅导学生获得学术成果					
^	^	^	5.3	校园文化活动	8	34.鼓励学生参与文化艺术类活动 35.鼓励学生参与体育健身类活动 36.鼓励学生参与知识技能类活动					
6	其他奖惩类	10	6.1	加分事项	5	37.特色工作加分 38.工作奖励加分 39.典型事迹加分 40.典型案例加分					
^	^	^	6.2	减分事项	5	41.工作投诉减分 42.责任事故减分					

附表5-3　西南大学教师教学学术成果评价方案

要素等级		T级		A级		B级	C级
		T1	T2	A1	A2		
教改论文	人文社科类	在《中国社会科学》《求是》上发表的学术论文；被《新华文摘》全文转载的学术论文	在CSSCI来源刊物中顶尖期刊上发表的学术论文（每个一级学科1本）；在中国科学院JCR分区（社会科学引文数据库）一区期刊上发表的学术论文	在CSSCI来源刊物中知名期刊上发表的学术论文（每个一级学科2本）；在中国科学院JCR分区（社会科学引文数据库）二区期刊上发表的学术论文	除A1级（含）以上论文外，在CSSCI来源刊物上发表的学术论文；在《光明日报》《人民日报》《经济日报》上发表的理论文章（1500字及以上，随笔、报道、短论等除外）；被人大《复印报刊资料》《中国社会科学文摘》《高等学校文科学术文摘》全文转载的学术论文；被《新华文摘》观点摘编的学术论文；在中国科学院JCR分区（社会科学引文数据库）三区期刊上发表的学术论文；在A&HCI收录期刊上发表的学术论文；在ERIH PLUS（欧洲人文社科索引）、SCOPUS收录期刊上发表的学术论文	除T级、A级论文外，在中文核心要目总览来源刊物、CSSCI来源期刊（扩展版）、西南大学《教师教育学报》上发表的学术论文；在中国科学院JCR分区（社会科学引文数据库）四区期刊上发表的学术论文	在国内外其他公开刊物上发表的学术论文

续表

要素等级	T级		A级		B级	C级
	T1	T2	A1	A2		
自然科学类论文[①]	研究成果在业界公认的具有特别重大影响力的国际顶级期刊，如Science、Nature、Cell（以下简称"CNS"）正刊发表的学术论文	研究成果在业界公认的具有重大影响力的国际顶级期刊，如中国科学院期刊大类分区表（升级版，下同）前5%的"CNS"系列子刊发表的学术论文；中国科学院期刊大类分区表前5%内除"CNS"系列子刊外排名前五的期刊中发表的学术论文	研究成果在业界公认的具有重要影响力的国际顶级期刊，如中国科学院期刊分区表学科前5%的期刊发表的学术论文；在具有重要国际影响力的国内期刊，如《中国科技期刊卓越行动计划入选项目》领军期刊类科技期刊发表的学术论文；在具有重要国际影响力的国内外顶级学术会议作大会邀请/主旨报告，如发表的CCF-A主会长文等	研究成果在业界公认的具有较为重要影响力的国际重要期刊，如中国科学院期刊分区表学科6%~20%的期刊发表的学术论文；在具有较重要国际影响力的国内期刊，如《中国科技期刊卓越行动计划入选项目》重点期刊类科技期刊、每个一级学科最高水平的中文期刊发表的学术论文；在具有较重要国际影响力的国内外顶级学术会议作大会邀请/主旨报告，如发表的CCF-B主会长文、被IEEE、EI全文收录的顶级学术会议报告论文；在《西南大学学报（自然科学版）》发表的学术论文	研究成果在业界公认的具有较大影响力的重要期刊，如中国科学院期刊分区表学科21%~50%的期刊发表的学术论文；中国科学院期刊分区表其他期刊发表的学术论文；在CSCD来源期刊发表的核心期刊论文；被IEEE、EI全文收录的国内外学术期刊论文及会议论文	研究成果在业界公认的具有一定影响力的重要期刊，如中文核心期刊发表的学术论文；在"中国科技论文在线"首发已评审通过的论文

---

① 说明：a.论文类成果是多于1500字（含）的学术论文。
b.顶级学术会议报告论文由校学术委员会组织专家评议产生。
c.在《西南大学学报（自然科学版）》发表的学术论文每人年最高按1篇计算。
d.排名前五的期刊是指中国科学院大类分区前5%期刊中原则上含有2本非综述期刊的前5本期刊（前5%期刊不足5本，依据实际数量确定期刊）
e.表中CCF、IEEE、EI、CSCD等为业界公认的含义，兹不赘述其中文意思。全书同。

续表

要素等级	T级		A级		B级	C级
	T1	T2	A1	A2		
教学研究专著				校内外同行专家综合评选的年度精品教学研究专著，每年评选不超过5部	在国家新闻出版署公布的"全国百佳图书出版单位"和入选中国出版政府奖先进出版单位名单的机构公开出版的教学改革研究专著、编著、译著	其他公开出版的教学改革研究专著
教学成果奖	国家教学成果特等奖、一等奖、二等奖	省级教学成果奖一等奖；中国学位与研究生教育学会研究生教育成果奖特等奖	省级教学成果奖二等奖；中国学位与研究生教育学会研究生教育成果奖一等奖	省级教学成果奖三等奖；中国高等教育学会教育成果奖最高等级奖；中国学位与研究生教育学会研究生教育成果奖二等奖	学校教学成果奖一等奖；各专业指导委员会教学成果奖国家级第二奖	学校教学成果奖二等奖、三等奖；重庆市学位与研究生教育学会研究生教育教学改革研究优秀成果奖

续表

要素 等级	T级		A级		B级	C级
	T1	T2	A1	A2		
课程建设	国家级一流课程	国家审定通过的课程标准；国家级优秀教学案例	省级一流课程；重庆市研究生教育优质课程；国家级教学案例（入库）		全国性行业组织评选的优秀课程（如中国大学"最美幕课"）；省级机构评选的优秀课程类案例	校级各类课程建设项目
教材建设	马克思主义理论研究和建设工程教材	国家级规划教材；全国优秀教材	国家审定通过并在国内使用的中小学教材	省部级规划教材；省一级审定通过并在国内使用的中小学教材	校级规划教材；其他教材（如：出版社规划教材）	

第六章

多元评价视域下高校教师科研评价

高水平研究型大学是我国国家战略科技力量的重要组成部分,在我国的基础研究、人才培养和重大科技突破方面扮演着核心角色。科学研究是高校的主要职能之一,是学科建设的基础和标志,教师的成长、发展与科学研究紧密相关,科研评价是高校教师评价的重要内容之一。高校教师科研评价主要包括科研项目评价、科研成果评价、科研团队评价三方面内容。弄清楚高校教师科研评价的目的,制定合理的评价指标体系,才能更好地进行高校教师的科研评价。

一、高校教师科研评价的目的

高校教师作为实施创新驱动发展战略、建设创新型科技强国的中坚力量,被赋予了时代的重任。高校教师科研评价体系事关教师的个人成长、绩效收入,是高校教师从事科研工作的重要指挥棒,对激发高校教师的科研积极性,增强我国自主创新能力、促进学科发展等方面都具有重要意义。

具体而言,高校教师科研评价有以下几点目的。

(一)合理配置科研资源,增强自主创新能力

高校是国家创新体系中重要的组成部分,具有极其重要的地位。首先,高校拥有进行科学研究和开展科研项目所需要的科研场地、信息资源

和人力资源。例如,在自然科学研究中,高校配备了大量先进的科研仪器和基础设施,也积累了丰富的科研经验,更有助于科研成果的产出。其次,高校有其独特的、浓厚的科学研究氛围,可以为开展如学术报告会、学术讲座、学术沙龙等各种学术交流活动提供良好的平台,这些特殊优势使得高校能够迅速且准确地把握科技发展形势,了解科技发展动态,从而最准确地研判科研项目的方向,创造更多更有价值的科研成果。

随着科教兴国、人才强国、创新驱动发展战略的实施与推进,我国高等教育的规模不断扩大,教师队伍的人数也逐年攀升。教育部发布的《2021年全国教育事业发展统计公报》显示,我国专任教师数量已从2012年的1462.9万人增长到2021年的1844.37万人,其中高等教育专任教师在此期间增加了44.49万人。除了教师数量的增长之外,高校教师的素质也不断提升,实现了量质齐升。如此数量庞大且高质量的高校教师团队为高校注入了科研活力与动力,使高校科研活动与科研项目日益增多,科研项目成果不断涌现,为我国经济社会发展提供了源源不断的动力。但教师数量激增和科研项目申报数量激增也带来了科研资源的配置难题,教师的能力与水平贯穿于科研项目的全周期,极大程度上决定着科研成果的产出质量。因此围绕科研项目、成果、团队,对高校教师进行全方位的综合性评价有助于准确识别教师科研工作的现实意义,从而有助于科研质量的提升,使科研资源向更有社会价值及社会意义的项目倾斜,实现科研成果、人才团队的最大化产出。而科学合理地评价高校教师的科研工作,有助于优化配置科研资源,并对教师个人的未来发展方向提供指引,促进我国创新能力的不断发展及创新人才的培育与储备。

(二)提升高校科研水平,有效促进学科发展

科学研究和学科建设之间存在着一种相互依存的协同关系。一方面,科学研究的重要性在于其能够产出大量高水平的研究成果。这些成果不仅提升了学校的学术声誉和社会影响,同时也为高校师资队伍的建设与成长提供了契机。高水平的研究成果吸引了更多优秀的教师加入学校,进一步提高了师资队伍的素质。这些成果还能够带动学科建设的发

展,为学科的进步和提升奠定坚实基础。此外,高水平的科学研究也为培养更多高层次人才提供了宝贵资源和优越条件。另一方面,学科建设对科学研究同样具有重要作用。通过学科建设引育高水平的学术带头人,可以为学科发展提供引领和指导。同时,学科建设还能够改善科研条件和提高科技实力,为科学研究提供更加良好的环境和支持。这些改善措施包括优化实验设备、提供更好的研究资源和资金支持等,从而为科学研究的深入开展提供有力支撑。通过学科建设的不断推进,高校可以争取更高级别的项目,并产出更多高水平和具有原创性的研究成果。因此,高等学校的学科建设和科学研究密不可分,二者相辅相成,共同构成高校科技创新的基础和推动力。

教师科研评价是基于全过程、全周期、全方面而言的综合性评价,科研评价是科研管理工作中的重要内容,合理有效的科研评价有助于激发高校教师提升科研水平与创新能力,促进教师科研团队的建设,培养出未来学科带领人及科研创新团队,促进学科的发展。

(三)反映教师科研水平,提供发展方向指引

一直以来,关于高校教师科研评价,无论在职称评定还是绩效考核上,论文似乎都是最重要的甚至是唯一的指标,急功近利的学术生态使部分教师偏离了科研初心,毫无差异的衡量标准也使部分教师在"唯论文论"的道路上越走越偏,且当下过分量化的评价指标体系无法真实反映教师具体情况,无法对教师个人做出最准确公正的评价,也无法扭转目前存在的评价困境和有待整治的学术生态。

教师科研评价是关乎创新的重要因素,针对目前高校教师评价中"一把尺子衡量所有人"的现象,破解方式为,围绕不同类型的科研项目、成果,采取分类评价的方法,建立不同的指标体系及相对应的权重,尤其是在科研绩效评价中建立差异化衡量标准,有助于反映教师在其研究领域的真实水平,在为教师的未来发展方向提供指引的同时,也为社会提供一定的参考。

(四)激发教师科研热情,打造优秀人才库

教师作为高校中的个体,是开展科研工作的关键因素,也是高校开展科研工作的主力军。教师科研积极性的高低、科研项目开展的情况以及科研成果的贡献程度都直接影响着高校科研水平和整体发展。激发教师的科研积极性,鼓励教师开展科研活动,有助于提升教师的学术水平和教学质量。一方面,教师通过科研工作的开展能掌握最前沿的科技知识及科研方法,丰富知识储备,提升个人业务水平;另一方面,开展科研工作能更新和丰富教师的知识储备,并通过课程研讨、论文发表、图书出版等方式将新知识传授给学生,或是将新知识通过网络、图书等媒介传递给社会,取得良好的教学质量和社会效果。建立公平合理的科研评价机制有助于树立正确的科研评价方向,有助于引进和留住人才,有助于科研人员队伍的稳定。因此,能否科学、合理、高效地评价高校教师科研工作是影响高校教师个人成长和发展的重要因素,相关部门及工作人员应不断致力于探索更科学、合理、高效的高校教师科研项目评价方式。

二、高校教师科研评价的指标

明确高校教师科研评价的指标体系,可以更有针对性地、更为全面地对高校教师的科研情况进行综合评判,既可以明确高校教师科研的方向,又可以对高校教师进行有效的科研激励,还可以更好更方便地把握高校教师科研的基本发展状态,为高校谋划高质量发展提供有效支撑。高校教师科研评价主要包括科研项目评价、科研成果评价、科研团队评价三个部分,各部分具体评价指标如下。

(一)教师科研项目评价指标

近年来,我国科研事业发展迅速,国家对高校教师的科研经费的投入逐年增加,高校科研项目的数量及项目成果的产出数量可观。与此同时,也有诸多问题显露出来,科研经费的私自挪用、浪费等现象时有发生,这些都是与教师师德相关的要素,应纳入教师科研评价体系之中。此外,科

研项目评价、科研成果评价以及科研团队评价的发展速度远不及相关科研项目和相关科研成果数量的增长速度,科研成果转化率也远落后于科研项目增长速度,因而导致我国目前科研项目收益率较低、科研项目成果应用不充分的现状,如何将科研资源最大化利用是目前亟须关注和解决的重点问题。

同时,针对高校教师科研评价中的"五唯"现象,国家和部委层面纷纷出台了破除"唯论文"等问题的相关文件,如2020年12月,教育部印发《关于破除高校哲学社会科学研究评价中"唯论文"不良导向的若干意见》,虽然国家已在整治学术生态的道路上迈出一大步,但大部分高校在进行师资招聘时,论文仍然是主要评价指标。同时教师为应对科研评价或美化评价结果,仍然无法避免功利性学术成果的产出。可见,政策的影响收效甚微,我们还需要做出更多的改变。

党的二十大报告强调,要"深化科技体制改革,深化科技评价改革,加大多元化科技投入"。因此,建立合理、科学、规范的科研项目评价体系,完善科研项目评价制度是解决目前科研活动评价机制存在的不足、深化科技评价改革的关键。

有关教师科研项目评价指标体系构建的研究,国内学者已有如下研究成果:褚超孚、陈劲、王绳兮(1998)设置包括学术价值、成功条件、高效率前提分析和应用前景在内四个指标对社会科学基金项目进行项目评价。刘华海(2016)构建了包括项目基础、项目水平、项目效果和项目特色在内的科研项目绩效评价层次结构模型。史万兵、杨慧(2014)针对高校教师科研水平的差异性,对原有的科研绩效评价指标(KPI)进行升级,设置关键科研绩效指标(KRPI),主要从科研投入指标、科研产出指标和科研效益指标入手对教师科研能力与水平进行评价。张曦琳(2022)提出在人文社科类教师的学术评价中,应纳入增强社会意识与良知的相关著作与讲座等各种成果的产出情况,以及教师所制作的汉学、国学等索引与目录和翻译的少数民族稀少原著数量等指标,以体现人文社科类教师的文化影响力。

根据科技部颁布的《科学技术研究项目评价通则》(GB/T 22900—2022),科研项目评价活动分为立项评价、中期评价、结项评价和跟踪评价四个阶段,以下依据不同阶段教师的情况建立相关评价指标,围绕科研项目对教师主体做出评价。

1.教师科研项目立项评价

在科研项目立项阶段,教师的基本情况及相关投入是决定项目是否顺利立项的核心关键。针对科研项目立项阶段的特点,我们构建了以教师科研自觉、教师科研项目投入、教师科研项目规划3项指标为一级指标,包含9项二级指标的教师科研项目立项评价指标体系(见表6-1)。

表6-1 教师科研项目立项评价指标体系

	一级指标	二级指标
教师科研项目立项评价指标	教师科研自觉	科研主动性
		科研积极性
		科研创新性
	教师科研项目投入	科研人员投入
		科研经费投入
		科研设备投入
		已有科研基础
	教师科研项目规划	科研目标
		科研进度安排

(1)教师科研自觉。

教师科研自觉是教师对科研工作的初心与态度的体现。在教师科研项目中,科研自觉包含科研主动性、积极性和创新性3项二级指标。其中,科研主动性和科研积极性在一定程度上决定着教师科研项目的数量及质量;科研创新性是指教师所申报的项目是否符合国家和社会发展的迫切需求,是否有实施政策的需求以及是否填补国家重大领域的空白等,是教师科研能力与水平的重要体现。

(2)教师科研项目投入。

教师科研项目投入是教师实施科研项目的基础与支撑,从科研项目的投入中不仅可以判断该项目的质量,同时可以评价教师获得科研项目的能力。教师科研项目投入包含如下4个二级指标。

①科研人员投入。科研人员的数量与质量是支撑科研项目实施与完成的重要因素,可从教师自身的学术地位、所获职称等级等情况以及教师科研团队成员的情况来衡量。首先,评价教师个人的职称等级[包括助教(初级)、讲师(中级)、副教授(副高级)、教授(正高级)四个层级],以及教师所获荣誉称号;其次,评价教师科研团队,具体以科研团队中不同职称等级人员数量和比例以及高级职称人员数量和占科研团队总人数的比例来衡量。

②科研经费投入。科研经费投入是教师开展科研项目的基石,根据经费来源的不同可分为纵向经费和横向经费。其中,纵向经费资助的科研项目常为国家级、省(区、市)级科技主管部门批准立项的各类计划项目或基金项目,如国家社会科学和自然科学基金项目、国家高技术研究发展计划(简称"863计划")、各省(区、市)科技厅(局)的科研计划等,通常由政府部门自上而下统筹下达,或是由项目申请人自主申报而得。根据科研项目的属性和级别的不同,纵向经费所资助的科研项目的研究内容和经费均受政府不同部门的监管,纵向科研项目的数量是衡量教师科研水平的重要指标。而横向科研项目多为企业或第三方机构委托开展的科研项目,经费大多来自社会各界,横向科研项目比较自由,经费使用上的限制较少。

③科研设备投入。科研设备是教师执行科研项目中不可或缺的重要物质基础,尤其对自然科学类科研项目而言,是否配备项目研发所需的软、硬件设施设备(包括实验室、实验仪器及所需材料等因素)将决定项目的进展快慢。而对人文社科类科研项目来说,硬件基础设施的需求量较小,教师及其科研团队所具备的软实力,如教师是否在其研究领域是领头人、科研团队是否已有坚实的研究基础、是否已开展过相关领域的研究等软性基础条件都是评价教师能否拥有足够科研实力执行后期的科研项目的重要指标。

④已有科研基础。拥有良好的研究基础可以减轻教师开展科研项目时的压力与负担,同时,根据教师已有的研究成果可以对教师的科研水平进行评判,如教师曾主持或申报的纵向科研项目,具体分为国家级、省部级、市厅级以及市局级四个级别,教师所承担的项目级别越高说明教师的科研水平越高。此外,教师及其科研团队曾发表的相关论文、专著以及教师科研团队成员的相关科研项目参与情况也是衡量其科研能力的重要指标。

(3)教师科研项目规划。

良好的科研项目规划将极大地推动科研项目的顺利开展及进程,评价教师科研项目规划包含科研目标和科研进度安排2项二级指标。其中,科研目标是教师对开展的科研项目的收益和价值的预期,从科研目标中可以衡量教师对所开展的科研项目的把握程度,从而可以对教师执行科研项目的能力进行考量;科研进度安排包含科研项目的时间与其他投入安排,评价教师的科研进度安排可以考察后续科研项目开展中是否能按照计划进度有序进行,从而对教师科研水平进行评判。

2.教师科研项目中期评价

在科研项目中期阶段,教师承担科研项目的能力和水平是科研项目能否顺利进展的决定性因素。针对科研项目中期的特点,我们构建了以教师科研执行能力和教师科研项目阶段性研究成果产出为一级指标,包含5项二级指标的评价指标体系(见表6-2)。

表6-2 教师科研项目中期评价指标体系

	一级指标	二级指标
教师科研项目中期评价指标	教师科研执行能力	项目实际进度与规划进度的一致性
		阶段性经费使用与计划的一致性
		阶段性成果与预期目标的一致性
	教师科研项目阶段性研究成果产出	阶段性研究成果发表情况
		申请或授权专利及知识产权情况

(1)教师科研执行能力。

在科研项目实施阶段可以对教师的科研执行能力做出评价。首先，评价项目实际进度与规划进度的一致性，具体考察项目执行的进度是否与教师科研项目规划保持一致，是否存在进度偏差；其次，评价阶段性经费使用与计划的一致性，具体考察项目进展中是否有不合理经费超支、配套资金缺口大或经费挪用等问题，该指标不仅反映教师的科研执行能力，也是教师师德的重要体现；再次，评价阶段性成果与预期目标的一致性，具体考察阶段性研究内容是否按计划进度完成，产出成果是否与预期目标相符。

(2)教师科研项目阶段性研究成果产出。

在科研项目的全周期的不同中期时点，会有不同的阶段性研究成果产出，对阶段性研究成果的评价包含对阶段性研究成果发表情况、申请或授权专利及知识产权情况2项指标的评价。其中自然科学类科研项目和人文社科类科研项目的阶段性研究成果产出有所不同，表6-3为二者部分阶段性科研项目成果产出的对比。

表6-3 自然科学类科研项目和人文社科类科研项目阶段性研究成果对比

对比项	自然科学类科研项目	人文社科类科研项目
阶段性研究成果发表情况	自然科学方面的具有创造性的理论研究成果；实验性及预测性的科学实验数据；阶段性发表的学术论文、专著及研究报告；教材及相关行业标准等	阶段性发表的学术论文、研究报告、专著、译著、编著等；教材等
申请或授权专利及知识产权情况	发明专利、实用新型专利、外观设计专利，如设计图纸、实验过程中产出的新生物化学元素等	发明专利、实用新型专利、外观设计专利，如商标等

3.教师科研项目结项评价

在科研项目结项阶段，通过考察科研项目的最终成果产出、项目成果的获奖情况以及科研资源使用情况等要素，可以对教师完成科研项目的综合能力进行评价。针对科研项目结项阶段的特点，我们构建了以教师科研项目的整体产出、教师科研项目执行的综合价值和教师科研项目的师德评价3项指标为一级指标,包含9项二级指标的教师科研项目结项评价指标体系(见表6-4)。

表6-4 教师科研项目结项评价指标体系

一级指标		二级指标
教师科研项目结项评价指标	教师科研项目的整体产出	项目成果发表情况
		项目所获专利及知识产权情况
		科研交流情况
	教师科研项目执行的综合价值	经济价值
		社会价值
		学术价值
		技术价值
	教师科研项目的师德评价	是否存在成果、数据造假
		是否存在科研不规范问题,是否存在科研经费私自挪用、滥用情况

(1)教师科研项目的整体产出。

考察教师科研项目的整体产出是对教师科研绩效、科研能力水平评价的最直观因素,具体有如下3项二级指标。

①项目成果发表情况。项目成果发表包括学术论文发表、学术著作出版以及研究报告、相关行业标准制定等。

②项目所获专利及知识产权情况。项目所获专利及知识产权情况将极大程度地展示教师的创新性科研成果产出能力以及综合科研能力。专利被使用与应用的次数可以衡量该专利的价值以及在其研究领域中的重要程度,进而可以作为评价教师在其研究领域中的科研水平的重要指标。

③科研交流情况。教师科研团队交流情况以教师带领团队参与学术交流会的频率及参加会议的等级来衡量。一般而言,学术会议分为国际学术会议、国家一级学术会议、省级一级学术会议以及校级学术会议等,

参会级别也能侧面反映教师的学术地位、教师所主持项目的研究价值。

(2)教师科研项目执行的综合价值。

衡量教师科研项目执行的综合价值包括经济价值、社会价值、学术价值以及技术价值方面,该4项二级指标不仅能全方位反映教师科研项目的质量,更能通过衡量教师对社会所做出的贡献对教师做出更加全面且客观的评价。

(3)教师科研项目的师德评价。

近年来,师德师风、学术诚信建设蔚然成风,许多高校将师德师风作为教师招聘引进、职称评审、评优奖励、聘期考核等的首要标准。教师科研项目的师德评价主要包含是否存在成果、数据造假,是否存在科研不规范问题,是否存在科研经费私自挪用、滥用情况。

4.教师科研项目跟踪评价

突出成果转化是建立健全高校教师科研评价制度的一项重点工作,成果转化率及实用性可以反映教师科研项目的现实意义,从教师的科研绩效、教师的科研思想是否具有创新性、科研内容是否具有前瞻性等方面对教师做出客观评价,可以充分发挥科研项目评价对教师的导向与激励作用。

(二)教师科研成果评价指标

科研成果是高校教师的重要科研产出内容之一,是高校教师科研工作业绩的重要体现。明确科研成果的具体类型、具体形式,是进行科研成果评价的基础。同时,还需要厘清不同种类科研成果之间的关系,界定好相互之间的比例或量化关系,才能进行合理的科研成果评价。

1.科研成果的形式与定量评价

科研成果主要指著作、论文、专利、技术标准、科研成果奖励、资政咨询、科技报告、知识产权、产品、设计、文艺创作等。以下简述前6种。

(1)著作定量评价。

对于著作的定量评价,可按照学术专著、基础理论著作、技术著作和教材类或工具书等进行分类,并根据级别从高到低进行排序,署名形式分别为著、编著、编等。著是作者在特定领域学术水平的最高体现,因此著应被赋予较高的权重。在同一本著作中,评价应根据署名方式,同时考虑获奖情况进行合理的权重加值。

(2)论文定量评价。

论文的定量评价主要参考 SCI、EI、ISTP、ISR、A&HCI、CSCD、SSCI、CSSCI,《中国人文社会科学核心期刊要览》《全国中文核心期刊目录总览》《中文社会科学引文索引》等,作为论文和研究报告等成果的定量评价标准。在此基础上,论文的评价依据期刊的影响因子(IF)和论文的引用次数来赋予权重。

(3)专利定量评价。

专利包括发明专利、实用新型专利和外观设计专利3种类型。其中,发明专利技术含量较高,它的申请量和授权量标志着一个地区技术发明的能力和水平。国家发明专利包括产品发明和方法发明。产品发明(包括物质发明)指的是人们通过研究开发,创造出各种新产品、新材料、新物质等的技术方案。而方法发明则是指人们为制造产品或解决特定技术问题而研究开发的操作方法、制造方法以及工艺流程等技术方案。目前主要采取国际专利和国家专利大体区分专利的级别,并给予一定的权重。

(4)技术标准定量评价。

我国的技术标准定量评价标准级别按从高至低的顺序排列依次为国家标准、行业标准、地方标准、团体标准和企业标准。国家标准由国务院标准化行政主管部门国家市场监督管理总局与国家标准化管理委员会制定,在全国范围内适用。行业标准由国务院有关行政主管部门制定,在全国某个行业范围内适用。国家标准、行业标准通常是由本行业顶级专家或团队制定,应赋予较大的权重。

(5)科研成果奖励定量评价。

科研成果奖励包括国家级成果奖励、省部级成果奖励和行业协会团体奖等。国家在自然科学领域设立了包括国家最高科学技术奖、国家自然科学奖、国家技术发明奖、国家科学技术进步奖和中华人民共和国国际科学技术合作奖在内的诸多奖项。国家最高科学技术奖由国家主席签署并颁发证书和奖金,中华人民共和国国际科学技术合作奖由国务院颁发证书,这两个奖项没有等级之分。其他三个奖项由国务院颁发证书和奖金,分为一等奖和二等奖两个等级。

各省(区、市)也设置了相应类别的奖励,中央相关部委设置了行业科技成果奖励,通常省(区、市)奖励与中央相关部委奖励为同一级别,入选国家科技奖励工作办公室社会科技奖励目录的协会、学会、基金会奖励,在评价上稍低于省部级奖励。

在社会科学领域,主要有教育部高等学校科学研究优秀成果奖、全国教育科学研究优秀成果奖、省级人民政府颁发的社会科学优秀成果奖,中央(国务院)其他部委颁发的社会科学优秀成果奖,国际、国家等体育、艺术类竞赛、展览、文艺创作等领域各类奖励,还有被广泛公认的如安子介国际贸易研究奖,以及孙冶方研究基金会、吴玉章研究基金会、陶行知研究基金会颁发的社科优秀成果奖等。

(6)资政咨询定量评价。

资政咨询类成果包括获得党和国家领导人肯定性批示的成果,被中共中央办公厅、国务院办公厅采纳的成果,被国家部委、省级人民政府及其部门采纳的成果等。

2.科研成果之间的权重取值

高校教师从事科研工作的原动力和指向性指标是科研成果。科研成果的计量评价体系的构建关键在于选择适当的计量评价指标及其权重分配。这些指标的权重取值对高校科研事业的发展目标和发展特色具有重要影响。

不同学科之间的权重比较是对高校科研评价进行量化存在的最大难点,以相同计量方法难以科学合理地评价不同学科科研成果的水平,如目前高校所采用的国外四大检索系统(SCI、EI、ISTP、ISR),这些检索工具大都偏重自然科学,对国内社会科学方面的论文收录较少,因此自然科学与社会科学若都采用这种标准,显然是不合理的。

在自然科学领域内,以SCI影响因子(IF)的高低来评价论文水平的高低是目前盛行的做法,但由于影响因子的计算方法、期刊数据库的局限性,影响因子并不能全面反映期刊的学术影响力。为此,科技部等相关部门多次出台相关文件纠正当前科研评价中SCI论文相关指标(包括期刊影响因子)片面、过度、扭曲使用的现象。

因此,不同学科之间可以将同行评议的定性评价作为定量评价的重要补充,并尽量将定量评价的权重等标准下放到相关学院学术委员会,充分体现学科之间的差异性。

3.科研成果评价指标体系

人文社科类研究成果评价与自然科学类研究成果评价采用相对独立的指标体系。

(1)人文社科类研究成果评价。

人文社科类研究成果评价,主要包括成果属性、成果背景、创新力度、影响广度、系统性、引证规范性、研究难度、学术价值和社会价值等,通常按以下4项指标来确定。

①成果的实践价值。社科成果的实践价值表现在其符合当代社会经济发展的要求,与时代步伐相契合,能够被人们理解、接受、掌握和应用。

②创新程度。创新程度是评价社科成果的重要标准。只有通过创新,才能总结出新的经验和规律,在科研成果中探索新的思路和方法,为新的实践提供科学的理论指导。

③影响力。研究成果对社会的影响程度可通过广度和深度来衡量,更重要的是其在指导方向上的引领作用。

④效益评价。效益评价是对社科成果的重要衡量内容。社科成果不仅可以直接或间接地产生经济效益,还可以通过提高全民科学文化素质等方式产生社会效益。

(2)自然科学类研究成果评价。

对自然科学类研究成果的评价可以参考科技部《科学技术评价办法》(试行)(国科发基字〔2003〕308号)文件,该文件规定了自然科学类科学技术评价的工作规范。根据该文件的要求,针对技术开发类应用技术成果、社会公益类应用技术成果和软科学研究成果等不同类型的成果,需要采用不同的评价指标进行评价。

①技术开发类应用技术成果的评价指标主要包括以下几个方面:技术创新程度、技术经济指标的先进程度、技术难度和复杂程度、技术的重现性和成熟度,以及技术创新对推动科技进步和提高市场竞争力的作用,还包括取得的经济效益或社会效益等。

②社会公益类应用技术成果的评价指标主要包括以下几个方面:技术创新程度、技术指标的先进程度、技术难度和复杂程度、应用推广程度,以及对相关领域科技进步的推动作用,同时也要考虑已获得的社会、生态和环境效益等因素。

③软科学研究成果的评价指标主要包括以下几个方面:创新程度、研究难度与复杂程度、科学价值与学术水平、对决策科学化和管理现代化的影响程度、经济效益和社会效益,以及与国民经济、社会、科技发展战略的紧密程度。

科研成果转化是指科研成果从产出到转化为现实生产力的过程,如投入市场的新产品生产销售、新技术的市场应用等,是衡量科研成果产出的现实价值与意义的重要依据。

衡量科研项目成果转化程度的最重要指标为项目成果对社会的贡献程度,如评估项目成果转化带来的经济效益,包括新产品产值、销售收入、产品的利润率等,以及评估项目成果转化的社会效益,包括产业核心竞争力的提升、国民生活水平的提升、产业结构的优化升级等,该指标可直接衡量教师科研项目的高度,进而体现教师科研水平的高度。

(三)教师科研团队评价指标

在科学研究过程中,需要发挥教师个体的主观能动作用,但是更多的科学研究单凭个人是无法完成的,特别是针对具有系统性、复杂性的科研活动,需要不同类型的科研人员分工合作。因此,科研团队是科研活动的重要主体,是有效支撑高校科研的重要力量。从高校教师科研团队投入与产出,以及教师科研团队效益的视角设计评价指标,可以更好地对其进行评价。

1.教师科研团队投入评价指标

团队投入是指科研团队在完成科研项目时所投入的人力、财力、物力等资源的总称。政府、企业和社会等各方面的投资构成了团队开展工作的物质基础,也是推动科研成果产出的重要因素。团队投入作为一个评价科研团队效能的维度,可以体现资源投入的合理性和资源利用的有效性。团队投入主要包括物资投入、时间投入和人员投入。

(1)物资投入。

物资投入主要涉及团队在资金和物质方面的投入。这包括科研项目经费的来源和支出情况,科研设备的使用和消耗情况,科研软件的购买和使用,以及购买办公用品与图书资料所花费的费用。

资金投入主要指科研项目经费的来源与支出情况。科研项目的经费可能由政府和科技部门资助,也可能是高校自身对科研的专项资金,也有一些来自社会投资或是与企业之间的合作以及转化科研成果获得的收益。而科研经费的支出主要包括研究费、公务费、设备购置费、修缮费、管理费等费用的支出。

物质投入主要包括科研设备的使用和消耗情况、科研软件的购买与使用和办公用品与图书资料的购买。物质在投入科研活动进程中不可避免地会造成一定的损耗,如仪器设备、实验器材的折旧等。尤其是在一些自然科学类的实验室项目中,实验设备的购置与使用投入通常是比较大的,同时,随着计算机技术的发展,现代科研工作已经越来越离不开科研软件的支持,科研团队需要购买或定制各种科研软件,如计算机模拟软件、数据处理软件、图像处理软件等,而办公用品和图书资料也是科研过程中必不可少的物质投入。

(2)时间投入。

时间投入指的是完成科研项目所需要的时间。考虑到科研项目的不确定性,需要综合考虑科研进程中的各种因素,以评估团队是否能够在合理的时间进度内有效完成科研项目。不同科研项目所需的时间各不相同。因此,时间周期是评价高校科研团队的重要指标之一。同时,需要鼓励科研人员不仅关注周期短、见效快的项目,更要关注那些可能需要很长时间,但具有重要科研意义的项目。

(3)人员投入。

人员投入主要从科研团队成员的数量和结构两个方面进行衡量。科研团队成员的数量不同,所投入的精力和时间也会有所不同。团队成员的结构包括年龄结构和专业结构。评价团队成员的年龄结构是根据团队成员中不同年龄组成员所占的比例来进行的。而专业结构则是根据团队成员的专业背景、掌握的专业知识和技能来进行评估。不同年龄组成员的团队互补性有助于形成良好的合作氛围,并对年轻一代的培养起到积极的促进作用。而不同专业背景的团队成员的组合有助于形成专业互补和资源共享的科研环境,促进团队之间的交流与沟通,尤其是推动一些边缘学科和交叉学科的研究。

2.教师科研团队产出评价指标

在对高校教师科研团队进行评价时,科研产出是最重要的维度。科研产出是科研项目进行的起点和终点,也是项目的核心意义所在。因此,在构建高校教师科研团队评价指标体系时,科研产出应被视为重要考量因素,主要包括论文和专著的发表(出版)、科研成果奖励的获得、发明专利的申请和获得,以及承担的科研项目的层次等方面。

3.教师科研团队效益评价指标

科研团队的效益是指在科研项目进行和科研产出阶段所产生的效果与价值,它是评价科研团队的重要组成部分。科研团队效益的大小反映科研项目的影响力和团队的科研能力与水平。一般来说,科研团队效益包括经济效益、社会效益和人才培养三方面。

(1)经济效益。

经济效益指的是科研团队在项目进行和产出的过程中,所获得的科研经费和科研成果所具备的经济价值。经济效益是评价科研团队的重要内容,主要涉及科研成果的转化和前景。科研成果的转化包括对具有实用价值的科研成果进行实验、开发、推广,以及创新推出新产品、研发新材料、促进新产业发展等行动。科研成果的前景则指科研成果在未来一段时间内是否具备良好的社会价值和实际应用的意义。

(2)社会效益。

社会效益指的是科研团队及其科研产出对社会的影响和贡献,是科研团队效益的重要组成部分。作为高校的三大职能之一,服务社会是科研成果最终被社会接受并为社会发展服务的关键。科研团队的社会效益包括团队的社会声誉和团队成果的社会认可度。

优秀的科研团队不仅要具备卓越的科研能力,还要具备出色的团队精神和良好的个人品德。优秀的科研团队以严谨治学和勤于钻研的工作态度为榜样示范,不仅对高校内其他科研团队和全体师生有良好的影响,也对社会大众起到积极示范的作用。科研成果的科研价值和实用价值固然重要,但其社会认可度也应作为团队评价的重要参考。团队成果是否为社会大众所接受,团队成果对社会是否有负面影响或对环境是否造成污染等因素都会影响对科研团队的评价。

(3)人才培养。

人才培养与团队科学研究的联系十分紧密。作为聚集高素质科研人员的优秀组织,高校教师科研团队的责任不仅仅是开展科研项目和创造有价值的重要科研成果,还承担着人才培养使命。

科研团队的人才培养主要包括团队成员的成长、团队成员间的知识共享、团队成员的获奖情况、团队成员的职称评定,以及硕士生和博士生的培养。团队成员的成长和团队成员间的知识共享是科研团队工作过程中不可或缺的环节,也是人才培养的重要组成部分。在科研过程中,来自不同专业背景的科研团队成员通过交流与合作,不仅丰富了自身的经验和知识,同时也促进了其他成员的发展。团队成员的成长不仅仅体现在专业技能方面,还体现在逐渐培养起来的认真务实的工作态度、与人交往能力的提升以及个人品德的塑造等方面。团队成员的获奖情况是评价人才培养的重要方面,也是较容易量化的一个指标。团队成员获得的奖励等级越高,说明他们对科研做出的贡献越大,其成果的社会影响和科研价值也就越高。团队成员的职称评定是对科研人员的重要肯定,同时也是激励科研人员不断创新的重要推动力,因此应作为绩效评价的一个指标。除了专家学者和教师,硕士生和博士生也是科研团队成员的重要组成部分,让硕士生和博士生参与科研项目,也是科研团队的人才培养内容之一。

依照高校科研团队投入、产出与效益三个维度,选取不同的指标最终构成高校教师科研团队评价指标体系,如表6-5所示。

表6-5 高校教师科研团队评价指标体系

一级指标	二级指标	三级指标
科研团队投入	物资投入	经费来源
		经费支出
		科研设备与软件
		办公用品与图书资料
	时间投入	科研项目所用时间
	人员投入	成员数量
		成员结构
科研团队产出	论文专著	国际重要学术期刊发表论文数
		国内核心期刊发表论文数
		国际重要学术期刊引文数
		国内核心期刊引文数
		出版图书数(著、编著、译著等)
	科研成果奖励	获国家级科研成果奖数
		获省部级科研成果奖数
		获得其他科研成果奖数
	发明专利	发明专利申请数
		发明专利授权数
		研究成果的创新性

续表

一级指标	二级指标	三级指标
	承担并完成科研项目情况	国家级项目
		省部级项目
		地方及其他级别项目
科研团队效益	经济效益	研究成果转化
		研究成果前景
	社会效益	团队的社会声誉
		团队成果的社会认可度
	人才培养	团队成员的成长
		团队成员间的知识共享
		团队成员的获奖情况
		团队成员的职称评定
		硕士生和博士生的培养

三、高校教师科研评价的步骤

高校教师科研评价不仅要有章可循,更要根据相关程序,逐步进行,以体现评价的客观性、公平性、公开性,真正发挥科研评价的作用,更好地体现科研评价的功能。但由于科研项目、科研成果和科研团队涉及的内容和表现形式各不相同,所以对其进行评价的步骤也有所差异。

(一)高校教师科研项目评价的步骤

高校教师科研项目评价是指依据相关的原则与标准,针对高校教师开展的科研项目,分析从科研项目立项、实施中期、项目结项到项目后续跟踪,不同阶段内教师的具体情况,采取科学合理的评价机制及评价标准,对科研项目进行全过程、全方面的评估,进而对教师做出客观评价。在开展教师科研项目评价工作前,应明确各评价要素,并对各评价要素进行解释说明；应遵循如下评价步骤（见图6-1），其中步骤的顺序可根据项目评价的具体情况进行具体分析，并做出适合该项目的最优调整。

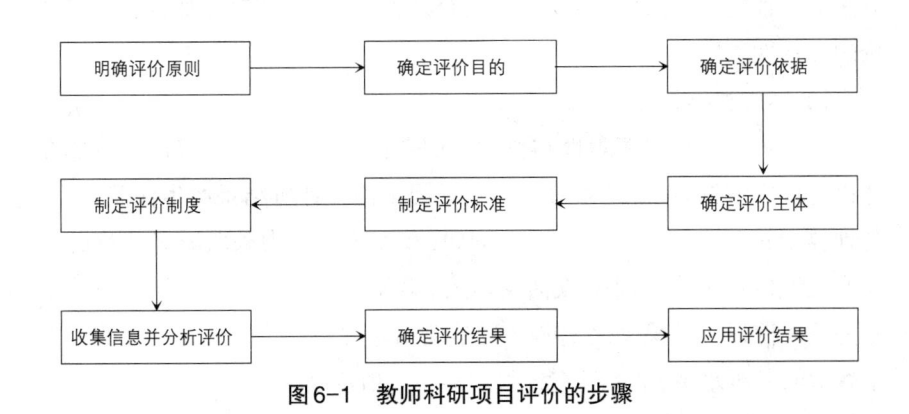

```
明确评价原则 → 确定评价目的 → 确定评价依据
                                        ↓
制定评价制度 ← 制定评价标准 ← 确定评价主体

收集信息并分析评价 → 确定评价结果 → 应用评价结果
```

图6-1 教师科研项目评价的步骤

在进行教师科研项目评价之前，应首先明确评价原则和评价目的，并根据科研项目的不同类型对评价的依据和主体进行判断；随后，根据科研项目类型的差异具体问题具体分析，制定最适宜的评价标准，建立合理的评价指标体系，制定适宜的评价制度，选用科学的评价方法等；在收集并整理好项目的基本信息后，按照所选用的评价标准与制度，科学、客观、公正地开展评价工作，根据评价结果编制评价报告，供评价委托方参考使用。

教师科研项目评价的具体步骤如下。

1.明确评价原则

评价原则是指对评价项目进行评估活动时必须遵循的基本准则，不同类型的项目可能具有不同的评价原则。就教师科研项目评价而言，应明确以下原则：

（1）分类评价原则。

教师科研项目评价应根据教师开展的科研项目的类型与属性的差异而实施分类评价，应充分考虑科研项目所属学科的特点，教师自身的情况，如教师的职称与学术地位，以及评价所处的科研项目时间节点，通过具体问题具体分析,采取差异化的评价内容与指标、评价方法与程序,避免"一刀切"的评价标准——对所有教师科研项目运用统一的评价标准与方法进行评估,确保评价活动开展的合理性,从而保证对教师科研项目评价的客观性。

(2)客观科学性原则。

客观科学性包含客观性和科学性两个标准。客观性要求评价主体在评价过程中依据客观事实,避免因主观因素而让评价结果产生偏差,应不受外界干扰独立开展评价活动。例如,在评价过程中采取匿名评价的方式或在选取评审专家时采取抽签形式,避免因评审和待评教师之间的亲密关系而使评价结果失之偏颇。科学性则表现为评价结果是否真实反映了教师的科研水平,是否具有较强的参考价值等因素。

(3)全面系统性原则。

教师科研评价是一项全面的、系统的工程,存在评价指标模糊性强、难以量化的特点,因此在进行评价时不能仅仅着眼于可量化的评价指标,也要关注不可量化的指标。如,在指标体系中加入对教师科研项目的师德与诚信评价,综合运用定性分析与定量分析的评价方法,使评价结果真实及全面地反映教师科研项目的实际情况,并能围绕科研项目评价对教师开展客观评价与考量,注重评价的实效性。

(4)时间有效性原则。

目前全球信息化水平不断提升,人们获取信息的时间不断缩短,但由于教师开展科研项目通常具有较强的时间内涵和时效性,评价标准会随着时间的发展而不断更新调整,教师个人随着时间的发展也会有相应的发展,如新的学术成果发表、职称级别的提升等。因此,在评价工作的开展过程中,要充分考虑时间因素,把握评价所处的时间节点,充分考虑教师科研的渐进性和产出的阶段性特点,选取最适合当下的,具有时间有效性的标准与方法,避免因评价方法过时、评价标准尚未及时更新等原因而使评价结果产生偏差。

(5)专业可信性原则。

开展评价活动的评价主体应接受专业的培训,掌握与评价项目有关的专业知识,并具备开展科研项目评价的专业能力与素质,能恰当地运用评价理论,选取科学合理的评价方法与标准。同时,在评价开展过程中的相关计算标准和方法选择上,应按照国家或行业发布的统一标准,确保评价结果的准确可靠。

(6)创新发展性原则。

为实现科研活动的最佳效益,科学研究必须针对科技领域发展的前沿问题,满足国家经济社会发展的现实需求。开展教师科研项目评价应首先了解教师在其研究领域的学术地位、教师所主持的科研项目所在学科领域的现状及前沿发展方向,遵循所属领域的研究发展规律与特征,评判科研项目是否填补了国家发展的空白,同时从教师的科研思想、科研项目内容等方面评价教师科研是否具有前瞻性和创新性。

2.确定评价目的

评价目的是指开展评价活动所期望达到的结果,即开展评价活动的原因。就教师科研项目评价而言,评价目的包括:提升科研资源配置的有效性、提升教师科研绩效的质量、促进教师个人发展等。

3.确定评价依据

评价依据是指评价活动中应用于评价客体的价值尺度和界限,是评价标准的制定及评价结果具有科学性的重要依据,主要有:国家相关法律法规、规章制度等政策性文件;国家和相关部门颁布的行业技术标准与规范性文件;等等。科研项目的评价应依据评价目的而定,充分考虑现实发展情况,适时进行动态化调整。

4.确定评价主体

评价主体指开展评价活动的负责人,是对评价客体发表评价意见的个人或者团体。评价主体一般由评价委托方依据评价目的而确定,选择合理的评价主体是评价结果是否具有较高参考价值的关键前提。就教师科研项目评价而言,评价主体具有多元性,可以是教师承担的科研项目所属领域的专家学者、教师等同行、知名科研机构或是社会媒体等。

5. 制定评价标准

作为评价活动最核心的内容,评价标准是评价主体依据评价目的等要素而建立的评价指标体系,从评价标准中可以评判某项评价活动中最受关注的内容是什么。就教师科研项目评价而言,评价指标体系的建立也为教师开展科研项目提供了方向指引,如在评价指标体系中加入教师科研项目的师德与学术诚信评价,要求教师不得因急功近利而丧失学术道德,要有良知,尊重并保护学术和科研活动的原创性。

6. 制定评价制度

评价制度是相关部门所制定的为确保评价活动有序推进的规章制度,具有强制性和约束性,要求参与评价活动的有关人员共同遵循,是达到评价目标的保障。评价制度按照不同层次,可分为总体制度、一般制度和具体制度。其中,总体制度是关乎整个评价活动和体系的宏观制度,是评价制度的核心要素。一般制度是在评价活动中所遵循的基本、客观原则。具体制度则是针对不同评价项目,依据不同的评价目标而制定的开展评价工作的规章制度。在教师科研项目评价中,总体制度包括同行评价制度、监督制度、公示制度、反馈制度等;一般制度包括专家遴选制度、回避制度、评价程序制度等;具体制度包括优秀学术期刊评判标准等。

7. 收集信息并分析评价

按照所确定的评价制度,所选择的评价方法和要求,可通过问卷调查、专家咨询、社会信访、实地调查以及与相关科研人员进行访谈等方式收集评价所需的资料与信息。在开展教师科研项目评价的过程中,需要收集的资料通常有教师的基本情况、教师的科研项目立项申请书、教师的科研项目结题报告、教师的科研项目成果说明等。其中,自然科学类科研项目所需资料还包括实验步骤与实验过程记录,人文社科类科研项目需要相关的原始数据和处理后数据。

收集并整理好资料与信息后,应按照评价制度以及评价方法的具体要求,对教师科研项目进行分析与考量,以此对教师科研进行客观全面的评价。

8.确定评价结果

评价主体通过以上各步骤,综合分析教师个人及其科研项目,确定评价结果并依此制作评价报告,供评价委托方及社会大众参考使用。其中评价报告通常包含的基本内容如下:评价目的、评价方法、评价内容、评价流程、评价信息来源、评价结果与建议以及评价报告使用相关说明与注意事项等。

9.应用评价结果

评价结果可以作为评价委托方完善和调整相关方针与管理的参考依据。教师科研项目评价是围绕教师立项的、正在执行的以及已结项的科研项目对教师科研做出全面评价,是教师评价体系中的重要一环,丰富了高校教师多元评价理论。根据评价结果,评价委托方可以做出对教师科研水平的整体评判,并将其融入对教师个人全方位的评价中,作为教师考核、教师职称评定等方面的重要参考。此外,评价结果可供社会大众参考,以此对高校教师科研项目与对教师个人师德师风进行评判和监督,同时也为教师科研能力与水平提升及个人发展提供指引。但在使用评价结果时应考虑评价方法的局限性、评价过程的合规性、评价信息的准确性、评价结果的时效性以及评价主体的专业水平等因素。

(二)高校教师科研成果评价的步骤

高校教师推出科研成果是一个连续的、不断产生的过程,具有强烈的前后关联性。首先,对科研成果的评价需要明确评价的原则,在原则基础上确定好评价的目的和依据,只有先确定了上述内容,才能把成果评价的基本思路和要领理清。其次,在进行具体评价过程中,需要确定评价的主体以及具体的评价程序。最后,还需要对评价结果进行应用,以真正实现评价的功能。

1.确定成果评价原则

(1)遵循科学性分类评价原则。

在很大程度上,科研成果评价工作的有效性取决于所使用的评价指标体系是否合理。科研成果有不同类型,应根据技术分类进行指标体系的制定。根据国际通用分类标准,科研活动按照属性可以分为三类:基础研究、应用研究与试验发展研究。这三类研究的研究目的、研究方法各不相同,成果评价方式方法也应有差异。对于基础研究成果,主要侧重于其学术价值评价;对于应用研究成果,应侧重于其经济效果和社会影响评价。高校应注重在前沿基础研究的原创性、关键核心技术的突破性、社会效益等几个维度上对教师进行评价。

(2)遵循质量导向的创新性原则。

遵循创新性原则,遵循质量为先的导向,重点评估科研成果的学术原创性和实际应用价值,以激发科研人员创新原动力为目标,推动高水平、有影响的标志性科研成果的产出,并注重科研成果转化和市场应用。

(3)遵循多样性可量化性原则。

科研成果涉及著作、论文、专利、技术标准、成果奖励、科技报告、资政咨询等多个指标,应尊重成果的多样性。高校可以根据其发展需要,以直观的数据形式,量化各指标的权重,并根据成果的级别,遵循可量化性原则,确定各指标的分值。

(4)遵循公开公正原则。

高校科研成果评价的相关指标、权重分值的确定应由科研主管部门提出,征求教职工的意见,经学校学术委员会审定确定。科研成果评价的原始数据、评价方法、程序、结果都应在校内公开公示,回归高校科研成果评价的价值本位,即立德树人和学术创新。

2.明确成果评价目的

成果评价有多重作用,在开展成果评价时,首先应明确本次成果评价的目的,若用作推荐各级奖励的重要佐证材料,则重点在评价成果的创新性;若用作成果转化的评价,则重点在评价成果的社会经济价值等。

3.明确成果评价依据

以下仅对自然科学领域进行介绍。自然科学领域,对科技成果的评价目前执行的是《科学技术评价办法》(试行)(国科发基字〔2003〕308号)文件,该文件对基本程序和要求、评价专家遴选,以及科学技术计划评价、科学技术项目评价、研究与发展机构评价、研究与发展人员评价、科学技术成果评价等评价内容都进行了规范说明。

4.开展成果评价

高校科研成果评价可以委托评价机构,按以下程序进行。
(1)评价委托方向评价机构提出成果评价需求;
(2)评价机构初步审查评价委托方提交的技术资料,判断评价委托方提出的评价要求的可实现性,同时提出修改建议;
(3)评价机构接受评价委托,与评价委托方签订评价合同;
(4)评价机构确定科研成果评价负责人,选聘评价咨询专家;
(5)评价委托方提交符合要求的检测、查新报告;
(6)专家评价,并提出评价意见;
(7)评价负责人综合咨询专家的评价意见,完成综合评价结论,编制评价报告;
(8)评价机构交付评价报告,并提供相关信息。

5.应用成果评价结果

成果评价结果,可作为推荐各级奖励的重要佐证材料,也可以作为成果转化的主要依据。更重要的是可以帮助成果所有人确定成果内容、价值,总结梳理前期研究存在的系统性缺陷、不足与偏差,进一步明确后续研究方向。

(三)高校教师科研团队评价的步骤

科学合理的科研团队评价对高校科研团队开展的科研工作具有重要

意义。科研团队评价能有效促进团队及时调整工作重点,实现科研投入的合理分配与使用。合理的高校教师科研团队评价程序,包含以下步骤(见图6-2)。

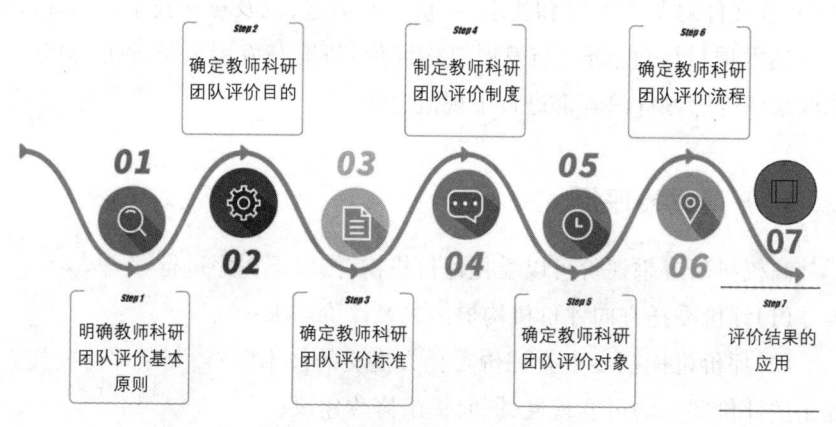

图6-2 教师科研团队评价步骤

1.明确教师科研团队评价基本原则

在进行教师科研团队评价时,明确评价的基本原则至关重要。评价过程中,建立合理有效的科研评价指标体系尤为关键。评价应具备科学、精准、全面、可行的特征。因此,在教师科研团队评价中,需要遵循以下原则。

(1)系统性原则。

高校教师科研团队评价是一项复杂且系统的工作。在构建评价体系时,需要统筹考虑整体框架,建立清晰的评价结构和层次。同时,全面纳入潜在的影响要素,并进行整体考量和评估。

(2)可行性原则。

构建评价体系时,应考虑评价要素的全面性、准确性,同时顾及其可行性。在确定评价指标时,应深入了解科研工作的实际情况,根据实际需求选择独立且有意义的指标。在保证准确性的前提下,尽量简化评价内容,降低时间和资金成本,确保评价体系的实用性和可行性。

(3)可比性原则。

在进行高校科研团队评价的过程中,应遵循可比性原则,使各高校科研团队可以相互对比评价。各科研团队优势各异,应确保所评价的内容符合实际情况,便于与其他科研团队进行比较,要确保指标之间的同趋势化,从而保证指标之间具有可比性,通过对比可以认清科研团队的现状,使科研团队认识到自身在团队建设等方面的不足,参考其他高校科研团队的成功经验,从而加速自身的成长。

(4)动态性原则。

动态性原则是高校教师科研团队评价原则的另一个重要方面。由于科研项目的变化和科研领域的持续发展,高校教师科研团队的研究目标也会随之变化。评价体系应留有可调整的空间,随着科研工作的推进而动态地调整内容,以适应持续发展的科研工作特性。

2. 确定教师科研团队评价目的

在遵循高校教师科研团队评价原则的基础上,需要进一步确定高校教师科研团队评价工作的目的。

基于提高科研团队竞争力、提升团队工作效率、促进团队成员发展的目的,对科研团队进行科学合理评价,促进科研团队及时调整工作重点,促进科研投入的合理分配与使用。

3. 确定教师科研团队评价标准

确定教师科研团队评价目的后,需要进一步确定教师科研团队评价标准。教师科研团队评价指标体系是一个层次分明的结构,一个体系根据评价对象的复杂程度将形成多级标准,通过综合考量各个维度的标准,科学全面地开展评价工作。

高校教师科研团队由人数有限的学术带头人领导,根据专业互补、技能互补的原则和合理的年龄结构要求自愿组成正式的团队,共同承担科研任务。无论高校或专业如何,作为科研组织的高校教师科研团队必须进行一定的投入以确保科研项目的顺利实施,并完成相应的科研任务以获得产出。所以应从团队的投入、产出和效益三个方面对高校教师科研团队进行评价。团队投入水平将通过物资投入、时间投入和人员投入三项指标进行衡量,团队产出水平将通过论文专著、科研成果奖励、发明专利和承担并完成科研项目情况四项指标进行衡量,最后从经济效益、社会效益和人才培养三个维度评价团队的效益情况。

4.制定教师科研团队评价制度

评价活动所依据的一系列规范构成了评价制度。科研评价是科研活动管理的主要手段,对科研团队的科研活动具有强大的导向作用。评价活动在不同程度上影响着科研活动,合理的评价制度能促进科研发展,而不合理的评价制度则可能导致资源的浪费。公平合理的科研评价制度能有效激励科研团队,使科研资源得到高效合理的利用。

(1)重视团队成员的学科差异,实行分类评价制度。

不同学科具有不同特点,研究方法和成果表现形式也各有不同。目前的科研团队评价体系未能根据基础学科和应用学科的不同属性进行划分,导致评价标准与现实不符。

在科研团队评价过程中,应对不同学科进行定位。科研是一个长期的积累过程,因此科研评价应遵循学科规律,采用不同的标准衡量不同学科的科研成果。基础研究应注重同行评价和社会评价,更加重视科研团队的效益评价;应用研究/试验性研究应采用市场评价原则,在评价过程中适当增加对科研团队投入与产出的关注,同时也不能忽略对科研团队效益的评价。

(2)重视科研团队工作效率与效益,实行多元化评价制度。

由于评价成本和可操作性的限制,目前教师科研团队的评价指标主要集中在论文、专利、专著等成果上,以及这些成果的后续获奖、引用等延伸形式。此外,团队的结构和规模也在评价过程中得到重视,但这些指标无法反映科研团队在人才培养和社会经济效益方面的成果。

因此,需要摒弃仅从量化角度评价科研团队产出的做法,应综合考虑科研团队的投入与效益,全面评价科研团队的工作效率和效益,并逐步引入同行评议制度、代表作制度等,减少过度量化带来的急功近利。

(3)建立以中长期为主、短期为辅的科研团队评价制度。

评价制度的重要影响因素是评价周期。目前我国对科研团队的评价为一年一次,耗费了大量时间和精力,而且常常形式的重要性超过内容。因此,需要重新设定科研团队评价的间隔期限,根据不同科研团队学科的规律和属性,分别确定评价周期。建议将科研团队评价周期设置为3至5年,对于部分特殊学科可以延长至5至10年或更长。对于重大基础研究的科研团队,应当鼓励原始创新、脚踏实地,并采用多次评价相结合的方式。除了在项目结项时进行评价,还应该为符合条件的项目研究者提供再次评价的机会。长期考核符合科研规律的特点,但过长的考核时间可能导致对科研人员的约束力不强,因此应辅之以短期考核。短期考核应紧扣科研团队的研究计划完成进度。长期考核评估其学术成果,而短期考核则督促其计划的完成。

5.确定教师科研团队评价对象

评价对象的确定是确保评价体系具有针对性的关键问题。在所有的评价活动中,评价对象是由多种因素构成的复杂系统,而评价活动则是通过有限的评价因子或项目来评价这一复杂多变的评价对象的过程。高校教师科研团队评价关注的是整个团队科研项目和成果质量的提升,因此以科研团队的综合实力作为评价对象。

6.确定教师科研团队评价流程

在明确教师科研团队评价原则、目的、标准、制度与对象的条件下,按照设计的投入、产出与效益评价标准,进一步选取二级和三级评价指标并确定指标权重,量化各个评价指标的不同重要性,再导入评价指标的相关数据并导出评价结果,最后从总体与各维度分别对教师科研团队评价结果进行分析(见图6-3)。

```
01 明确教师科研团队评价对象
02 确定教师科研团队评价各级指标
03 确定教师科研团队评价指标权重
04 导出教师科研团队评价结果
05 分析教师科研团队评价结果
```

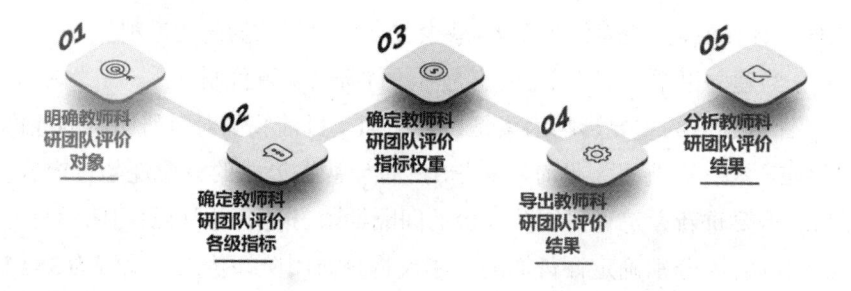

图6-3　教师科研团队评价流程图

7. 评价结果的应用

高校教师科研团队评价结果是指对高校教师科研团队的科研能力、学术成果、合作能力、组织管理、综合效益等方面进行评价后得出的结果，是高校科研水平发展的重要支撑和保障，具有广泛的应用价值。高校可以根据科研团队评价结果的反馈，优化科研资源配置，促进科研合作，提高科研水平，提升自身的社会声誉、影响力、知名度、竞争力和社会认可度，为科研人员提供更好的职业发展机会。

（1）优化科研资源配置。

高校教师科研团队评价结果可以帮助高校优化科研资源配置，提高科研经费的使用效率。科研团队评价结果可以为高校科研资源的合理配置提供参考，从而保证科研经费的使用效果最大化。高校可以根据科研团队评价结果的反馈，对研究方向、研究人员、科研经费等方面进行调整或分配，以达到最优的科研资源配置效果。

（2）促进科研合作。

高校教师科研团队评价结果可以促进高校之间科研合作的开展，提高合作的效率和质量。科研团队评价结果可以为高校之间的科研合作提供参考和支持，促进高校之间在科研领域的合作和交流。高校可以根据科研团队评价结果的反馈，找到合适的合作对象完成更有针对性的合作项目，提高科研合作的水平。

(3)提高科研水平。

高校教师科研团队的评价结果有助于提升高校的科研水平,并增强科研创新能力。科研团队评价结果可以为高校科研工作提供参考和指导,发现团队的研究优势和不足,为团队提供改进的方向和建议。高校可以根据科研团队评价结果的反馈,加强科研创新能力的培养,提高团队的学术声誉和影响力。

(4)提升自身的社会声誉、影响力、知名度、竞争力和社会认可度。

良好的高校教师科研团队评价结果可以提升高校的社会声誉、影响力、知名度、竞争力,有助于帮助高校树立良好的科研文化和形象。此外,高校也可以根据科研团队评价结果的反馈,加强科研工作的宣传和推广,提升高校的社会认可度。

(5)为科研人员提供更好的职业发展机会。

高校教师科研团队评价结果可以为科研人员提供更好的职业发展机会,增强科研人员的工作动力和创新意识。帮助科研人员了解自己在团队中的作用和价值,提高科研人员职业发展的水平。高校可以根据科研团队评价结果的反馈,加强对科研人员的培养和管理。

第七章

多元评价视域下高校教师社会服务评价

社会服务是大学的重要职能,是高校实现高质量发展的重要途径,也是高校教师专业发展的重要内容。科学的社会服务评价是激发教师参与社会服务的活力、提升服务质量和成效的关键。在我国,随着社会服务在高等教育功能中的地位不断凸显,高等学校越来越重视教师社会服务考核,重视对教师在学科建设、人才培养、科技推广、专家咨询和公共事务上的表现进行综合评价。然而,囿于社会服务活动类型多样、领域广泛且涉及的受众群体差异大,如何对其进行评价始终是一个难题。①

一、高校教师社会服务评价的探索

目前,我国高校教师社会服务评价存在主体单一、制度不完善、功利化取向等问题。科学、合理、客观、公正的高校教师社会服务评价可以激发教师参与社会服务事业的积极性,对提升高校办学质量和维护社会形象具有重要价值。因此,厘清高校教师社会服务评价的内涵和发展,总结评价过程中的实际问题,提出教师社会服务评价的发展方向,在国家教师评价体系改革中具有重要的理论意义和现实意义。

(一)高校教师社会服务评价的内涵

高校社会服务,指高校在保证正常的人才培养和科学研究活动的前

---

① 臧玲玲,吴伟.坚持学术导向:美国大学教师社会服务活动评价的变革及启示[J].高教探索,2019(9):47.

第七章
多元评价视域下高校教师社会服务评价

提下,依托高校的教学、科研、人才和知识等资源优势,向社会提供直接的、服务性的、促进经济和社会发展的活动。[①]其服务途径多样,按照内容可以分为科研合作、人才培养、咨询服务和实体运行几个方面。其中,实体运行主要指高校自主成立或与地方共建实体机构,并且机构能够独立或相对独立地展开工作,比如北京大学深港产学研基地就是这样的实体机构。

多数高校基本没有设置专门的社会服务管理机构,从而导致服务领域狭窄、能力不强、效益低下等问题。因此,高校社会服务评价即针对高校的社会服务能力进行单独评价,一方面可以加深对高校职能的认识、为全面评价高校提供依据,另一方面也可以激励高校社会服务行为、使其提升社会服务能力。[②]

从职业责任来看,自高校诞生之日起,高校教师的责任随着大学职能的扩展不断延伸。伴随高校和经济社会发展的联系越来越密切,如今高校教师承担的不仅有知识传播的任务,还有科学研究和社会服务的任务。[③]高校教师社会服务是指高校教师利用自身能力和智力优势,通过多种劳动满足社会发展需要,直接为社会、经济和科技发展提供一系列活动的过程。[④]高校教师可以充分利用自身特长和高校平台优势,通过成果转化、技术推广、社区服务等具体服务方式提供社会服务,突出服务重点,提高服务质量。利用专业知识向政府部门和公众提供咨询服务,并利用不同的技能和技术进行培训和援助。

高校教师社会服务能力,指教师在社会服务过程中提供智力产品和智力服务的整体能力。高校教师作为社会服务的主体和实践者,其社会服务能力和水平直接决定着高校社会服务职能的落实情况,是提升社会服务成效的关键。

而高校教师社会服务评价本质上是高校内部的制度设计,是对专任教师服务工作的规范和指导,对唤起教师参与服务工作的内在动力、自觉

[①] 眭依凡,汤谦凡.我国高校社会服务30年发展实践研究[J].中国高教研究,2008(11):18.
[②] CANSARAN A, ORBAY K, KALKAN M. University-community Bridge: Service Learning to Society [J]. Procedia Social and Behavioral Sciences,2010(2):1687.
[③] 刘盛.大学教师评价制度的物化逻辑[M].北京:中国社会科学出版社,2020:42.
[④] 程佳琳.高校教师在社会服务中的角色研究[J].科教导刊,2015(13):76.

调适专业发展方向等方面起着无可替代的作用。[①]高校教师社会服务评价是考核高校教师社会服务成效,以及推动高校教师积极参与包括进一步指导其社会服务行为的重要手段。另外,教师社会服务评价作为一种高校内部的制度设计,需要依据所处区域社会经济发展特征及学校发展的现状与诉求,做出具备校本特征的管理决策,但是不同高校在教师社会服务评价上依然具备共性思路,且通常涉及定位、内容、方法等基本问题。

第一,明确定位是构建评价策略与途径的先导要素。从总体审视,教师社会服务评价应基于高校发展定位和学科特点,基于学科,立于服务,成于效果。同时,教师从事社会服务的方式多为学术活动,是教师利用专业知识和专业能力去解决现实问题的活动,其活动价值高低的判断需要本专业教师进行。另外,有些学科专业其本身就具有突出的实践性、应用性,和许多企事业单位之间有着"与生俱来"的合作优势;而一些人文学科应用性偏弱,其社会服务则难以在短时间内取得突破性进展。由此可见,对教师社会服务进行评价时要充分考虑其学科特点,便于不同学科领域的教师利用自身专业背景与专业优势,从事更具价值的专门性服务活动。第二,教师社会服务从内容范围来看应归属校外服务,其评价内容主要涉及教师在参与学校组织的校外文化服务活动、参与企业的技术开发、为校外单位提供信息咨询服务、到校外单位或企业挂职锻炼、向企业转移技术专利并推广实用技术、指导学生参与社会服务活动、组织或参加各种校外的专业学术组织等多种社会服务活动中的表现情况。第三,在评价体系的构建和评价制度的落实中,要注意量与质并重、社会性与教育性并重以及经济效益与社会效益并重,从而引导不同学科专业的教师,能够以自身的学术背景为依托做好服务工作。

(二)高校教师社会服务评价的演进

人才培养、科学研究和社会服务职能并非大学与生俱来的,其出现到发展、单一到多元的逐步演进充分反映了大学时代使命的变化,是大学不断调整和适应时代发展需要的结果。中世纪大学还只有教学职能,到近

---

① 曹如军.大学教师服务评价:价值与思路[J].现代教育管理,2012(9):50.

第七章
多元评价视域下高校教师社会服务评价

代大学强调教学和科学研究职能相结合,而到现代大学的职能包括教学、科学研究和社会服务三个方面,三者相互制约又相互促进。

教师是高校履行社会服务职能的重要支撑。高校对社会需求的积极回应推动了高校功能的拓展[1],其社会责任的外延也不断扩大。作为大学职能的主要实施者和承担者,教师必须为大学的社会责任做出贡献[2],高校的基本职责要落实在教师的工作责任中。教学、科学研究和社会服务作为高校的三大职能,同时也成为衡量高校教师贡献的核心维度。[3]20世纪90年代起,美国大学对教师评价系统进行改革,强调社会服务在教师工作中的重要性。[4]在我国的高校实践及学术研究中,教师的工作被视作大学履行其职能的核心途径,教师通过承担工作责任来履行大学对社会的责任[5],教师社会服务成为考核高校教师绩效的关键指标。

但是,当前高校对教师社会服务的评价尚处于积极探索阶段,其中应用型本科院校和高职院校的探索更具针对性。应用型本科院校以应用型为办学定位,以培养应用型技术技能型人才为使命而不是以科学研究为主,社会服务工作是该类高校的重要组成部分;高职院校主要为社会经济发展培养高素质的技能型人才,强调应用性和与社会接轨,社会服务成为其核心竞争力最直接的反映和体现。只有不断提升社会服务能力,高职院校才能适应地方的经济发展,才能从一般性的规模扩大转向内涵式发展。作为开展社会服务的主要力量,教师能力的高低直接反映高职院校的社会服务水平。因此,应用型本科院校和高职院校对教师社会服务能力的重视程度远高于其他类型高校,对教师社会服务的单独评价和指标体系有所研究,但目前而言还不具备完全成熟的评价体系。

---

[1] 袁振国.培养人才始终是大学的第一使命——大学变革的历史轨迹与启示之一[J].中国高等教育,2016(Z2):58.
[2] 李凤玮,周川.大学为社会服务:范海斯的知与行[J].现代大学教育,2018(3):69.
[3] WHITMAN N, WEISS E. Faculty Evaluation: The Use of Explicit Criteria for Promotion, Retention, and Tenure[M].Grandview: American association for higher education,1982:32.
[4] 沈红,王建慧.大学教师评价的学科差异——对美国一所公立研究型大学的质性研究[J].复旦教育论坛,2017(3):72.
[5] 唐纳德·肯尼迪.学术责任[M].阎凤桥,等,译.北京:新华出版社,2002:19.

(三)高校教师社会服务评价的发展方向

1.教师社会服务评价主体多元化

全面客观地评价高校教师参与社会服务的情况,有必要从不同渠道收集评价信息,保证评价主体多元化。然而,多数高校在进行教师社会服务评价时,评价主体单一。具体的考核细则和考核指标由研究生院、教务处、科研处等高校行政部门制定,评价实施过程交由各学院领导组成的评价小组完成,评价结果直接提交到人事处。从评价指标的制定到评价实施再到评价结果反馈,完全由行政权力把控,教师作为被考核对象除了上交自己的考核材料外,既没有参与考核标准的制定也没有参与到考核的实施过程中。尽管学生和其他相关群体掌握了教师在社会服务方面的大量信息,却无法发挥应有的作用。

2.构建有效的组织支持制度

有效的组织支持制度是保障政策落实的主要途径。在实践中,高校对社会服务及教师社会服务评价的重视往往只停留在学校层面的宣传,而缺乏相应的组织机构和配套制度来促进各项政策的落实。

在社会服务活动的组织和管理方面,有的高校缺乏全校性的机构平台,仅仅按照活动关联性简单分给研究生院、教务处、学生处等二级单位;有的高校"社会服务处"形同虚设,只负责审批签字和经费划拨,不能为教师社会服务搭建项目平台。此外,缺乏有效的组织制度导致社会服务难以深入学校基层学术组织。据调查,62.52%的新建本科院校主要通过学校层面进行社会服务,30.47%的新建本科院校主要由二级部门开展服务活动,而教师参与的比例仅有3.29%。这说明高校没有通过组织制度改革深化基层社会服务理念,教师参与社会服务的积极性不高。

在教师参与社会服务的评价方面,有的高校因缺乏相应的评价指标体系,无法对参与行为起到激励作用;有的高校虽然在教师综合素质考核或绩效考核中加入了社会服务维度的评价,但正如前文所述,其重心主要落在科技成果应用转化上,窄化了社会服务的内涵。此外,即便完善了政策和评价体系上的标准和要求,教师参与社会服务的成效跟踪考核机制仍有待明确。这表明高校对社会服务活动的组织和管理、对参与主体的评价以及评价结果的运用整个流程缺乏清晰有效的组织制度支持。

3.教师社会服务评价去功利化

当前,教师社会服务评价从意义认识到性质定位,乃至内容指向、评价标准,均存在相当的缺位或错位现象。2016年《教育部关于深化高校教师考核评价制度改革的指导意见》提出,重视教师社会服务考核,综合评价教师参与学科建设、人才培训、科技推广、专家咨询和承担公共学术事务等工作的情况,建立健全社会服务经费使用和利益分配方面的激励制度。一些高校制定了社会服务活动的评价制度,但这些评价大多呈现出功利化和简单化的问题。对教师参与社会服务的评价过于强调经济利益指标,以到账经费的多寡或领导批示的级别决定教师社会服务价值的大小,从而确定给予教师奖励的具体数额,没有充分考虑教师的社会服务活动背后的社会效益。[①]甚至有高校将与企事业单位签订的横向服务项目按照经费的多少类比科研项目,如经费超过一定数额就被认定为省部级或国家级项目。这种简单化的评价方式导致实际操作过程中教师倾向于选择经费多、周期短的项目,而忽视对项目本身的判断,对涉及民生的公益性项目不重视。

一方面,经费多的横向项目往往出自自然科学类,人文社科类教师受制于学科性质很难承接到大项目,不公平竞争在很大程度上挫伤了人文社科类教师参与社会服务活动的积极性。另一方面,以项目经费作为衡量指标,简单地将与企事业单位合作的横向项目与省部级甚至国家级科研项目类比,且评价结果与教师利益挂钩。这些问题导致教师社会服务评价不仅没有合理激励教师参与社会服务,甚至挫伤了教师深耕社会服务项目的主动性。

---

① 曹如军.地方性大学教师社会服务的文化抗拒及其消解[J].高校教育管理,2017(5):92.

二、高校教师社会服务评价的体系构建

社会服务是高校的重要职能,是高校体现自身价值的重要途径。社会服务工作的推进离不开评价指标体系的支持和引导。因此,建立一套设计合理、操作性强的社会服务评价指标体系,为高校社会服务管理及决策提供可靠的信息支持十分必要。目前社会服务工作的绩效评价体系存在许多问题:评价本身指标设置偏量化、内容缺乏全面性、标准不统一、评价主体单一,被评价者对评价内容和流程缺乏正确认识等。[①]为避免社会服务成为被忽视的真空地带,构建教师社会服务评价指标体系要基于多主体原则、差异性原则和发展性原则,并结合评价指标相关理论与国内外高校实践经验及高校自身办学特色而进行构建。

(一)高校教师社会服务评价的主要原则

1.多主体原则

作为一个较为复杂的系统,高校拥有诸多利益相关者。根据其依存空间的不同,又有外部利益相关者和内部利益相关者之分。高校的不同利益相关者从自身诉求出发,往往具有不同的理念认识和实践取向。评价活动的适宜性和有效性不仅影响教师个人的思想和行为,而且能够影响甚至决定高校未来的命运。从实践角度来看,利益相关者将不可避免地影响评价活动的全过程。

因此高校教师社会服务评价不应该只有以行政权力为主导的行政评价,而应遵循多主体原则,建立包括职能部门、研究人员、学生、教师、服务对象等多个主体协同参与的评价体系。当前的教师社会服务评价制度整体呈现出自上而下的产生过程和执行程序,强调上级管理者的价值取向。而教师往往只能被动接受评价结果,对评价的指标制定、实施过程和结果解释等方面缺乏基本知情权,消极接受评价难以促进教师发展与改进,同时打击了教师工作的积极性。

相反,吸纳多元主体共同参与能够为评价指标体系的构建和评价执

---

① 李业昆,海勤.高校教师有效提供社会服务的对策研究[J].教育理论与实践,2021(21):41.

行提供有力保障,教师、学生、家长、研究人员、服务对象等在内的多元主体可以从不同角度出发提供建议,能够适度缓解教师的对立、拒绝、逃避等情绪和纠正其行为。因此,建立教师社会服务评价制度应该以多元参与为基础,通过理性归纳和专业设计,使教师社会服务评价制度既能反映多元主体的意愿,又能提供科学的专业评价和系统的指导。①

2.差异性原则

高校教师是在大学中承担人才培养、科学研究和社会服务职责的专业人员。在人性理论的视野下,高校教师作为以职业为划分标准的人的一个类属,同时具有社会人、知识人和创造人的本征。社会层面,高校教师不是清心寡欲的修道士,其自身存在多种需要。有物质需要,也有精神需要;有生物性需要,也有社会性需要。这些需要造就了教师个体的差异性,成为教师延续生命、致力发展的基本条件。因此在进行高校教师的社会服务评价时,要直面不同教师需求的差异性。

面对不同科类、不同发展阶段以及不同类型高校的教师应该设置不同的社会服务评价标准。首先,不同类型的高校对教师的要求各有侧重,研究型大学教师基础研究任务重,要强调其发现新知识的能力;应用型大学的教师,则重点强调其将新知识运用到生产实践中,以及通过知识运用促进社会进步的能力。因此教师社会服务评价要体现出高校类型定位的差异。其次,要表现出自然科学类和人文社科类教师社会服务内容的不同。最后,不同职业发展阶段的教师发展的侧重点不同。例如,青年教师、中青年骨干教师和将要退休的老教师对未来的关注和期望不同,要根据他们各自职业阶段的特点和发展方向设计评价指标。总之,对高校教师社会服务的评价不能用一把尺子来衡量,应该尊重教师的差异化需求,遵循差异性评价原则,确保评价结果真实反映教师的社会服务诉求和状况,使每一位教师都能因为评价深入参与社会服务并获得自身的发展。

---

① 孙颖.试析美国有效教师评价方式的价值取向——基于增值性评价和标准化评价[J].教育理论与实践,2015(28):43.

3.发展性原则

高校教师社会服务评价旨在促进教师个体的成长,从而促进学校的整体发展。因此,高校教师的社会服务评价必须遵循发展的原则,将发展的理念融入评价指标的设计、评价过程的实施和评价结果的使用中。教师社会服务的重要职责之一是研究成果的转化,创新性成果的诞生和转化需要时间投入、知识积累、持续研究甚至灵光乍现,其中既有必然性也有随机性。由于知识生产不像物质生产一样有既定的运行阶段和速度,所以在高校教师社会服务评价中不能照搬企业的考核办法与奖惩制度。据调查,随着教师年龄增长和职称上升,外部奖惩对其的约束力会越来越弱。因此,要实现评价目标,就必须以发展性原则为主导,变外部制约为内部激励,遵循知识生产规律,激发教师成长的内在动力。[①]

(二)高校教师社会服务评价的指标体系

1.高校教师社会服务评价指标相关研究

当前,对高校教师社会服务的评价主要还是作为教师绩效评价中的一个维度出现。

关于教师绩效评价指标的维度和构成,国内外专家主要采用问卷调查、专家咨询和主观设定三种方法进行确定。随着研究的不断深入,研究者从只关注工作结果逐渐转向对工作行为的关注。尤其对教师群体而言,他们的工作具有长期性和滞后性,结果绩效无法对其工作进行完整描述,其行为绩效不可忽视。由此形成的教师社会服务绩效主要分为结果绩效、行为绩效和态度绩效3种,可根据学校类型或发展方向设立考核指标。

第一,依据扎根理论建构"破五唯"背景下的教师社会服务评价指标体系的基本内容。通过对该领域15位专家分别进行半结构化深度访谈,运用扎根理论对访谈内容进行编码,建构高校教师参与社会服务的评价指标,侧重于服务结果和服务行为,设置了横向课题、专利、成果转化、援

---

① 臧琰琰.大学教师评价的理论遵循和应然选择[J].黑龙江高教研究,2021(4):88.

派扶贫、社会培训以及国内外学术交流共6个二级指标。[①]

其中,对国内外学术交流指标的具体考核为会议发言级别和次数、开展讲座规模和次数。相比之下,美国的一些高校在这个层面的考核更为广泛。它们认为高校教师应该同时具有社会服务意识和专业追求,并将教师是否积极参与院系、学校、地方乃至全国的有关学术组织的活动以及社区活动纳入评审制度之中。[②]而在材料提交方面,要求每位教师罗列社会服务的详细情况,包括服务目标、有形成果、耗费时间以及所获报酬,并附有建议、报告、文章等证明材料,从而确保真实性。其中无学分课程、学术研讨会、专题讲座等根据参加人数以及学生对课程内容和教学效果的评价来判断成效。但是,详尽的规定不一定会带来预想的结果。一项美国调查表明,仅2%的人认为社会服务是评价教师绩效的重要因素,占三分之一的人认为社会服务只是一个次要因素。[③]基于上述事实,构建教师社会服务评价体系时摒弃了国内外学术交流这一指标。一方面,国内外学术交流严格来讲应当属于学术评价范畴。另一方面,对国内外学术交流评价材料提交的诸多要求造成了教师在社会服务中的消极行为。

此外,横向课题、成果转化、专利等技术创新或应用转化、撰写咨询建议为政府献计献策等被认为是教师进行社会服务的重要方式。调研发现,教师对社会服务的参与形式存在个体倾向,30.4%的教师选择为社会提供咨询服务;23.1%的教师倾向于和企业开展横向合作,进行技术开发和转移;21.5%的教师希望为社会发展提供理论支持;9.6%的教师选择为经济发展提供技能指导;3.5%的教师愿意通过孵化高新技术产业,发展高校科技产业。[④]一方面,教师本身乐于通过科研创新成果转化以及咨询决策服务经济社会的发展;另一方面,学者认为这样进行评价颇具合理性,认为高校社会服务的重点在于对社会做出贡献,侧重于鼓励教师的知识产出和成果转化。例如,马力等设置了咨询决策、技术研发、培训服务及

[①] 陈悦."破五唯"背景下高职院校教师绩效评价指标构建的扎根理论研究[J].中国职业技术教育,2022(24):62-65.
[②] 安琦.国外高校教师评价制度与我国高校教师专业发展[J].黑龙江高教研究,2011(4):74.
[③] 张将星,王占军.美国高校教师绩效评价:主体、内容与方法[J].中国大学教学,2011(5):92.
[④] 毕鹤霞.高校教师学术职业角色扮演评价——基于评价的研究范式[J].现代教育管理,2013(9):76.

国际交流共4个社会服务的二级指标。[1]周春光等设立了知识技术应用和经济社会服务效益2项二级指标。知识技术应用重在考查知识技术的研发和转化能力，以及知识技术的应用领域。经济社会服务效益则以研究成果的经济效益和社会效益评价服务绩效。[2]

第二，校内和校外层面均为教师社会服务评价指标设计提供了思路。校内层面，部分学者模糊了教师参与社会服务工作的边界，认为校内服务性工作包括担任院系所的党政管理职务和承担其他公益性工作[3]，诸如校内党政、学生思政、班主任、本科生导师和学校公益性服务等方面的工作。[4]其实质上给教师带来了一些行政工作和教学压力，不符合高校社会服务职能范围。不过，教师通过自身力量吸引国内外的捐助捐赠可以算作比较重要的校内贡献，可以成为教师社会服务评价考核的指标之一。校外服务主要指教师参与社会层面的服务工作，且不能盲目进行。教师应该结合自身教学与科研工作，带着问题和项目深入服务。服务内容包括技术指导服务、成果推广与转化、政策与技术咨询、人员培训和挂职，各类科研评审、公益事业服务、社会演讲、在校外各协会或学术期刊中承担一定学术研究工作等。[5]为明确切实的社会服务成效，结合社会服务的根本内涵，可将教师挂职或兼职的机构限制为以学校为主办发起单位和理事单位的产学研联盟、产业联盟、协会、学会等。

2.高校教师社会服务评价指标体系构建

根据对社会服务评价指标体系的研究可知：第一，高校教师社会服务评价要符合院校类型与办学定位；第二，高校教师社会服务评价要与高校的人才培养目标相一致；第三，对教师进行社会服务评价时还需要考虑教师本人的意愿，从而达到促进教师发展与成长的效果。可基于上述研究结论，构建以自然科学为中心和人文社科为中心的教师社会服务评价指

---

[1] 马力,曹雨清.高职院校"双师型"教师立体评价研究[J].教育与职业,2022(4):94.
[2] 周春光,周慧敏,党耀国.基于组合赋权灰色关联模型的职业技术类高校教师绩效评价[J].数学的实践与认识,2020(6):307.
[3] 韩美贵.研究型大学教师绩效模糊综合评价探究[J].数学的实践与认识,2005(12):64.
[4] 蔺洪全,王国武.基于AHP的高校教师评价体系理论与实践[J].现代教育技术,2013(7):40.
[5] 王云儿,伍婵提.新建应用型本科教师评价指标探索[J].中国高等教育,2011(10):38.

标体系。

自然科学类包括技术创新成果应用、国内合作、决策咨询、社会培训、社会兼职、捐赠捐助以及服务成效7个业绩指标（见表7-1），并进行细化，要求教师从事社会服务工作时充分发挥自身优势，同时为科研教学和学校发展带来效益。

表7-1　高校教师社会服务评价指标体系（自然科学类）[①]

一级指标	二级指标	三级指标
技术创新成果应用	横向课题	到账经费量及价值贡献
	成果转化	到账经费量及价值贡献
	科技服务	到账经费量及价值贡献
	知识产权	已转化的专利（国际发明专利、欧美专利、国家发明专利、实用新型专利、外观设计专利、软件著作权登记）
		制定标准（国际新标准、国家新标准、行业新标准、地方新标准）
		新品种、新技术、新产品、新工艺推广应用
	科普	全国优秀科普作品
		省部级优秀科普作品
		工具书、科学数据（库）被使用频次
		出版科普作品或科普讲座在国家级平台展播
		科普讲座在省级平台展播
国内合作	校企合作	技术入股企业（以实际持股为准）
		签订实质性的技术合作、服务、咨询协议
	校地合作	参与落实学校校地合作协议的项目完成情况
		完成援派帮扶任务

[①] 主要参考西南大学、中国农业大学、江西师范大学等高校社会服务评价体系及国内外文献综述。

续表

一级指标	二级指标	三级指标
决策咨询	决策咨询报告刊发	全国社科工作办《成果要报》刊发的成果
		中央办公厅《每日专报》、国务院办公厅《信息专报》、中宣部全国社科工作办《国家高端智库报告》、全国教育科学规划办《教育成果要报》、教育部《高校智库专刊》、中国社会科学院《内部文稿》刊发的成果
		在省市级党委、政府研究室决策参考,省市级社联《智库成果专报》刊发的成果
	决策咨询规划设计受领导批示或采纳应用	被中共中央或国务院采纳,或获得正国级领导的肯定性批示(不含圈阅)且其主体内容进入国家决策的咨询报告或政策建议
		获得副国级领导的肯定性批示(不含圈阅)且其主体内容进入国家决策的咨询报告或政策建议
		被国家部委、省级政府采纳,或获得省部级现职正职领导的肯定性批示(不含圈阅)且其主体内容被采纳与应用的研究成果(须有正式采纳应用的部门出具的证明)
		获得省部级现职副职领导的肯定性批示(不含圈阅)且其主体内容被采纳与应用的研究成果(须有正式采纳应用的部门出具的证明)
		被市(厅)级政府部门采纳与应用的成果(须有正式采纳应用的部门出具的证明)
		被县级政府部门采纳与应用的成果(须有正式采纳应用的部门出具的证明)
社会培训	培训经费	到账经费量及培训成效
社会兼职	挂职服务	中央组织部选派挂职
		省委市委组织部选派挂职
		定点帮扶、对口支援挂职
		省市级科技特派员
	国家级社会机构	驻地在本校的新增或现有的常务理事单位
		驻地在校外的新增或现有的常务理事单位

续表

一级指标	二级指标	三级指标
	省部级社会机构	驻地在本校的新增或现有的常务理事单位
		驻地在校外的新增或现有的常务理事单位
捐赠捐助	海外资助（含港澳台）	为学校发展提供捐助、捐赠等的资助行为。以实际到校金额为准。非现金捐赠按实际价值折算为金额
	国内资助	
服务成效	获得荣誉	社会服务工作被中共中央、国务院授予荣誉或者通报表彰
		社会服务工作被国家部委、省委省政府授予荣誉或者通报表彰
		社会服务工作获得部委司局级、省厅级表彰
	获得报道	《人民日报》《光明日报》《中国教育报》专题宣传报道社会服务（专题报道是指3000字以上的报道）、中央电视台《新闻联播》正面报道的社会服务工作
		国家级主流网站、省级主要报刊专题宣传报道社会服务（1000字以上）、省级卫视《新闻联播》正面报道的社会服务工作

相比之下，人文社科类则有所不同，其一级指标包括科研创新成果应用、国内合作、决策咨询、社会培训、社会兼职、捐赠捐助、服务成效及文艺创作与体育竞赛。充分考虑教师的学科特点，淡化成果应用的考核，增加对教师参与文艺创作与体育竞赛的考核，关注教师在精神层面的服务与贡献（见表7-2）。

表7-2　高校教师社会服务评价指标体系（人文社科类）[①]

一级指标	二级指标	三级指标
科研创新成果应用	横向课题	到账经费量及价值贡献
	知识产权	制定标准（国际新标准和法规、国家新标准和法规、行业新标准和法规、地方新标准和法规）
	科普	工具书、科研数据（库）被使用频次
		出版科普作品或科普讲座在国家级平台展播
		科普讲座在省级平台展播
国内合作	校地合作	参与落实学校校地合作协议的项目完成情况
		完成援派帮扶任务
决策咨询	决策咨询报告刊发	全国社科工作办《成果要报》刊发的成果
		中央办公厅《每日专报》、国务院办公厅《信息专报》、中宣部全国社科工作办《国家高端智库报告》、全国教育科学规划办《教育成果要报》、教育部《高校智库专刊》、中国社会科学院《内部文稿》刊发的成果
		在省市级党委、政府研究室决策参考,省市级社联《智库成果专报》刊发的成果
	决策咨询规划设计受领导批示或采纳应用	被中共中央或国务院采纳,或获得正国级领导的肯定性批示（不含圈阅）且其主体内容进入国家决策的咨询报告或政策建议
		获得副国级领导的肯定性批示（不含圈阅）且其主体内容进入国家决策的咨询报告或政策建议
		被国家部委、省级政府采纳,或获得省部级现职正职领导的肯定性批示（不含圈阅）且其主体内容被采纳与应用的研究成果（须有正式采纳应用的部门出具的证明）
		获得省部级现职副职领导的肯定性批示（不含圈阅）且其主体内容被采纳与应用的研究成果（须有正式采纳应用的部门出具的证明）

---

① 主要参考西南大学、中国农业大学、江西师范大学等高校社会服务评价体系及国内外文献综述。

续表

一级指标	二级指标	三级指标
		被市(厅)级政府部门采纳与应用的成果(须有正式采纳应用的部门出具的证明)
		被县级政府部门采纳与应用的成果(须有正式采纳应用的部门出具的证明)
社会培训	培训经费	到账经费量及培训成效
社会兼职	挂职服务	中央组织部(国家级部门)选派
		省委组织部(省级部门)选派
	国家级社会机构	驻地在本校的新增或现有的常务理事单位
		驻地在校外的新增或现有的常务理事单位
	省部级社会机构	驻地在本校的新增或现有的常务理事单位
		驻地在校外的新增或现有的常务理事单位
捐赠捐助	海外资助（含港澳台）	为学校发展提供捐助、捐赠等的资助行为。以实际到校金额为准。非现金捐赠按实际价值折算为金额
	国内资助	
服务成效	媒体影响力	在全国或国际广播、电视、党报、党刊等媒体受邀专访
		在省级广播、电视、党报、党刊等媒体受邀专访
	获得荣誉	单位或团队社会服务工作被中共中央、国务院授予荣誉或者通报表彰
		单位或团队社会服务工作被国家部委、省委省政府授予荣誉或者通报表彰
		单位或团队年度社会服务工作获得部委司局级、省厅级表彰
	获得报道	《人民日报》《光明日报》《中国教育报》专题宣传报道社会服务(专题报道是指3000字以上的报道)、中央电视台《新闻联播》正面报道的社会服务工作
		国家级主流网站、省级主流报刊专题宣传报道社会服务(1000字以上)、省级卫视《新闻联播》正面报道的社会服务工作

续表

一级指标	二级指标	三级指标
文艺创作与体育竞赛		一类奖项与竞赛中一等奖(金奖、冠军)
		一类奖项与竞赛中二等奖(银奖、亚军);一类奖项与竞赛不分等级的按二等奖计算工作量
		一类奖项与竞赛中三等奖(铜奖、季军);一类奖项中获得入围、入选、提名、优秀奖等的文艺创作和一类竞赛中进入前八名的体育项目;二类奖项与二类体育竞赛中一等奖(金奖、冠军);在《人民文学》《中国作家》《当代》《十月》《收获》《诗刊》上发表的文学作品;国家一级博物馆、国家重点美术馆收藏的作品;中国美术个人画展;国家大剧院个人专场演出
		二类奖项与竞赛中二等奖(银奖、亚军),二类奖项和竞赛不分等级的按二等奖计算工作量;中央电视台首次播出的大型专题类节目和公益类节目
		二类奖项与体育竞赛中三等奖(铜奖、季军)
		二类奖项中获得入围、入选、提名、优秀奖等的文艺创作,二类竞赛中进入前八名的体育项目;三类竞赛中进入前八名的集体项目,进入前三名的个人项目;三类奖项中获奖的文艺创作(不包括入围、入选、提名、优秀奖等);被《小说选刊》《小说月报》《中篇小说选刊》转载的文学作品;中国教育电视台首次播出的科教作品
		三类奖项中获得入围、入选、提名、优秀奖等的文艺创作;三类竞赛中四至八名的个人项目;中共重庆市委宣传部"五个一工程"奖;四类奖项中获奖的文艺创作(不包括入围、入选、提名、优秀奖等);四类竞赛中取得决赛前三名的体育项目;省级博物馆、美术馆收藏的作品;省级电视台首次播出的大型专题类节目
		四类奖项中获得入围、入选、提名、优秀奖等的文艺创作;四类竞赛中四至八名的个人项目;经正式出版或发表的文艺创作;体育类教学光盘;个人唱片集
		五类奖项中获奖(不包括入围、入选、提名、优秀奖等)的文艺创作;五类竞赛中取得决赛前三名的体育项目;省文联委托的文艺创作项目

三、高校教师社会服务评价的组织实施

在评估实践过程中,高校应当深入分析学校历史、办学现状和发展前景,锚定特色鲜明的社会服务定位,以学科建设为龙头,建立分层分类发展机制和特色发展引导机制,对接国家战略与地方发展需求,在特色领域实现关键突破,有力彰显大学的责任担当。具体组织实施上从明确评价主体、细化评价内容、选取评价方法以及完善评价制度等方面,对社会服务评估体系进行有效整合,考虑体系结构的基本特征和实施路径。从落实责任、加强专业化建设、营造良好氛围三个切入点就教师社会服务评价的主体、内容、方法与制度进行探讨,推进高校的社会服务评价实践。

(一)明确高校教师社会服务评价主体

在进行高校教师社会服务评价时,明确评价的主体至关重要。客观公正的评价,离不开多元化的评价主体。不同的评价主体从自身出发,能够在问题分析中贡献不同的视角和思维。高校教师社会服务评价应当采取校内和校外相结合的原则,校内评价分别由主管科研、对外合作以及人事的社会科学处、科学技术处、国内合作处及人力资源部进行。校外评价则应重视与教育主管部门、第三方机构和新闻媒体的合作。

1.校内评价主体

校内评价主体的主要任务是统筹和协调教师社会服务工作,对教师提供的证明材料进行审核,并根据评价体系对教师社会服务行为进行量化、评分和统计。[1]社会科学处和科学技术处分别承担人文社科类、自然科学类教师的技术创新成果应用,以及决策咨询的刊发情况统计;国内合作处主要负责审核整理教师促成的国内合作、社会培训,以及为学校争取到的国内外捐赠资料和数据;人力资源部主要负责记录和更新教师的社会兼职情况。

---

[1] 王启田,崔维群,王有增.高职院校教师社会服务能力评价体系构建研究[J].职业教育(下旬刊),2015(5):32.

2.校外评价主体

(1)教育主管部门。教育主管部门对高校的社会服务活动承担着制度设计、规定方向、直接领导、管理与监督的责任,其对高校的社会服务项目是否完成、是否达到预期目标等情况的基本判断,成为教师社会服务评价的重要参考。(2)第三方机构。第三方机构评价已成为教育评价的主流模式,具有典型的"独立性、公正性和专业性",可以避免主观评价。另外,第三方评价机构往往具备专业的评价人才和技术,以及能够显著提高评价科学化水平的专业理论基础和工具。所以,在教师社会服务评价中,可以采取合作方式,邀请机构参与设计指标体系、设置观测点,增强评价结果的操作性和权威性。(3)新闻媒体。新闻媒体的报道被看作是一种教师社会服务质量的外部反馈,可以侧面展示出某项目或教师本身在社会服务中的作用。

(二)细化高校教师社会服务评价内容

细化高校教师社会服务评价内容是评价落实的前提。高校一般将纳入评价视野的教师社会服务分为自然科学类和人文社科类。其中,技术创新成果应用、国内合作、决策咨询、社会培训、社会兼职、捐赠捐助以及服务成效这七个板块为共同考察内容,具体指标观测点有所不同。另外,人文社科类增设了文艺创作与体育竞赛的内容,充分体现出不同学科教师参与社会服务的功能定位。

1.自然科学类

(1)技术创新成果应用。其中,横向课题、成果转化与科技服务以到账经费为依据,以到账经费量作为主要指标内容,纳入计分范围的横向课题应当结项或通过验收,多个横向课题经费可累积;知识产权的基本要求是能够带来实际社会收益。专利转化需要提供有效转化证明,制定标准参与人员奖励在相应级别中按排名顺序50%递减,最低按10%计算工作量;科普作品包括国家级、省部级获奖作品,或能够在各省及以上平台展播的具备知识普及意义的作品。

（2）国内合作。国内合作指校企合作与校地合作，技术入股企业中的股份现金价值以办理工商变更时股份的协议价值为准；校地合作除了与当地政府的合作外，还包括以援派帮扶的方式对偏远地区实施帮扶工作。

（3）决策咨询。决策咨询包括刊发和采纳等情况，智库决策须提供有效采纳证明。

（4）社会培训。社会培训以到账金额为计分标准。

（5）社会兼职。社会兼职涉及的机构必须是以学校为主办发起单位和理事单位的产学研联盟、产业联盟、协会、学会等。

（6）捐赠捐助。捐赠捐助指利用学校及学校师生的社会关系为学校发展提供捐赠、捐助等的资助行为，以实际到校金额为准，非现金捐赠按实际价值折算为金额。

（7）服务成效。教师所承担的社会服务工作还需要一个校外的反馈，这一点可通过新闻媒体的报道情况和获各级政府表彰情况来反映，作为教师社会服务能力的间接证明。

2.人文社科类

出于学科定位的不同，人文社科类教师社会服务评价的科研创新成果占比较小，在国内合作方面不对校企合作进行考核，重点关注校地合作情况。此外，人文社科类更加重视外界评价，在服务成效指标下增加了媒体影响力。在全国或国际广播、电视、党报、党刊等媒体受邀专访或者在省级广播、电视、党报、党刊等媒体受邀专访，能充分体现教师在社会服务过程中的重要性和核心贡献。而作为学校文艺与体育竞技发展的中坚力量，组织带领学生进行文学创作、文艺表演以及参加各类体育赛事并获奖也成为人文社科类教师社会服务活动的重要板块。教师的此类社会服务不仅能够为学校带来荣誉，还能促进学生全面成长、实现高校育人价值。

（三）选取高校教师社会服务评价方法

从评价指标体系的构建到评价结果分析再到评价结果的反馈，每个环节都对高校教师的社会服务热情程度以及社会服务能力提升起到重要作用。因此,要关注每个环节,选取恰当的定性、定量以及综合评价的方法,增强评价结果的合理性、实施的有效性以及反馈的及时性。对此,整个评价过程可以采用德尔菲法、主成分分析法、模糊综合评价方法及360度反馈评估法等方法。

1. 评价指标体系构建

在评价指标体系构建中,德尔菲法是较为通用的方法。

德尔菲法又被称作专家评估法,主要通过获取专家知识来评估研究问题,并根据众多专家的智慧和经验进行分析和预测。首先,将高校教师社会服务评价的指标设计为定性排序的《指标体系权重专家调查表》。其次,进行专家选聘,调查专家组成员的选取应满足鲜明的代表性、权威性和公正性条件。再次,向专家发放《高校教师社会服务测评指标重要性排序的调查表》,并回收匿名填写结果及专家依据自身已有的知识经验,独立形成的关于测评指标集的重要性排序意见。然后,分几轮进行评估,直到达到预期的收敛效果,并汇总征询与调查反馈意见,形成初步的测量指标"典型排序"结果。最后,基于德尔菲法进行专家意见集成,采用最优方案排序法,将每个方案得到的不同名次相加并排序,总名次最低的方案就是综合最佳方案。另外,指标体系构建中还需要用到主成分分析法,指利用降维思想研究指标之间的关联性,最终得出彼此不相关的、简化的且能包含原有指标85%以上信息的指标结构的多元统计方法。先对指标进行标准化处理,再利用SPSS软件进行主成分分析,除去没有明显分异作用的或相互间存在明显的线性相关关系的指标,从而选出相对重要且相互独立的综合指标来进行教师社会服务评价。

2. 评价结果分析

在评价结果分析中,可以采用模糊综合评价法。模糊综合评价法是一种基于模糊集合理论的多因素决策方法,能够对事物进行全面客观的评价。模糊综合评价借助模糊集合概念对问题的模糊性进行量化界定并利用数学方法分析处理,从而确保其有效性。该方法不仅可以按照综合分值对评价对象排序,还可以依据最大隶属度原则为评价对象划分等级。适用于高校教师社会服务评价结果的数据分析,能通过技术手段为评价结果设定等级,为评价结果的运用提供数据参考。

3. 评价结果反馈

在对评价结果进行反馈时,可以利用360度反馈评估法的思想。自20世纪90年代开始,在西方跨国公司中非常流行一种全方位测评组织和员工能力发展的方法——360度反馈评估法。不同于传统绩效评价中上级主管自上而下评定下属的方法,运用360度反馈评估法,评价者可以是其他与之接触的人员,如同事、下属、客户等,同时也包括自己。将该方法运用于高校教师社会服务评价结果的反馈中,主要借鉴其多角度评价的思想,制定反馈评价的标准。从教师参与社会服务工作的实际情况出发,制定绝对、相对和客观的标准。绝对标准是指教师自身社会服务工作的行为特质标准,相对标准是指教师之间的绩效表现排名,客观标准是指既定的教师社会服务评价指标。由此,人力资源部对评价结果进行再处理,从而面谈反馈给参评教师,有针对性地展示其社会服务评价结果,以使服务成果丰富的教师戒骄戒躁,使服务成果欠缺的教师保持自信,继续努力。

(四)完善高校教师社会服务评价制度

落实高校在社会服务活动中的组织和管理、对参与主体的评价以及评价结果的运用需要对教师社会服务评价的组织制度进行完善。组织制度是组织内部有关组织的组成规则和各种内部章程,并能决定组织本身的社会效益和经济绩效。[1]为科学合理地评价教师社会服务的成效,激励教师投入国家建设和应用实践研究,破除"五唯"顽瘴痼疾,应当从制度逻辑、组织要素和组织治理三个维度完善高校教师社会服务评价的组织制度建设。

---

[1] 袁庆明.制度含义刍议[J].南京社会科学,2000(11):9.

1. 以评价体系融合制度逻辑,明确社会服务责任体系和实施路径

在高校教师评价制度内存在着三种逻辑,即政府逻辑、市场逻辑和学术逻辑[①],遵循不同的制度逻辑,必然会有不同的制度实践活动。在教师社会服务评价过程中实现内部制度逻辑之间的契合性与协同性,需要坚持"党管人才"大原则,实施依法治"评"。须依据国家政策文件,结合实际制定清晰的教师社会服务评价规则,提升制度规则执行力。同时,应寻求政府逻辑、市场逻辑与学术逻辑中的共通之处,崇尚学术民主,反对"门户"偏见、"学阀"作风和"圈子"文化。应在开放平等的社会服务资源平台基础上健全失信行为记录和惩戒制度,营造求真务实、鼓励创新、宽容失败的评价环境。

根据社会服务责任体系内容,教师可以列出一定时间段内将要开展的社会服务活动的任务表,并根据自身职位和能力做出相应承诺,类似签订"履职责任书",将社会服务融入教学、科研活动中;二级教学科研单位全面监管院系活动,制定合理的奖励体系,在人事任命和晋升方面考虑候选人的社会服务表现;国内合作处全面统筹,在人事改革、预算资源和考核评价过程中增加参与社会服务的权重;校长提出在全校范围内推进社会服务的发展蓝图和规划,积极联络各种资源,加强校内外联系。具体实施路径包括:在大学使命或院系使命的阐述中增加对社会服务活动的描述,增强高校各个层面对社会服务活动的理解与共识;在院系层面出台鼓励教师参与社会服务的倾斜政策,树立社会服务活动先进个人的榜样形象,并加大先进个人与典型事迹的宣传与推广;设立专门基金用于支持教师参与社会服务活动,并简化社会服务活动经费审批流程,鼓励教师积极拓展新型社会服务活动。[②]

[①] 郦解放,陈衍泰,池仁勇.高校科技人才评价:组织场域视角的治理路径[J].中国高校科技,2023(Z1):33.
[②] 臧玲玲.如何激励和支持教师参与社会服务——美国密歇根州立大学的经验及启示[J].教育发展研究,2017(19):80.

2.健全完善组织评价运行机制,发挥社会服务评价机制联动功效

高校教师专业评价机制包含为实现评价功能、推进教师专业发展战略、发挥教师专业价值的各评价要素,是其持续联动的运行系统。要素不全以及要素之间联动的错位将导致机制要素的功能失灵,如评价主体"不够多元"、评价标准"不够科学",不同的职能部门负责不同的人才项目,导致出现多头评价、重复评价以及评价过程中评价专家的主观性片面化等现象。

客观来看,机制要素失灵是因为教师社会服务评价主体所涉及的学科领域非常广泛,评价标准见仁见智而非行业通用,专门评价方法相对缺少;主观来看,教师社会服务评价结果"异化",偏离了评价的初心和目标。追求评价机制运行的效率最优、效益最大和效果最满意,必须强化评价要素之间的联动,确保评价"程序合规、结果合理;评得了、用得上"。应发挥评价机制的应有功能,克服形式主义和为评价而评价的痼疾,摆正行政权力、学术成绩和社会服务之间的关系,完善教师评价过程的监督和反馈机制,增强评价结果的公平性和有效性。因此,高校一方面要积极响应国家倡导的专业论证和国际同行评估,主动对接国际教学质量标准,邀请国际国内同行评估。落实评价主体多元化,坚持"管、办、评"分离,与独立性强、业务水平高、社会声誉好的第三方机构积极展开合作,实现高校—政府—社会良性互动的评估环境。[①]另一方面,高校要不断更新教师社会服务评价体系,根据不同学科领域、发展阶段、岗位特点和承担任务,形成社会服务梯度教师培育链。建立健全社会服务奖励激励机制,为鼓励教师积极投身社会服务提供制度保证。[②]组织激励主要分为两方面,一是提供正向物质激励,对环境艰苦、执行难度较大的社会服务活动予以一定的经济支持,对社会服务工作完成较好的教师在职称评定和评奖评优环节给予一定加分或提高其优先级。二是保证组织激励的弹性空间,设置任务多选项,给教师划定社会服务工作的范围,设计多个并列任务,教师可以

---

① 俞建勇.新时代高校社会服务评价:内涵取向与改进构想[J].上海教育评估研究,2022(5):48.
② 王启田,崔维群,王有增.高职院校教师社会服务能力评价体系构建研究[J].职业教育(下旬刊),2015(5):34.

根据自身倾向选择任务类型,这样既能让教师在参与社会服务工作中游刃有余,又能形成持久产出和良好评价的良性循环。

3.组织治理推行数字化流程再造,提升高校教师社会服务评价的效能

教师社会服务评价管理的行政运行低效表现在管理机制的低效率和资源耗用的高成本两方面。[①]因此,高校需要通过工作流程、方法和工具等的改革创新,以"善治"提升教师社会服务评价的效率和效益等。同时,教师社会服务评价应当引入数字化工具优化组织工作流程,搭建"互联网+教师社会服务评价管理"平台,逐步构建教师社会服务评价管理体系和"分类+分层"的人才数据资源库。发挥数字化工具在组织工作中的作用,提升评价效率。此外,数字化平台能够便捷地收集教师的服务时长、内容等信息,大大节省各类纸质材料和证明的流转程序与使用成本。如能据此开发并推广高校教师社会服务评价工作平台,即可化整为零,在日常社会服务工作发生的同时及时登载和统计。学校负责考评的部门同样能利用该平台,节省时间和人力,提升评价工作的效能。[②]

(五)高校教师社会服务评价案例分析

为做好师资队伍建设工作,更好地服务高校"双一流"建设,各高校应积极开展各类教师评价工作,强化教师评价结果在人事管理和人力资源开发工作中的综合运用,统筹推进教师和高校事业共同发展。针对我国高校教师社会服务评价的主体单一、制度不完善、功利化取向等问题,西南大学通过改革教师社会服务评价体系,以评促改、以评促教、以评促建、以评促强。

---

① 郦解放,陈衍泰,池仁勇.高校科技人才评价:组织场域视角的治理路径[J].中国高校科技,2023(Z1):34.
② 王津.职业院校社会服务能力评价体系探究[J].对外经贸,2022(9):139.

1. 评价原则

(1)多元主体参与。西南大学社会服务评价工作由国内合作处牵头制定工作方案,与社会科学处、科学技术处及人力资源部共同合作设计教师社会服务评价指标,并向相关部门和人员征集意见,充分发挥被评教师及校内学生的作用。通过多元主体参与来促进评价的客观公正。

(2)尊重差异。西南大学在内容上设计了自然科学类和人文社科类两类社会服务评价指标体系,又在评分权重上考虑了学科特性与专业发展需求,在艺体类学院增加文艺创作与体育竞赛维度的评分权重,增强评价工作的适应性。

(3)促进发展。西南大学坚持评价促发展的原则导向,向每位参评教师反馈评价结果与综合性考察意见,并提出发展性建议。通过评价促进教师专业发展,最终提升高等教育质量。

2. 评价程序

西南大学教师社会服务评价采用个人申报、组织认定的方式开展。每年开展一次认定工作,具体评价工作程序包括制定方案、发布公告、个人申报、学院认定、学校审定、结果公示和结果运用几个部分。

一是制定方案。西南大学依据国家教师评价导向及院校发展方向,制定教师社会服务评价方案。并依托《西南大学研究项目与成果分类分级办法(试行)》等各类工作方案,细化评价体系与工作细则。

二是发布公告。西南大学国内合作处按照社会服务评价工作方案,把握社会服务评价的政治方向,发布相关工作通知,动员各二级学院积极参与。

三是个人申报。西南大学利用数字化工作平台简化教师社会服务成果申报与评价流程,同时确保申报工作的严谨性。这一阶段,教师根据通知要求,在数字平台填写《个人社会服务成果表》,并向学院提交纸质证明材料。

四是学院认定。学院切实履行社会服务评价工作的主体责任,统筹开展社会服务评价工作。对评审小组及相关责任人采取回避制度,以促进评价结果的公平性;同时进行评价工作培训,以促进评价过程的准确性和有效性。

五是学校审定。西南大学学校层面组织专家小组认真复核二级学院社会服务评价结果,并按学校相关规定进行评价,继而形成综合性考察意见,并提出发展性建议,随后将学校最终认定结果及时反馈给学院评审小组。

六是结果公示。西南大学秉承公平、公正、公开的基本原则,对已经逐级通过社会服务评价的申请人,在相应二级单位网站进行全程公示,公示时间一般不少于5个工作日。结果公示期间,若有人对评价结果持有异议,可在公示期内通过电话或电子邮箱等方式向相关负责人进行实名反映。公示期结束后将评价结果报给人力资源部。

七是结果运用。一方面,西南大学坚持评价引领,制定合理的奖励体系,在人事任命和晋升方面考虑候选人的社会服务表现,以激励教师深度参与社会服务。另一方面,西南大学秉承融合考核理念,鼓励教师将社会服务与教学、科研有机衔接,促进高校各职能的共生共享、共创共赢。

3.评价实施成效

基于教师社会服务评价,西南大学在师资队伍提质增能、社会服务成果产出与落地等方面均取得了较好的成效。师资队伍提质增能主要体现在教师社会服务意识、服务能力、协同育人三方面;教师社会服务成果产出与落地主要体现在服务领域扩大化、服务对象精准化、服务成果落地化三方面。

(1)师资队伍提质增能。

一是提高教师社会服务意识,树立"高度思维、广度合作、深度服务"的工作理念。我国高校教师职称评定体系中没有明确规定高校教师应该承担什么样的社会责任[1],导致教师对社会服务的认可度或者说重视不足。调查显示,大部分教师认为其首要工作任务是"教书育人",认为是"科学研究"的有8.2%,认为是"社会服务"的比例相当低。在实际工作中,

---

[1] 安琦.国外高校教师评价制度与我国高校教师专业发展[J].黑龙江高教研究,2011(4):77.

大部分高校教师主要精力投入在教学,少部分主要投入在科研,而将主要精力放在社会服务和其他领域的比例极低。①为充分发挥高校教师职称评定制度的作用,将教师社会服务情况作为业绩评定考核标准之一。落实高校教师考核评价中的社会服务层面,科学制定并细化相应指标,督促和促进高校教师深度参与社会服务,从而加深认知,增强教师对社会服务的重视度和认可度。②

二是提升教师社会服务能力,加强新型高端智库建设。高校教师专业发展具备较强的社会性特质,其专业发展要通过学术性和社会性的交融来实现。学术性与社会性互为包含关系,学术性的根在社会,社会提供学术动力与学术资源。③根据社会需求培育教师社会服务能力,以高水平的社会服务人才队伍反哺国家发展。在资政建言层面,围绕脱贫攻坚、乡村振兴、长江经济带等国家战略和地方重大需求,组建了乡村振兴战略研究院、精准扶贫与区域发展评估研究中心、乡村发展规划设计院等新型智库和咨询服务平台。为政府机构和企事业单位提供高水平的决策咨询服务和智力支持,年累计完成规划报告、设计方案、咨询报告、决策建议数百份。在社会服务成果转化层面,成立产业技术研究院,加强大学科技园建设,转移转化多项科技成果。

三是教师社会服务意识深度融入教学育人,提升社会人才培训效益,协同育人。回应社会经济发展需要,紧扣中国经济转型升级的人才需求趋势和国家发展战略的需求层次,鼓励教师将社会服务意蕴价值融入实际教学,培育有社会责任感和服务意识的本科生和研究生。④当前,高等教育的职前教育需求凸显,为快速适应岗位需要,学生的分析与解决实际问题的能力已经成为其就读的核心诉求。教师通过深度参与社会服务来进行此类知识积累,从而丰富和深化课堂教学,以更好地推动学生应用知识与应用能力的培养。与此同时,充分发挥教育培训优势,努力适应培训政策和环境的新变化新要求,主动对接社会人才培训需求。目前已累计培训数万人次,承担各级各类"国培计划"项目,培训学员众多,相关培训

---

① 毕鹤霞. 高校教师学术职业角色扮演评价——基于评价的研究范式[J]. 现代教育管理,2013(9):75.
② 张杰. 贵州省应用型高校社会服务的困境及优化路径[J]. 铜仁学院学报,2018(12):34.
③ 耿加进. 学术性与社会性交融:大学教师专业发展路向发微[J]. 黑龙江高教研究,2017(4):130.
④ 付八军. 论应用型大学师资队伍建设的内生模式[J]. 浙江社会科学,2017(6):84-88.

案例入选中国教育学会优秀教育培训案例库、中国高校远程与继续教育优秀案例库,编写出版《乡村学校校本研修模式创新与实践》等专著。有效整合培训资源,发挥教师社会服务积极性,显著提升了学校继续教育办学的社会影响力。

(2)促进教师社会服务成果产出与落地。

一是服务领域扩大化,优化合作网络规模与结构。社会服务评价离不开成果导向。以平台和团队为依托,开展有组织的集团式社会服务,优化国内合作网络布局,促进教师社会服务领域在地域横向拓展,行业纵深延展。在"高度思维、广度合作、深度服务"的工作理念指导下,立足教师教育与农业科技两大办学特色和优势,西南大学教师社会服务围绕服务乡村振兴、成渝地区双城经济圈建设等重大战略,校地合作与校企合作并重,着力深化与西部地区合作,有序拓展与东部发达地区合作,新增地方战略合作多个,与多家大中型企业达成产学研合作。在巩固深化教育和农业合作的基础上,合作领域逐步向生物医药、生态环保、新能源新材料、机械电子、信息技术、文化旅游产业延伸。

二是服务对象精准化,定点帮扶对口支援提质增效。社会服务评价离不开需求导向。准确把握国家和地方发展的新形势、新要求,明确合作方向、形成合作共识,提高社会服务的针对性和实效性。对口帮扶重庆市忠县、石柱、丰都、巫溪,定点扶贫云南昌宁县和对口支援新疆和田师范专科学校、贵州工程应用技术学院、滇西科技师范学院、西昌民族幼儿师范高等专科学校、伊犁师范大学成效显著。学校积极投入和引进帮扶资金,开展消费扶贫、组织师生捐款捐物;选派挂职扶贫干部、科技特派员,帮助培训基层干部、技术人员和一般农户;共建科技示范基地和实习实训基地,实施科技帮扶项目;向受援高校派出管理干部和支教师生,定向培养博士、硕士研究生,培训教师,资助和合作申报科研项目,全方位实施援助和帮扶。

三是服务成果落地化,走好社会服务的最后一公里。社会服务评价不能忽视后续成效。注重对社会服务项目的过程管理和实施效果评价,强调校地、校企、校校合作成果转化和合作关系的长期稳定有序发展。在成果转化方面,以评促建,以评促强。建立健全科技成果转移转化体系,增强技术转移转化能力。在动植物品种选育、农业生物技术、智慧教育、智慧农业、生物医药与大健康等领域转化应用一批重要技术成果。在合作关系长期稳定方面,《西南大学国内合作管理办法(试行)》等管理办法和制度规定以国内合作处加强对社会服务工作的统筹管理,促进社会服务工作规范、科学、有序开展,为教师社会服务成果转化和落地提供制度保障和组织支持。

西南大学社会服务工作以教师为核心,积极构建教师社会服务评价体系。以服务国家战略和区域发展为导向,通过组织制度改革创新破题,持续加强了自身的科技支撑作用,明显提升了资政建言水平和人才支持力度。在实现学校师资队伍提质增能的同时,稳步拓展国内的合作区域,凸显了对口帮扶成效,社会服务影响日益增强。在高质量服务乡村振兴、成渝地区双城经济圈建设、重庆"一区两群"协调发展、定点帮扶与对口支援等方面取得了新成效,形成一批具有西南大学特色的社会服务重要成果和典型案例,成为助推重庆及西部地区经济社会高质量发展的重要思想库、创新源、人才泵。

第八章

高校教师多元评价改革的发展走向

高校教师多元评价经过诸多理论研究和案例分析,在改革的历史道路中沉淀出很多有益的改革经验,评价模型包括以多元共治为主导的美国高校教师评价、以高度自治著称的英国高校教师评价、以学习先进为导向的日本高校教师评价。纵观高校教师多元评价的研究脉络,在国内外主要呈现出对高校教师本体的评价、对高校教师教学的评价、对高校教师学术的评价和对高校教师的绩效评价等多维领域。其实,高校教师在多元评价的发展道路上也面临着多元评价主体制约、绩效物化、政策波动等现实境遇,因此,在高校教师评价制度发展中存在各种阻力和问题。当然,我们的研究是指向善治和未来发展的,坚持问题导向、目标导向、创新导向,从学术研究和实践操作领域为高校教师多元评价建立理性空间。

一、高校教师多元评价改革的研究进展

高校教师的评价历来是高校管理者、高等教育研究者、政府教育行政部门,乃至其他学科专家学者们所关注的研究问题和研究对象。改革开放后,以高校教师评价为研究对象,以教师本职工作教学为切入点,便不断地从工作量评价、科研贡献量评价、教学质量评价等方面开展十分多样化的探究。伴随着改革的深入,国内学者对高校教师评价问题进行了长期探讨,研究重点大致可以分为高校教师评价本体论、高校教师科研评价、高校教师教学评价、高校教师绩效评价等维度。

（一）高校教师评价的研究

我国对高校教师评价本体论的研究最早可以追溯到20世纪末，陈家颐（1996）从教师角色意识对高校教师评价进行了初探。随后，学界从评价本体、评价的目的、评价的方法进行了更加细致的探究。

1.高校教师评价本体论、目标和体系探析

朱志良（2006）认为，中国高校教师管理及评价体系需要借鉴国外高校教师评价制度的经验和理论，并从中国高校人事制度改革发展的特点和实际，提出了对如何构建符合中国高校特点的教师评价体系的思考和建议。杨长青（2006）对高校教师评价体系中存在的信息不对称问题进行研究，揭示了高校教师评价过程中存在的逆向选择和道德风险，指出不对称风险的产生源自高校教师专业服务的复杂性和评价结果的不确定性，通过委托代理理论框架，进一步确认原因是校方与教师之间存在信息分布不对称和偏好取向的不同，指出未来高校教师评价体系发展的关键是要设计一种激励机制来实现有效的信号传递、信息甄别，推动激励相容和声誉约束机制的建立。吕延勤（2009）基于我国高校教师评价体系面临的现实境遇指出其存在五方面的缺陷：第一评价指标体系缺乏差异性，第二评价指标体系不全面，第三评价标准不科学，第四评价指标体系导向有偏差，第五评价方式不合理等。周玉容等（2015）从成本约束的视角剖析了大学教师评价的效能，从成本总量与成本配置的角度来分析评价成本对评价效能的约束问题，指出目前的大学教师评价体现出低成本、低效能的特征。主要体现为成本意识错位且模糊了评价目标；成本总量不足并限制了评价能力；成本配置失调影响了评价过程的合理性；隐性成本消解了部分评价效果。若要提高评价效能，需要加大评价成本投入、运用成本—效能分析法来合理配置成本并加强对隐性成本的管理。吕黎江等（2021）将全球高校教师评价制度发展基本态势，延展到我国高校教师评价制度改革，指出要坚定评价导向，推动教师回归育人本分与学术理想；端正评价目的，营造利于教师发展的学术生态；优化评价内容，突出质量贡献与使命担当；尊重评价主体，强化学术场域的自主性。

2. 高校教师评价的目的研究

无论何种评价都离不开评价的目的问题。高校教师评价的目的究竟为何,历来都是学者们争论的焦点。与此同时,在高校教师评价实践中也一直存在两种不同的声音,即高校教师评价到底是为了教师的专业发展,还是作为一种奖惩教师的手段,这两种目的对应的便是发展性评价和奖惩性评价。沈红(2012)认为理想的大学教师评价应该强调这一职业的三个特性,但是,现实中大学教师评价存在许多错位现象。大学教师评价应当坚持以学术为中心、以发展为本和以人为本。大学教师评价须厘清两大理论基点:"学术>科研""发展>发表"。大学教师评价要以学生为本,坚持多元主体参与的原则。对大学教师进行评价,其目的是促进教师个体的发展、学科学术的发展、"三合一"大学组织的发展。齐晓东(2005)认为高校教师评价的目的是规范、激励教师的工作行为和工作热情,促进教师的发展。

张素玲(2005)和丛春秋(2020)等都基于当时教师评价存在的问题,来指明教师评价的目的。张素玲指出教师评价既是教师任用的基础,也是奖惩的基础,更成为促进教师专业成长的一个重要途径。作者基于问题导向指出评价目的和方式,指出教师评价过程中存在无法帮助教师提高自己的成绩,忽略了教师个性发展,教师对评价标准、评价方法的发言权不大,评价者对评估的投入时间不足,也未得到很好的培训等问题。基于以上问题提出教师评价应该围绕以下几点开展:第一,评价主体多元化;第二,评价具体方法多样化;第三,评价内容既全面又有针对性;第四,评价过程长期性和动态化;第五,评价信息反馈合理化。丛春秋认为中国高等学校总体上陷入发展焦虑,这一焦虑还表现在大学治理过程。教师评价是高校增强发展内驱力的一项重要管理内容与政策机制,已经成为高校管理制度建设和改革中的一个热点课题。如何打破焦虑和茫然的发展窘境,克服功利主义倾向,调和坚守和变革精神底色,正是高校在教师评价机制改革的进程中,必须正视并回答的问题。目前,迫切需要探索建构适应新时代我国高等教育发展特征与需求的教师评价机制。

3.高校教师评价方法的研究

高校教师评价方法的研究也是教师评价领域的热点问题,诸如奖惩性教师评价、发展性教师评价、绩效考评法、末位淘汰制、档案袋评价法等都是高校教师评价行为中出现过并且在不断更新的内容。周光礼(2022)站在宏观与微观的角度对高校教师评价方法论做出与时俱进的研判,他认为大学教师评价有两个层次,一是有形学院的绩效评价,二是无形学院的同行评价。有形学院的评价主要是对教学和人才培养的评价,重视绩效评价,实行科层式治理;无形学院的评价主要集中在研究和学术产出方面,重视同行评价,推行学术自治。破"五唯"立新标应立足于学术系统的底层逻辑,并从高校入手,从学科等维度改革大学教师评价体系。院校维度评价改革必须以立德树人效果为评价大学教师的根本准则,学科维度的评价改革,有必要建立前沿突破论英雄的杰出人才培育新标准。于剑等(2020)从发展性评价、宋旭红等(2021)从代表作评价、于青青等(2020)从档案袋评价的评价方法阐释了我国高校教师评价的不同类型。于剑等基于契约理论,从发展性教师评价的视角,将我国高校教师评价机制分为基于"不完全契约"理论的教师职业终身制度和基于"完全契约"理论的教师激励机制两个方面。发展性教师评价机制,其根本含义在于教师、学生与学校一起成长,其实质是设计"均衡"的激励机制。建构发展性评价机制,以设计激励均衡的评价机制为核心内容,建立全过程的分类评价体系,这是根本,构建全员全程的职业发展平台为着力点。宋旭红等认为建立并推广对大学教师代表性成果进行科学高效的评价,对实施创新驱动发展国家战略,建设优良学术人文环境,解决当前大学教师评价中的实际问题,有着十分重要的意义。在分析代表性研究成果评价实践中面临的困境及其成因的基础上,提出了"以需求为导向"的改革思路和具体路径。在评价范围、评价模式、评价标准等方面,对评价主体进行全方位的概括,对代表性成果评价制度设计进行考察与思考,不仅是这种制度设计由探索到成熟,再到完善的客观要求,更是回归制度设计的初衷与内核、利用制度优势、增强制度效能等实际需求的体现。于青青等结合北京大学教学档案袋建设的理念和方法,着重讨论了如何运用教学档案袋,为教师和学生提供过程性支持和以数据为基础的辅导,建构线上与线下结合的综合教师教学发展体系,以促进高校教师教学开发工作专业化、整合性地开展。

4.国外高校教师评价的研究

国外高校教师评价的研究相对集中在美国、英国、德国等以国别为单位的研究,同时,也有以某一个国家的某一高校作为研究案例进行的探究。姚琳等(2022)认为20世纪80年代以来,美国研究型大学遵循分类评价和自主评价的价值取向,重视学院学术文化的建设,树立注重学术精神的专业规范等,取得各级各类教师组织支持,建构了国家教师评价体系,为人性化教师评价的推行提供了强有力的支持,逐渐摸索了一套人性化教师评价策略,切实推动了教师的专业发展。这些经验对推进我国高校教师评价体制改革具有重要借鉴意义。在实践上,美国研究型大学主要采取发展性评价和奖惩的方式,结合本校的发展目标与学科特点,建立差异化的评价标准,实施多元主体共同参与治理的评价模式,使教师掌握互动评价的过程话语权,结合评价结果,提供针对性帮助,走分类评价和自主评价的道路。胡娟等(2021)分析了法国、德国、美国三国典型大学教师聘任和评价制度,关于大学教师准入,法国实行"标准化"制度,德国和美国实行"高门槛"制度;在职后评价领域,3个国家均采用了"弱激励"机制。三种制度均有一定缺陷,但其对我国完善高校教师聘任与评价制度具有借鉴意义。运用制度经济学理论对"标准化""高门槛"两种筛选体系和"强激励""弱激励"两种激励机制的不同组合方式进行分析,研究发现,"高门槛"和"弱激励"相结合的大学教师聘任评价制度,更加契合学术职业的实质要求,更加符合制度设计中的理性规则。"强激励"比"弱激励"更能促进学术事业发展,"强激励"可以降低学术成本,提高科研效率,实现社会公平。"高门槛"能够较好地选择有志于并适合学术职业者,使得教师队伍整体上维持在一个比较高的水平上,"弱激励"可减少"学术内卷",激发学术的活力和创造力,两者相结合,有助于确保教师队伍纯洁,学术工作纯正,形成优良学术生态。周文叶(2020)在论文中阐述,斯坦福大学教授李·舒尔曼根据30多年来的研究和实践,认为:教师评价应特别强调教学情境的创设,评估的应该是教师们的实践智慧;教师评价需跳出传统纸笔测验的局限,观察教师专业实践,获得评价信息;评价者在专业判断时,须借助大量实践智慧。教师评价嵌入在教学情境之中;教师评价具有实践性特征。不应存在与教学无关的教师,也不应该存在与教学情境相分离的教师评价。从本质上说,教师评价是对教师行为和过程进行观察分析与诊断的结果,而不是对其个体或群体做出简单结论的过程。重视评判,并不等于丧失客观,评价时要充分利用教师表现性评价的优势,与此同时,更应该注重教师之间的相互学习。赵炬明(2020)以斯坦福大学百年发展史为例,显示斯坦福大学在发展中是如何逐步忽略教学的,并指出,大学和学院需要重新审视其对本科教育的道德承诺,接受教学落后的现实,重新调整学校教师工作评估政策,激励教师全身心投入本科教育和大学教学研究,最终实现SC(以学生为中心)改革目标,实现提高本科教育质量的目的。

(二)高校教师教学评价的研究

高等学校的首要任务就是人才培养,高校教师首先要完成的工作就是教学。因此,对教师教学工作的考察考核一直以来都是教师评价的重要内容,也是高校教师评价开展得最早、展开最充分的部分,相关文献众多,从高校教师教学开展的层次、运用的方法、保障体系,甚至不同学科的教学评价等多方面进行了探讨。关于高校教师教学开展层次的研究多集中在本科教学评估上,近年来随着高职高专院校的发展,对高职高专院校的教学评价的研究也渐渐多了。

1.高校教学评价制度本体论、目标和体系探析

林永青(1995)认为高校教学评价是高校教师评价的重要组成部分,但是就高校教师教学评价的发展情形而言存在着教学评价目标层次不够清楚,学生的个体评价与教师及学系专业教学质量的评价缺乏有机联系,实施教学评价的手段尚不配套,不少规定流于形式等问题。徐赐宁等

（2002）认为教学评价是对教学实践的现状与预定目标之间距离的判断。进行教学评价能有效地促进被评价对象不断地逼近预定目标，达到不断改善教育环境，提高教育质量的目的。教学评价一般采取四个步骤：第一步为建立评价的指标体系；第二步为组织人员按指标体系进行评价；第三步为依据权重进行数字处理得出评价结果；第四步为分析、反馈。建立教学评价指标体系是整个教学评价工作的核心，涉及针对评价主体选择评价要素、确定其评价标准和权重，是实现评价目标的关键。单文桂等（2004）通过量化和指标体系建构的方式厘清了教师教学质量评价指标体系的建构细节，指出了利用信息管理系统对评估信息进行处理的方式。宋燕（2010）认为大学教学评价制度一直以来根植于就教学而教育，应该转变观念将教学与学术相融合，构建教学学术视野中的大学教学评价制度体系。赵燕、汪霞（2019）认为大学教师评价制度过度追求量化的指标体系，从而导致教师教学任务与教学目标偏离等问题，应该基于哈贝马斯知识论"实证—分析"的取向，注重教师在教学活动中的实践理解。任艳红（2011）对高校教学评价产生的背景和目的进行深入剖析，对其意义与现状进行研究，并在此基础上，对高校教学评价进行合理性追根溯源，同时，就高校教学评价的必然性这一问题加以说明，最后，对高校教学评价逻辑论证思路进行评述，并对我国高校教学评价制度变革和教学品质的提升提出科学化建议。

另外，鉴于我国高校的不同发展目标，李蔚等（2009）认为随着教师评价的发展进步需要与时俱进地建立符合当下教育理念的教育评估运行机制，并以案例研究的方式介绍了适合研究型大学教学特点的学生评教体系及多模式、个性化教学评估系统。对比地方高校的教学评价发展，郭丽君（2016）认为地方高校在教师教学评价行为中更注重"评"而遮蔽了"教"的核心，导致目的与手段错位，激励与约束失当。

针对高校研究性教学评价体系，余远富等（2011）认为改革传统教学评价方式、建立研究性教学的质量考核评价体系，既是推进研究性教学的难点所在，也是促进我国高校整体推进研究性教学改革的重要抓手。构建高校研究性教学评价指标体系，要紧扣研究性教学中所蕴含的带有共性的基本要素，从提出问题、分析问题、解决问题以及学业考核等几个主要环节着手，以符合研究性教学的本质特征。

2.高校教学评价存在的问题及研究走向

关于我国高校教学评价的问题研究主要停留在价值反思与有效性辨析上。苟振芳(2005)认为高校教学评价是国家对高等教育调控和监督的重要形式,政府的干预力量与学术自由形成了冲突和矛盾,两者间表现为一种若隐若现的博弈力量,因而需要加强对高校教学评价的行政管理改革、合理权衡政府和高校间的力量。高校教学评价的价值应当从有效性和合法性双重向度进行分析。秦平(2008)认为我国高校教学评价存在主体单一、教学评价指标过于传统、评价功能扭曲、评价目的不清晰等问题。

关于我国高校教学评价走向的研究,刘丽娜等(2018)以案例分析的方式,通过分析价值取向、评价主体、评价内容、评价标准、评价方法等要素,讨论了评价实施过程中的多元协同——校院两级协同、利益相关者协同、部门协同,指向形成质量文化,旨在促进教师专业发展、学生学习发展、管理者服务水平提升和教育教学质量提高。李广等(2016)认为教学是高校最根本的基础性工作。本科教学应突出大学办学特色,大学教学评价应回归教学本身,明确教学评价理念,促进教师专业发展;完善教学评价制度,突显教学中心地位;厘清教学评价内容,促进教学方式变革;规范教学评价过程,创造先进教学文化;发挥教学评价功能,提高人才培养质量。

3.国外高校教学评价的研究

关于国外高校教学评价的研究,学者们对美国、英国、澳大利亚等国的教学评价经验、制度、模式进行了探究。蔡敏(2006)对美国10所著名大学的教学评价内容进行了全面的分析,并指出美国大学教学评价的特点呈现出以下四性:(1)系统性,评价内容贯穿于整个教学过程;(2)向生性,评价内容关注学生学业收获;(3)针对性,评价内容体现学科课程特点;(4)可测性,评价内容指向具体教学行为。李作章(2018)研究了英国商业、创新和技能部提出设计和实施的大学教学卓越框架(TEF),该框架从教学质量、学习环境、学生成果和学习收益三个方面评价大学教学卓越水平,列出了各指标要达到的程度和具体的评价证据。大学教学卓越水平评价结果将与英国高等教育投入和学费相挂钩,对于提升英国大学教学水平、提高毕业生就业能力和扩大高等教育参与度具有重要的现实意义。侯定凯(2018)阐释了英国大学卓越教学评估的背景、评估内容和方法,分析了评估的主要结果,特别关注了评估结果公布后在英国高等教育界产生的影响、反响和未来这一评估政策的走向。李作章(2020)进一步阐释,澳大利亚2016年构建了单元课程质量框架,从教育者、学习结果、学习互动、评估与反馈、资源五个方面评价大学教学质量,重点测评大学的资源和教学投入促进学生学习目标实现的程度。该框架树立了学习目标中心的评价导向,突出教学评价对标准与资源的整合,调动利益相关者广泛参与教学评价,注重课堂教学情境下的动态评价。

(三)高校教师学术评价的研究

随着科研经费的激增,学术成果越发受到学术界的重视,学术成果的质量、数量、水平等问题日益突出。高校教师作为知识创造的主体之一,是社会经济发展的重要因素和保障,其学术成果可作为高校教学、科研等工作开展的重要基础,其质量是教学、科研等工作开展的有力保障。因此,加强高校教师学术评价研究具有重要意义。

1.高校学术评价制度本体论、目标和体系探析

孙晓女(2022)认为大学教学学术评价是把教学过程当作学术活动的价值判断,它的特征体现为评估对象的发展性、评价内容的学术性、评价标准的差异性、评价方法的全面性、评价主体的多元性等方面。教学学术评价是一种具有一定合理性和科学性的教育评估机制,也是促进高校教师专业化的重要途径之一。高效的学术评价可以为大学教师专业发展指明目标方向,提供持续动力与现实参照等,高校相关部门有必要在教学学术性特点上下功夫,注重教师教学学术成长等、突出教学活动学术性,重视对教学学术进行差异性评判、进行综合性评价、建构多元评价体系。朱钰晖(2022)认为大学教师学术评价制度应符合学术本身的价值标准,同时为社会发展服务。建构高校教师学术评价制度需要明晰学术研究的本

质逻辑、规范逻辑、执行逻辑。厘清学术评价中的价值冲突、尊重学术研究的内在规律、凸显学者的主体地位、营造学术研究的良好环境、发展高校教师学术研究的自主性是突破学术研究"五唯"弊病的根本途径。董彦邦等(2021)认为大学教师科研评价制度扮演了激励和规范教师创新行为的角色,与大学的原始创新能力密切相关。通过对C9高校部分理工领域教师的问卷调查,分析了科研评价的目的和方法、程序对大学教师科研创新行为的影响。结果表明:形成性评价目的和评价程序民主对大学教师主动性科研创新行为会产生积极影响,挑战性科研创新动机起到了中介作用;同行评价方法通过挑战性创新动机的间接作用对大学教师主动性科研创新行为产生积极影响;终结性评价目的通过补偿性创新动机的间接作用对大学教师被动性科研创新行为产生积极影响。建议大学应切实改变评价导向,建立以形成性评价为主、终结性评价为辅的评价体系;充分发挥教师的主体性,保障其在教师评价中的话语权;建立以小同行为主的同行评价主体结构,保障评价的专业性和权威性。郑维群等(2020)认为学术评价活动中有学术权威的存在,学术权威的产生既与学者自身的学术勤奋有关系,也与学科分化背景下的学派权威以及行政权威向学术权威的转化有密切关系。在大学学术评价活动中过分强调学术权威,会导致学术评价的异化现象。为推动大学教师学术评价的健康可持续发展,应建立以分科为基础的学术评价体系,要不断完善校院两级学术委员会,要正确赋权给二级学院学术委员会,要开展基于学术共同体的大学教师学术评价活动。

2.高校学术评价存在的问题及研究走向

陈时见等(2020)认为高等学校教师学术评价涉及高等学校学术生态环境与发展质量的问题。我国高等学校教师学术评价中还存在一些问题,如缺乏系统全面的评价指标体系,存在重结果轻过程的"一刀切"模式、重显性轻隐性的评价方式等。可通过完善大学章程体系,优化高校治理结构,加强对高校教师学术行为的监督与约束等路径来促进我国高等学校教师学术评价水平的提升。完善高等学校教师的学术评价,需转变政府职能,构建科学有序的评价管理体系;增强价值认同,建立社会评价多元分类机制;强化制度建设,建立质量本位内部保障体系;建设诚信文化,营造公开透明的学术生态;等等。刘越等(2009)剖析了学术评价制度运行中所面临的三大矛盾,即学科与学科之间的矛盾、竞争与效率之间的矛盾、学术自由与行政干预之间的矛盾。这些矛盾是影响大学学术评价功能发挥的重要原因。伴随着高等教育大众化的加速发展,高校的师资力量正在增强,高校教师人数大增,各界对教师的学术评价有很高的需求。学术评价制度改革是一个渐进过程,应根据我国国情选择合理模式。在学术评价制度的设计中,要坚持专业化、多元化、民主化等原则,树立教师本位、学术自由、教师发展等理念,完善学术信用的审查制度、质量的评判制度、评估结果的反馈制度。李福华(2012)指出了我国大学学术制度创新的策略:第一,优化学术制度创新的路径;第二,完善学术创新主体之间的中介机制;第三,建立学术规范,加强学术道德建设;第四,改革大学内部的学术管理制度。

3.国外高校学术评价的研究

陈师师等(2022)从评价方法、指标、评价结果运用等视角,对日本高校教师业绩与晋升两个层面进行了科研评价分析,并以日本筑波大学为例进行了实例研究,全面回顾了日本高校教师的科研评价制度,以期对国内高校教师的科研评价有所帮助。韩小娇(2013)指出日本大学对教师的学术评价中,在评价理念上强调调动教师的科研热情;在评价内容上强调质与量并重;在评价方式上注重多元化与多样化;在评价方法上强调多样性;在评价主体上注重多元化。在评价过程中关注教师话语权,在评价主体上还强调学生与教师,专家和家长之间的互动交流。在评价结果上强调公开透明化,在评价应用上强调信息反馈。所有这一切都是确保日本大学教师学术评价得以顺利推行的关键所在。李欢(2022)指出面临着外部科研评价框架的转型,英国华威大学对教师学术评价指标体系进行了积极的调整,以原教学、科研、管理三个维度为基础,增加影响力维度,建构出适合不同主体的、教师不同聘任序列的四维晋升标准矩阵,弹性统合学术评价对教师各工作表现之影响。同时,通过建立多元化评估主体与多元利益相关者合作机制来保障教师学术评价过程中各参与方的权益。华威大学个案为破"五唯"环境下中国大学教师学术评价体系改革提供了参考:要坚持学术本位,以教学科研创社会效益;要突出学术活动质量与效果;要考虑到不同序列教师的成长特点,形成弹性统合的评价维度;要细化等级梯度等,发挥学术评价发展性作用。

(四)高校教师绩效评价体系的研究

1.高校教师绩效评价本体论、目标和体系探析

江珊等(2021)认为大学教师绩效评价,是指大学组织依据一定评价标准,对教师工作绩效做出价值判断,教师个体和有关组织基于评价结果进行相互反馈,实现双方的互动。大学教师绩效评价体系必须以教师为中心,从不同角度分析并解决教师所面临的各种问题,使其发挥最大效能。以工作需求—资源理论为基础,绩效评价是大学组织对教师个体的一种任务要求,有诊断性、鉴定性、导向性、调控性与激励性的作用。大学教师绩效评价体系从不同角度反映了教师的职业发展方向,有助于提高教师的满意度并激励其积极投入教学活动中。但是在教育的实践过程中,评价指标体系自身的合理性以及教师对其的认识,均有可能偏离评价初衷,因而影响了评估的实施效果。当前我国一流大学的教师绩效考核存在诸多问题,其根源在于大学评价体系中没有建立科学完整的评价指标体系。因此,有必要在全面理解教师劳动实质的基础上,注重指标体系的科学化水平,释放评价指标体系多重作用,实现真正意义上的一流大学评价改革。李元元等(2007)认为建立一个适合高校办学目标的教师绩效评价体系,评价指标的设计是其关键。高校教师绩效指标的制定应该平衡质与量的指标关系;尊重专家意见,引入"一票"机制;充分考虑学科的发展特色,划分指标层次。王海涛(2016)借助科学计量学领域的CiteSpace软件对2003—2015年有关高校教师绩效评价研究的学术论文进行文献计量分析,发现高校教师绩效评价与教师管理研究、评价指标构建、多元化评价方法研究、评价制度与规范的探讨、评价主体研究、国外高

校教师绩效评价研究是该领域的研究热点，并且指出高校教师绩效评价的体系建构应该聚焦于树立以教师发展为导向的教师绩效评价价值观、引入以第三方评价为主的多元化评价主体、规范高校教师绩效评价的分类评估等方面，并且可以以大数据新的思维方式和技术为支撑，促进高校教师绩效评价更加客观深入地开展。

2.高校教师绩效评价存在的问题及研究走向

李志芬(2006)指出,我国高校教师绩效评价中存在着评价标准的主观片面性,没有充分反映教师的劳动特征;评价结果应用范围有限,不能满足高校的发展需求;评价理论依据不足,并且对教学行为的关注较少;评价主体单一且以上级主管部门为主;评价制度与流程中人文关怀缺失;忽视了绩效结果的应用;等等。文章指出希望通过360度反馈评价工具在高校教师绩效评价方面的应用,构建教师绩效评价新体系。王光彦(2009)从制度机制、管理方式、评价导向、评价指标设计、评价结果运用等角度,指出了我国大学教师绩效评价中存在的主要问题：一是在制度层面,重组织目标的达成,轻教师的自主发展;二是在考核的管理方式上,注重发挥评价主体的支配作用,轻评价对象的参与作用;三是在评价导向层面上,重业绩效率,轻内在质量改善;四是在评价指标体系层面上,重视数量标准而忽视质量要求;五是在评价结果的应用方面,重评价的成果,轻评价时的自我提高。李正(2007)围绕我国高校教师绩效评价的结果运用指出了相应问题：第一,绩效评价结果反馈不及时或没有反馈;第二,绩效评价与教师的切身利益结合不紧密;第三,教师个人与教师团队的绩效评价不协调;第四,教师的绩效评价与教师培训和个人发展没有很好结合。

3.国外高校教师绩效评价的研究

钟之阳(2022)以美国4所世界一流大学为例,对教师绩效评价指标体系进行梳理与分析。研究显示,美国大学教师绩效评价划分为教学、科研与服务3个维度。4所案例大学的教师绩效指标体系都注重成果的高质量与高水平,与此同时,4所案例大学又各具鲜明的办学特色和使命追求,其办学目标对教师绩效评价指标选取产生了明显的影响,大学实现其职能目标与教师履行其职责具有内在一致性。面向世界一流大学的教师绩效评价指标体系的构建,需要从下面三个方面着手:加强顶层设计,注重大学教师绩效评价与大学发展目标的契合度;提炼生成特色要素指标,让教师绩效评价服务于大学特色发展;增强大学教师绩效评价指标体系的透明性,正确发挥其指导性作用。张雷生等(2021)对韩国37所国立大学(综合类19所、理工类7所、师范类11所)的教师业绩评价有关规定进行政策文本分析发现,部分综合类高校和理工类高校在对教师进行业绩评价时,制定了考虑学科特殊性的评价方案,但大部分师范高校尚未制定考虑学科特殊性的评价方案。国立大学教师评价方案呈现出以下特点:重研究成果数量,轻质量;重国际学术期刊,轻国内学术期刊;相较于国内学术会议发表成果,在国际学术会议发表给予更高评价权重;业绩评价期限方面大部分大学评价教师一年的业绩。魏丽娜等(2020)认为亚利桑那州立大学是美国交叉学科教师绩效评价实践探索的典型案例,已经形成了集教师联合聘任制度、教师在线协作网络、交叉学科委员会评议体系、创新多元评价矩阵四者为一体的交叉学科教师绩效评估体系。文章详细分析了亚利桑那州立大学交叉学科教师绩效评价的改革举措和指标体系,并从交叉学科研究保障、成果与利益分配机制、资助与评估机构设置、评价方法与数据实施四个方面反思其实践特色,试图为我国交叉学科教师绩效评价的理论创新和实践探索提供启发。李晶(2020)选取两所美国一流大学——伯克利加州大学和哈佛大学,采用文本分析法、案例研究法与比较分析法对两校教师绩效评价制度进行比较,发现美国一流大学教师绩效评价制度具有考核内容全面化、评价主体多元化、评价标准弹性化以及以发展性评价为导向的特点,建议我国高校调整教师评价的目的、注重评价内容的全面分配以及评价主体的多元参与、建立分类灵活的评价标准以及引入适当的竞争机制,以更好地完善我国高校教师绩效评价制度。

二、高校教师多元评价的现实问题

教师是高校办学的关键要素,如何评价教师,是一个需要认真对待的现实问题。到底什么人能够和应该成为评价者?各方面的评价者在总评价中占什么地位、发挥什么作用?也就是说,各方面评价者的评分在总分中占多大权重才是合理的?再者,怎样保证评价的信度?如何进行评价者的心理调控?[①]从根本上讲,教师评价涉及诸多方面,作为利益相关者,教师与学校、政府、社会等构成了一个相互依存的利益共同体。在这个利益共同体中,评价既要考虑不同利益相关者之间的利益平衡、相互依赖关系等方面的要求,更要兼顾教师个人在职业发展过程中成长、教学科研、社会服务等方面的需求。

(一)高校教师多元评价的主体制约

高校是学术组织和行政组织相互依赖、相互平衡的有机体,内部事务其根源即学术资源的占有、分配和转移,[②]对教师业绩进行评价的目的是聘任和留住可维护高校知识分子群体特征的高水平教师。从理论上看,教师评价要全面兼顾教育质量与教师个人发展,但在现实中,教师评价常常因受主体制约而偏离了这一理想状态。一方面,高校教师评价的多元评价主体主要包括内部与外部的利益相关者。在内部环境中职能部门、学生、其他教职工等都是影响教师评价的主体。但从现实来看,学生和其他教职工对教师评价的重视程度远不如高校及其主管部门,这就使高校及其主管部门对教师的评价和监督职能受到影响,导致评价出现异化。例如,高校教师绩效工资制度改革后,如果把更多的目光放到教师的绩效贡献、职称评审上,就会减少对其教学、科研工作的考核和监督;如果将更多注意力放到职称评审、岗位聘用等上,就会减少对其教学的监督。因而在高校内部对教师进行多元评价也受到了客观制约。另一方面,在外部环境中,高校作为一个利益相关者团体存在着多种利益诉求:政府及教育

---

① 胡中锋,董标.教育评价:矛盾与分析——在基础教育新课程改革的观照下[J].课程·教材·教法,2005(8):7.
② 杨季钢.中西部高校提升办学水平的改革探索——基于"放管服"改革的视角[J].海南师范大学学报(社会科学版),2021(6):105.

行政部门关注教师作为专业技术人员所应具备的能力和素质;高校本身对教师是否合格、是否存在学术不端等情况也是比较关注的。在这种情况下,高校管理部门和政府及教育行政部门在对教师进行评价时会对这些因素提高关注度而疏忽对其他维度的评价。由此,这些利益相关者在对高校及教师进行评价时就会将他们所认为应考核和监督的事项纳入评价范围中,从而使评价出现异化。

(二)高校教师多元评价的绩效物化

评价指标既是对教师教学、科研成果等客观的价值判断,也是对教师教学、科研过程中的主观价值判断。大学教师评价制度在实践方式上应建立"一个标准",通过一定的形式将教师的能力和价值转化成具有交换价值的"货币"(各种学术成果的数量与等级),从而实现兑换与流通。① 从这个角度看,高校教师评价只有建立在对教师学术成果的客观价值判断之上,才能建立对教师教学科研过程的主观价值判断。量化评价从形式上希望保证评价的客观性、公平性和透明度,因此,它始终被视为衡量教师劳动产出价值的重要依据,并贯穿于大学教师的年度考评、职称晋升、学术奖励等环节之中。但长期以来,高校教师评价过程中过于重视学术成果的量化指标和数量要求,而忽视了对教学与科研过程的价值判断。

在这种量化指标和数量要求下,无论是教师个人还是学校行政管理人员,都要围绕量化指标开展工作。任何一个评价对象,都存在自身价值与其所处环境之间的矛盾性问题。教师的教学工作、科研工作与学校整体发展目标之间存在着不同程度的背离,二者之间的关系始终处于一种动态调整之中。这种绩效导向的价值观直接导致了大学内部"教学与科研"多年失衡的困局。一方面,过于强调量化指标和数量要求会造成教学科研与社会服务的价值偏离。从根本上说,教学科研与社会服务是一种"目的与手段"的关系。其目的是实现人才培养,手段是为人才培养服务,二者是有机统一的整体。教学科研都为人才培养服务就意味着对社会有价值、对国家有贡献;如果仅是为科研或只为追求成果发表而将教学视为

---

① 沈红,等.大学教师评价的效能[M].北京:中国社会科学出版社,2018:205.

"附属品""点缀物"就会导致教学科研与社会服务之间的价值偏离。另一方面,过于强调量化指标和数量要求就会弱化评价结果的合理性问题。由于量化指标和数量要求是以数据形式计算后呈现出来的结果,一些学校或管理者出于各种利益考虑,不愿公开评价结果甚至不愿意接受教师评价,从而也会带来"数字出官"等问题。

(三)高校教师多元评价的政策波动

改革开放以来,我国政府在教师评价方面采取了"双轨制"的政策措施。即在对教师的评价上,存在国家行政评价和高校内部的学术评价两种模式,不同类型的教师采用不同的考核模式和标准。但是,在20世纪80年代后期,这种政策变化受到了来自政策理论研究者及学校管理者等多方面的批判。因此,在20世纪90年代中后期,这种评价政策逐渐被取消。不过,由于教育行政部门在高校教师评价中存在较大的行政权力,特别是在一些教育资源配置方面具有很强的话语权,所以高校教师评价政策在20世纪90年代末期又出现了"双轨制"回归趋势。当然,由于这种评价政策是受当时特殊的经济、政治和文化背景影响所致,因而其实践效果也存在着一定偏差。尽管国家行政评价和高校内部学术评价之间存在差异,但这些差异的出现主要是由于它们所遵循的评价原则不同,自然其评价结果也不相同。从20世纪90年代后期开始,政府管理部门逐渐开始强调高校内部学术自由和教师职业发展的重要性。于是,在国家行政评价和高校内部学术评价之间的关系问题上出现了一些新的变化。其中,最大的变化是在国家行政评价方面强调要确保国家行政资源配置过程的公开、公平和公正,其核心在于强调国家行政人员要对高校教师进行全面了解,并对其进行公平合理评价,以确保教育资源合理配置。因而,国家行政评价成为我国高校教师评价的基本模式,它不仅强调高校教师评价体系中的"学术自由"原则,也强调教师职业发展理念。同时,国家行政评价政策要求行政管理部门要关注高校教师的职业发展,而不是仅仅关注教育行政部门所规定的教学科研工作量标准。从国家行政评价的角度看,其评价结果可能会受到来自高校内部学术评价方面的挑战。教育政策调整前瞻性不够,意味着教育政策必然要频繁调整。[①]高校内部学术评价不仅是对国家行政评价政策的积极回应,而且还是对其进行的一种修正。在这个方面,高校内部学术评价所遵循的理念、标准以及所采取的方法和手段都具有独立性,而国家行政评价则往往受制于较强的行政权力。

三、高校教师多元评价的发展趋势

多元评价是以人为主体的评价,是对教师的教育教学行为进行多元价值的评价。本章介绍了美国、英国、日本等国的教师评价经验,分析了我国高校教师评价改革的研究进展,同时,也总结了我国在教师评价方面的一些现实境遇。综上,高校教师的多元评价就是要从关注教学到关注教育发展,从关注学科知识到关注能力,从单一标准到多元标准,从重视过程到重视结果等方向进行发展。

(一)改进高校教师多元评价的指标体系

高校教师多元评价的核心内容是通过定性与定量等不同评价方式对教师教学、科研、社会服务等维度的能力和效果进行评价。因此,教师多元评价有不同的关注点,评价过程和评价方式也应以不同的视角为切入点,以提高评价结果的信度和效度为目的。

1.定性评价中尽量减少定量指标

定量指标主要反映的是教师从事教育教学活动的数量、质量及水平,其评价标准以量化为主,因此,其数据信息也更加客观可靠。但同时定量指标也存在一些问题:一是用质化指标进行量化评价时容易受到主观主义的影响,造成教师个人价值观的扭曲和判断结果的偏颇;二是定量指标具有片面性,不能反映教师工作的全面性、发展性。因此,在高校教师多元评价中要尽量减少定量指标,采用定性评价。定性评价作为一种"事实判断"而非"价值判断",不受时间和空间的限制,既能客观反映教师工作

[①] 石火学.教育政策创新模式研究:创新路径的视角[J].教育发展研究,2011(21):39.

质量状况及其发展变化趋势,又能对教师个人发展进行引导和促进;既能反映教师专业素养及其水平高低,又能反映教育教学工作的具体环节和细节。因此,在定性评价中我们应将其作为主要的评价方式,并根据不同主体对定性评价结果不同的理解与需求将其划分为三种类型:(1)同行专家型。对于这种类型的定性评价要尽量保证评价结果的客观性,并尽可能地采取比较客观合理的方法。(2)学生家长型。学生家长对高校教师工作质量的关注重心是教师对学生的教育管理水平及其是否具有正确有效的育人意识。(3)行政管理型。管理者和上级对教师工作质量进行评价时,既要关注其教育教学水平及其发展变化趋势,又要关注其育人意识与质量意识是否得到增强。由于这三类评价者所站角度不同,因此在定性指标中他们所关注的核心内容也不尽相同。另外,管理者和上级在对高校教师工作质量进行定量评价时易忽视其专业发展及教学、科研等工作细节,而在定性评价中则可以弥补这些方面的缺失。因此,在定性和定量两种类型中如何把握尺度是一个非常重要且具有挑战性的问题,如果尺度把握不好就会造成定性、定量指标的失衡。

2.定量评价中尽量保证评价方法的多样化

定量评价是指通过相关统计、调查等方法收集有关评价对象的客观数据,进而对其工作质量进行评价的方式。定量评价在实际应用中一般有两种方式:一是基于问卷调查数据或个人调查结果,采用相对数、方差、均值等方法进行统计分析。二是基于大数据技术,采用"云模型""随机森林""聚类分析"等方法进行定量分析。如文献通过运用"云模型"方法将数据分成相互关联的子集合:变量集、结果集等。该模型不仅能对文献进行定性分析,还能对文献中的数据进行定量统计,并依据统计结果进行分析和讨论。可见,基于大数据技术的定量评价方法有助于减少主观随意性和偶然性,提高评价结果的可靠性。目前,大数据分析方法在高校教师工作质量评价中已得到广泛应用,如借助大数据技术将高校教师工作质量纳入"管理档案""个人成长档案",利用"文献计量法""社会网络分析法"等对高校教师进行深度分析和研究,可以通过多学科交叉融合实现对高校教师工作质量的精准评价等。

(二)健全高校教师多元评价的管理体制

从本质上讲,"多元评价"是"以人为本"的教育理念在我国高校教师评价中的反映。

1.建立与聘任制度相适应的教师评价机制

教师评价机制是对教师行为的评定,即评价教师的业绩、能力和品德,它是一种"以人为本"的管理策略。过去,高校教师职务聘任制度在一定程度上制约了高校教师队伍的素质和质量提升,阻碍了高校师资队伍建设。随着高等教育改革的不断深化,新形势下高校人事管理制度改革成为高校发展的必然趋势,需要通过科学、合理、公正的教师评价机制来评价教师。《关于深化高等学校人事制度改革的实施意见》指出,建立符合教学、科研和社会服务不同特点的分类评价体系是深化人事制度改革,建立高层次、高素质人才队伍的重要内容。从我国目前的情况来看,高校在进行教师职务聘任中应以"业绩"为依据来确定岗位职责,用"绩效"来评定职称和职务。高校教师评价制度的物化(绩效)逻辑同样也存在合理性,它可提高知识生产效率,改善知识生产关系等,绩效评价实质上是基于教师工作所做的贡献而进行的价值判断过程,它强调评价者依据一定标准对被评价者所做贡献的大小予以衡量。绩效评价是由多种因素决定的,被评价者本专业领域内的专家可通过多种指标对被评价者进行综合评定。教师考核引入量化评估,相对于传统管理是进步,但过度量化和绩效过度膨胀,就会异化,走向反面。[1]这一过程建立在多种标准基础之上,是一个不断发展、完善的动态行为。因此,我国高校教师评价需扭转将绩效评价内涵狭隘化的趋势。

2.建立科学、完善的分类评价体系

教师评价改革关键在全社会形成共识,需要政府、社会、学校共同发力、协同联动,需要相关部门一致行动、精诚合作。各部门出台的文件,要

---

[1] 管培俊.改革教师评价方式 建设高质量教师队伍[J].中国高等教育,2022(Z2):22.

避免相互抵牾。首先要树立正确用人导向,改革用人评价制度。党政机关、国有单位要带头扭转"唯名校""唯学历"的用人导向。同时,教师评价改革还要与教育评价整体改革联动。加快推进高校分类管理,建立多元的分类及评价标准体系。强化差异化政策,引导高校科学定位、彰显特色、内涵发展、多样化发展。构建政府、社会、学校等多元参与的评价体系。①在我国,由于学科性质的差异,不同高校、不同学科之间的差别也非常大,在高校教师评价中,必须根据学校实际情况进行分类评价。但是,分类评价的目的是促进教师的专业化发展和提高教学水平。我们必须对不同类型学校、不同类型学科进行区分,根据其各自特点确定不同的评价标准。对"双一流"高校应主要强调其教学、科研和服务社会等多维度职能,重在反映其实际水平和贡献,多用同行评议方式进行评价。对教学型大学来说,除了要强调其学术水平和贡献外,评价应该以教学方面为主,还要注重其在教学过程中发挥的作用。对应用型大学来说,评价应该以社会实践和服务社会方面为主,必须强调教学效果和社会服务效果。因此,在教师评价中应注重多元分类,将高校按照服务国家和地方经济社会发展所需的层次进行大类划分,同时,在不同类型、不同层次的高校中还要继续细化教师分类,根据学校发展需要、学科建设需求、教师个人发展需要等建立多维度评价体系,这样才能更好地将高校教师多元分类评价落实落地。

3.建立客观、公正的评价指标体系

在我国高校教师评价中,一般采取定量与定性相结合的评价方法。量化评价一般使用一些与教师职称、学历、学位、年龄、性别、成果数量等有关的指标,这些指标用文字进行描述,比较容易量化。质化评价一般使用材料说明的形式,对代表作或其他需要说明的情况进行限定字数的全面阐释。目前,教师评价受发展性教师评价理念的影响,正在逐渐走向量化与质性结合的专业化方向。虽然当前教师评价缺乏教师面貌的横向观察,也缺乏测量数据的纵向比较,但是这些量与质的研究方法最终都会运

---

① 管培俊.改革教师评价方式 建设高质量教师队伍[J].中国高等教育,2022(Z2):23.

用于教师评价之中。原因一在于量与质的研究方法走向融合是评价走向专业化的必然要求;原因二在于融合量与质的评价是教师走向专业化的必经通道。教师评价不再单纯依靠量化或者质性方法,而是依据学科、教师、学校之间的差异性,适切采用相应量化与质性结合的方法。①因此,在对教师进行考核时,应从多角度、多侧面来评价和考察教师的工作情况。要注意平时考核与年终考核相结合,对教学实绩进行定期考核或不定期考核;要注意定量与定性相结合。定性评价要用量化指标来加以反映。在对教师进行综合评价时,可以采用平时考核和定期考核相结合、定性考核和定量考核相结合等方式。这样既可提高平时考核的准确性,也可避免年终考核的随意性。在对教师进行业绩考评时,可以采用"双向选择"或"双向选择加综合评定"等方法,以促进教学和科研人员之间相互交流和合作,提高科研质量。

4. 构建多元化的反馈机制

"反馈"一词源自英语,在西方文化中,"反馈"这个词的原意是指一个物体在一个确定的位置上相对于另一个确定的位置所产生的位置变动。而在我国教育文化背景中,这个词被赋予了反馈教育信息、改进教学和发展教师能力的含义。目前,在我国高校教师评价中,只注重反馈与评价之间的关系,即单纯地进行评价。这种评价方法对教学效果缺乏一种系统评价,难以全面反映教师对课程内容的掌握情况和教学水平。同时也忽视了教学效果是由教师与学生共同努力实现这一事实。这种单一的反馈形式难以满足教学活动的实际需要,因而很难得到学生和教师的认可,这在一定程度上限制了学生与教师之间学习能力的发展和提高。多元化反馈机制是指评价主体从多个角度收集信息并对其进行整合分析,从而形成客观、全面、公正的评价结果。构建多元化反馈机制,不仅是高校教师评价发展趋势的体现,更是保障高校教师多元评价管理体制健康运行的基本要求。目前,优化教师评价反馈机制是我国亟须解决的一个问题,具体的解决措施包括建立360度评价反馈体系,采用对话型评价反馈方式

---

① 肖志康.教师评价转向:量化与质性的结合[J].林区教学,2022(6):8.

等。①在实行多元评价管理体制的过程中,必须树立多元化、全面化、专业化、公平化、公正化的理念,并以此为前提来构建一套科学、合理、完善、有效的多元反馈机制。其中,360度评价反馈体系源自国外,目前被引入我国并得到普遍推广。图8-1是关于360度评价反馈体系的一个案例模型,反映出评价主体的多元化以及教师获取评价反馈信息的多种路径。

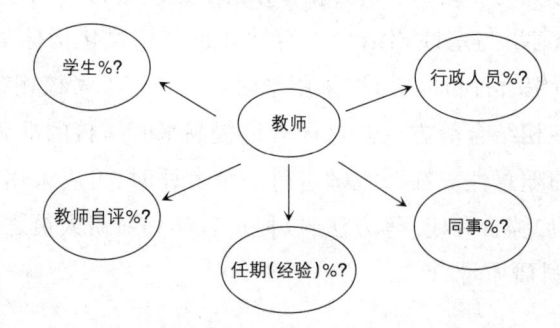

图8-1 基于360度评价反馈制度的教师表现性评价模型

(三)完善高校教师多元评价的方式方法

多元评价的方式方法是多元评价的重要组成部分,其目的是通过收集多方面的信息,对教师的教学行为和能力进行综合评价。由于评价主体、目的及方法等方面的不同,多元评价也可以分为教师自我评价、同事及上级评价、学生评价和同行评价等多种方式。

1. 教师自我评价

教师自我评价是教师自觉主动地改造、构建自我与世界、他人、自身内部的精神世界而进行价值判断的过程,其本质是发展教师主体性,是教师专业发展的关键维度与深度诉求。"主体性"是现实活动主体的人在对象性活动中所表现出来的功能特性,具体表现为自主性、能动性、创造性。②在某种程度上,它比其他评价方式更能准确地反映教师的实际工作

---

① 毛利丹.教师眼中的教师评价:一个被忽略的研究领域[J].全球教育展望,2015(7):108.
② 谷峥霖,马季,秦善鹏.教师自我评价的主体性困境与突破[J].当代教育科学,2023(2):18.

效果,同时也更能体现教师对自身价值的追求。但教师自我评价也有明显的不足,如:教师将会着重于对自身擅长的领域进行描述;教师应该同时具备的教学、科研、社会服务等能力无法得到全面发展,如此可能会导致其发展的"偏科"。教师自我评价不是一种独立的评价方式,它要建立在同事及上级评价结果的基础上。因此,教师自我评价要有明确的目的和作用,要从促进师生共同发展这个目的出发来开展。同时,为了保证自我评价在实际操作中能够达到预期效果,教师应注意收集整理同事及上级反馈或建议所提供的信息和数据,并进行分析、归纳、总结和判断后形成的观点与教师自我评价具有一致性。总之,教师自我评价作为一种评价方式很重要,但并非唯一的评价方式,要想使自我评价更好地服务于教学和科研工作就必须将其与社会评价和同事及上级评价等相结合。

2.同事及上级评价

同事及上级评价是指来自学校内部的同行和上级的评价。从工作上讲,他们是同事;从专业上讲,他们也是教师,他们的评价对教师有着重要的影响。因此,同事及上级评价的方式方法要比教师自我评价和学生及社会评价更有价值判断性。我国高校实行校长负责制,校长对学校各个部门的工作进行组织和协调。校长既是被评价主体的同事,又是其上级,可对教师实施考核、奖惩、聘任和解聘等管理行为。事实上,校长是学校管理层对教师进行评价的代表之一。目前,我国高校管理层参与教师评价的方式逐渐演变为"双肩挑"人员进入学术委员会或职称评审委员会等专门机构,以相关学科专业人员和高校管理人员双重角色身份对教师的科研、教学、社会服务等方面进行评价。一些大学还会采用"院系领导匿名评语"等方式,推进学校管理层参与高校教师评价的相关工作。在以同事及上级评价推进教师评价工作时,要考虑到各种方法的特点以及这些方法是否适合用于高校教师评价。比如,论证教师自我评价时,要考虑到教师自我评价的主观性、随意性,不能完全采用教师自我评价。同事及上级评价同时开展与进行,突出教师既作为学科建设者又作为学校发展参与者的双重身份,评价结果可以采用同行和上级组织进行比较性评价的方式,如此更加体现评价的客观性和公正性。同事及上级评价需要更加全面地考察教师的工作表现和工作实绩,重点考察教师在工作中有无创造性地解决问题的能力和开拓创新意识;要深入地了解教师所承担的各项工作任务以及完成任务的质量与效果等;还要全面地分析、研究和考察教师自身素质的各个方面。但一定要注意,高校教师评价也不能完全依赖同行和上级组织的比较性的评价。

3.学生评价

学生评价主要是指学生对教师教学能力和教学效果的评价,其目的是了解学生对教师教学效果的感受及评价教师的教学能力。然而,这种评价方式在实际运用中存在很大困难。首先,由于学生来自不同地区、不同学校,他们的学习基础及学习方法可能存在差异,进而,很难统一安排不同地区、不同学校、不同基础的学生对教师进行同一标准的评价,这就会导致学生评价结果不能完全反映教师实际的教学情况。其次,学生与教师有很多交往,有些学生对教师本人有很深的感情,这些情感因素在评价中也会成为一个很重要的因素。还有一些学生喜欢某个教师就会把他作为自己学习或生活中的榜样,会很愿意帮助自己喜欢的教师解决一些困难,或者从内心里认为他是一个好老师。如果将这些情感因素引入教师评价中,就会对教师产生影响,使学生在某种程度上也以这种方式评价教师。现在大多数高校都实行学分制管理模式,大学课程学分可以跨校、跨专业学习后获得。在这种情况下,同一高校内不同专业的同学对同一教师所提出来的教学质量要求和标准是不同的。然而,高校教师评价工作体系中,学生又是必须存在的评价主体,学生是教师的第一"用户","用户"可以从体验感、获得感等方面对提供知识产品的教师进行评价,但这类评价的主观性色彩较重。

4.同行评价

高校教师同行评价是以学校外部同行专家为主体的评价活动,是学校外部同行专家对高校教师学术能力和水平的科学判断和综合评价,具有明确的价值取向,强调评价对象与评价主体的一致性、过程与结果的一致性、结果与应用的一致性。因此,高校教师同行评价要体现正确导向、发挥核心作用,要坚持客观公正、科学合理,要坚持主体多元、方式多样,要坚持质量为本、服务发展。同行评价的特点决定了其与传统的学校评价和教师自我评价相比,具有自己独特的优势,其可以为高校教师提供经验资料和借鉴。事实上,教师同行评价是对传统学校评价的补充、完善和发展。当前,高校教师同行评价以专家同行综合评审为主,专业同行评议为辅,但也有部分高校采取专家之外的人进行专业评审或集中评审等方法。需要注意的是,目前我国高校还没有建立起完善的教师同行评价机制和制度,因此,我们也不能盲目照搬国外的同行评价模式。

(四)培育高校教师多元评价的学校文化

大学文化集中体现了大学的办学思想、育人理念,是大学的精神折射和灵魂所在,对学校的师生价值观念、行为规范发挥着导向、凝聚、约束的作用。[①]在一个有良好文化的学校,教师具有强烈的价值认同,会以实现学校的目标为己任,积极主动地参与到学校管理和发展中,而不是被动地等待管理者的安排。高校教师多元评价不仅需要建立一种教师与管理者共同认可的评价理念、评价文化和评价制度,更需要构建一种"以人为本"的评价组织文化。高校是一个民主、平等的组织。在这里,教师是领导者、参与者和评判者。因此,高校教师评价要关注教师在评价中的主体地位。将教师评价作为学校文化的重要组成部分,要鼓励教师积极参与学校管理决策,并在参与中实现自我价值和发展;在学校管理中,要赋予教师相应的管理权利,如参与制定学校的发展规划、学校管理制度等;在评价方面,教师也要参与评价方案的制定与实施,这不仅能激励教师参与学校管理和发展,也有利于教师发现自己的优势与劣势,促进自身发展。制度文化的重中之重就是要营造"以人为本"的文化氛围。

---

① 柯江林,郑浩文,张凯,等.国内外一流大学的学校文化:比较与借鉴[J].现代教育管理,2021(10):36.

参考文献

[1] 徐丹.克拉克·克尔高等学校职能观述评[J].理工高教研究,2008(1):5-10.

[2] 靳玉乐,张良.论高校教师的分类评价[J].国家教育行政学院学报,2016(07):8-14.

[3] 王光彦.大学教师绩效评价研究——基于教师自主发展的探索[M].北京:教育科学出版社,2012.

[4] 赵韩强,刘莉萍.岗位聘任制背景下高校教师评价激励机制研究[J].教育探索,2023(2):79-82.

[5] 白纯舵.发展性评价:让教师找回教育初心[J].未来教育家,2019(Z1):72-74.

[6] 叶晓丽,李军红.新时代加强高校师德师风建设的四重向度[J].温州医科大学学报,2023(1):79-83.

[7] 罗文.构建以教书育人为导向的高校教师评价机制[J].高等职业教育(天津职业大学学报),2021(4):59-63.

[8] 曹如军.高校教师评价中的三个基本问题及其解决策略[J].闽西职业技术学院学报,2017(3):98-101.

[9] 张钧,邵琳.基于我国教师评价制度演进的思考[J].东北师大学报(哲学社会科学版),2017(5):191-196.

[10] 姜华.高质量教育体系视角下的高校教师评价[J].河北师范大学学报(教育科学版),2022(2):22-27.

[11] 姚琳,邓燕红.美国研究型大学教师评价的价值取向、支持系统与实施路径[J].教师教育学报,2022(4):105-114.

[12] 闫丽媛,王鹏炜.高校教师评价内容存在的问题及完善建议[J].新西部,2021(9):110-113+116.

[13] 刘思安.对高校教师绩效评价结果应用的若干思考[J].继续教育,2007(3):44-47.

[14] 李丹,王彤.新时代高校师德师风评价机制探析[J].教育探索,2022(11):73-77.

[15] 周宏武,余宙.做好新时代高校师德师风考核的策略探析[J].中国高等教育,2022(2):15-17.

[16] 檀勤良.构建潜心育人的高校教师评价体系[J].中国高等教育,2020(24):47-48.

[17] 李正元,陈嘉诚.高等教育高质量发展视角下大学教学评价制度的改革进路[J].兰州大学学报(社会科学版),2022(6):118-127.

[18] 俞建勇.新时代高校社会服务评价:内涵取向与改进构想[J].上海教育评估研究,2022(5):43-48.

[19] 魏小琳.治理视角下大学基层学术组织的重构[J].教育研究,2016(11):65-73.

[20] 斯阳,李露萍.协同治理视域下高校机关党建和业务工作深度融合的现状与对策[J].上海党史与党建,2022(4):79-84.

[21] 燕红,胡爱萍,富丽琴.对高校教师聘任制改革中存在问题的探讨——谈教师岗位职责的科学制定与评估[J].中国高教研究,2001(6):44-45.

[22] 李煜.教师学术贡献综合评价指标体系构建研究[J].教育研究,2019(3):153-159.

[23] 耿益群.研究型大学教师绩效评价制度研究[M].北京:知识产权出版社,2017.

[24] 吴冬梅,等.大学教师人力资源管理[M].北京:首都经济贸易大学出版社,2014.

[25] 袁振国.当代教育学[M].北京:教育科学出版社,2004.

[26] 刘国艳,曹如军.文化视野中的大学教师学术评价研究[M].南京:南京大学出版社,2017.

[27] 沈红,等.大学教师评价的效能[M].北京:中国社会科学出版社,2018.

[28] 褚瑞莉.激励理论视域下高校师资队伍构建研究[M]北京:九州出版社,2019.

[29] 汪凯.高校教师绩效考核方式探究[J].管理观察,2014(14):176-177.

[30] 王孝如.新时代高校教师师德师风评价机制研究[J].大学,2020(43):126-127.

[31] 沈壮海.教师思想政治与师德师风关系综论[J].教育研究,2022(10):50-56.

[32] 林天翔,王劲松.高校师德建设评价体系构建的若干思考[J].理论月刊,2006(10):182-184.

[33] 瞿鹤鸣,吴佳.当代师德评价探究[J].广西社会科学,2007(9):184-187.

[34] 汪琳琳,董席席,李元栋.第四代评价理论视域下高校师德评价"三重机制"的构建研究[J].黑龙江人力资源和社会保障,2021(8):104-106.

[35] 王夏,赵乐天.高校教师师德评价体系建设的初探[J].文化学刊,2016(12):156-159.

[36] 蒋佩云.高校教师师德评价指标体系构建及实证研究[J].湖南科技学院学报,2015(4):141-145.

[37] 瞿鹤鸣,吴佳.高校师德评价指标体系的构建[J].湘潭大学学报(哲学社会科学版),2007(2):144-148.

[38] 李永平.基于 AHP 和 Fuzzy Math 的高校师德评价[J].黑龙江教育(高教研究与评估),2010(6):22-23.

[39] 刘丹.基于全评价理论的高校师德评价体系构建研究[J].科技情报开发与经济,2015(24):107-109+114.

[40] 彭张林,张强,杨善林.综合评价理论与方法研究综述[J].中国管理科学,2015(S1):245-256.

[41] 黎庆兴,李德显.困局与破解:新时代高校师德评价的实践审思[J].赣南师范大学学报,2021(1):49-53.

[42] 蒋忠中,何娜,刘冉,等.新时代背景下高校教师师德评价体系的构建及应用[J].文教资料,2020(6):98-100.

[43] 黄岩,杜佳炎,杨海莹.新时代高校师德评价指标体系构建探析

[J].评价与管理,2022(2):40-44.

[44] 董鹏刚.新时代下高校教师师德评价指标体系构建研究[J].西部素质教育,2018(19):57+88.

[45] 王琪,张大德.新形势下构建高校教师师德师风评价体系问题研究[J].吉林教育(党建与思政版),2019(Z1):19-22.

[46] 刘中亮,崔诣晨,刘青玉,等.以职业道德自律为基础的高校师德评价双激励模式构建[J].中国农业教育,2021(5):8-15.

[47] 汪小洲.高校科研管理流程再造研究[D].杭州:浙江大学,2004.

[48] 褚超孚,陈劲,王绳兮.社会科学基金项目评价与选择指标体系及模型[J].科研管理,1998(3):24-30.

[49] 刘华海.科研项目绩效评价模型和指标体系的构建[J].科研管理,2016(S1):19-24.

[50] 史万兵,杨慧.高等学校教师科研绩效评价方法研究[J].高教探索,2014(6):112-117.

[51] 张曦琳.高校教师学术评价机制变革研究[D].上海:华东师范大学,2022.

[52] 马茹,王宏伟.基于多案例研究的高校教师评价改革实践:进展、困境与路向[J].国家教育行政学院学报,2023(2):52-61.

[53] 王立良,王道明.多角度评价高校科研团队创新能力绩效[J].中国高校科技,2019(6):36-38.

[54] 何甜甜,赵应伟.基于投入产出视角的高校科研团队绩效评价体系研究[J].中国内部审计,2021(2):91-95.

[55] 沈凌,冯旻舒.高校科研团队有效性评价研究述评[J].武汉理工大学学报(社会科学版),2015(5):989-994.

[56] 蔡荔萱.水产事业单位科研团队绩效评价体系构建[J].重庆科技学院学报(社会科学版),2012(4):77-79.

[57] 侯二秀,李靖尧,杨洋,等.协同创新与地方高校科研团队创新绩效评价[J].中国高校科技,2015(3):63-66.

[58] 陈垚犇.高校科研团队中的师生互动机制初探[D].上海:复旦大学,2011.

[59] 李艳玲.高校科研项目评价问题研究[D].北京:北京邮电大学,2015.

[60] 叶继元.人文社会科学评价体系探讨[J].南京大学学报(哲学·人文科学·社会科学版),2010(1):97-110+160.

[61] 林琳.高校科研团队成长影响因素及水平评价研究[D].哈尔滨:哈尔滨工程大学,2012.

[62] 秦阳.高校科研团队关系嵌入性对创新绩效的影响研究——以知识整合为中介[D].哈尔滨:哈尔滨工业大学,2019.

[63] 杨小婉.产学研合作动机、合作行为对学者的学术绩效影响研究[D].广州:华南理工大学,2019.

[64] 张富利,陈奕青.高校科研评价现状与分类评价制度研究[J].山东理工大学学报(社会科学版),2019(3):54-59.

[65] 刘杰.高校科研团队考核评价机制研究[J].中国高校科技,2019(8):33-36.

[66] 杨忠泰.高校科研分类评价探析[J].中国科技论坛,2011(12):9-14+20.

[67] 朱志良.如何建立符合中国高校特点的教师评价体系[J].国家教育行政学院学报,2006(11):58-64.

[68] 杨长青.不对称信息与高校教师评价体系发展[J].清华大学教育研究,2006(5):101-106.

[69] 吕延勤.高校教师评价体系的缺陷及对策[J].理论导刊,2009(5):64-66.

[70] 周玉容,沈红.成本约束下大学教师评价的效能[J].高等工程教育研究,2015(6):126-131.

[71] 吕黎江,吴剑.高校教师评价体系改革探析[J].浙江社会科学,2021(7):144-149+160.

[72] 沈红.论大学教师评价的目的[J].高等教育研究,2012(11):43-48.

[73] 齐晓东.高校教师评价制度中的意义缺失与对策[J].黑龙江教育(高教研究与评估版),2005(Z1):31-33.

[74] 张素玲.改革教师评价体系 促进教师专业发展[J].江苏大学学报(高教研究版),2005(2):85-88+92.

[75] 丛春秋,张新亚.焦虑中的变革:高校教师评价机制创新的困惑与反思[J].中国高校科技,2020(9):25-29.

[76] 周光礼.大学教师评价改革的逻辑[J].中国高教研究,2022(6):26-33.

[77] 于剑,韩雁,梁志星.高校教师发展性评价机制研究[J].高教发展与评估,2020(2):59-68+112-113.

[78] 宋旭红,高源.大学教师代表性成果评价及反思[J].复旦教育论坛,2021(4):77-84.

[79] 于青青,冯菲.构建高校教师教学发展的综合体系——北京大学教师教学档案袋建设初探[J].中国大学教学,2020(8):65-70.

[80] 胡娟,陈嘉雨."高门槛"与"弱激励":大学教师聘任与评价制度的理性设计[J].高等教育研究,2021(11):69-77.

[81] 周文叶.教师评价:评什么和怎么评——访斯坦福大学李·舒尔曼教授[J].全球教育展望,2020(12):3-12.

[82] 赵炬明.失衡的天平:大学教师评价中"重研究轻教学"问题的制度研究——美国"以学生为中心"本科教学改革研究之八[J].高等工程教育研究,2020(6):6-27+44.

[83] 林永青.关于健全高校教学评价制度的思考[J].教育评论,1995(6):67-68.

[84] 徐赐宁,郭宝星.建立合理的高校教学评价指标体系[J].高校理论战线,2002(11):43-46.

[85] 单文桂,李伟.高校教学评价指标体系及其信息处理[J].统计与决策,2004(10):75-76.

[86] 宋燕.我国大学教学评价制度的反思与重构[J].现代教育管理,2010(8):49-51.

[87] 赵燕,汪霞.对我国大学教师评价制度的反思与建议[J].高校教育管理,2019(2):117-124.

[88] 任艳红.高校教学评价制度的反思与重构[D].西安:陕西师范大

学,2011.

[89] 李蔚,周杰,段远源.研究型大学多模式、个性化教学评价体系的建立和发展[J].清华大学教育研究,2009(4):108-111.

[90] 郭丽君.走向为教学的评价:地方高校教学评价制度探析[J].高等教育研究,2016(6):68-73.

[91] 佘远富,王庆仁.高校研究性教学评价体系的构建[J].高等工程教育研究,2011(6):111-115.

[92] 荀振芳.大学教学评价的制度干预与学术自由[J].清华大学教育研究,2005(6):44-49.

[93] 秦平.我国大学教学评价的价值错位及反思[J].黑龙江高教研究,2008(4):27-29.

[94] 刘丽娜,杜艳秋,罗玉萍.大学教师教学评价:发展逻辑、体系构成及多元协同[J].江苏高教,2018(1):44-48.

[95] 李广,冯江.回归教学:大学教学评价的基本价值追求——以东北师范大学为例[J].教育研究,2016(10):150-155.

[96] 蔡敏.美国著名大学教学评价的内容特征[J].外国教育研究,2006(6):25-28.

[97] 李作章,刘学智,姜宛辰.基于标准的大学教学质量评价:英国的经验与启示——英国大学教学卓越框架(TEF)评析[J].外国教育研究,2018(6):55-66.

[98] 侯定凯.英国大学卓越教学评估:为何评、评什么、如何看[J].高校教育管理,2018(2):88-97.

[99] 李作章.以学评教:澳大利亚大学教学质量评价新趋向及其对我国的启示[J].四川师范大学学报(社会科学版),2020(6):99-105.

[100] 孙晓女,曹茂甲.以教师专业发展为导向的大学教学学术评价策略探析[J].大连教育学院学报,2022(2):11-14.

[101] 朱钰晖.从"五唯"问题透视大学教师学术评价中的价值冲突及其调适[J].武汉职业技术学院学报,2022(1):69-73.

[102] 董彦邦,刘莉.大学教师科研评价的目的、方法、程序对创新行为的影响——基于对C9高校部分理工领域的调查[J].中国科技论

坛,2021(1):24-34.

[103] 郑维群,曹如军.学术权威视角下的大学教师学术评价[J].长春大学学报,2020(2):62-66.

[104] 陈时见,胡娜.新时代高等学校教师学术评价的改进[J].教育研究,2020(2):133-142.

[105] 刘越,张岩.大学教师学术评价制度的反思与重建[J].大学教育科学,2009(6):56-59.

[106] 李福华,丁玉霞.论我国大学学术制度创新[J].教育研究,2012(11):56-60.

[107] 陈师师,毛丹.日本大学教师科研评价制度及借鉴[J].山东高等教育,2022(1):69-75.

[108] 韩小娇,高军.日本大学教师学术评价的理念、内容及方法[J].高教发展与评估,2013(2):64-71+107.

[109] 李欢,杨希.华威大学教师学术评价指标的四维矩阵及其特点[J].清华大学教育研究,2022(4):94-101.

[110] 江珊,刘少雪.绩效评价与一流大学教师的成长[J].上海教育评估研究,2021(5):8-12.

[111] 李元元,王光彦,邱学青,等.高等学校教师绩效评价指标研究[J].高等教育研究,2007(7):59-65.

[112] 王海涛,武凤群.我国高校教师绩效评价研究热点与发展探析[J].国家教育行政学院学报,2016(11):45-52.

[113] 李志芬.高校教师绩效评价中存在的问题及对策[J].医学教育探索,2006(11):1024-1025+1078.

[114] 王光彦.现行大学教师绩效评价制度的反思与改善[J].中国高等教育,2009(8):20-23.

[115] 李正,李菊琪.我国高校教师绩效评价结果应用的若干问题[J].黑龙江高教研究,2007(3):119-122.

[116] 钟之阳,吕娜,高桂娟.美国大学教师绩效评价指标体系分析[J].高教发展与评估,2022(2):50-58+119-120.

[117] 张雷生,朱莉,李成硕.韩国国立大学教师业绩评价制度比较研究

[J].外国教育研究,2021(3):69-86.

[118] 魏丽娜,张炜,林成华.激励学术创新:亚利桑那州立大学交叉学科教师绩效评估体系及其经验启示[J].高教探索,2020(7):54-60.

[119] 李晶.美国一流大学教师绩效评价制度比较研究——以哈佛大学和伯克利加州大学为例[J].世界教育信息,2020(3):60-65.